U0514128

国家社会科学基金重大项目"大数据时代国际人才集聚及中国战略对策研究"的阶段性成果

企业薪酬系统设计与制定

QIYE XINCHOU XITONG SHEJI YU ZHIDING

姚 凯／著

四川人民出版社

图书在版编目（CIP）数据

企业薪酬系统设计与制定 / 姚凯著. ——成都：四川人民出版社，2021.11
ISBN 978－7－220－12468－6

Ⅰ. ①企… Ⅱ. ①姚… Ⅲ. 企业管理－工资管理－研究 Ⅳ. ①F272.923

中国版本图书馆 CIP 数据核字（2021）第 213433 号

QIYE XINCHOU XITONG SHEJI YU ZHIDING

企业薪酬系统设计与制定

姚 凯 著

责任编辑	张 丹
特约编辑	韩雨舟
装帧设计	张迪茗
责任印制	祝 健

出版发行	四川人民出版社（成都市槐树街 2 号）
网　址	http://www.scpph.com
E-mail	scrmcbs@sina.com
新浪微博	@四川人民出版社
微信公众号	四川人民出版社
发行部业务电话	(028) 86259624　86259453
防盗版举报电话	(028) 86259624
照　排	四川胜翔数码印务设计有限公司
印　刷	成都兴怡包装装潢有限公司
成品尺寸	170mm×240mm
印　张	26.25
字　数	485 千
版　次	2021 年 11 月第 1 版
印　次	2021 年 11 月第 1 次印刷
书　号	ISBN 978－7－220－12468－6
定　价	59.00 元

■版权所有·侵权必究

本书若出现印装质量问题，请与我社发行部联系调换

电话：(028) 86259453

▶▶ 目　录

QIYE XINCHOU XITONG SHEJI YU ZHIDING

QIYE XINCHOU XITONG SHEJI YU ZHIDING

▶▶ 第一章
薪酬系统总论

【开篇案例】

为什么高工资没有高效率

F 公司是一家生产电信产品的公司。在创业初期，依靠一批志同道合的朋友，大家不怕苦不怕累，从早到晚拼命干，公司发展迅速。几年之后，员工由原来的十几人发展到几百人，业务收入由原来的每月十万元左右发展到每月上千万元。企业大了，人也多了，但公司领导明显感觉到，大家的工作积极性越来越低，也越来越计较。

F 公司的老总一贯注重思考和学习，为此特别到书店买了一些有关成功企业经营管理方面的书籍来研究，他在介绍松下幸之助的用人之道一文中看到这样一段话："经营的原则自然是希望能做到高效率、高薪资。效率提高了，公司才可能支付高薪资。但松下先生提倡高薪资、高效率时，却不把高效率摆在首要位置，而是借着提高薪资，来提高员工的工作意愿，然后再达到高效率的目的。"他想，公司发展了，确实应该考虑提高员工的待遇，一方面是对老员工辛勤工作的回报，另一方面是吸引高素质人才的需要。为此，F 公司重新制定了薪酬制度，大幅度提高了员工的工资，并且对办公环境进行了重新装修。

高薪的效果立竿见影，F 公司很快就聚集了一大批有才华有能力的人。所有员工都很满意，大家热情高涨，工作十分卖力，公司的精神面貌也焕然一新。但好景不长，这种势头不到两个月，大家又慢慢恢复到懒洋洋、慢吞吞的状态。F 公司的高薪仅仅换来员工短暂的热情和高效率，公司领导再次陷入了困境。F 公司的症结在哪儿呢？

QIYE XINCHOU XITONG SHEJI YU ZHIDING

讨论题：

1. 为什么 F 公司实行高工资却没有高绩效？
2. F 公司如何进行薪酬管理，才能达到高绩效？

第一节　薪酬的基本概念

1.1　薪酬的内涵

1.1.1　不同时期的薪酬内涵

薪酬激励是一个经久不衰的话题，早在两千多年以前，中国古人便发现追求功利是人的本性。《管子·国蓄》中"民予则喜，夺则怒，民情皆然。""故见予之形，不见夺之理。"是管子对人性的洞察。因此，要激励人民的积极性，统治者应善于予人以利，满足人民的物质需要。在西方，薪酬对应的英文单词是compensation。但在历史上，薪酬并不是总是用 compensation 来表示，它本身是一个不断发展、丰富、完善的概念。在不同的历史时期，学术界和企业界对薪酬所运用的词汇经历了从 wage 到 salary，再到 compensation，最后衍变出 total rewards 的过程。这几个概念的含义既有区别也有所侧重，当然还有重叠之处。厘清这几组不同概念的内涵及其发展脉络，可以看清薪酬发展在不同阶段的实际内容，从而为组织制定公平、合理、有效的薪酬制度，提供理论上的借鉴。关于wage、salary、compensation、total rewards 的概念比较详见表1-1。

表 1-1　wage，salary，compensation，total rewards 的比较

	时期	对象	支付构成
wage（工资）	1920 年以前	蓝领	基本工资比重大、福利少
salary（薪水）	1920～1980 年	白领、蓝领	基本工资比重大、福利少
compensation（薪酬）	1980～2000 年	白领、蓝领	基本工资比重大、福利多
total rewards（总报酬）	2000 年以来	核心员工、白领、蓝领	货币性薪酬与非货币性薪酬并存

1. 工资（wage）

人类社会早期，人们主要从事农业和与农业有关的劳动，传统的农业社会本质上是以家庭自营生产为特征的社会经济形态，没有雇佣劳动，因而也就没有以工资为形式的雇佣劳动报酬形态。后来，由于受到较高工资的吸引，越来越多的

人离开农村到城市工厂找工作，开始出现了雇佣劳动。由于这些人习惯了农村中的实物报酬，雇主们起初将工资的一部分用土豆、面粉等食物代替，剩余部分支付现金，或者是发放票证或债券从雇主开设的店铺中领取食物。这样就出现了早期的"实物工资制度"。

到了18世纪工业革命以后，雇佣劳动开始普及，工资问题才开始真正出现。因此，作为现代意义上的雇佣劳动的货币报酬形式，工资的产生和发展是工业革命以后的事情。工业革命导致了分工，导致了工厂制度的产生，也导致了劳动者、资本和土地等生产资料分离的现象。工业劳动成为工业革命后所产生的一种社会经济现象。工资作为给雇佣者支付的劳动报酬形式，便产生了货币工资的需求。正如斯米斯所说："对劳动的慷慨报酬……增加了普通人的勤劳程度。劳动力的工资是勤劳的激励因素……当工资高时，工人比工资低的时候更积极、勤奋和敏捷。"工资（wage）的概念在这一时期出现，也即20世纪20年代以前。在美国，那些经常加班工作，并符合《公平劳动法案》条款的、领取加班工资的雇员被称为"非例外者"，也即一般的蓝领工人，他们的报酬通常以小时计算。工资（wage）被定义为"组织发放给公平劳动法案规定的员工的报酬。这些'非豁免'人员得到报酬通常是按照小时而不是月和年来计算的。"

2. 薪水（salary）

随着经济的发展和社会的进步，在美国铁路、电报等行业出现了一批所有权和经营权分离的企业。这时，企业开始雇佣从事管理工作和技术工作的脑力工作者，即白领工人。白领工人的工作性质与蓝领工人有很大差异，一个是相对复杂的脑力劳动，另一个是较为简单的体力劳动。后来，白领阶层与蓝领阶层逐步分化，出现了不同于传统工资概念的薪水（salary）概念。工资和薪水有着重要的联系，也有着重大的区别。工资和薪水相同的一面在于它们都是雇佣劳动的报酬形式。不同的是，一般而言，"对以工作品质要求为主的报酬支付称为薪水，而以工作数量要求为主的报酬支付称为工资。"即，"劳力者"的收入称为工资，"劳心者"的收入称为薪水。在美国，薪水是指支付给那些不包括在《公平劳动法案》内，从而没有加班工资的被称作"例外者"的雇员。他们通常是管理人员和专业技术人员，其工作时间不是以小时或周计算，而是以月或年计算，从而薪水的支付也是以月或年为单位定期给付。著名薪酬研究专家乔治·米尔科维奇（Gerge T. Milkovich）给薪水（salary）的定义就是"给予那些受公平劳动法案豁免的员工的报酬，薪金是以月或者年而不是以小时为单位发放的"。

3. 薪酬（compensation）

自第二次世界大战以来，现代工资和薪水制度的内容不断充实并发生新的变

化，其中福利成为现代货币工资的补充形式，也成了现代薪酬制度的重要内容。如果说在工业化的初期和中期，薪水和工资的区别还有一定价值，那么到了工业化的后期，特别是到了后工业化社会、信息经济社会和知识经济社会，工作的本质差别日趋缩小。在生产一线，生产过程走向自动化和机械化，且日趋复杂，工人也需具备较高的教育背景和技术知识。传统的以薪水为报酬来源的白领阶层，工作也不乏传统所理解的"体力劳动"。以往"劳心者"的薪水通常较"劳力者"的工资为高，而现在有许多"劳力者"的工资等于甚至高于"劳心者"的薪水，因此两者的区别已逐渐模糊，严格地将两者加以区分已有困难且无必要。所以，20世纪80年代以来，出现了薪酬（compensation）的概念。乔治·米尔科维奇（Gerge T. Milkovich）指出，薪酬的意思是平衡、弥补、补偿。单一个"酬"字就暗含着薪酬的支付方和被支付方之间的一种"交换"的关系，是员工因雇佣关系的存在而从雇主那里获取的劳动补偿。在这个交换关系中，企业承担的是劳动或劳务购买者的角色，员工承担的是劳动或劳务出卖者的角色，薪酬是劳动或劳务的价格表现。在美国，人们把薪酬等同于辛勤付出或者工作所换来的工资和福利之和。乔治·米尔科维奇（Gerge T. Milkovich）给薪酬的定义是"雇主支付给员工的所有有形的经济补偿和服务、福利"，并认为薪酬是雇佣关系的一部分。

4. 总报酬（total rewards）

根据马斯洛需求层次理论，随着社会的发展和物质水平的提高，人们不再满足于货币薪酬带来的生理、安全等需求，开始追求更高层次的归属、尊重和自我实现的需求。因此，在这个时期，有学者提出总报酬（total rewards）的概念。2000年，美国薪酬协会（WAW）在总结多位专家成果的基础上，正式提出总薪酬模型。该模型的主要特点是，在继续关注经济方面的薪酬（compensation）和福利（benefits）两大因素的同时，将非经济方面的工作体验（the work experience）作为总报酬框架的重要因素。而且将工作体验因素做出了比较系统和完善的揭示，即赞誉和赏识（acknowledgement），平衡工作与生活（balance of work and life），组织文化（culture），职业生涯发展（development of career/professional）以及工作环境（environment of workplace）。

经过六年多的理论探索和实践应用，WAW于2006年对总报酬模型做出了进一步的完善。与2000年的总报酬模型相比，2006年的总报酬模型有三点突破。一是明确了总报酬的概念：总报酬就是用于吸引、激励和留住员工的各种手段的整合，它包括源于雇佣关系中员工能够感知到的一切有价值的事物。二是明确了总报酬模型和组织发展战略的关系：基于总报酬的薪酬战略是组织发展战略的重要组成部分，是组织人力资源战略的重要基石，即薪酬战略就是组织吸引、激励和留住核心员工的战略。三是拓展充实了总报酬模型的构成要素，将原来的三个要素完善为五个要素：即薪酬（compensation）、福利（benefits）、工作和生活（work-life）、绩效和赏识（performance and recognition）、个人发展和职业机会（development and career opportunities）。同时，对每一个要素给予了确切的解释。相对于薪酬理论，总报酬模型的最大特点，就是突出了薪酬的非经济因素，更加注重对人的各种需要的全面关注，不仅继承了薪酬理论对员工福利的关注，而且在此基础上，极大地丰富和发展了薪酬对员工的全面关注。

美国薪酬协会（WAW）强调了总报酬模型的五个要素：薪酬、福利、工作和生活、绩效和赏识、个人发展和职业机会。由于中国的情境与美国有所不同，对薪酬的概念和结构理解也有所不同。例如，总报酬模型中的"薪酬"与本书对"薪酬"一词的理解并不相同。从结构上看，本书对薪酬的分类比总报酬模型更加细致。本书将薪酬分为外在薪酬和内在薪酬两个维度，可以看出，总报酬模型中的前两个要素属于外在薪酬，后三个要素属于内在薪酬。在本书中，外在薪酬包括基本工资、奖金、股权激励、福利、津贴与补贴等，内在薪酬包括安全舒适的办公条件、工作契约的承诺与保证、对工作的兴趣、业绩的肯定和主管的赏识等。

从薪酬演变的历史来看，其概念经历了从 wage 到 salary，再到 compensation，最后衍变出 total rewards 的过程。在薪酬经历了一系列形式、内容上的变化后，我们对薪酬的本质也有了更深层次的认识。薪酬反映了一种付出之后的回报，属于一种交换关系，这是薪酬不变的本质。这种交换关系的一方是劳动者，或者说是员工，他们通过付出劳动而获得劳动报酬，"不劳动者不得食"就是对这一观点的鲜明写照；另一方是企业，或者说是雇主，他们在员工为其产出经济效益后支付给员工报酬。换一种角度说，雇主只要想让员工为其工作，不支付报酬是不可能的。同时，在这一历史的演变过程中，薪酬不断被赋予"以人为本"的理念。薪酬，已不仅仅是一个经济报酬的概念，它同时具备了更多的哲学内涵。基于此，本书在乔治·米尔科维奇（Gerge T. Milkovich）的基础上更进一步，将薪酬定义为"用于吸引、激励和留住员工的所有有形的经济补偿、服务和福利及无形的员工感知到的有价值的事物"。

1.1.2　不同学科对薪酬的理解

对薪酬的研究不仅是管理学的研究重点，而且也是经济学研究的重要组成部分，但在各自领域内的研究方法、关注点不同。

经济学研究中一直用"工资"一词，其主要关注的是工资的性质（即什么是

工资）以及工资水平是由什么机制决定的。而管理学更多的是关注工资的效率以及如何达到这种效率，如薪酬的支付形式、支付技巧等。

1.1.3 不同视角对薪酬的理解

薪酬对于社会、企业和个人而言是有截然不同的意义的。

对于社会而言，薪酬是全体成员的可支配收入，薪酬水平将决定社会整体的消费水平。近年来，我国许多社会经济问题都是由薪酬问题所引起的，所谓"内需不足""农村市场购买力不足""贫富差距不断扩大"等都是从社会层面理解薪酬问题。

具体来讲，薪酬是劳动力市场的价格信号。薪酬是雇员交换劳动的价值体现和货币回报，但在一个雇主占绝对优势的市场，需要通过社会政府的干预，包括相关法律的制定和政策的实施，以及劳动市场的供求调节，来保证雇佣双方的交易公平；其次薪酬虽然是企业成本的重要组成部分，但也会对区域经济发展、产品市场以及国际贸易等产生重要的影响。因此，需要宏观政策等进行调节。再次，薪酬是社会成员收入的主要来源之一，是社会公平的指示器。通过薪酬的变化，可以发现不同社会层面、社会群体的收入变动与收入公平问题。例如，薪酬指标可以显示城乡之间、区域之间，不同文化、教育、年龄和性别等特征的群体之间的报酬差异以及其影响等，从而反映一个社会的公平和进步程度。

对于企业而言，薪酬意味着成本。企业家关心的问题是：如何以最低的成本来实现企业最大的收益；而薪酬是企业家支付给员工的人工成本，这些投入在员工身上的成本是否发挥了最大的效用。薪酬对企业具有增值、激励、配置、竞争、导向等职能，对不同类型的人力资源进行投资的结构和程度的变化，也会直接影响企业的人力资本结构，此外，人力资源投资也与其他资本投资一样，具有一定的风险性等。薪酬是绩效激励的杠杆，目的是通过选择更好的工具来获得更大的投入产出效益。有的观点认为，如果说薪酬作为人力资本投资是对雇员能力的关注，那么激励杠杆则将着眼点放在雇员态度上，薪酬激励作用的发挥，需要企业的薪酬分配具有合理差异性与外部竞争性等。通过薪酬机制还可以将组织目标和管理者的意图传递给员工，促使员工的个人行为与组织行为融合，也可以通过薪酬结构的变动，调节各生产和经营环节的人员流动，实现企业各种资源的有效配置等。

对于员工个人而言，薪酬是他们出卖劳动的所得，是交换的结果。员工总希望自己的付出得到最大的补偿。

1.2 薪酬的分类

在理论界对薪酬的分类也没有统一的标准，根据薪酬量界定为基本依据，可将薪酬分为计时、计件和绩效薪酬；根据是否采取直接的货币形式，可将薪酬分为货币性薪酬和非货币性薪酬两类；根据薪酬发生的机制，可将薪酬分为外在薪酬和内在薪酬。

货币性薪酬也称核心薪酬，指公司以货币形式支付的报酬，如基本工资、奖金、补贴等。非货币性薪酬是指公司以实物、服务或安全保障等形式支付给员工的报酬形式，大多数表现为员工福利或额外薪酬，包括保障计划（提供家庭福利，改善健康状况，为失业、伤残或严重疾病等灾难性原因引起收入损失做出补偿），非工作时间带薪（提供带薪休假）和服务（为其家庭提供补助，如学费补助和子女入托补助）等。

外在薪酬是指单位针对员工所作的贡献而支付给员工的各种形式的收入，包括工资/薪水、奖金、福利、津贴和补贴、股票激励以及各种间接货币形式支付的福利等。外在薪酬可划分为货币性薪酬和福利性薪酬。对不同的层级员工而言，其主导的需求不同，按照马斯洛的需求层次理论，人的主导需求只有在低层需求得到满足后，才会产生更高层次的需求。对大多的员工而言，货币性薪酬实际上只是一种间接性薪酬。而其最终的需求，可能是为了得到商品和劳务、社会的认同或尊重、进入上流社会、获得友情和爱情等。因此，要较为充分发挥薪酬的激励杠杆作用，就不仅要了解员工对货币收入的需求，还有必要了解员工的主导需求，以及最终的需求等。福利性薪酬有货币性的，也有非货币性的，但以非货币性为主。福利一般是非绩效挂钩的，每位员工都能够享受到，其对企业或组织增强员工的归属感、强化员工的团队建设、稳定工作环境、增强组织的凝聚力等有莫大的作用。内在薪酬是员工由工作本身而获得的精神满足感，是精神形态的报酬。外在薪酬相对于内在薪酬而言，比较容易定性及进行定量分析，容易在不同个人、公众和组织之间进行比较。对于从事重复性劳动的员工来说，如果对内在薪酬产生不满，可以通过增加工资来解决。

1.3 薪酬的构成

薪酬的构成是指薪金报酬的各组成部分在薪酬总体中的结构与比例。它的各个成分各有侧重地执行不同的薪酬职能，以更好地体现按劳分配原则和全面调动劳动者的积极性，促进生产和工作效率的提高、增加效益。薪酬的构成各国不尽一致，在企业、机关、事业单位等不同性质的组织中也不尽相同。这是由于生产

力水平、生活水平、历史习惯、国家政策、经济体制等原因所致。既然薪酬是"用于吸引、激励和留住员工的所有有形的经济补偿、服务和福利及无形的员工感知到的有价值的事物",因此,本书主要根据薪酬发生的机制将其分类,即薪酬的构成包括外在薪酬和内在薪酬,其具体分类及内涵如下。

1.3.1　外在薪酬

外在薪酬包括基本薪酬、绩效薪酬、福利薪酬。基本薪酬是企业薪酬体系的重要组成部分,一般包括基本工资和津贴补贴。绩效薪酬是激励作用最明显的部分,一般包括奖金和股权激励。福利薪酬又称间接薪酬,是指组织为员工提供的各种物质补偿和服务形式,包括法定福利和组织提供的各种补充福利,是员工薪酬的一个不可或缺的组成部分。

1. 基本工资（base pay）

基本工资是根据劳动合同约定或国家及企业规章制度规定的工资标准计算的工资。根据国家统计局 1990 年 1 月 1 日颁发的《关于工资总额组成的规定》（1990 年 1 月 1 日局令第 1 号）和《〈关于工资总额组成的规定〉若干具体范围的解释》,以及劳动部颁发的《工资支付暂行规定》（劳部发〔1994〕489 号）和《对〈工资支付暂行规定〉有关问题的补充规定》（劳部发〔1995〕226 号）的有关规定,劳动者的全额工资是指其每月所收入的基本工资（又称标准工资）与辅助工资（又称非标准工资）之总和,即实得工资。我国现阶段企业执行的基本工资制度主要有等级工资制、岗位工资制、结构工资制、岗位技能工资制等。基本工资是企业的一项固定成本,一般不会随着绩效水平或工作结果的变化而改变,包括小时工资、月薪、年薪等形式。2016 年国务院发布了《关于调整事业单位工作人员基本工资标准案的通知》,2018 年国务院发布了《关于调整事业单位人员工资标准的实施方案》,各省市也陆续发布了自己的工资标准。

2. 津贴与补贴（allowance）

津贴是对员工在非正常情况下工作所付出的额外劳动消耗、生活费用以及身心健康受到损害时,单位所给予的补偿。非正常工作环境包括高温高空作业、矿下水下作业、有毒有害环境下作业等。津贴与补贴没有本质的区别,所不同的是,津贴是对额外和特殊劳动消耗的补偿,侧重于生产性;而补贴是对日常生活费用开支的补助,侧重于生活性。津贴的发放具有强制性,只要劳动者符合发放津贴的条件,企业就必须无条件向职工发放。而补贴的发放属于一种福利性质,目前并没有法律法规对此作出强制性规定,但用人单位一旦对发放补贴做出承诺,即应该履行承诺,按时按量向劳动者发放该项补贴。

3. 奖金（bonus）

奖金是指对劳动者提供的超额劳动所支付的报酬，是实现按劳分配的一种补充形式。奖金大体上可分为两类：一类是由于劳动者提供超额劳动，直接增加了社会财富而给予的奖励，例如增产、节约等；另一类是由于劳动者提供超额劳动，为增加社会财富创造了条件而给予的奖励，例如技术革新等。奖金最大的特点在于其激励性、灵活性，不会增加企业的固定成本，但这种激励往往是短期的。中国企业中实行的奖金制度，是 20 世纪 50 年代初开始建立和发展起来的，它曾在 1958 年和 1966 年下半年两次被取消。现行的奖金制度，则是 1978 年以后恢复和建立的。

4. 股权激励（equity incentive）

股权激励是企业拿出部分股权用来激励企业高级管理人员或优秀员工的一种方法。与奖金不同，股权激励是一种长期激励，员工职位越高，其对公司业绩影响就越大。股东为了使公司能持续发展，一般可采用长期激励的形式，将员工的利益与公司利益紧密地联系在一起，构筑利益共同体，减少代理成本，充分发挥员工的积极性和创造性，从而达到公司目标。2006 年之前，股权激励的方式包括业绩股票（performance shares）、虚拟股票（phantom stocks）、股票增值权（stock appreciation rights，SARs）、员工持股计划（employee stock ownership plans，ESOP）、延期支付计划（deferred compensation plan）、限制性股票（restricted stock）、管理层股票期权（executive stock options，ESO）以及管理层收购（management buy-outs，MBO）等。2006 年，证监会颁布了《上市公司股权激励管理办法》，指出上市公司实施的股权激励计划主要包括限制性股票（restricted stock）、股票期权（stock option）以及法律、行政法规允许的其他方式。同年 9 月 30 日，国资委、财政部发布实施《国有控股上市公司（境内）股权激励试行办法》扫清了股权激励的限制性障碍。2016 年，证监会颁布了《上市公司股权激励管理办法》，并于 2018 年重新修订。

5. 福利（benefits）

福利是一个被广泛运用的词语，是"能给人带来幸福的因素，其中既包含物质的因素，也包含精神和心理的因素"。薪酬中福利的概念更偏向于物质的因素，是指员工的间接报酬。目前为止，在薪酬的各构成部分中，学者们对福利的理解尚未统一，划分方式也多种多样。本书认为，福利是一个综合性的概念，是企业基于雇佣关系，依据国家的强制性法令及相关规定，以企业自身的支付能力为依托，向员工所提供的、用以改善其本人和家庭生活质量的各种以非货币工资和延期支付形式为主的补充性报酬与服务。对员工而言，福利包括两个层次：一部分

是政府通过立法形式，要求企业必须提供给员工的福利和待遇，称之为法定福利；另外一部分是企业提供给本企业员工的福利，称之为企业福利。

1.3.2　内在薪酬

内在薪酬是员工由工作本身而获得的精神满足感，是精神形态的报酬，包括由于自己努力工作而受到晋升、表扬或受到重视等，从而产生的工作的荣誉感、成就感、责任感。内在薪酬一般包括：①参与决策权；②有趣的工作；③弹性工作时间；④晋升机会；⑤工作保障；⑥优越的环境；⑦多元化活动；⑧绩效认可；⑨工作生活平衡；⑩身份标志等。内在薪酬的特点是难以进行清晰的定义，不易进行定量分析和比较，没有固定的标准，操作难度比较大，需要较高水平的管理艺术。管理人员或专业技术人员对于内在薪酬的不满难以通过提薪获得解决。

薪酬构成的各部分有不同的功能。基本工资作为固定收入，可以保障员工的基本生活；奖金作为短期激励，可以激发员工的工作热情；股权作为长期激励，可以协同员工与企业的利益；福利作为生活照顾，可以让员工感受到温暖与帮助；津贴与补贴，作为一笔小额补偿，是对员工辛苦劳动的奖励；内在薪酬，如工作保障、晋升机会、多元化活动、工作生活平衡等作为精神激励，可以让员工从工作本身中得到最大的满足。薪酬的构成如图 1-1 所示。

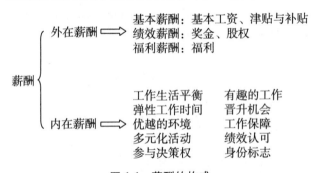

图 1-1　薪酬的构成

1.4　薪酬的意义

薪酬体现员工与企业间的利益关系，对企业而言，具有保值增值作用，对员工而言，具有吸引、激励和维持的作用。因此，我们需要从企业角度和员工角度分别理解薪酬的意义。

1.4.1　薪酬对企业的意义

促进企业战略实现。人力资源战略和薪酬系统都是基于企业战略的。对企业而言，要想实现企业战略，应该努力争取竞争优势，而获得竞争优势的两个基本前提，即"做正确的事情"和"把事情做正确"，前者指做什么的问题，而后者指如何做的问题。重要的方面就是如何用人来做事情，如何用人的本质就是如何使人力资源成为企业获取竞争优势的来源。薪酬是人力资源管理体系中的一个很重要的方面，企业支付薪酬的目的在于支持人力资源系统，最终帮助企业实现企业战略。薪酬通过吸纳、激励、留住核心人才，提升企业的竞争力，从而实现企业战略。

提升企业经营绩效。人才是企业经营成功的基石，现代企业的竞争力很大程度上是人才的竞争，能否吸引到优秀的人才是企业在市场竞争中能否赢得优势的关键。在其他条件相差不大的时候，企业的薪酬体系越具有竞争力，那么它在吸引人才方面越具有竞争力。不仅如此，充分发挥员工的潜力推动企业的经营业绩发展也非常重要，企业获取持续竞争优势的关键在于如何更好地发挥员工的才智，激发其潜能，为企业创造更多的佳绩，促使企业达成优良经营绩效。薪酬对员工的工作行为、工作态度以及工作业绩具有直接的影响，薪酬不仅决定了企业可以招聘人员的数量和质量，决定了企业中的人力资源质量与存量，还决定现有员工受到激励的状况，影响到员工的工作效率、缺勤率、对组织的归属感和组织承诺度等，从而会直接影响企业的生产效率和整体的运营，进而影响企业的市场表现和竞争力。通过合理有效的薪酬体系，员工知道什么样的行为、态度以及业绩是受到鼓励的，是对企业有贡献的，从而引导员工的工作行为和工作态度以及最终的绩效朝着企业期望的方向发展，达到提升企业经营绩效的目的。

塑造文化认同感。合理和富有激励性的薪酬制度会有助于企业塑造良好的企业文化，以及对现存的企业文化起到正面的强化作用，如果薪酬政策与企业文化相冲突，就会对企业文化和企业的价值观产生消极影响，甚至导致原有企业文化瓦解，人心涣散，工作士气低下，对于企业而言，这无疑是重大的危机。公司的文化变革和薪酬变革是一致的，薪酬的变革要适应支持文化的变革，如原有的企业文化是传统国有的"大锅饭"，要适应市场竞争，建立规范的考核体系，在薪酬体系上就要适当增加变动薪酬的比重，激发个人的积极性、主动性，鼓励绩优者。

控制经营成本。薪酬对于企业而言，是一个重要的成本支出，采取薪酬领先策略，无疑可以吸引和保留更多的关键核心人员，但对于企业也会产生成本上的压力，从而对企业在产品市场上的竞争产生不利影响。因此，企业为了获得和保留企业经营过程中不可缺少的人力资源不得不付出一定的代价，又要不得不面临市场的竞争压力而注意控制薪酬成本。如何有效控制薪酬成本又不影响市场的竞争力是企业经营中必须要处理的难题。

1.4.2 薪酬对员工的意义

薪酬对员工的意义主要体现在维持和保障作用、激励功能、象征意义、提高工作满意度等方面。

维持和保障作用。薪酬是员工劳动力价值的交换形式，是其内在价值的价格形式，而劳动是员工脑力和体力的支出。员工作为企业劳动力要素的提供者，企业只有给予足够的补偿，才能使其不断投入新的劳动力。这种补偿是通过员工消费各种必要的生活资料实现的。因此，员工的劳动收入，首先要用于购买各种必要的生活资料以维持劳动力的正常生产。但是，随着企业技术结构和产品结构的不断变化，员工必须不断更新知识结构，以增强对企业技术和产品结构变化的适应性。所以，企业员工的工资收入理所当然应该包括支付部分学习、培训、进修等方面的费用。除此之外，企业员工一定的生活享受也应包括在其工资收入之内，它同样属于维持劳动力再生产的范畴。

激励功能。薪酬体现了员工的需求满足层次，一般而言，员工将薪酬看做能力、地位、自尊和自我价值实现的象征。马斯洛的需求层次理论认为：（1）员工期望自己的薪酬收入能够满足自己的基本生活需要；（2）员工期望自己的薪酬收入更加稳定或是稳定的薪酬部分有所增加；（3）员工期望自己所获得的薪酬与同事之间有一种可比性，得到公平对待；（4）员工期望自己获得比他人更高的薪酬，以作为对个人的能力和所从事工作的价值的肯定；（5）员工期望自己能够获得过上更为富裕、质量更高的生活所需要的薪酬，从而进入一种更为自由的生活状态，充分实现个人的价值。一般情况下，当员工的低层次薪酬需求得到满足以后，通常会产生更高的薪酬需求，并且员工的薪酬需求往往是多层次并存的，因此，企业必须注意同时满足员工的不同层次薪酬需求，员工的较高层次的薪酬需求得到满足的程度越高，则薪酬对于员工的激励作用就越大。

象征意义。薪酬映射理论认为货币性薪酬向员工传达出了四层含义。第一层是动机含义，即货币性薪酬在一定程度上是一种实现个体动机和目的的手段。第二层是相对状态含义，即货币性薪酬反映了与他人相比，个体工作绩效的高低。第三层是控制含义，即货币性薪酬反映了个体所处的组织层级和角色，并反映了个体对他人的控制程度。第四层是消费含义，即货币性薪酬反映了个体对实际商品和服务的购买力。

提高工作满意度。现代薪酬系统不仅注重利用工资、奖金、福利等货币性薪酬从外部激励劳动者，而且注重利用岗位的多样性、工作的挑战性、取得成就、得到认可、承担责任、获取新技巧和事业发展机会等非货币性报酬从内部激励劳动者，从而使薪酬管理过程成为劳动者的激励过程。员工在这种薪酬管理体系下，通过个人努力，不仅可以提高薪酬水平，而且可以提高个人在组织中的地位、声誉和价值，从而提高工作满意度。

第二节　薪酬的理论基础

2.1　经济学视角

最早关注薪酬的学科是经济学，经济学研究中常用"工资"一词，探讨工资的性质、工资决定机制等宏观问题。在经济学理论中，劳动是推动经济社会发展的重要因素，因此，劳动力价格，即工资的决定问题是不可回避的基本问题。下面介绍一些经济学中的主要薪酬理论。

2.1.1　最低工资理论（Minimum Wage Theory）

最低工资的观点最早由英国古典政治经济学的创始人威廉·配第（William Petty，1623－1687）提出。该理论认为工资和其他商品一样，有一个自然的价值水平。这个价值水平不是企业主观意愿的结果，而是市场竞争的结果。如果工资低于该价值水平，工人的最低生活将无法维持，资本家也就失去了继续积累财富的基础。

最低工资理论是政府工资调节的主要理论依据之一。据此，许多国家相继制定了最低工资保障的法律法规，以协调资本家与雇佣工人之间的利益冲突。例如，这些法律法规要求最低工资水平必须考虑员工及其家属的最低生活保障，企业需要联系物价水平和生活指数变动等因素确定员工基本工资等。在当时资本家对工人剥削极为严重的年代，最低工资理论能够保证工人最低的生活保障，因此被工人们广泛接受。

2.1.2　工资差别理论（Wage Differentials Theory）

1. 职业工资差别理论

该理论由现代西方经济学的鼻祖亚当·斯密（Adam Smith，1723－1790）提出，认为造成不同职业和工人之间工资差别的原因主要有两大类：一类是不同的职业性质，另一类是工资政策。各种不同性质的职业在五个方面造成工资的差别：第一，劳动者的心理感受不同，有的职业可以使人愉快，而有的则使人感到厌烦；第二，掌握的难易程度不同，有的职业很容易学习和掌握，有的则难以学习和掌握；第三，安全程度不同，有的职业风险很大，不安全系数高，有的则没有什么风险，比较安全；第四，承担的责任不同，有的职业承担的责任重大，有

的则没有什么责任；第五，成功的可能性不同，有的职业容易成功，而有的职业很难成功。对于那些使劳动者不愉快、学习难度高、风险系数大、责任重大和失败率高的职业，应支付高工资；反之，支付低工资。

亚当·斯密还探讨了宏观工资政策与工资差别之间的关系，指出政府不适当的工资政策会扭曲劳动力市场上的供求关系。工资政策在三个方面影响工资差别：第一，某些政策限制了一些职业中的竞争人数，从而影响职业之间的竞争；第二，增加另一些职业的竞争，使其超过自然的限度；第三，阻碍了资本和劳动力的自由流动。在这种情况下，工资作为劳动力价格的表现形式，自然会通过不合理的工资差别反映出来。

亚当·斯密指出的职业性质与工资收入差别之间的关系，实际上是现代岗位和职务工资的基础。不同的工作岗位，不同的职业，要求劳动者的素质和劳动量的付出是不同的，相应的劳动报酬也不同。这一理论还暗含一定的政策意义，即政府不适当的工资政策可能扭曲劳动力市场的供求关系，因此对政府的宏观工资调控具有重要的理论和实践意义。

2. 人力资本工资差别理论

人力资本的概念最早由诺贝尔经济学奖得主西奥多·舒尔茨（Theodore W. Schultz，1902－1998）提出，认为人力资本投资是促进经济增长的关键因素。人力资本投资主要有五种形式：医疗和保健投资、在职培训投资、正规教育投资、社会教育投资、个人和家庭为适应就业机会变换的迁移投资。

从个体劳动者的角度来讲，一个人的人力资本含量越高，其劳动生产率越高，边际产品价值越大；反之，其劳动生产率越低，边际产品价值越小。同样，在劳动力市场上，人力资本含量高的劳动者应得到更好的工作和更高的待遇，这是内在人力资本的价值表现。也只有每个劳动者的人力资本价值都得到体现，社会总体劳动力资源才能得到有效配置，即实现所谓的"帕累托最优"。

人力资本理论解释了白领技术工人和蓝领非技术工人的收入差距及收入差距变化问题，成为技能工资、资历工资等能力工资的主要基础理论之一。

2.1.3 工资基金理论（Wages-fund Theory）

工资基金理论由英国著名的哲学家和经济学家约翰·斯图亚特·穆勒（John Stuart Mill，1806－1873）及其他学者提出。该理论认为，从国家的角度看，一定时期的资本总额是一个固定的量，其中用于支付工资的工资基金也是一个固定的量。工资基金是资本中扣除了用于补偿机器折耗、购买生产资料和利润后的剩余，可以用公式表示为：工资水平＝工资基金/劳动者人数。

因此，在劳动者人数一定的情况下，工资水平的高低取决于工资基金的多少，工资基金越多，工资水平越高，反之越低；在工资基金一定的情况下，工资水平的高低取决于劳动者人数的多少，劳动者人数越少，工资水平越高，反之越低。

工资基金理论特别指出了工资与劳动生产率之间的关系，它本身存在明显的缺陷：不仅国家的工资基金在变化，而且工资基金所占的比例和劳动力数量时刻在变动。工资基金理论是和事实矛盾的。工资基金理论遭到了其他经济学家的批评，以至于后来穆勒本人也放弃了这一理论。

2.1.4　边际生产力工资理论（Marginal-productivity Wage Theory）

边际生产力工资理论被认为是现代工资理论的基础，由美国经济学家约翰·贝茨·克拉克（John Bates Clark，1847－1938）提出。该理论主要运用静态分析方法，分析在没有任何经济扰动的情况下，在社会的组织形式和活动方式（人口、资本、技术、组织、消费倾向等）没有变化的条件下，经济自发力量对于财富生产和分配的决定所起的作用。克拉克认为，工资取决于劳动的边际生产力，即厂商雇佣的最后一个工人所增加的产量——劳动的边际产品。在假定其他生产要素的投入不变的条件下，当劳动的投入增加时，其所增加的产量开始以递增速度增加，到一定量后，由于每一单位劳动所分摊的机器设备、原料等逐渐减少，会出现技术供应不足。因此，如果继续增加劳动投入，每增加一个单位的劳动所生产出来的产品必然少于前一单位劳动所生产的产品。这就是边际生产力递减规律。克拉克就是用边际生产力概念来解释工资水平。他认为工人的工资水平是由最后追加的工人所生产的产量来决定的。如果工人所增加的产出小于付给他的工资，雇主就不会雇佣他；反之，如果工人所增加的产出大于所付给他的工资，雇主就会增雇工人。只有在工人所增加的产出等于付给他的工资时，雇主才既不增雇也不减少所使用的工人。

边际生产力工资理论在工资理论的发展史上占有十分重要的地位，可以说是现代工资理论之先驱。它解释了工资的长期水平，也适用于短期工资水平的确定。从此，工资理论的研究从总体工资的一般分析转到企业和厂商层次的微观分析上，进一步证实了工资水平与劳动生产率之间的关系。

2.1.5　供求均衡薪酬理论（Supply and Demand Equilibrium Wage Theory）

供求均衡薪酬理论的创始人是英国著名经济学家阿尔弗雷德·马歇尔（Alfred Marshall，1842－1924），他在边际效用价值论和边际生产力薪酬理论的基础上，提出了该理论。马歇尔在其名著《经济学原理》一书中，以均衡价格为基础，从生产要素的需求与供给两方面论述了薪酬水平的决定。

马歇尔认为，薪酬是由劳动力的供给价格和需求价格相均衡的价格决定的。

劳动力的供给价格是由养育、训练和维持有效率的劳动者的生产费用决定的，包括劳动力生活上正常的生活必需品，如衣、食、住等，也包括一些习惯上的必需品，如烟酒嗜好等。特殊劳动技术的供给还有特殊的要求。劳动力的供给价格是劳动力愿意出卖劳动时接受的价格，如果低于这个价格，劳动力就不可能正常维持和延续劳动。

劳动力的需求价格由劳动的边际生产力决定，边际生产力的变化，将引起劳动力需求价格的不断变化。而劳动力的供给价格由于其生产费用的构成复杂，将受到外部经济与非经济环境的影响，因此也是不断变化的。供求均衡薪酬的决定原理可以用图 1-2 表示，横轴为劳动力的雇用量，纵轴为工资率，S 表示劳动力的供给曲线，D 表示对劳动力的需求曲线，E 为市场供求平衡点，W^* 为市场均衡时的劳动力工资率，L^* 为市场均衡时的最佳雇用量。

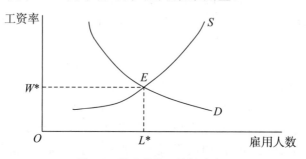

图 1-2　供求均衡工资的决定

从短期来看，企业将根据员工薪酬的升降来确定其对员工的需求量，基本的取舍原则是员工的边际生产力与薪酬之间的变动比较。由于对劳动的需求是派生需求，当企业生产的产品的需求量上升，从而产品的价格上升时，边际收益产量曲线及由此决定的劳动需求曲线将有相应的变化，即劳动需求曲线向右上方移动，从而使企业对劳动的需求量增加。然而，市场劳动力需求曲线不是企业劳动需求曲线的简单相加，因此，整个市场薪酬水平的变化对劳动需求的影响较小。从长期和社会角度来看，薪酬提高对企业的劳动力需求将有较大的影响，这是因为在员工的工资提高后，将在两个方面体现出对劳动力需求的减少，一是由于产出效应对劳动力需求的减少；二是由于替代效应对劳动力需求的减少。

马歇尔的供求均衡薪酬理论从需求与供给两个方面对薪酬的决定因素进行了分析，考虑得较为全面，比边际生产力工资理论大大前进了一步，奠定了现代薪酬理论的基础，也对西方就业理论产生了巨大影响。

2.1.6　集体谈判工资理论（Collective Bargaining Wage Theory）

集体谈判工资理论的代表人物是美国经济学家克拉克、英国经济学家庇古

（Arthur Cecil Pigou，1877—1959）等。该理论在劳动经济学中属于短期工资决定的理论，认为工资在一定程度上是劳动力市场中雇主与雇员之间集体交涉的产物。在工业化早期，集体交涉只限于雇主和雇员之间的单独谈判。随着产业社会的发展，双方交涉的形式日益趋向集体组织和集体方式。当工人组织起来以后，就形成了劳动力市场上的卖方垄断，即工会如果控制了劳动力的供给量，就会影响工资率的决定。如图 1-3 和图 1-4 所示。

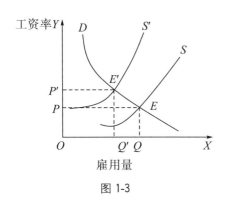

图 1-3

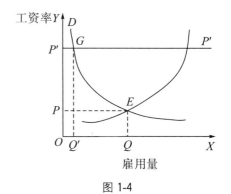

图 1-4

如图 1-3 所示，工会会采取措施限制劳动力的供给量，如不准非工会会员受雇等，劳动力的供给量由 S 转到 S′。相应地，雇用量由 OQ 下降为 OQ′，工资率由 OP 上升到 OP′。又如图 1-4 所示，工会认为提高工资率，即由 OP 上升到 OP′。或促使政府规定最低工资率，使工资率不得低于 P′P′，原来劳动力供给与需求的平衡点为 E，OP 为均衡工资率，OQ 为均衡条件下的雇用量。在工资率为 P′P′ 的条件下，劳动力的需求曲线 DD 与 P′P′ 交于 G，雇用量也就减少到 OQ′。因此，通过雇主和雇员双方集体力量的讨价还价和公平、合理的交涉，可以在一定程度上消除垄断，而且有助于减少混乱竞争给双方造成的无谓损失。

20 世纪 60 年代，马伯瑞用契约域模型说明集体谈判过程，该模式也可用来解释集体谈判对劳动力市场工资率的影响作用。它认为，劳动双方进行谈判时，双方最终实际能够接受的条件和双方所表明的条件之间存在差异，在谈判过程中任何一方都不愿意透露自己实际要接受的条件。因此，在判断过程中，双方都努力探索对方最终实际能够接受的条件，而且迫使对手改变原来的接受条件。

图 1-5 是契约模型，U1 代表谈判初期工会所提出的条件，U2 代表工会最终愿意接受的条件，M1 代表谈判初期企业提出的条件，M2 代表企业最终愿意接受的条件。根据图 1-5，如果工会最终愿意接受的条件大于企业最终愿意接受的条件（U2＞M2），就存在负契约域（negative contract zone），这时，集体谈判

QIYE XINCHOU XITONG SHEJI YU ZHIDING

可能会破裂，相反，如果企业最终愿意接受的条件大于工会实际所要求的条件（M2<U2），就存在正契约域（positive contract zone），在正契约域内，集体谈判成功的可能性非常大，还有一种情况是，双方的条件恰好相等（U2＝M2），成为点契约域（point contract zone），如果双方了解这种情况，集体协议就会形成，双方谈判就会成功，如果双方不了解这种谈判，谈判过程就比较艰难。

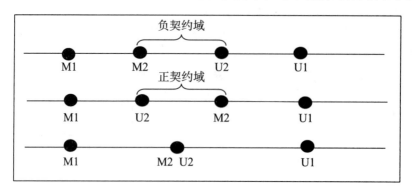

图 1-5　契约模型

资料来源：mabry B. D.，"The Pure Theory of Bargaining"，Industrial and Relational Review，July. 1965.

对集体谈判理论的非议主要来自人们认为它不是严谨的工资理论，只是一种实用主义的解释，并且与边际劳动生产力理论相悖。客观讲，集体谈判理论只是一种短期货币决定理论，而边际生产力理论是一种关于实际工资要素和工资水平长期变动的理论。两者对工资现象的解释不是对立的，而是互补的。因此，集体谈判理论作为集体谈判制度的理论基础和实践总结，也是现代企业工资理论的一个较为重要的学说。

2.1.7　效率工资理论（Efficiency Wage Theory）

效率工资理论的代表人物是美国经济学家约瑟夫·斯蒂格利茨（Joseph Eugene Stiglitz，1943－）。效率工资理论最主要的一个假设是，员工的有效供给量与工资水平成正比。定性地讲，效率工资指的是企业支付给员工比市场保留工资高得多的工资，促使员工努力工作的一种激励与薪酬制度。定量地讲，厂商在利润最大化水平上确定雇佣工人的工资，当工资对效率的弹性为1时，称它为效率工资。此时工资增加1％，劳动效率也提高1％，在这个水平上，产品的劳动成本最低，即效率工资是单位效率上总劳动成本最小处的工资水平，它保证了总劳动成本最低。

事实证明，效率工资已经成为企业吸引人才的利器，它可以相对提高员工努力工作、对企业忠诚的个人效用，提高员工偷懒的成本，具有激励和约束双重功效，采用效率工资制度有助于解决企业的监控困难。同时，保持适度的失业率是必要的，因为它可以让员工保持一种危机感，从而激励他们努力地工作，有利于提高有效劳动供给量。

2.1.8 分享工资理论（Share Wage Theory）

分享工资理论是麻省理工学院教授马丁·魏茨曼（M L. Weitzman，1942—）提出的。他认为资本主义经济的弊端不在于生产，而在于分配制度的不合理，特别是雇员报酬分配的不合理。在传统的工作制度中，工资同企业的经营活动没有直接的关系，由于工资与劳动成本固定，按照最大化原则，企业对市场总需求做出的反应总是在产品数量方面，而不是价格方面。但是，由于成本不能变动，价格就不能变动。一旦市场需求收缩，企业只能减少生产而不能降价，因为在成本固定时降价的结果是赔本。所以在市场收缩、产量减少时，工人失业是必然的，分享工资理论的提倡者主张建立"分享基金"作为工人工资的来源，并与利润挂钩，工人与雇主在劳动市场上通过协议规定双方在利润中的分享比例。利润增加，分享基金就增加，反之，利润就减少，工资随利润增减而变动。

魏茨曼分享工资理论的提出目的之一是解释西方国家的失业和通货膨胀现象。他认为，在现实的劳动力市场上，一方面工会的保护导致就业工人的工资居高不下，因为解雇需要支付一定的成本（劳动合同的存在），而雇佣新人又需要支付培训费用，所以雇主一般也不倾向于解雇工人。另一方面，失业者只要能够就业，就愿意接受更低的工资，但劳动者的需求和供给者之间却很难达成协议。政府在支付高昂失业保险金的同时，不得不采取扩张性的财政政策和货币政策来扩大就业，其结果是导致通货膨胀的产生。因此，魏茨曼主张将传统的工资制度改为分享制度，其核心是将固定的工资转变为与反映企业某些经营状况的指标相联系的收入，这样雇主与雇员所达成的工资协议就不是在劳动力市场上按小时支付工资的合同，而是两者在企业收入中各自分享比例的协议。

分享工资理论在一定程度上影响了政府和企业的工资政策。该理论对薪酬领域的贡献是：在它的基础上，相继产生了现代利润分享理论、雇员长期激励理论、经营者和员工持股计划等新的理论与实践模式。

2.2 管理学视角

从管理学的视角看，薪酬是获取竞争优势、实现企业战略的有效工具。它更多地从微观角度出发，关心企业内部的工资效率以及如何达到这种效率等问题。

2.2.1 差别计件工资制（Price-rate Differential Wages）

差别计件工资制的提出者是"科学管理之父"费雷德里克·泰勒（Frederick Winslow Taylor，1856－1915）。泰勒在1905年出版了《计件工资》一书，系统提出了差别计件工资制，使其成为科学管理中的薪酬主导模式。差别计件工资制主要包括三部分内容：第一，在工时研究的基础上制定劳动定额和日工资率，即实施标准定额工资管理；第二，制定差别工资率，所谓差别计件制的基本含义是"达不到标准的工人只能获得很低的工资率，给达到标准的工人很高的工资率"；第三，工资付给工人而不是付给职位，每个人的工资尽可能按他的技能和工作绩效来计算。正是因为有了系统的劳动定额和计件工资理论，专门从事劳动定额和工资率管理的部门在企业中产生并具有了相应的管理地位。

泰勒在总结差别计件工资制实施情况时说："差别计件工资制对工人士气影响的效果是显著的。当工人们感觉受到公正的待遇时，就会更加英勇、更加坦率和更加诚实，他们会更加愉快地工作，在工人之间和工人与雇主之间建立互相帮助的关系。"

2.2.2 需求层次理论（Hierarchy of Needs Theory）

需求层次理论是人本主义科学的理论之一，由美国心理学家亚伯拉罕·马斯洛（Abraham H. Maslow，1908－1970）于1943年在《人类激励理论》论文中所提出。马斯洛把需求分成生理需求（physiological needs）、安全需求（safety needs）、社交需求（social needs）、尊重需求（esteem needs）和自我实现需求（self-actualization needs）五类，依次由较低层次到较高层次排列。在自我实现需求之后，还有自我超越需求（self-transcendence needs），但通常不作为马斯洛需求层次理论中必要的层次，大多数会将自我超越需求合并至自我实现需求当中。

生理需求（physiological needs），也称级别最低、最具优势的需求，如：食物、水、空气、性欲、健康。企业可以相应地给出激励措施，如增加工资、改善劳动条件、给予更多的业余时间和工间休息、提高福利待遇等。

安全需求（safety needs），同样属于低级别的需求，其中包括人身安全、生活稳定以及免遭痛苦、威胁或疾病等。相应的激励措施包括：强调规章制度、职业保障、福利待遇，并保护员工不致失业，提供医疗保险、失业保险和退休福利，避免员工收到双重的指令而混乱。

社交需求（social needs），属于较高层次的需求，如对友谊、爱情以及隶属关系的需求。

据此，企业可以提供同事间社交往来的机会，支持与赞许员工寻找及建立和谐温馨的人际关系，开展有组织的体育比赛和集体聚会。

尊重需求（esteem needs），属于较高层次的需求，如成就、名声、地位和晋升机会等。尊重需求既包括对成就或自我价值的个人感觉，也包括他人对自己的认可与尊重。企业可以采取的激励措施包括：公开奖励和表扬，强调工作任务的艰巨性以及成功所需要的高超技巧，颁发荣誉奖章，在公司刊物发表文章表扬，设立优秀员工光荣榜。

自我实现需求（self-actualization），是最高层次的需求，包括针对于真善美至高人生境界获得的需求，因此前面四项需求都被满足后，最高层次的需求方能相继产生，是一种衍生性需求，如自我实现、发挥潜能等。企业应给有特长的人委派特别任务，在设计工作和执行计划时为下级留有余地。

2.2.3　双因素理论（Motivator-Hygiene Theory）

基于马斯洛需求层次理论，赫茨伯格（Fredrick Herzberg，1923－2000）于1959年提出双因素理论，又称激励－保健理论。他把企业中有关因素分为两种，即满意因素和不满意因素。满意因素是指可以使人得到满足和激励的因素，即激励因素。不满意因素是指容易产生意见和消极行为的因素，即保健因素。激励因素主要与工作内容相联系，包括得到上级的认同、责任感，良好的职业发展计划，从事具有挑战性和成就感的工作等。这些因素如果得到满足，可以使人产生很大的激励，若得不到满足，也不会像保健因素那样产生不满情绪。保健因素主要与工作环境相联系，包括与周边同事相处状况、公司的政策和管理方式、工作条件、上司的监督等。如果满足这些因素，能消除不满情绪，维持原有的工作效率，但不能激励人们更积极的行为。

激励因素只有满意和没有满意之分，而保健因素有不满意和没有满意之分，它们在员工个人与工作之间的关系方面所起的作用不同。对管理者来说，消除工作中的不满意因素只能带来平和，不发生摩擦和矛盾，但不会产生激励作用，改善保健因素后，人们没有不满意感了，但不一定感到满意；而要真正起到激励员工的作用，必须注重激励因素，增加员工对工作的满意感。因此，赫茨伯格认为，一个好的企业管理者，应该把改善"保健因素"和激活"激励因素"作为激励员工的最佳途径。

根据双因素理论，在薪酬体系中，我们不应把调动员工积极性的希望只寄托于物质激励方面。既然工作上的满足与精神上的鼓励更有利于激发人的工作热情，那么在管理中，就应特别注意处理好激励因素和保健因素的关系。结合员工的真正需求，才能真正激励员工。

2.2.3　期望理论（Expectancy Theory）

期望理论是由北美著名心理学家和行为科学家维克托·弗鲁姆（Victor Vroom，1932−）于1964年在《工作与激励》中提出来的。该理论认为员工为某个特殊行为所付出的努力或动机依赖于三个相互关联的变量：

效价（valence）：这是一个心理学概念，是指达到目标对于满足他个人需要的价值。同一个目标对每一个人可能有三种效价：正、零、负。为了达到一个正性的效价，个人必须倾向于得到这样的结果；当个人对某结果漠不关心时，效价为零；如果效价为负，则个人不希望得到这样的结果。当效价越高，激励力量就越大。某一客体如金钱、地位、名誉等，如果个体不喜欢、不愿意获取，目标效价就低，对人的行为的激励力量就小。

工具性（instrumentality）：工具性是指一级成果对于渴望获得的二级成果的影响程度。举个例子，一位员工希望得到晋升（二级结果），于是更加努力获得出色的绩效（一级结果）。这里，出色的绩效被认为是有工具性的，因为它可以帮助员工达到最终的晋升目的。

期望值（expectancy）：人们根据过去经验判断自己达到某种目标的可能性是大还是小，它是一种概率（取值范围为0~1），是指导某行为获得成功的二级成果（如上述晋升）的可能性。目标价值大小直接反映人的需要动机强弱，期望概率反映人实现需要和动机的信心强弱。如果个体相信通过努力肯定会取得优秀成绩，期望值就高。

按照期望理论，员工所付出的努力可以通过上述三个因素共同作用产生，其四者之间的关系如以下公式：努力程度＝效价×工具性×期望值。

期望理论对企业人力资源管理，尤其是薪酬激励有以下启示：

首先，管理者应该同时注意提高期望概率和效价。仅仅重视激励是片面的，应该注意提高工作人员的素质，包括提高他们的思想素质和业务能力，通过提高他们对自身的期望概率去提高激励水平，创造较高的绩效目标。

其次，管理者应该提高对绩效与报酬关联性的认识，将绩效与报酬紧密结合起来。绩效与报酬的联系越紧密，拟实现的目标能够满足受激励者需要的程度相对提高，目标对受激励者的吸引力也就相对加大，激励的水平也就相对提高。

最后，管理者应该将物质奖励与精神奖励结合起来。期望理论表明，目标的吸引力与个人的需要有关。价值观的差异会产生需要的差异。因此，管理者应该了解自己的管理对象，在可能的情况下，有针对性地采取多元化的奖励形式，使组织的报酬在一定程度上与工作人员的愿望相吻合。

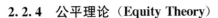

2.2.4　公平理论（Equity Theory）

公平理论又称社会比较理论，由美国心理学家约翰·斯塔希·亚当斯（John Stacey Adams，1925-）于1965年提出，该理论的基本观点是：当一个人做出了成绩并取得了报酬以后，他不仅关心自己的所得报酬的绝对量，而且关心自己所得报酬的相对量。因此，他要进行种种比较来确定自己所获报酬是否合理，比较的结果将直接影响其今后工作的积极性。比较有两种，一种比较称为横向比较，另一种比较称为纵向比较。

（1）横向比较。所谓横向比较，即一个人要将自己获得的"报偿"（包括金钱、工作安排以及获得的赏识等）与自己的"投入"（包括教育程度、所作努力、用于工作的时间、精力和其他无形损耗等）的比值与组织内其他人作社会比较，只有相等时他才认为公平。如下式所示：OP/IP＝OC/IC。其中，OP表示自己对所获报酬的感觉；OC表示自己对他人所获报酬的感觉；IP表示自己对个人所作投入的感觉；IC表示自己对他人所作投入的感觉。

比较的结果会有三种：一种是当该比率小于别人的比率时，极易导致职工对组织或管理人员的不满；二是当该比率等于别人的比率时，职工感到组织的公平，会得到强有力的激励；三是当该比率大于别人的比率时，个人可能会满足一会，但一段时间后，由于满足于侥幸的心理，工作又恢复原样。

（2）纵向比较。所谓纵向比较，即把自己目前投入的努力与目前所获报偿的比值，同自己过去投入的努力与过去所获报偿的比值进行比较，只有相等时他才认为公平。如下式所示：OP/IP＝OH/IH。其中，OH表示自己对过去所获报酬的感觉；IH表示自己对过去投入的感觉。

当上式为不等式时，人也会有不公平的感觉，这可能导致工作积极性下降。当出现这种情况时，人不会因此产生不公平的感觉，但也不会感觉自己多拿了报偿从而主动多做些工作。调查和实验的结果表明，不公平感的产生绝大多数是由于经过比较认为自己目前的报酬过低而产生的；但在少数情况下也会由于经过比较认为自己的报酬过高而产生。

公平理论下两种比较的结果如下表1-2所示。

表1-2　公平理论

横向比较和纵向比较	员工的评价
OP/IP＜OC/IC 或者 OP/IP＜OH/IH	不公平（报酬过低）
OP/IP＝OC/IC 或者 OP/IP＝OH/IH	公平（报酬相等）
OP/IP＞OC/IC 或者 OP/IP＞OH/IH	不公平（报酬过高）

将公平理论应用于薪酬制度，可以得到三种公平的表现形式：内部公平、外部公平和个人公平。内部公平的含义是，针对不同性质的工作，组织需要科学的价值评价等级，并以此支付相对应的薪酬。外部公平的含义是，支付给员工的薪酬与本行业内或劳动力市场上，从事同等工作的其他组织支付的薪酬相一致。员工公平则是指，组织应根据在既定岗位上工作的员工的贡献来支付薪酬，体现绩效文化。员工对于企业的满意度主要取决于上述三方面，其中内部公平和外部公平是薪酬设计的关键考虑因素，个人公平虽然难以从外部表现来衡量，但对于员工积极性的影响也是实实在在的。

2.2.5 强化理论（Reinforcement Theory）

强化理论是美国心理学家和行为科学家斯金纳（Burrhus Frederic Skinner，1904-1990）等提出的一种理论，也叫操作条件反射理论、行为修正理论。该理论提出了三个相互影响的概念：刺激，指环境中能够鼓舞个人作出某种反应的因素；反应，指个人对于刺激所做出的回应；后果，指使个人选择一个具体反应的结果，或指奖惩等的强化物。

斯金纳在概念界定的基础上构筑了基本的行为强化理论模式：刺激—反应—强化，并指出了三者之间的关系，通过参考先前的反应选择的结果，个人就能知道哪种反应最有效；个人将会选择那些直接或间接指向他希望实现的目标的反应；如果改变行为，则与行为相关的结果也必须改变。斯金纳认为人是没有尊严和自由的，人们作出某种行为，不做出某种行为，只取决于一个影响因素，那就是行为的后果。他提出了一种"操作条件反射"理论，认为人或动物为了达到某种目的，会采取一定的行为作用于环境。当这种行为的后果对他有利时，这种行为就会在以后重复出现；不利时，这种行为就减弱或消失。人们可以用这种正强化或负强化的办法来影响行为的后果，从而修正其行为。该理论还区分了四种强化类型：正向强化、反向强化、废除或消退、惩罚，并且界定强化的进度、固定间隔、固定比率、可变间隔、可变比率等。

尽管强化理论是心理学家在考察动物的非认知行为时提出的，但是该理论能够广泛运用于揭示人类的行为，它主要的贡献是表明了强化因素在强化希望发生的行为时是非常成功的，这对薪酬管理具有很强的指导意义。例如，在现实中，企业需要员工行为的多样化和符合组织绩效的目标，因此，企业可以通过不同的薪酬方式来达到强化组织期望行为的结果。正如一些研究表明，基本工资有利于维持现有的令人满意的绩效水平，但不能使员工长期保持该表现，而且通常不能充分发挥员工的潜力。因此，建议企业用可变薪酬代替固定薪酬，如记件或记时工资、按销售提成和长期绩效薪酬等，有利于激励和留住企业员工。

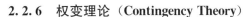

2.2.6　权变理论（Contingency Theory）

权变理论是指 20 世纪 60 年代末 70 年代初在经验主义学派基础上进一步发展起来的管理理论；是西方组织管理学中以具体情况及具体对策的应变思想为基础而形成的一种管理理论，其代表人物有卢桑斯（Fred Luthans）等。权变理论认为，每个组织的内在要素和外在环境条件都各不相同，因而在管理活动中不存在适用于任何情景的原则和方法，即：在管理实践中要根据组织所处的环境和内部条件的发展变化随机应变，没有什么一成不变的、普遍适用的管理方法。成功管理的关键在于对组织内外状况的充分了解和有效的应变策略。权变理论以系统观点为理论依据，从系统观点来考虑问题，权变理论的出现意味着管理理论向实用主义方向发展前进了一步。

从一定意义上讲，权变理论推动了 20 世纪 70 年代在一些发达国家企业兴起的薪酬变革，变革的重点是摒弃传统的工资管理制度，倡导全新的薪酬管理理念。因为，以封闭和单一的等级结构为特征的工资体系最初起源于泰勒的科学管理理论，它与等级制的组织结构相对应，其最大弊端是没有考虑外部环境的变化和员工在组织中的贡献问题。这种薪酬体系有两大缺陷：第一、缺乏弹性。造成薪酬结构刚性的原因很多，主要有两个：一是在薪酬等级结构的设计中，多是以岗位等级为基础，对内部一致性的考虑高于对外部竞争性的考虑；二是按照固定的模式复制同样的薪酬结构，难以体现企业的特色，被称为一种"万能"模式。万能的薪酬结构缺乏弹性，无法适应外部环境的变化。第二、反应迟钝。传统的薪酬结构设计根源于企业的岗位和岗位等级结构。一旦员工被固化在某一岗位上，就按照岗位职责工作并获得报酬；员工的报酬与绩效之间的联系往往不是直接的，必须通过其他的管理环节才能反映出来，如晋升、业绩考核等。因此，传统的薪酬结构充其量是一个单功能的内部等级结构，而不是一个由多要素构成的、具有多种功能的、开放的薪酬管理体系。

权变理论思想被运用到薪酬管理中，它阐述了一个核心观点：没有唯一和最好的薪酬管理，只有一种最适合的方式。权变理论强调外部环境的多变性和内部条件的特殊性，管理企业的方式应以变化的条件为转移。权变管理给薪酬带来了革命性的变化，第一，它强调薪酬体系的设计应与企业战略、组织文化相关联；第二，薪酬系统是组织管理的组成部分，它不仅可以有效控制成本，激励员工，还可以塑造、强化企业文化，并支持企业的变革；第三，引导管理者树立整体和系统的管理理念，并依据企业的发展调整薪酬决策。因此，现代薪酬结构应该具备三个特点：既能适应市场的短期变化，又能适应市场的长期变化；能够与组织战略和战略目标的变化相匹配；对生产经营环境的反应敏感、快速。

2.3　管理学与经济学视角的薪酬比较

如前所述，经济学与管理学在薪酬问题上的研究重点是不尽相同的，正是这些差异的存在，形成了两大学科各自的理论特色。如下表 1-3 所示。

表 1-3　管理学与经济学在薪酬研究上的差异

研究特点	管理学	经济学
研究目标	解决微观层次如企业内部具体的员工薪酬管理问题	宏观的人力资本的配置效应，收入分配与社会公平
研究范畴	主要是微观组织为主	主要在宏观与中观，以政府和市场为主
研究对象	侧重具体的管理模式 以微观的动态的管理过程为主	侧重宏观和微观层面 侧重短期和静态比较分析
研究重点	组织不同阶段薪酬体系的设计、薪酬管理与组织、员工的绩效关系	工资变动的社会效应 劳动力市场的有效配置
研究方法	以管理系统设计和实证研究为主	早期主要采用规范分析，后期多采用实证分析

资料来源：孙剑平. 薪酬管理——经济学与管理学视觉的耦合分析［M］. 长春：吉林人民出版社，1999.

一般而言，经济学对薪酬的研究主要侧重在宏观与中观层面，如劳动力市场、企业外部因素等；而管理学对薪酬的关注更侧重于企业组织等微观层面，如企业内部以及企业之间的关系等。

2.4　薪酬系统的基本问题

薪酬系统主要分为三个层面，分别是战略层面、实施层面、制度层面，不同的层面所面临的问题也不同，详见图 1-6。在战略层面上，薪酬体系考虑更多的是选择什么样的薪酬策略适应企业的战略。在过去，企业和组织中员工的工作性质和工作动机比较简单，薪酬体系一般停留在简单的操作、技术和制度层面。进入知识经济社会后，薪酬体系日益发挥激励和约束作用，作为一种有效辅助企业战略实施的重要人力资源管理手段而受到重视，被提升到企业战略层面上。因此，薪酬战略与企业战略匹配，支持企业战略的实现。

在实施层面上，主要分为外在薪酬和内在薪酬层面，外在薪酬可以细分为基本薪酬层面、绩效薪酬层面、福利薪酬层面。基本薪酬层面是企业薪酬体系的重要组成部分，一般包括基本工资和津贴补贴，主要涉及三个问题：基本薪酬的支付基础是什么？如何保持基本薪酬的外部公平性？如何确立薪酬结构？绩效薪酬是激励作用最明显的部分，一般包括奖金和股权激励，主要涉及三个问题：支付奖金或股权的依据是什么？支付多少奖金和股权适合？支付奖金和股权的方式和时间如何确定？福利薪酬主要是指根据国家的相关政策，设计一套符合法律的福利体系和补充福利系统，进一步发挥福利的人力资源管理功能。福利薪酬涉及的问题有：如何设计一套符合法律的福利体系？如何根据公司情况设计一套补充福利系统？如何实施非货币性薪酬？此外，考虑内在薪酬，如提供给员工晋升的机会、优越的工作环境、弹性工作时间等各种激励因素来激发和调动人的主动性、积极性、创造性，协调企业利益与个人利益的最大化，来吸纳、激励和留住人才，也是至关重要的。内在薪酬涉及的问题有：如何实施内在薪酬来激发人的主动性和创造性？

　　在薪酬制度层面，企业考虑的问题是：如何将薪酬制度文本化。即如何通过这一过程，把与薪酬有关的各方面用条文的形式体现出来，将企业的薪酬理念、薪酬结构系统化、规范化，转化为具体的、可执行的薪酬制度。此外，对企业薪酬制度进行诊断，了解和分析企业在薪酬体系方面存在的问题，并针对这些问题提出有效的解决办法，也是企业薪酬制度能否行之有效的一个重要条件。

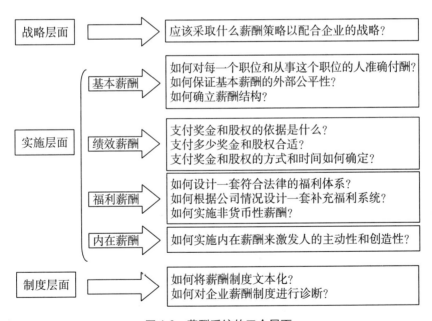

图 1-6　薪酬系统的三个层面

第三节 薪酬管理的发展历史

一个多世纪以来，企业薪酬管理一直是经济学界和管理学界关注的热点问题。从古典经济学到现代经济学的发展可以看出，经济学领域对薪酬问题的研究已经较为系统。经济学理论的基本前提假设是：接受工资的主体是"理性"的经济人，由此演绎出来的各种观点都已经渗透到管理活动中，对管理行为产生极为广泛的影响。但是，从管理学角度出发，现实中的个体并非完全是"理性"的经济人，管理现实中的环境因素也是复杂多变的，薪酬制度并不都是得到如此理性的执行。基于管理实务的要求，企业薪酬管理理论也随着管理实践的发展而不断发展，同时，这些理论又影响着企业薪酬管理基本理念和基本风格的变迁。从工业革命给早期工厂制度带来冲击开始，到今天网络经济对管理变革的全面渗透，指导企业薪酬管理实践的薪酬理论也在不断发展。无疑，对这些薪酬管理理论的发展脉络进行分析，领会其演变的逻辑过程，对企业薪酬管理实践具有十分重要的意义。

3.1　早期工厂制度阶段：
把工资水平降低到最低限度的观点

在前工业革命时期，工人习惯于家庭或者农村生活，不习惯接受工厂管理的约束，工作实践随意性大，工厂面临的最大困难在于培养"工业习惯"。在这种背景下，重商主义经济学派认为，收入与所提供的劳动之间的关系是负相关的。因此，在很长一段时间里，雇主们认为，"最饥饿的工人就是最好的工人"。他们尽可能降低工人的工资，让工资稳定在最低水平；同时，工厂主面临吸引熟练技术工人的挑战，因此必须提高工资。于是，雇主为了在这两者之间实现平衡，就采用了各种不同的物质激励方法。

在这个阶段，工厂薪酬的支付沿用了简单的家族计件付酬方法。在那些劳动密集型的工厂里，工资激励使用相当广泛，劳动报酬与个人表现紧密相关，劳动成本在总成本中占有很大比例。当时，也有部分企业采用团体计件计划。比如，大多数煤矿实行小组工作。由于当时工人表现的衡量标准是历史形成的平均工时，而不是工作本身及完成任务实际花费的时间，因此，小组的计件计划虽然是在实践中形成的，但却大都没有效率。

为了充分发挥工资的激励作用，少数管理学者提出了利润分享计划，作为固

定工作的补充。比如，巴比奇提出的利润分享计划包括两个方面：①工人的部分工资要视工厂的利润而定；②工人如果能提出任何改进建议，那么就应获得另外的好处，即建议奖金。除了分享利润外，工人们按照他们所承担的任务性质获得固定工资。这样，按照利润分享计划，工人作业组合将会采取行动，淘汰那些使他们分红减少的不受欢迎的工人。应该说，在工厂制度逐步成熟的过程中，企业主已经意识到薪酬在管理中的地位和作用。

3.2　科学管理阶段：
围绕工作标准和成本节约展开的薪酬政策

在科学管理时代，"以高工资提高生产力，降低产品单位成本"的思想得到了发展。当时的观点认为，最好的办法就是把劳动报酬与劳动表现联系起来。利润分红能够鼓励工人以更低的成本生产更多的产品，因为他们能分享盈利。

弗雷德里克·泰罗并不赞同当时正在风行的利润分享计划。他认为，因为所有的人都参与分享利润，所以该计划并不能够促进个人抱负的实现。1895 年，他针对工人的"偷懒"行为提出了差别计件工资制，作为"部分解决劳动力问题的进一步措施"。该计划包括三部分内容：①通过工时研究进行观察和分析以确定"工资率"，即工资标准；②差别计件工资制；③把钱付给人而不是职位。泰罗认为，如果采用差别计件工资制，一旦工作标准确定下来，就能产生两方面的作用：使得达不到标准的工人只能获得很低的工资，同时付给确实达到标准的工人以较高的报酬。

在此基础上，甘特发明了"完成任务发给奖金"的制度，来实现泰罗制所无法达到的鼓励工人相互合作的目的。根据这个制度，如果工人某一天完成了分配给他的全部工作，他每天将得到 50 美元的奖金。他建议，工人如在规定时间或少于规定时间内完成任务，他们除了可得到规定内的报酬外，还能按该时间的百分比获得另外的报酬。此外，甘特采纳了一位同事的意见：一个工人达到标准，工长就可以得到一笔奖金；如果所有的工人都达到标准，他还会得到额外的奖金。甘特认为，给工长这种额外的奖金是为了"使能力差的工人达到标准，并使工长把精力用在最需要他们帮助的那些人身上"。可以说，这是最早关于管理者薪酬激励的表述。

与此同时，利润分享计划也在得到修正和改善。1938 年，约瑟夫·斯坎伦针对团体激励提出薪酬计划。斯坎伦计划的核心是建议以计划和生产委员会为主体，寻求节省劳动成本的方法和手段。整个计划的首要原则是以团队为主体，不对提出建议的个人付给报酬，强调的更多的是合作而不是竞争，因此，任何一个

人的建议都能使大家得到好处。在整个工厂或整个公司范围内付给报酬，鼓励工会和管理当局进行协作以降低成本和分享利润。斯坎伦计划的独特之处在于：①对提出的建议实行团体付酬；②建立讨论和制订节约劳动技术的联合委员会；③工人分享的是节省的成本，而不是增加的利润。

可以看出，这个时期完成了从"低薪"到"高薪"激励理念的根本转变。"最饥饿的工人就是最好的工人"逐渐变成"最廉价的劳动力是得到最好报酬的劳动力"。在这个阶段，"高工资、低成本"的观点在企业中得到确立。

3.3 行为科学阶段：适应员工心理需求的薪酬制度

人际关系学派认为"工作中的人同生活中其他方面的人没有多大差别。他们并不是彻底的理性生物，他们有感情。他们喜欢感到自己重要并使自己的工作被人认为重要。当然，他们仍然对自己工资袋颇感兴趣"。因此，一些企业为满足员工个体心理需求而进行不同的尝试。

詹姆斯·林肯尝试并试验了一种以经验为基础的方法。他认为，对工作的自豪、自立更生以及其他久经考验的品德正在消失。为了恰当解决这个问题，就要恢复个人"明智的自私自利"。激励人们的主要因素不是金钱、安全，而是对他们技能的承认。林肯计划试图使职工的能力得到最大的发挥，然后按照他们对公司作出的贡献发给"奖金"。林肯电器公司的个人激励计划因此取得了巨大的成功。

怀延·威廉斯最先提出工资权益理论。他认为，从工人的角度看，工资是相对的，也就是说，重要的并不在于一个人所得到的绝对工资，而在于他所得到的相对工资。到20世纪60年代，埃利奥特·雅克与约翰·斯泰西·亚当斯等提出了公平激励理论，该理论基于两种重要的比率，即所得工资相对于他人工资的比率和其"投入"（即所付出努力、受教育水平、技术水平、培训、经验）相对于"产出"（薪金）的比率。他们强调了薪酬调查在薪酬决策中的地位。从整个过程来看，在传统的薪酬管理思想中，薪酬政策考虑的因素往往是多维度的。证据表明，工资激励的效力是如此依赖于它与其他因素的关系，以至于不能将它分离出来作为一个独立的因素来衡量效果。

第四节　企业薪酬系统的现状与发展趋势

4.1　企业薪酬系统面临的挑战

企业的薪酬系统一般要达到兼具有效性、公平性与合法性三大目标。有效性，也就是薪酬体系在多大程度上能够帮助组织实现预定的经营目标，包括销售额、股票收益、利润率等财务目标以及产品或服务质量、文化建设、组织和员工的创新学习能力等经营方面的定性目标。公平性，即员工对企业薪酬体系以及管理过程的公平性、公正性的认同，涉及员工对本人薪酬与企业外部劳动力市场薪酬状况、企业内部不同职位上的人以及类似职位上的人的薪酬水平之间的对比结果。而合法性，指企业薪酬体系要符合国家的相关法律规定，从国际通行状况而言，与薪酬有关的法律主要有最低工资立法、同工同酬立法或反歧视立法等。这三大目标中，最典型的是公平性与有效性之间的矛盾。在其他条件相同的情况下，企业的薪酬水平越高，员工的公平感越强。但是，企业的薪酬水平越高，对企业的薪酬成本开支压力就越大，对企业的利润将产生不利影响，从而在薪酬的公平性和有效性之间产生矛盾。此外，在薪酬体系的合法性和有效性之间也会产生类似的矛盾，在不合法与提高效率、增加收益之间进行权衡，如不遵守国家规定的最低工资法，给工人低工资，节约人工成本，但又要冒法律风险。因此，企业在很多时候必须在有效性、公平性与合法性之间进行权衡。

但是薪酬系统的挑战不仅是有效性、公平性与合法性之间的矛盾，在兼顾公平性上企业在处理各种要素时也非常棘手。公平性本身就是一个主观性的看法，在通过与其他人的报酬进行比较评价自己报酬的公平性时，选择的参照物标准，以及信息的掌握不一样，对公平性的理解也会不同。一旦员工认为自己在薪酬方面受到不公平对待时，通常会寻求以下三种方法进行心理平衡：①减少个人的投入，工作士气低落；②破坏公司的财务制度等，以不正当的手段增加个人的利益；③从心理上试图远离认为不公平的地方，拒绝与其他认为比自己薪酬高但不公平的同事合作配合，影响工作的氛围，甚至直接离开企业，跳槽到其他企业。这些试图恢复公平的努力很可能都会对企业构成损害，因此，企业必须重视薪酬公平性问题。

QIYE XINCHOU XITONG SHEJI YU ZHIDING

4.2　企业薪酬系统的热点问题及发展趋势

在全球经济一体化、知识经济时代来临的趋势下，人力资源已成为组织取得和维系竞争优势的关键要素。因此，人才竞争将在全球范围内更为激烈地展开，这种竞争直接导致薪酬水平剧烈动荡。所有竞争对手争相支付高于市场平均价格的薪酬，导致人力资源的价格波动攀升。与此相应的，利润的分配格局也发生巨大变化，"知识智有所值、人才劳有所得"的呼声会越来越高，收益被更广泛地分享而不是过分集中。因此，企业对人力资源应当更加严肃而又慷慨，对人力资本的投资力度应当更强。

对所有企业来说，核心员工是企业的财富，是企业的核心竞争力，是企业的未来，须将核心员工薪酬的设计提高到战略的高度。核心员工的薪酬应是建立在客观的需求基础之上的个性化的薪酬，并结合企业的实际进行创新。员工薪酬设计应以市场为导向又结合本企业的实际。将市场薪酬水平作为员工薪酬水平判定的参照系。

随着互联网、宽频、大数据、人工智能技术的发展，工作弹性化更大，企业的经营运作模式也发生很大的变化。工作家庭化、弹性工作制、虚拟企业将成为一种新潮，薪酬的可变部分比例加大，网上考核和网上支付将被广泛采用。

传统的工作价值论将逐渐向市场价值论过渡，依靠工作分析计算工作价值的传统做法将向更高层次发展，薪酬将更多反映知识市场化的要求，薪酬管理将形成动态的分析机制，以适应市场变化的需求。

薪酬福利设计方面，弹性设计和多轨制将更加流行，蕴含的规则也更加复杂，"分化"现象将更加普遍。在薪酬管理中，人文化设计色彩将更加浓厚，心理学原理将起更重要作用。在主要基于脑力劳动的知识经济时代，薪酬不是纯粹经济学的计算问题，薪酬的意义将更关注人的价值而不仅仅是工作的经济价值，如以胜任力为基础的薪酬体系等。

薪酬分配形式的多元化，以股票期权和合伙制为主要形式的资本分配在薪酬体系中的比重会越来越大，并成为主导性分配方式。甚至有人提出以自然资本如环境、生态等非货币化作为奖励的手段。

在人才招聘和留用方面，薪酬也发挥着重要的作用。这里的薪酬包括上文中提到的外在薪酬和内在薪酬，因此除了外在的物质薪酬，还包括员工心理上的激励。事实上，自我决定理论认为，最佳的薪酬是能够激励员工发挥能力、保持工作激情的任何内外部激励。

本章小结

本章重点介绍了不同时期薪酬的概念，对薪酬的内涵、构成和意义等进行了探讨。从经济学和管理学的视角探讨薪酬原理，对不同时期的薪酬理论进行了梳理，并分析了薪酬系统的三个基本问题。回顾了薪酬管理的发展历史，并介绍了企业薪酬系统面临的挑战以及热点问题与发展趋势。

学习重点：

不同时期薪酬的内涵、构成；经济学与管理学的薪酬原理；薪酬系统的基本问题。

参考文献与网络链接：

中华人民共和国人力资源和社会保障部：http://www.mohrss.gov.cn/

中国人力资源管理网：http://www.chhr.net/index.aspx

中国企业人力资源网：http://www.ehrd.org/

中国人力资源网：http://www.hr.com.cn/

HRoot 领先的人力资源管理：http://www.hroot.com/

HR 人力资源管理案例网：http://www.hrsee.com/

Bennett B, Bettis J C, Gopalan R, et al. "Compensation goals and firm performance" [J]. *Journal of Financial Economics*, 2017, 124 (2).

Desimone R, Werner J, Harris D. *Human Resource Management* [M], Harcourt Inc., 2002.

Fulmer I S, Shaw J D. "Person-based differences in pay reactions: A compensation-activation theory and integrative conceptual review" [J]. *Journal of Applied Psychology*, 2018, 103 (9).

Giancola F L. "Is Total Rewards a Passing Fad?" [J]. *Compensation & Benefits Review*, 2009, 41 (4).

Gilley J, Eggland S, Gilley A M, et al. *Principles of human resource development* [M]. Addison-Wesley, 2002.

Knight P, Yorke M. *Employability through the Curriculum*, Skills Plus Project, 2001.

Nazir T，Shah S F H，Zaman K．"Literature review on total rewards：An international perspective" ［J］．*African Journal of Business Management*，2012，6（8）．

Rothwell W，Sredl H，*The ASTD Guide to Professional Human Resource Development Roles and Competencies* ［M］，2nd Edition，HRD Press，1992．

Thierry H．"Payment：Which meanings are rewarding?" ［J］．*American behavioral scientist*，1992，35（6）．

WorldatWork．*The WorldatWork Handbook of Compensation*，Benefits & Total Rewards．2016．

柴才、黄世忠、叶钦华：《竞争战略、高管薪酬激励与公司业绩——基于三种薪酬激励视角下的经验研究》，《会计研究》，2017。

韦志林、芮明杰：《薪酬心理折扣、薪酬公平感和工作绩效》，《经济与管理研究》，2016。

杨东进、冯超阳：《保健因素主导、激励因素缺失：现象、成因及启示——基于"80后"员工组织激励的实证研究》，《管理工程学报》，2016。

巴里·格哈特：《薪酬管理：理论、证据与战略意义》，上海财经大学出版社，2005。

付维宁：《绩效与薪酬管理》，清华大学出版社，2016。

李新建、孟繁强、张立富：《企业薪酬管理概论》，中国人民大学出版社，2006。

李永周：《薪酬管理：理论、制度与方法》，北京大学出版社，2013。

刘昕：《薪酬管理》，中国人民大学出版社第3版，2011。

文跃然：《薪酬管理原理》，复旦大学出版社第2版，2013。

思考题：

1. 薪酬的内涵是什么？

2. 薪酬系统有哪些构成要素？

3. 薪酬体系对企业有什么意义？

4. 薪酬系统对员工有什么意义？

5. 从经济学角度研究薪酬管理有什么特点？

6. 从管理学角度研究薪酬管理有什么特点？与经济学研究有什么不同？

7. 薪酬系统的基本问题有哪些？

8. 薪酬系统的现状如何？

9. 薪酬系统的发展趋势如何？

微软公司的薪酬管理

无论在哪个国家，薪资高、福利好的公司向来是人们向往的工作之地。在美国，微软因其高额的薪资和人性化的福利成为全球人才趋之若鹜的大公司。微软公司在企业管理，特别是人力资源管理方面值得我们去研究和学习。总体来说，微软公司的员工薪酬机制可以细分为货币性薪酬体系和非货币性薪酬体系两大方面。

货币性薪酬体系。首先微软有体现能力和级别的工资激励机制，微软在每个专业里都设立了"技术级别"，这个级别用数字表示，反映了员工的资历、技术水平和工资待遇；其次，微软有奖励普通员工的认股权激励机制。

微软是全球第一家用股票期权来奖励员工的公司，也是全球因为持有股权而诞生百万富翁最多的公司。在微软的薪酬构成中，薪金部分只处在同行业的中等水平，很多中、高级人员加入微软时的工资都低于原来所在公司的水平。但是，"持有微软股权"的分量足够吸引大部分所需要的人才。它的设计是这样的：相当级别以上的员工被雇用即得到一部分认股权，按当时市场最低价为授权价，所授认股份分期在几年内实现股权归属，员工可以按授权价认购已归属自己的股权，实际支付的认购价与认购当时市场价的差价就是股权收益。被雇用后每年都可能得到新的持股权奖励——取决于个人的绩效和对于公司的长期价值。这实际上是公司在为员工投资而公司又不冒任何风险。而这种方式能很好地激励和留住员工。

非货币性薪酬体系。微软有别具一格的晋升机会，他们会把技术贡献突出的老员工推向管理层岗位，打造一个既懂技术又善于经营的管理层；其次，他们有一个内部的技术培训环节，微软员工都有机会接触公司对技术感兴趣的人，包括盖茨本人。再次，他们有一个很好的沟通氛围，微软公司有个出名的文化叫"开放式交流"，每个员工都被给予足够的尊重能够畅所欲言。最后，微软的工作环境优美，每个人都有足够的自由按照自己的喜好来布置工作区域。

此外，微软还有体贴入微的福利保健机制，比如，温馨的生日祝福，全家总动员的家庭体验日，男性员工一个月的陪产假等等。在当今竞争激烈的时代，从某种意义上来说，企业之间的竞争就是人才的竞争。谁能够吸引人才、留住人才、激励人才，谁才能拥有持续不断的竞争优势。

问题：

1. 微软薪酬体系的成功之处在哪里？
2. 分析微软的薪酬体系，有什么特点？

QIYE XINCHOU XITONG SHEJI YU ZHIDING

第二章
薪酬系统设计的原则与战略导向

【开篇案例】

耐克为何加薪

2018 年 7 月，美国体育用品生产巨头耐克公司宣布对 7000 多名员工进行加薪，与此同时，耐克也在全球范围内改变了对于员工年度奖金发放的方式。以前，员工获得奖金的多少取决于个人和团队的绩效；未来，员工的奖金将基于整个公司财政年度的收益来进行衡量，而且获得奖励的水平将会是统一的标准。

这次加薪员工数量占到了耐克全球员工数量的 10%。耐克为什么会有这次大范围的加薪举动呢？去年，耐克公司的年营业收入达到了 360 亿美元，增长了约 6%。但这显然不是公司这次加薪的主要原因。

2017 年春天，《纽约时报》曝光了耐克公司存在的歧视女性员工和性侵事情，导致耐克几位高管辞职，耐克 CEO 马克·帕克（Mark Parker）公开出来道歉。这些都极大地伤害了耐克的形象。而就在几个月之前，耐克进行了一次内部薪酬满意度调查，结果显示耐克内部员工对于"薪酬的不公平"最为不满，同岗不能同酬现象十分严重，因此才有了这次耐克的加薪和调整年度奖金发放方式的举措。

从耐克这次加薪，我们能感觉到企业薪酬管理可以算是人力资源管理六大模块中最为复杂的一个。为什么这样说？比如这次耐克加薪，想强调同岗同酬，争取能够做到薪酬公平，大家觉得这样能带来公平吗？同样的岗位拿同样的钱，肯定有人说是公平的，但实际上却不是。比如同样的岗位，一个工作了 20 年的老员工和一个刚参加工作的新人，你让他们拿一样的薪酬，你告诉我这就是公平的？再比如同样一个岗位，一个员工是勤快、任劳任怨的，另一个不断偷懒耍滑，你让他们俩拿一样的薪酬，你告诉我这就是公平的？这样的例子可以不胜枚举。

讨论题：

1. 耐克公司此次加薪的原因是什么？
2. 你预计耐克公司的加薪举措会取得成功吗？为什么？
3. 如何做好以企业战略为导向的薪酬管理？

第一节　薪酬系统设计的原则

一个合理的薪酬体系不但可以充分体现岗位和员工价值，还可以起到良好的激励、监督作用，有助于企业更有效地实现战略目标。企业在进行薪酬设计时需要考虑组织内外部各种环境的影响，在设计的过程中必须遵循一定的原则，具体表现为以下几个方面。

1.1　薪酬系统设计的公平性原则

公平性是薪酬体系的基础。员工只有在认为薪酬体系公平的前提下，才能产生对企业的认同感和归属感，才能激励员工努力地工作。公平性原则是亚当斯公平理论在薪酬设计中的应用，它强调企业在设计薪酬时要"一碗水端平"。公平包括三个层次：机会公平、过程公平和结果公平。

1.1.1　机会公平

机会公平是最高层次的公平，其能否实现受到企业管理水平以及整个社会发展水平的影响。员工能够获得同样的机会是一种理想状态，因此在薪酬决策过程中要适度考虑机会公平；组织在决策前应该与员工互相沟通，涉及员工切身利益问题的决策应该考虑员工的意见，主管应该考虑员工的立场，建立员工申诉机制等。

1.1.2　过程公平

薪酬制度本身的设计就是为了实现过程公平，应该保证制度得到切实、有效的执行，保证制度的权威性和严肃性，因此在薪酬设计和薪酬分配过程中要体现过程公平。

1.1.3　结果公平

结果公平包括三个方面：自我公平、内部公平和外部公平。自我公平即企业设计薪酬时要考虑到历史的延续性，一个员工过去的投入产出比和现在乃至将来都应该基本上是一致的，从长远看要有所增长。这里涉及工资刚性问题，即一个企业发给员工的工资水平在正常情况下只能看涨，不能看跌，否则会引起员工很大的不满。

QIYE XINCHOU XITONG SHEJI YU ZHIDING

内部公平是指企业要确保按劳分配，同工同酬。企业要根据员工承担责任的大小，需要的知识能力的高低，工作性质和要求的不同，以及绩效的不同，来支付员工薪酬，以体现不同层级、不同职系、不同岗位在企业中的价值差异。例如，对于从事同种工作的员工，优秀员工就要比差一些的员工获得的工资高一些。

外部公平即企业的薪酬设计与同行业的同类人才相比要具有一致性。也就是说，企业的薪酬水平要符合合理的行业市场定位。

自我公平是员工对自己付出与获得报酬比较后的满意感觉，人的本性决定人往往是不知足的，因此对于自我公平来说，企业应该追求的是相对公平；内部公平和外部公平是薪酬设计应该注意的问题，因为只有实现内部公平和外部公平，才不会导致员工不满意。结果公平是所有企业最应关注的问题，同时企业不能忽视过程公平问题，因为过程不公平会对结果公平带来影响，如果只关注过程公平而忽视结果公平，那过程公平是没有意义的。事实上，很多企业实行的薪酬保密制度是与过程公平原则相违背的，但这也有其存在的道理，因为只有在保证结果公平的前提下，过程公平才有意义；如果结果不公平，追求过程公平是没有意义的。此外，薪酬公平并不意味着薪酬制度和标准的固化，而是当外部环境和薪酬战略发生变化时，薪酬设计也随之变化，实现动态公平。

1.2　薪酬系统设计的激励性原则

从员工激励角度看，根据激励－保健原则，薪酬可分为两类：一类是保健性因素，如基本稳定的工资、津贴、福利等报酬；另一类是激励性因素，如奖金、股权、赏识、培训、晋升等。前者的保健性因素达不到员工期望，会使员工感到不安全，丧失工作信心和激情。员工的忠诚度降低，人员流失难以控制，组织内无法形成良性循环。但对于后者的激励因素，如培训、晋升机会等则会极大地提高工作热情。对于知识性专业性强的职业采用高弹性的薪酬体系，加大绩效和胜任薪酬的构成比例，减少基本薪酬及保健性薪酬和保险福利的构成比例来加大激励力度，这样通过挑战性的弹性薪酬，激发员工的创造激情，充分发挥差异薪酬的激励作用。而对于一些稳定性的职位，如蓝领工人等岗位要求简单，考核也很容易定性或定量，可替代性很强，采用稳定的基本薪酬体系即可，薪酬的结构相对于前者而言，简单得多，激励效果不是很显著，这也与这些岗位特性一致。

通过菜单式福利，即根据员工的特点和具体的需求，列出一些福利项目，规定一定的福利总额，由员工自由挑选，各取所需，改变了传统的一刀切的福利分配方式，不仅有弹性、灵活性，同时也发挥其激励效果。类似于马斯洛的需求层

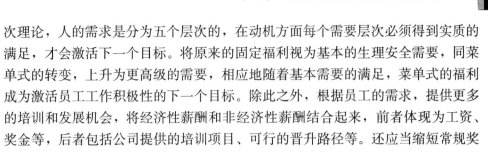

次理论，人的需求是分为五个层次的，在动机方面每个需要层次必须得到实质的满足，才会激活下一个目标。将原来的固定福利视为基本的生理安全需要，同菜单式的转变，上升为更高级的需要，相应地随着基本需要的满足，菜单式的福利成为激活员工工作积极性的下一个目标。除此之外，根据员工的需求，提供更多的培训和发展机会，将经济性薪酬和非经济性薪酬结合起来，前者体现为工资、奖金等，后者包括公司提供的培训项目、可行的晋升路径等。还应当缩短常规奖励的时间间隔，保持激励的及时性，更有利于取得最佳的激励效果，多频次小规模的奖励会比大规模的奖励更为有效。减少常规定期的奖励，增加不定期的奖励，让员工有更多的意外惊喜，也增加激励的效果。

虽然团队奖励的效果比直接奖励个人的效果要差，也会形成所谓的利益集团，但是适当的团队激励，有助于促进团队内员工的相互信任合作，努力实现团队的目标，同时有效防止团队内的上下级之间由于工资差距的过大导致出现基层人员心态不平衡的现象，但是也会造成不同利益团体的不平衡。

1.3　薪酬系统设计的核心员工原则

企业的核心竞争力在于核心人才，即那些掌握企业重要客户或掌握企业的关键技术的人才、核心的管理人才等，他们在企业生产经营中发挥重大作用，在员工组织中的影响力很大，拥有领导的特质。要想最大限度地保留和获得具有真正竞争力的优秀人才，必须要制定出一套对人才有吸引力并在行业中有竞争力的薪酬系统。如果企业的薪酬水平缺乏吸引力，那么很难吸引优秀人才，素质较高、能力出众的优秀员工也难以留住，只会将平庸的员工留在身边。这样难以建立和维持企业的核心竞争力。因此，企业要在薪酬体系的设计上有意识地向核心员工倾斜，他们一般为知识性员工，具有极强的独立性，个性鲜明，自主意识很强，拥有相对独立的价值观。对于核心员工而言，管理者在提供有竞争力的薪酬时，应积极树立"以人为本"的管理理念，为核心员工提供多种升迁和培训的机会，创造成长、发展的空间，注意营造良好的企业文化，增强核心员工的归属感等。

可以通过沉淀福利制度，将高层管理人员的薪酬分为若干份，当年只能拿到其中的一部分，其余部分在未来几年中分批支付，如果有的人提前离开，他是不能全额拿到薪酬的，这种模式一定程度上阻止了人才的流失。通过期权等把员工的即期利益转化成未来利益，并随着工作时间的增长和个人贡献的增加，未来期权的折现也要增加，而且这种增加既是规定的，也是可观察、可执行的。而且设立标杆式的员工作为学习的对象，既有助于形成良好的学习型组织，又能激励员工的工作积极性，而且可以很大程度上阻止员工的流失，尤其是核心的员工。

1.4　薪酬系统设计的适应性原则

企业在设计薪酬体系时，根据依据的基础不同，可以分为基于职位或工作的薪酬体系、基于技能的薪酬体系、基于能力的薪酬体系。前第一种以职位或工作为基础的薪酬体系根据职位或工作的性质及其对组织的价值来决定某种职位或工作的薪酬水平，一般薪酬水平变化不大，适用于职能型的组织文化。后两种均是以人为基础的薪酬体系，个人为组织作出贡献的能力在薪酬决策过程中起主导作用，它所关心的是员工对组织作出贡献的能力的提高。

基于技能的薪酬体系是长期以来一直存在的基本薪酬决定体系，几乎与职位薪酬有同样漫长的历史，是根据员工掌握的与职位有关的专业技能、能力以及知识的深度和广度来支付的薪酬，一般指应用性知识。该薪酬体系目的是激励员工掌握更多、更专业的与工作相关的技术，一般适用于处于变化的、不稳定的组织环境，以及在组织结构和一些职位随时变化的情形下，需要依靠知识和技术创新获取发展的组织。适合于技术先进、知识性员工占主体、员工自主管理程度比较高、管理层与员工之间更倾向于合作等员工特征，适用于以团队为主、连续工序环境下的工作，一般在成长性、技术更新需求强烈的企业。

基于能力的薪酬体系中，例如现在常提的胜任力薪酬，是强调一种更稳定的人的内在的能力。根据冰山模型，知识技能等一些门槛类胜任力素质是能够被观察和评价，并且能够通过培训开发来获得，即能够看见、模得着的处于"水面上"，是可以量化的，更可以通过绩效考核的。而一些自我意识、性格和动机等区辨性胜任力素质是看不见的、摸不着的、难以量化，隐藏在"水面下"的部分，它们必须通过具体的行动才能被推测出来，通过建立相应的胜任力模型来量化比较这些隐性知识和能力。

1.5　薪酬系统设计的员工参与原则

薪酬制度作为驱动公司战略的重要手段，促进员工行为方式与公司战略和企业文化的一致性，需要员工的充分参与，其参与程度直接影响薪酬体系作用的发挥。员工参与主要发挥以下作用：①增强对薪酬体系和薪酬管理的理解和接受程度。在设计薪酬体系时，一定要广泛征求员工的建议，不能由管理者一厢情愿，只有员工认可的管理才是最有效的。②帮助识别对提高绩效有意义的权变因素，并最终体现在组织各层级的绩效考核标准上。员工对设计过程的参与，将给组织提供更加丰富、更加全面的信息。这些信息将为最终识别企业的竞争力和薪酬管理目标提供帮助。③员工参与薪酬设计和管理，有助于增强自我管理意识，促进员工的积极性和主动性。

通过建立薪酬设计团队，对于成员的选择要注意不同部门、不同的背景和身份、不同学历、不同性别和不同层级人员的比例，用保密的方式让员工提出各种建议和意见，然后将员工对于各种建议用图表结合数据的方式连接起来，找出这些因素加以分析，如果是刚性障碍就调整工资结构，如果是柔性障碍（人为因素的考评不公正等）就完善其他的配套制度，并通过沟通和调查确定员工能够认同的合理工资的内容构成，结合外部市场的研究，制定员工可以接受的在企业内的绝对工资数，这一工资数和同类企业员工工资相比，能最大限度地满足员工的心理需求和预期。

1.6　薪酬系统设计的隐性报酬原则

从宏观角度而言，薪酬由两种不同性质的内容构成：外在薪酬和内在薪酬。外在报酬主要包括：基本工资、奖金、股权激励、福利、津贴与补贴等。内在薪酬也叫精神薪酬，它是基于工作任务本身但不能直接获得的报酬，属于隐性酬劳。美国薪酬协会（WAW）将其分为平衡工作与生活、绩效认可与赏识、个人发展与职业机会。此外，还有参与决策权、有趣的工作、弹性工作时间、晋升机会、工作保障、优越的环境、多元化活动、身份标志等因素构成，这是一种内在的激励方式。外在的金钱激励方式虽然能显著提高效果，但是持续的时间不长久，若处理得不好，甚至会产生适得其反的反作用。而内在的心理激励，虽然激励过程需要较长的时间，但一经激励，不仅可以提高效果，更主要的是具有持久性。比如对于在大中型 IT 企业占有重要地位的高层次人才和知识型员工，内在的心理报酬很大程度上左右着其工作满意感度和工作成绩。因此，企业组织可以通过工作制度、员工影响力、人力资本流动政策来执行内在报酬，让员工从工作本身中得到最大的满足。这样，企业减少了对薪资制度的依赖，转而满足和推动员工，使员工更多地依靠内在激励，也使这类 IT 企业从仅靠金钱激励员工，加薪再加薪的恶性循环中摆脱出来。

1.7　薪酬系统设计的双赢原则

个人与组织都有其特定的目标指向。个人参与某个组织是为了实现自己的目标，而组织目标的形成必然压制个人目标的实现。就薪酬而言，个人和企业组织都有各自的薪酬目标。员工为了实现自己的价值就希望通过获取高的报酬来加以体现，而企业组织为了有效利用资源和降低运转成本希望以"较小的投入"换取较大的回报。结果，两个薪酬目标之间如果没有合适的接口，企业付出的薪酬没

能激励员工更不能换回高的回报，而员工的愿望和目标同样被压制，产生怠工心理，会造成企业对员工不满，员工对企业抱怨的局面。所以，管理层在制订薪酬制度时，有必要上下相互沟通和协调，让员工参与薪酬制度的制订，找到劳资双方都满意的结合点，达到双赢的结果。解决的主要手段就是让员工参与薪酬设计，其显著优点是：与没有员工参加的绩效薪酬制度相比，让员工参与设计和管理的薪酬制度非常令人满意且具有长期激励的效果，同时，企业的投入达到最有效和最优化。让员工参与薪酬设计还有很多其他隐含的优点，这些对于企业发展的意义也是十分巨大的。

第二节　薪酬系统设计的政策导向

企业制定薪酬体系必须遵循相关的法律法规，如《失业保险条例》（2018）、《职工带薪年休假条例》（2007）、《企业职工带薪年休假实施办法》（2008）、《中华人民共和国劳动法》（2009）、《中华人民共和国工会法》（2016）、《中华人民共和国社会保险法》（2018）、《中华人民共和国劳动合同法（2012）》、《女职工劳动保护特别规定》（2012）、《全国年节及纪念日放假办法》（2014）、《中华人民共和国职业病防治法》（2018）、《中华人民共和国个人所得税法》（2018）等。对应的制度包括最低工资保障制度、工资支付制度、工时制度、社会保险制度、企业薪酬调查和信息发布制度等，这也是企业薪酬系统正常有序实施和运作的法律保障。通过法律手段调节、规范和维护劳动关系，协调企业中的劳资关系，保障劳动者的合法权益，有利于企业效益提高和长足健康发展。

2.1　最低工资保障制度

我国确立了最低工资标准，《最低工资规定》于 2004 年经中华人民共和国劳动与社会保障部颁布并实施，替代了 1993 年颁布并实施的《企业最低工资规定》。最低工资标准：是指劳动者在法定工作时间或依法签订的劳动合同约定的工作时间内提供了正常劳动的前提下，用人单位依法应支付的最低劳动报酬。它不包括加班工资，中班、夜班、高温、低温、井下、有毒有害等特殊工作环境、条件下的津贴，以及国家法律法规、政策规定的劳动者保险、福利待遇和企业通过贴补伙食、住房等支付给劳动者的非货币性收入。

我国《劳动法》第五章明确规定，国家实行最低工资保障制度，用人单位支付劳动者的工资不得低于当地最低工资标准。主要根据本地区低收入职工收支状况、物价水平、职工赡养系数、平均工资、劳动力供求状况、劳动生产率、地区综合经济效益等因素确定，另外，还要考虑对外开放的国际竞争需要及企业的人工成本承受能力等。当上述因素发生变化时，应当适时调整最低工资标准，每年最多调整一次。

最低工资保障制度适用于我国境内的所有企业，包括国有企业、集体企业、外商投资企业和私营企业等。国务院也分别于2016年和2018年发布了调整事业单位工作人员基本工资标准的相关方案，各省市也陆续发布了自己的工资标准。截止到目前，我国已有30个省、自治区、直辖市建立并实施了最低工资保障制度，正式公布了最低工资标准。最低工资保障制度的实施，对促进劳动力市场的发育，促进工资管理和工资支付的法制化，加强企业工资收入的宏观调控，制止部分企业过分压低职工工资，保护劳动者合法权益，发挥了积极作用。

最低工资标准的确定实行政府、工会、企业三方代表民主协商原则。省、自治区、直辖市人民政府劳动行政主管部门对本行政区域最低工资制度的实施实行统一管理。国务院劳动行政主管部门对全国最低工资制度实行统一管理。由于我国各个地区之间经济发展水平不平衡，工资水平与物价水平差别较大，因此《劳动法》第四十八条规定："最低工资的具体标准由省、自治区、直辖市人民政府规定，报国务院备案"。按照劳动法的规定，目前我国的最低工资标准都是按地区确定的，全国没有统一标准。表2-1显示了截止到2018年9月，全国各地区月最低工资标准情况。

表2-1　全国各地区月最低工资标准情况　　　　　　　　单位：元

地区	标准实行日期	月最低工资标准				
		第一档	第二档	第三档	第四档	第五档
北京	2018.09.01	2120				
天津	2017.07.01	2050				
河北	2016.07.01	1650	1590	1480	1380	
山西	2017.10.01	1700	1600	1500	1400	
内蒙古	2017.08.01	1760	1660	1560	1460	
辽宁	2018.01.01	1620	1420	1300	1120	
吉林	2017.10.01	1780	1680	1580	1480	
黑龙江	2017.10.01	1680	1450	1270		
上海	2018.04.01	2420				

续表

地区	标准实行日期	月最低工资标准				
		第一档	第二档	第三档	第四档	第五档
江苏	2018.08.01	2020	1830	1620		
浙江	2017.12.01	2010	1800	1660	1500	
安徽	2015.11.01	1520	1350	1250	1150	
福建	2017.07.01	1700	1650	1500	1380	1280
江西	2018.01.01	1680	1580	1470		
山东	2018.06.01	1910	1730	1550		
河南	2017.10.01	1720	1570	1420		
湖北	2017.11.01	1750	1500	1380	1250	
湖南	2017.07.01	1580	1430	1280	1130	
广东	2018.07.01	2100	1720	1550	1410	
其中：深圳	2018.07.01	2200				
广西	2018.02.01	1680	1450	1300		
海南	2016.05.01	1430	1330	1280		
重庆	2016.01.01	1500	1400			
四川	2018.07.01	1780	1650	1550		
贵州	2017.07.01	1680	1570	1470		
云南	2018.05.01	1670	1500	1350		
西藏	2018.01.01	1650				
陕西	2017.05.01	1680	1580	1480	1380	
甘肃	2017.06.01	1620	1570	1520	1470	
青海	2017.05.01	1500				
宁夏	2017.10.01	1660	1560	1480		
新疆	2018.01.01	1820	1620	1540	1460	

2.2　工资支付制度

　　工资支付，就是工资的具体发放办法。包括如何计发在制度工作时间内职工完成一定的工作量后应获得的报酬，或者在特殊情况下的工资如何支付等问题。

主要包括：工资支付项目、工资支付水平、工资支付形式、工资支付对象、工资支付时间以及特殊情况下的工资支付等。

　　工资支付项目，一般包括计时工资、计件工资、奖金、津贴和补贴、延长工作时间的工资报酬以及特殊情况下支付的工资。计时工资，指按照职工技术熟练程度、劳动繁重程度和工作时间的长短支付工资的一种形式。计件工资，指按照合格产品的数量和预先规定的计件单位来计算的工资。奖金、津贴和补助是工资的结构项目，延长工作时间的工资报酬以及特殊情况下支付的工资等则是在劳动者加班或者出现某种特殊情况下的工资的确定方式。但劳动者的以下劳动收入不属于工资范围：①单位支付给劳动者个人的社会保险福利费用，如丧葬抚恤救济费、生活困难补助费、计划生育补贴等；②劳动保护方面的费用，如用人单位支付给劳动者的工作服、解毒剂、清凉饮料费用等；③按规定未列入工资总额的各种劳动报酬及其他劳动收入，如根据国家规定发放的创造发明奖、国家星火奖、自然科学奖、科学技术进步奖、合理化建议和技术改进奖、中华技能大奖等，以及稿费、讲课费、翻译费等。

　　工资支付标准应当按照同工同酬标准，根据《劳动法》、劳动和社会保障部《最低工资规定》等规定，在员工提供了正常劳动的情况下，其所获得的工资不得低于其所在地最低工资标准。工资支付的一般原则有：①货币支付原则。我国《劳动法》第五十条规定，工资应当以货币形式按月支付给劳动者本人，这一点与国外很类似。货币是工资支付的唯一合法形式，以实物及有价证券代替货币支付工资是违法的，在我国境内，人民币是法定的货币工资形式。②定期支付原则。工资必须在固定的时间内支付，我国规定必须在企业与职工约定的时间内支付，如遇到节假日，应提前在最近的工作日支付，月支付是工资支付的最小单位，实行周、日、小时工作制的可按周、日、小时支付，对完成一次性临时劳动和具体劳动的工资，在完成后一次性付清。（3）直接支付原则。工资支付对象只能是劳动者本人，员工因故不能领工资可由其家属或委托他人代领，或由企业委托银行等金融机构代发工资。（4）全额支付原则。法定和约定支付给员工的工资项目和数额，必须全部支付，不得克扣。（5）定点支付的原则，除特殊情况外，企业和用人单位必须在经营场地支付工资，禁止在娱乐和易于浪费之处支付工资。（6）优先和紧急支付原则。企业破产和依法清算时，员工的工资必须作为优先受偿的债权，职工因紧急情况不能维持生活时，企业必须向本人预支可得工资的相当部分。

　　工资支付的时间和要求：中国工资支付的法律规章明确规定，工资应当以货币形式按月支付给劳动者本人，不得克扣或者无故拖欠劳动者工资。劳动者在法

定休假日和婚丧假期间以及依法参加社会活动期间，用人单位应当依法支付工资。工资应当按月支付，是指按照用人单位与劳动者约定的日期支付工资。如遇节假日或休息日，则应提前在最近的工作日支付。工资至少每月支付一次，对于实行小时工资制和周工资制的人员，工资也可以按日或周发放。对完成一次性临时劳动或某项具体工作的劳动者，用人单位应按有关协议或合同规定在其完成劳动任务后即支付工资。

用人单位不得克扣或者无故拖欠劳动者工资。但有下列情况之一的，用人单位可以代扣劳动者工资：①用人单位代扣代缴的个人所得税；②用人单位代扣代缴的应由劳动者个人负担的各项社会保险费用；③法院判决、裁定中要求代扣的抚养费、赡养费；④法律、法规规定可以从劳动者工资中扣除的其他费用。

另外，以下减发工资的情况也不属于"克扣"：①国家的法律、法规中有明确规定的；②依法签定的劳动合同中有明确规定的；③用人单位依法制定并经职代会批准的厂规、厂纪中有明确规定的；④企业工资总额与经济效益相联系，经济效益下浮时，工资必须下浮的（但支付给提供正常劳动职工的工资不得低于当地的最低工资标准）；⑤因劳动者请事假等相应减发工资等。

"无故拖欠"不包括：①）用人单位遇到非人力所能抗拒的自然灾害、战争等原因，无法按时支付工资；②用人单位确因生产经营困难、资金周转受到影响，在征得本单位工会同意后，可暂时延期支付劳动者工资，延期时间的最长限制可由各省、自治区、直辖市劳动行政部门根据各地情况确定。除上述情况外，拖欠工资均属无故拖欠。

2.3　工时制度

工时制度即工作时间制度，据现有情况，我国目前有三种工作时间制度，即标准工时制、综合计算工时制、不定时工时制。标准工时是我国运用最为广泛的一种工时制度，其中的综合计算工时制、不定时工时制在学术上一般统称为"特殊工时制度"。

根据《劳动法》和《国务院关于职工工作时间的规定》（国务院令第 174 号）的规定，中国目前实行劳动者每日工作 8 小时，每周工作 40 小时这一标准工时制。有条件的企业应实行标准工时制。用人单位不得私自延长劳动者工作时间。如果用人单位违法延长劳动者的工作时间，劳动者有权拒绝，若单位强行安排，劳动者可以解除合同。

特殊工时制度是根据《劳动法》第三十九条关于"企业因生产特点不能实行本法第三十六条、第三十八条规定的，经劳动行政部门批准，可以实行其他工作和休息办法"的规定，原劳动部于 1994 年发出《关于企业实行不定时工作制和综合计算工时工作制的审批办法》（劳部发〔1994〕503 号，以下简称"503 号文件"）的规定，不定时工作制是指每一工作日没有固定的上下班时间限制的工作时间制度。它是针对因生产特点、工作特殊需要或职责范围的关系，无法按标准工作时间衡量或需要机动作业的职工所采用的一种工时制度。经批准实行不定时工作制的职工，不受《劳动法》第四十一条规定的日延长工作时间标准和月延长工作时间标准的限制，但用人单位应采用弹性工作时间等适当的工作和休息方式，确保职工的休息休假权利和生产、工作任务的完成。实行不定时工作制人员不执行加班工资的规定。但是实行不定时工作人员的工作时间仍应按照相关法规文件的规定，平均每天原则上工作 8 小时，每周至少休息 1 天。

根据原劳动部《关于企业实行不定时工作制和综合计算工时工作制的审批办法》（劳部发〔1994〕503 号）第四条，企业对符合下列条件之一的职工，可以实行不定时工作制：①企业中的高级管理人员、外勤人员、推销人员、部分值班人员和其他因工作无法按标准工作时间衡量的职工；②企业中的长途运输人员、出租汽车司机和铁路、港口、仓库的部分装卸人员以及因工作性质特殊，需机动作业的职工；③其他因生产特点、工作特殊需要或职责范围的关系，适合实行不定时工作制的职工。第五条规定，企业对符合下列条件之一的职工，可实行综合计算工时工作制，即分别以周、月、季、年等为周期，综合计算工作时间，但其平均日工作时间和平均周工作时间应与法定标准工作时间基本相同。①交通、铁路、邮电、水运、航空、渔业等行业中因工作性质特殊，需连续作业的职工；②地质及资源勘探、建筑、制盐、制糖、旅游等受季节和自然条件限制的行业的部分职工；③其他适合实行综合计算工时工作制的职工。

2.4　社会保险制度

社会保险制度是指由法律规定了的、按照某种确定的规则实施的社会保险政策和措施体系。社会保险属于社会性事业。我国社会保险制度坚持广覆盖、保基本、多层次、可持续的方针。我国真正有意义的社会保险制度改革是从 1986 年开始。随着我国经济体制改革的不断深入，1986 年 4 月通过的《国民经济和社会发展第七个五年计划》在我国首次提出了社会保障的概念，提出要有步骤地建立具有中国特色的社会保障制度。1993 年通过的《关于建立社会主义市场经济体制若干问题的决定》把社会保障制度列为社会主义市场经济框架的五大环节之一，标志着社会保障制度改革进入体系建设的新时期。2010 年，全国人大常委会高票通过了《中华人民共和国社会保险法》，这是最高国家立法机关首次就社

保制度进行立法。

养老保险。为配合城市经济体制改革和国有企业改革，1986年我国开始推行退休费社会统筹。1991年国务院颁布《关于企业职工养老保险制度改革的决定》，提出建立多层次的养老保险体系，规定养老保险实行社会统筹，费用由国家、企业和职工三方负担。1993年11月，国务院发布的《关于建立社会主义市场经济体制若干问题的决定》提出："城镇职工养老和医疗保险由单位和个人共同负担，实行社会统筹和个人账户相结合的制度"。1997年国务院发布《关于建立统一的企业职工基本养老保险制度的决定》，对统账结合的规模、结构和养老金计发办法进行明确界定。

医疗保险。我国从20世纪80年代开始进行医疗保险制度改革，首先是引入个人分担机制，实行公费、劳保医疗费用与个人挂钩、定额包干的办法，随后引入社会统筹机制。1998年国务院发布《关于建立城镇职工医疗保险制度的决定》，主要内容有：建立由用人单位和职工共同缴费的机制，切实保障职工的基本医疗，建立基本医疗保险统筹基金和个人账户。

失业保险和下岗职工基本生活保障制度。为配合劳动合同制和企业破产制的推行，1986年国务院颁布并实施《国营企业职工待业保险暂行规定》，开始建立和完善城镇职工失业保险制度。1993年国务院颁布《国营企业职工待业保险规定》，扩大了适用范围和享受失业保险的对象范围，调整待遇标准和增加救济的内容。1998年全国国有企业下岗职工基本生活保障和再就业工作会议，决定建立下岗职工基本生活保障制度，要求凡是有下岗职工的国有企业都要建立再就业服务中心或类似机构，保障下岗职工基本生活和促进再就业。1999年国务院颁布《失业保险条例》，把失业保险的覆盖面扩大到城镇所有用人单位及其职工。在此基础上我国陆续出台了失业保险金申领发放方法及修订。

社会保险法的公布施行。2010年10月，我国公布了《中华人民共和国社会保险法》，并于2011年7月1日起施行。这是新中国成立以来第一部社会保险制度的综合性法律，确立了中国社会保险体系的基本框架。社会保险法规定，国家建立基本养老保险、基本医疗保险、工伤保险、失业保险、生育保险等社会保险制度。其中，基本养老保险包括职工基本养老保险、新型农村社会养老保险和城镇居民社会养老保险；基本医疗保险包括职工基本医疗保险、新型农村合作医疗和城镇居民基本医疗保险；工伤保险、失业保险和生育保险制度经过十多年的实践，已经比较成熟，该法对其实施细则也作了具体规定。

"退休双轨制"并轨与延迟退休。在中国社会保险制度的发展中，"养老金双轨制"的退休制度广受关注，即政府机关和事业单位退休实行由财政统一支付的退休养老金制度，而企业职工则实行由企业和职工本人按一定标准缴纳的"缴费型"统筹制度。2013 年 12 月，人社部确定养老金双轨制并轨方案，2014 年 12 月，机关事业单位养老保险制度改革方案经国务院常务会议和中央政治局常委会审议通过。由于我国已经逐步进入老龄化社会，我国早期退休年龄标准是在当时人均寿命偏低的背景下制定的，目前已经明显不符合当前经济社会发展、养老金制度改革和老龄化人力资源开发的现实需求。为了有效应对人口老龄化对我国经济社会发展的影响，深化养老金制度改革、有效开发老年人力资源，2020 年 11 月《中共中央关于制定国民经济和社会发展第十四个五年规划和二〇三五年远景目标的建议》中正式提出我国将实施渐进式延迟法定退休年龄。

2.5 企业薪酬调查和信息发布制度

劳动关系司于 2018 年 5 月 2 日发布了《人力资源社会保障部财政部关于建立企业薪酬调查和信息发布制度的通知》。建立企业薪酬调查和信息发布制度是深化企业工资分配制度改革的重要任务，是完善人力资源市场公共信息服务的重要内容。通过开展企业薪酬调查并发布不同职业劳动者的工资报酬信息、不同行业企业人工成本信息，对指导企业合理确定职工工资水平、发挥市场在工资分配中的决定性作用，对开展公务员和企业相当人员工资调查比较、形成科学的公务员工资水平决定机制，对引导劳动力有序流动、促进人力资源合理配置，都具有十分重要的意义。

其目标是建立制度完善、调查科学、发布规范的企业薪酬调查和信息发布制度，于 2020 年建成国家、省（自治区、直辖市）、市（副省级市、地级市、州、盟）企业薪酬调查和信息发布体系。主要目标包括：①调查内容。调查企业从业人员的工资报酬和企业人工成本情况，包括不同职业从业人员的工资报酬水平、构成等相关数据，以及不同行业、不同规模企业人工成本水平、构成及主要经济数据。②调查范围。国家层面调查覆盖 18 个国民经济行业门类（不含公共管理、社会保障和社会组织以及国际组织行业门类）各类登记注册类型的企业、各类职业从业人员（不含军人和不便分类的其他从业人员）。省、市层面调查范围根据本地区产业结构特点和市场需要确定，可细化调查行业和职业分类。③调查方法。国家、省、市调查采用统一的抽样方法，原则上以国家基本单位名录库或者人力资源社会保障部用人单位基础信息库为抽样框，根据规定的抽样参数要求抽取企业样本进行调查。调查的样本企业应保持相对稳定，并按要求进行轮换。调查采取由被调查企业直接填报、人力资源社会保障部门逐级审核汇总的方式开展。④调查频率。企业薪酬调查原则上每年开展一次，条件成熟时适当增加调查

频率。根据工作需要，对部分行业企业按季度实施定点监测。⑤信息发布。国家、省、市人力资源社会保障部门通过部门门户网站、人力资源市场或出版物等公开渠道向社会发布企业薪酬调查信息。企业薪酬调查信息每年按照国家有关规定发布，时间一般不晚于第二季度。

第三节　薪酬系统设计的影响因素

3.1　公平因素

公平含有公正、平等之义，理解起来比较抽象。薪酬公平则相对具体，它对组织激励机制的建立具有重要作用，薪酬管理公平原则的内涵可从以下几个方面进行理解。

3.1.1　薪酬公平的分类

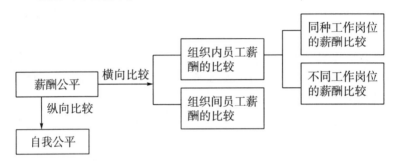

图 2-1　薪酬公平的分类

薪酬公平是一种相对公平，而不是绝对数量的相等。员工进行投入取得报酬后，会比较所得报酬与投入来确定自己所获报酬是否公平。投入包括体力和脑力的消耗、教育、技能、工作经验、努力程度和花费时间等因素。报酬则包括货币报酬和非货币报酬，如工资、奖金、福利、津贴和补贴、股权激励、平衡工作与生活、绩效与赏识、个人发展与职业机会、名誉、地位、成就感、归属感、带薪假期等因素。报酬与投入的比例相等时员工才觉得公平。员工在评价报酬是否公平时，通常进行横向比较和纵向比较。当下列表达式成立时，能体现薪酬的横向公平：

$$OP/IP=OC/IC$$

其中，OP 表示自己对所获报酬的感觉；OC 表示自己对他人所获报酬的感觉；

IP 表示自己对个人所作投入的感觉；IC 表示自己对他人所作投入的感觉。而表达式右边的其他人可分为两种，一种是本组织其他员工，另一种是其他组织员工，这样可以推导出两种思考公平的角度：组织内员工之间和组织间员工之间的薪酬公平。

组织内员工之间的薪酬公平包括同种工作岗位和不同岗位之间的薪酬公平。同种工作岗位的薪酬公平要求从事相同工作付出相同努力的员工应获得相同报酬，而在同种工作岗位上具有不同资历、技能、绩效的员工所获得的公平的报酬在数量上是有差异的。不同岗位之间的公平以工作内容为基础，以工作性质即所需技能和复杂程度为依据，考虑工作环境，决定员工报酬。不同岗位之间的公平体现这样的原则：对实现组织目标贡献越大、完成工作所需知识和技能要求越高、工作环境越艰苦，薪酬水平就越高。这样就能体现不同工作岗位的差异，对不同工作岗位公平付酬。

而组织之间的薪酬公平则是指：本组织薪酬水平具有竞争力，与其他组织相比较，员工投入量与报酬之比高于或者等于其他组织员工的比例。外部公平是增强组织对人才的吸引力、形成组织竞争优势不可或缺的重要条件。

当下列表达式成立时，能体现薪酬的纵向公平：

$$OP/IP=OH/IH$$

其中，OH 表示自己对过去所获报酬的感觉；IH 表示自己对个人过去投入的感觉。在作纵向比较时，表达式左右两边相等，意味着员工自身在不同时间的投入与报酬的比例关系平衡，实现了自身公平。自身公平是对员工自身所作出努力的肯定，不会导致员工心理失衡的现象，可起到良好的激励作用。

从薪酬公平表达式的阐述可看出，薪酬公平体现的不是投入量或报酬的绝对相等，而是比例相等。比例相等导致组织内同种工作岗位的员工所获报酬的绝对量不一定一致。薪酬公平不仅要求同工同酬；还要求薪酬设计体现出不同资历、不同能力、不同绩效员工的差别。即使同酬也不是指相同的绝对值，而是指相同的薪酬带。公平付酬要求在适当的时候同酬，适当的时候不同酬，并且在不同报酬时，合理掌握差距，使员工感受到自己所得报酬是对投入的公平补偿，并且与其他人的差别也是公平的。

此外，薪酬公平与员工的心理因素密切相关。员工的公平感是个人的评价和判断，较为主观，很难加以测量和控制。由于社会地位、信仰、所属文化群体、价值取向、个人偏好不同，不同员工的衡量标准无法达到一致。缺乏一致的客观判断标准和衡量尺度的结果是，员工总是倾向于过高估计投入量，过低估计报酬，对别人则相反。组织管理者应了解到这一点，考虑组织的特点和工作氛围，

建立客观标准，从心理上正确引导，通过薪酬制度体系设计引导员工的主观感受，将公平表达式中的"报酬""投入"等量由主观估计转向客观衡量，从而减少员工心理偏差。

3.1.2　实现薪酬公平的途径

公平原则是薪酬管理过程中应遵循的基本原则，而薪酬公平需要管理者通过薪酬制度设计来实现，同时也表现为员工的主观感受——对薪酬制度设计的满意和认可。本书从以下四个方面探讨如何实现公平原则。

1. 通过职位评价实现组织内员工的薪酬公平

职位评价是指组织基于职位分析的结果，系统地确定职位之间的相对价值从而为组织建立一个职位结构的过程，它是以工作内容、技能要求、对组织的贡献以及外部市场等为综合依据的。职位评价主要注重三项内容：工作职责（responsibility）、需要什么样的能力（requirements）、工作环境（environment）。职位评价在职位说明书的基础上，根据若干报酬要素对企业的若干基准职位进行评估，然后再将其他职位与这些基准相对照来建立起涵盖组织中所有职位的等级序列，并根据职位等级确定薪酬等级，从而建立起体现内部公平的薪酬体系。职位评价为薪酬调查建立统一的职位评估标准，消除不同组织间由于职位名称不同，或即使职位名称相同但实际工作要求和工作内容不同所导致的职位难度差异，使不同职位之间具有可比性，为确保薪酬制度公平奠定基础。职位评价给每个员工提出了一个抽象的"参照人"，即系统参照人。员工无须与实际的他人进行比较，而是对照职位分析中的职责、工作内容、待遇等来衡量自己的成果，调整和控制自己的行为。职位评价从劳动多样性的角度设计薪酬，依靠职位的相对价值定待遇，使不同职位之间的比较科学化、规范化，让员工相信每个职位的价值都反映了该职位对组织的贡献，极具说服力。由于职位评价的作用，员工对各职位间价值差距的接受程度相对较高，对薪酬差距的心理承受能力也较强，易获得薪酬的内部公平感。职位评价实现了同种工作岗位的公平。同时，由职位评价形成的职位等级序列，考虑了不同岗位对组织的重要性程度的不同，实现了不同岗位之间的公平。因此，职位评价是实现组织内部薪酬公平的有效途径。

2. 通过薪酬调查实现组织间员工的薪酬公平

组织之间的薪酬公平主要是指不同组织的同类工作之间的薪酬公平。组织若要保持薪酬方面的竞争力，首先应确保本组织的薪酬水平不低于市场水平。组织可通过薪酬调查了解其他组织同种职位的薪酬水平，适时调整本组织的薪酬设计，确保薪酬的外部公平。外部公平是员工以自己的薪酬水平与组织外部同类工作的薪酬水平进行比较后对公平的感受程度。外部公平强调本组织薪酬水平同其他组织的薪酬水平相比较时的竞争力。为了保持组织薪酬政策的外部竞争力，核心员工的薪酬水平应该高于其他组织，或与其他组织保持一致，以达到吸纳和留住核心人才的目的。组织应决定其薪酬向哪些职位倾斜，使这些职位的薪酬水平处于较高的市场分位，从而实现对应自身需要而定，对于稀缺岗位，必须给予较高的薪酬，而对供给充裕的岗位，则给予相当于市场平均水平的薪酬即可。薪酬调查使组织能了解市场薪酬状况，对相关职位做到心中有数，掌握本组织薪酬水平与市场的差别，从而为薪酬制度的设计和调整提供参考依据。薪酬调查一般委托专业咨询公司进行。调查对象可选择竞争对手或同行业类似组织，考虑员工的流失取向和招聘来源。通过薪酬调查，应取得的数据包括上年度薪酬增长状况、不同薪酬结构对比、不同职位和不同级别的职位薪酬数据、奖金和福利状况、长期激励措施以及未来薪酬走势分析等等。数据来源是薪酬调查的关键，关系到所取得数据的有效性和可信度。一般来讲，薪酬调查的数据来源有：劳动力市场具竞争优势的组织的薪酬水平、官方收入与经济数据统计、不同组织之间定有协议、定期交换收入信息、外部招聘广告和应聘者处收集。

　　3. **通过绩效考核实现组织间员工的薪酬公平**

　　员工自身公平是一种纵向公平，是对员工能力和所作努力的反映。要实现这种纵向公平，应将能力与薪酬挂钩，并且通过绩效考核决定不同绩效的薪酬差别，按能力付酬有两种形式。一种是员工的薪酬由能力决定；另一种是员工的薪酬由职位和能力共同决定，其中职位决定"薪等"，能力决定在薪等内的具体位置即"薪级"。基于能力的薪酬制度具体包括三种形式：一是技能薪酬制，即按员工达到的技术能力来规定薪酬标准的制度；二是职能薪酬制，即根据员工履行职务能力的差别来规定薪酬标准的制度；三是能力资格制，即根据员工获得的能力资格确定薪酬标准的制度。员工能力的升降应在薪酬制度设计中有所体现。同理，绩效优秀、绩效一般以及绩效不良之间也应存在合理的差距。这种差距过大或过小都会影响员工的工作积极性和效率。

　　因此，要建立合理的绩效考核体系，公平合理地对员工进行绩效考核。个人绩效考核是人力资源部门根据职位分析中的工作标准，对个人工作任务成效和行为表现做出考核，并对员工绩效进行反馈，以便改进工作，同时给管理者提供奖罚和培训依据。组织需要根据实际需求确定绩效薪酬与基本薪酬的合适比例、绩效薪酬自身波动的适当幅度。绩效薪酬一般按照每次考核结果，对照预设的达标值按比例发放。一些非强制性福利、培训、精神奖励、晋升等也与绩效考核紧密挂钩。绩效薪酬支付频率选择应与不同的绩效考核对象相对应，与所在行业、组织战略、成本开支、部门性质等诸多因素结合起来运用。总之，绩效的评价过程

要有公平性，绩效的改进要及时得到奖励，报酬要有充分的绩效依据，其相对差距要进行良好的控制，绩效薪酬的比例和波动幅度应该合理。

4. 通过合理设计薪酬结构实现薪酬体系的公平

薪酬是员工因被雇用而获得的各种形式的财富，既包括工资、奖金、福利、津贴和补贴等形式支付的货币性薪酬，也包括平衡工作与生活、绩效与赏识、个人发展与职业机会等非货币性薪酬。根据马斯洛的需求层次理论，人的需求是多方面的，仅支付较高的货币工资，不一定会让员工满意。因此，组织要增强员工对薪酬的认知度，建立与市场挂钩的整体薪酬（total rewards）概念，引导员工在考虑报酬时把货币报酬和非货币报酬计算在内。还要对薪酬结构的设计倾注较多精力，充分挖掘各种资源，如工资、奖金、保险、福利、培训、假期、发展机会的激励作用，使薪酬结构与其他组织相比具有竞争力，对本组织员工发挥良好的激励功能。薪酬结构的设计，就是设计薪酬总量中各种成分以及各种成分在总量中所占比重，即基本工资、奖金、福利各占多少比例，支付多少，怎样支付的问题。薪酬设计是一个系统工程：确定职位工资，需要对职位作评估；确定技能工资，需要对人员资历作评估；确定绩效工资，需要对工作表现作评估；确定组织的整体薪酬水平，需要对组织的赢利能力和支付能力作评估。每一种评估都需要一套程序和办法。组织可建立以岗位工资为主的基本薪酬体系，把员工所在岗位的劳动责任、劳动技能、劳动强度和劳动条件作为测评依据，设计体现岗位价值的等级制度，使不同岗位之间的薪酬水平保持合理的差距；建立和完善以工作业绩为主要依据的奖金分配体系，通过对员工个人的绩效评估，激励员工积极工作；建立企业福利制度，吸引留住人才；对特殊岗位和特殊人员实行特殊薪酬制度。至于整体薪酬各组成部分的比重则视具体情况而定。

3.2　内部因素

薪酬管理是一种职能管理活动，它必须服从于组织战略管理的需要。战略薪酬的设计应有利于强化组织的竞争优势，有利于组织战略目标的实现。同时，战略薪酬的设计又受到宏观环境、行业环境和企业内部环境的多重因素的影响。战略薪酬必须与公司层战略和职能战略相适应。影响企业薪酬设计的内部因素很多，主要有以下几种。

3.2.1　企业发展阶段和组织结构

企业的发展阶段不同，企业的战略也不同，企业的盈利能力也不同，因此，企业的薪酬也会受到影响。例如：企业在成长期，考虑经济实力和成本因素，往往采取低工资、高奖金、低福利的薪酬政策，而在成熟稳定阶段，往往采用高工资、低奖励、高福利的薪酬政策。组织结构是指人员和工作的分工协调的制度安排。组织结构和薪酬战略有着密切的联系，薪酬战略必须和组织结构相适应，否则会使运行更加紊乱，妨碍组织目标的实现。一般而言，组织结构简单，往往是职能型组织结构，也就是采用稳定性的薪酬体系，如基本的薪酬所占比重很大，通过明显的薪酬等级差异来反映层级职位的地位待遇差异。随着组织的发展，或根据公司的业务类型等差异，公司层级减少，信息横向流动比较多，即组织结构扁平化，员工参与意识很高，这时候的薪酬体系与以上就有所差异，不再通过纵向的薪酬等级拉开职位差距，而是加大每一层级的薪酬差异，使每一层级的跨度加大，即所谓的宽带薪酬。现在流行的工作团队、项目小组等更富有弹性的组织结构，各位团队员工以小组的目标为主，团队合作性强，产生积极的协同效应，这时的薪酬体系也是以工作团队为基础的，更加促进团队的内部合作，补偿员工由于扮演团队成员的角色而承担的额外责任。同时，团队薪酬的开发也鼓励员工掌握相关的技能和知识，以达到通力合作的目的。

3.2.2　企业文化

薪酬设计与企业文化紧密联系，企业文化是企业分配思想、价值观、目标追求、价值取向和制度的土壤，企业的关注点、价值观及文化的不同，必然会导致观念和制度的不同，这些不同决定了企业的薪酬模型、分配机制的不同，也就间接地影响着企业的薪资水平。在绩效考核、岗位测评等制度上都会得到体现。如果企业推崇和谐、平均、稳妥，则薪酬就侧重保障，差距就不会很大；如果企业文化倡导绩效、创新、激进，薪酬就侧重激励，充分拉开差距。每个企业都有自己的企业文化，每个企业的文化都有其完善的逻辑系统。如果员工自己的价值观与公司的企业文化相符合，个人行为就能在企业文化的支持下获得成功，如果不相符合，工作起来就不够顺畅。企业的薪酬系统是与企业文化相配合的，不能接受企业文化的工作方式，在薪酬系统中就不能起到激励员工的作用。与企业文化相符合的薪酬制度，可以起到加强企业文化的作用，有利于企业文化更突出、更优秀，还能强化文化的特性，推动企业文化的转变。企业文化又决定和影响着薪酬系统的设计，一个好的薪酬系统必须与企业文化合拍，即有什么样的企业文化就有什么样的薪酬制度与其相适应。

（1）由于企业文化倾向的不同，所决定采用的薪酬手段也不同，表2-2就是对企业运营中的强调个人和强调团队的管理方式因不同的企业文化倾向所采取的薪酬手段而作的简单总结。

表 2-2　企业文化倾向与薪酬手段

企业文化倾向	强调个人而采用的薪酬手段	强调团队采用的薪酬手段
强调激励	增加薪酬层级和绩效工资比例	团队荣誉，确定个人关系系数
强调风险	低底薪和高绩效工资	增加团队绩效奖金
强调发展	增加薪酬层级和培训福利	奖金分配少，利润留成较多
强调能力	进行岗位评估和任职资格评定	团体荣誉，个人平均化

以上表明，不同的企业有不同的文化特点，会采用不同的薪酬手段。

（2）薪酬手段的运用能推动企业文化向一定的方向发展，如果企业管理中提倡这种企业文化倾向，薪酬手段的作用就会大大加强，表 2-3 就是对薪酬手段与企业文化的关系而作的总结。

表 2-3　企业文化倾向与薪酬手段

薪酬手段	倾向于形成的文化特征
利润分享	形成团队协作精神为主的企业文化
突出绩效奖金	倾向于形成个人意识较强的企业文化
设计能力工资	具有能力等级意识，积累企业发展动力
长期薪酬计划	强调互相配合以大局为重

总之，企业文化与薪酬机制会互相影响，在企业设计薪酬机制时，需考虑文化与薪酬二者的相互关系。若二者的关系处理不当，发生冲突，就不利于建立良好的企业文化，也会使薪酬的激励作用大大降低，甚至可能影响到企业的运作，所以决不可小视。

3.2.3　企业战略

薪酬战略需要适应公司的总体战略，促进公司总体战略的实现，薪酬战略需要具有整体协调性和战略支持性，企业经营战略也是影响企业薪酬水平政策的重要因素，尤其是竞争战略对企业薪酬水平影响最为直接，它反映了企业经营业务对环境的反应。在不同类型、不同层次的战略中，必须要有相应的薪酬体系来支持。通常，低成本战略会考虑控制薪酬水平，而差异化和创新战略则会在薪酬水平策略选择上较为宽松。在国际化的战略中，跨国公司要考虑其地理、文化、人员的多元性，制定一个覆盖范围广、层次多的薪酬组合，结合本地的国家文化，确定适合的薪酬水平和结构。在制定员工的薪酬组合时，薪酬战略除了遵循地方的法律，适应当地的经济状况、习俗和价值观外，还要考虑企业运作的产品市场及保持竞争力所要求的业绩水平。在同一个国家内，也要使公司的薪酬战略根植于本土文化，包括对地方文化的考虑。同样经营战略的不同也会影响薪酬战略，经营战略涉及企业的各个层面，包括产品类型、目标市场、技术类型、业务流程等，都要与薪酬体系相得益彰，相互促进。

3.2.4　企业价值观

企业价值观的发展经历过最大产值价值观、最大利润价值观、工作生活质量价值观等阶段。在同一时期内的不同企业也持有不同的价值观。持有最大产值价值观的企业强调雇员的劳动生产率，更容易采取旨在激励劳动投入的计件工资制度，薪酬制度主要与劳动数量挂钩，忽视对雇员创造性和团队精神的培养；持有最大利润价值观的企业倾向于采用劳动力市场中的低位薪酬水平，忽视对雇员学习性的投入，忽视雇员心理收入的满足；持有工作生活质量价值观的企业谋求资本收益和劳动者报酬之间的平衡，将提高雇员的工作生活质量当做企业的重要目标。这类企业更容易支付较高的薪酬，设计更全面的薪酬制度，向雇员提供更完善的福利和更深入的精神报酬和内在激励。

3.2.5　员工素质

员工个人因素对个体薪酬起着决定性作用，不同的员工素质主要包括学历、工龄、能力等，直接影响薪酬的水平分布。薪酬体系的设计应当是设置合理的纵向差距，引导员工不断学习以提升自己的素质，员工的提升带来组织的优化，目标的实现。员工的规模与配置效率与企业的薪酬之间有一种相互制约的关系。薪酬是企业成本的重要组成部分，在产值已定的情况下，员工越多，表明企业支付的薪酬成本越高，劳动生产率越低；在薪酬成本已定的情况下，员工越多，薪酬水平越低。此外，员工的质量和结构配置与企业薪酬水平也有直接关系，对高质量的员工支付高薪酬，对低质量的员工支付低薪酬，高薪低能和低薪高能都会影响薪酬的配置效益或造成人工成本的浪费。因此，企业在资本配置中，既要考虑薪酬成本与其他生产资本之间的转换和替代，比较各种资本及其配置效益，也要对不同质量的员工进行合理配置和人工成本核算。员工薪酬的纵向差异也会因为不同职位划分而异。职位类别不同，其薪酬也不同，比如：销售岗位往往工资低，但奖金（往往为销售业绩提成）高；财务经理往往工资高，但奖金低；生产工人可能是计件工资；秘书则常常是固定工资。

3.2.6　工会

企业中工会的主要工作是保护工人的权益。因此，工会的强弱也影响薪酬，因为薪酬毕竟是工人的主要利益之一。在集体谈判的薪酬决定机制下，工会的谈判力决定着行业薪酬的结构和水平。工会的谈判力受工资索求水平、工会密度、

产品市场竞争程度和工资合同的时间安排等因素的相互影响。工资索求水平不高、工会密度大、产品市场的竞争程度低、工资合同的时间安排一致，工会的谈判力就强。工会对企业薪酬水平的影响包括工会工资溢价和工会工资减让等，工会对工资的干预行为可以使劳动力供求不完全按照市场配置进行。很多研究表明，受工会保护的雇员薪酬比不受保护的雇员高，但有时雇主为了阻止工会势力的扩大，也会主动提高员工的薪酬水平。这在发达国家常见，工会是独立的协会，能真正代表雇员与政府、大企业进行谈判，维护劳动者的利益。在我国，工会作为企业行使民主管理权力的机构，依据《中华人民共和国工会法》维护职工合法权益。

总之，薪酬设计必须根据企业的实际情况，综合考虑内部影响薪酬设计的主要因素，采取员工参与和管理层互动等措施，统一对影响薪酬设计的主要因素的认识，为保持企业持续发展的人力资源优势，并将之转化为企业市场竞争的优势做好铺垫。

3.3 外部因素

影响企业薪酬设计的外部因素很多，主要有以下几种。

3.3.1 宏观经济因素

政府的许多法规政策影响薪酬体系，宏观经济政策主要指货币政策、财政政策和收入政策。首先，薪酬体现劳动力的价值，它应该与利息、地租等其他宏观经济变量保持协调。其次，国家和地区的劳动管理与收入分配管理的相关政策与法规对战略薪酬的设计起着直接的影响，如最低工资制度、最长工时制度、加班津贴制度、福利计划、安全保障制度、平等给付制度、个人收入税收政策等员工的所得税比例、工厂安全卫生规定、女职工的特殊保护、员工的退休、养老、医疗保险等。

经济系统开放性程度的高低影响着一个国家和地区内的企业在制定战略薪酬过程中参照系的选择。首先，在开放经济条件下，雇员的国别多样性和地区多样性加强，战略薪酬所依托的价值观体系更加多样化，这要求战略薪酬具有更强的包容性。其次，在开放经济条件下，薪酬的国际和地区传导性增强，薪酬制度和薪酬水平的可比性增大。最后，开放经济体系所遵循的共同行为准则和市场秩序要求战略薪酬管理接受更一般和更广泛的国际约束。

3.3.2 经济发展水平

一般来说，当地的经济发展处在一个较高水平时，企业员工的薪酬会较高；反之，企业员工的薪酬会较低。目前我国的各地区经济发展不平衡，沿海地区经济发展水平较高，大城市经济发展水平较高，因此，这些地区企业员工的薪酬较高。由于薪酬与员工生活息息相关，因此，当地的生活指数较高时，企业内员工的薪酬也会相应提高；反之，当地的生活指数较低时，企业内员工的薪酬也会相应降低。薪酬水平和通货膨胀水平之间有很强的关联性。通货膨胀是指一般价格水平的持续和显著上涨。首先，薪酬水平的高低是形成"成本推动型通货膨胀"的重要因素；其次，在薪酬与物价水平挂钩的条件下，通货膨胀水平的提高会促使薪酬水平的增长；最后，通货膨胀水平扩大或缩小了薪酬的实际购买力在雇员之间的差异，影响着薪酬制度的设计目的。

3.3.3 劳动力市场

劳动力市场是指雇主和求职者以薪酬和其他工作奖励交换组织所需的技能与行为场所。劳动力市场状况直接影响企业劳动力的供给，主要表现为供求双方的力量对比和调节供求的机制。在劳动力市场中，薪酬水平是劳动力供求均衡的结果，但薪酬与劳动力供求之间存在着互动的关系。首先，劳动需求量随实际工资率下降而增加。劳动需求曲线的这种变动规律，是由劳动的边际产量的递减所决定的。实际工资率越高，劳动需求量越低。其次，劳动供给量随实际工资率的上升而增加。实际工资率上升，劳动供给量增加的原因是每个工人劳动时间的增加，以及劳动力参与率的提高。所以，劳动力市场供求情况和企业的薪酬关系密切，当劳动力充沛或某一层次的人才供大于求时，企业的薪酬相应会降低；当劳动力匮乏或某一层次的人才求大于供时，企业的薪酬相应会提高。劳动力市场具有区域性，不同层次的劳动力流动性是有差异的，越是高技能、高素质的劳动力，国际及区域流动性越是频繁，工资水平越是国际化，地区差异越小，一般这些知识型的工资水平都很高。相反，越是低要求、简单的重复性的劳动力，区域流动性越有限，工资只是徘徊于最低保障幅度。

企业除了重视外部的劳动力市场外，还要协调企业内外的工资差异。一般担任初级工作的员工进入内部劳动力市场后，与外部劳动力市场最为接近，对他们可以支付市场薪酬水平。当员工在企业长期服务后，其技能的拓展是按照企业内部劳动力市场的职位要求确定的，这种技能在外部劳动力市场上未必能够获得认可，因此，人力资本的企业专属性质决定了一些员工的薪酬水平不能单纯依据外部市场价格来决定。

3.3.4 行业性质与竞争

由于历史原因和现实需要，各行业的员工对薪酬的期望是不同的，因此，也影响了企业的薪酬系统。例如：金融、IT 等行业员工对薪酬的期望较高；而纺织、环卫等行业员工对薪酬的期望较低。

QIYE XINCHOU XITONG SHEJI YU ZHIDING

行业性质。不同行业技术含量、熟练工人的比例、人均资本占有量、产业集群程度等因素不一样，薪酬制度与薪酬水平就有较大的差异。一般来说，技术含量高、熟练工人比例高、人均资本占有量大的行业，多采取基于知识和技术的薪酬制度，且薪酬水平也较高。产业集群提高了产业分化和协作的程度，实际上提高了集群内部企业的专业化水平，促进了生产效率和协同效率的改善，为企业薪酬水平的提高创造了效率基础。

行业竞争。行业竞争因素主要指行业竞争的激烈程度、行业竞争的类型和行业竞争的策略等方面。在完全垄断市场，产品没有替代品，企业没有任何竞争的威胁，企业薪酬的确定完全依据企业的内部条件。由于完全垄断市场通常能带来巨大的垄断利润，所以企业的薪酬水平往往很高。在寡头垄断市场，只有少数几个厂商，厂商之间一般不采取价格竞争的手段，厂商之间薪酬的结构大体一致，薪酬水平也大体相当。在垄断竞争市场，一切产品都有差异，市场上的厂商很多，不能勾结起来控制市场价格，厂商进出市场较容易，市场竞争非常激烈。在这种条件下，企业之间的薪酬制度差异很大，薪酬水平的确定必须充分考虑竞争者的情况和每一个职务的薪酬市场价格，薪酬水平不会很高。

在同行业中或不同行业间，产品的需求弹性、品牌的需求弹性、劳动力成本占总成本的比例、其他生产要素的可替代性等影响薪酬体系。产品的需求弹性揭示了不同行业的薪酬支付能力的差别，劳动力成本在外部表现为构成价格的一部分，在企业内部体现为薪酬支付，产品弹性高的行业，产品的需求对价格变化敏感，很小的价格变化，都会导致需求的大起大落，因此在其他因素不变时，降价将有助于增加收入，每一单位产品的价格下降，压低了单位利润，单位产品的薪酬成本就很高，如果企业想提高单位产品的利润比例，则企业会采取稳定的平均的薪酬水平。品牌的需求弹性揭示了同一行业内部不同企业薪酬支付能力的差别。是指一种品牌的需求变化百分比与价格变化百分比的比率。名牌产品的忠诚度高，需求者支付高价的意愿高，那么企业相应的薪酬水平就高。越是垄断的产品越是如此，由于可替代的产品很少，消费者的选择少，不得不支付更高的价格，则企业的薪酬水平高。对于劳动密集型行业，产品技术含量低，一般替代性很高，企业进入壁垒低，供大于求，消费者的意愿支付价格低，则这类企业的薪酬支付水平低。

3.3.5　行业生命周期

薪酬体系也随着行业周期的不同阶段有所差异，企业和行业都具有一定的仿生学特征。根据行业的发展特性和竞争特性等指标，可将一个行业划分为引入期、成长期、成熟期和衰退期等 4 个基本的寿命周期。在不同的寿命周期阶段，企业的发展目标和管理重点有很多差异，需要不同的薪酬制度与之相匹配。

在引入期，产品的市场前景尚不明确，企业的研发投资没有回收，企业一般处于亏损状态，薪酬制度多采用职务等级薪酬制度或技术等级薪酬制度，企业的薪酬水平和福利水平都低于市场平均水平，但创业的冲动和对成功的憧憬仍然能吸引一批优秀的雇员加入企业。此时企业对雇员多采取股权激励的方式，以减少奖金激励给企业带来的现金流压力。

在成长期，企业的经营规模迅速扩大，市场占有率迅速提高，扩大生产经营领域的压力增大，现金流入和流出的总量都很大，速度很快，企业账面盈余仍然有限。此时，企业开始采用分散化和混合性的薪酬制度，以满足多样化经营的需要。企业薪酬水平和福利水平较引入期有较大的增长，与市场水平持平。基于雇员长期责任的股票期权制度有了采用的可能。

在成熟期，企业的产品和市场都已基本固定，追加投资的需要不强烈，企业的现金流入会大于现金流出，开始出现可观的账面盈余。此时，企业倾向于保留原有的薪酬制度，但有可能大幅度提高薪酬水平和福利水平，并开始采取利润分享的激励机制。

在衰退期，企业开始收缩其产品和市场领域，但由于不再追加投资，现金流入大大高于现金流出，企业账目盈余很高。此时，企业的薪酬结构稳定，福利内容增多，薪酬与福利水平极大地提高。在衰退期，企业面临蜕变或解散的可能，管理者收购（MBO）与雇员持股（ESOP）等激励方式开始采用。

3.3.6　企业规模演变

企业经营规模是影响雇员薪酬水平的重要因素。由于在劳动力市场上存在攀比效应和示范效应，企业规模水平与其报酬水平之间难以形成简单线性相关关系。但企业规模对管理者的薪酬水平有较大的影响。

企业在建立初期，结构简单，多为功能性组织结构，信息一般单向由上到下传达。以职能事业型组织结构为主，这种组织结构以产品、地区、顾客、销售渠道等为部门化依据，实行总公司集中决策，事业部独立经营的管理体制，各事业部独立核算，自负盈亏，统管所属产品的生产、销售、采购等全部活动。这样的组织往往先在各个事业部之间建立以经营绩效为基础的分配制度，各个事业部再建立效益薪酬制度或等级薪酬制度。

随着经营扩大，组织规模更加庞大，一般来说，企业规模越大，越是需要灵活的经营管理机制，经理可控制的资源也就越多，涉及的经营管理问题也就越复杂，因而对经理的能力要求也就越高。这也说明，高级经理的薪金会伴随着企业规模的扩大而增加。这时候矩阵型组织结构以及模拟分散组织等适应企业的需

要，矩阵制组织既按职能划分垂直领导系统，又按产品（项目）划分横向领导系统来设立项目小组。矩阵机构形式固定，但项目小组是临时组织的，项目经理相对固定，项目成员能调换。矩阵制组织适应于不确定性高的企业环境、各部门业务独立性强、具有几种产品类型、企业规模中等、以产品创新和技术专业化作为企业目标的环境。这样的组织更适合于采用团队薪酬制度。模拟分散组织以连续的生产工艺过程为基础来设立部门，各部门之间按内部转移价格进行产品和劳务交换，按内部结算价格计算盈亏，各部门拥有自己的职能机构，负"模拟性"的盈亏责任。这一组织旨在克服职能制组织中的"搭便车"行为，以强化效率意识，调动部门积极性。由于每一部门的可分配收入是随着内部交易收入和部门经营成本的变化而变化的，整个企业的薪酬制度就演变为一种动态薪酬制度和自主薪酬制度。

第四节　以战略为导向的薪酬系统

4.1　企业战略对薪酬系统的影响和导向作用

企业战略管理的三个层次是：公司战略、竞争战略、职能战略。公司战略要解决的是企业的扩张、稳定还是收缩问题；竞争战略要解决的是如何在既定的领域中通过一定的战略选择来战胜竞争对手的问题；职能战略要解决的是通过职能部门之间的配合对公司战略和竞争战略进行支持的问题。薪酬体系随着企业战略的改变而改变，企业所采用的战略不同，企业的薪酬水平和薪酬结构也必然会存在差异。本书要讨论的即是职能战略（人力资源战略中的薪酬战略）与公司战略、竞争战略匹配的问题。

4.1.1　公司战略与薪酬系统

根据行业成长特性和企业内部特点，企业的战略态势可能呈现出稳定发展、快速发展和收缩等三种不同的发展趋势。薪酬制度的设计和调整应与企业战略态势相适应。

（1）稳定薪酬战略。稳定战略是指企业保持现有的产品和市场，在防御外来环境威胁的同时保持均匀的、小幅度的增长速度。当企业缺乏成长资源或处于稳定的市场环境时，稳定战略常被采用。此外，当一个公司经历了一段高速成长或收缩后，稳定战略也是很重要的。在这一背景下，企业的薪酬结构应保持相对稳定，企业的薪酬水平也应维持大体相同的增长比率。

（2）发展薪酬战略。发展战略是指企业通过实现多样化经营或开辟新的生产经营渠道、增加市场占有率而使其在产品销售量、市场占有率及资本总量等方面获得快速和全面的成长。除了依靠企业内部资源外，发展战略往往通过兼并、合并和重组等外部扩张方式来实现。发展战略主要存在于企业生命周期的导入期和成长期，主要关注于市场分析与开发、产品推广和开发、杠杆利用其他资源等战略，要求企业有很强的风险防范和管理能力、积极开拓的企业文化等。为了满足企业经营领域多样化和经营地域多样化的需要，企业的薪酬制度设计应坚持多样化和针对性原则，允许不同性质的企业设计不同的薪酬方案，同时突出绩效薪酬制度的应用。

（3）收缩薪酬战略。收缩战略是指企业面临衰退的市场或失去竞争优势时，主动放弃某些产品或市场，以维持其生存能力的战略。在这一阶段，企业的薪酬制度应回归到维护企业核心资源和核心竞争力上来，强调薪酬制度的统一性。在收缩期，企业要考虑的一个重要因素是反敌意收购，设计有利于接管防御的薪酬策略，如"金降落伞"计划与"锡降落伞"计划就尤为重要。"金降落伞"的主要对象是董事会及高级职员，而"锡降落伞"的范围更广一些，它向下几级的工薪阶层提供稍为逊色的同类保证。无论是"金降落伞"还是"锡降落伞"，它们都规定收购者在完成收购后，若在人事安排上有所变动，须对变动者一次性支付巨额补偿金。这部分补偿金支出通常视获得者的地位、资历和以往业绩而有高低之别。此外，管理层收购和雇员持股计划等制度既是公司治理的手段，其实也是企业薪酬制度的一部分。

4.1.2 竞争战略与薪酬系统

战略薪酬必须与企业的竞争战略/业务单位战略类型具有高度的相容性。一般而言，企业竞争战略表现为低成本战略、差异化战略和集中化战略。不同的战略类型需要不同的薪酬制度与之相匹配。

（1）低成本薪酬战略。

低成本战略是企业由于规模经济、专利技术、原材料的优惠待遇和其他因素的优势，通过降低产品的平均生产成本来获得来自经验曲线的利润。推行这一战略一般需要实现管理费用最低化，并严格控制研发、试验、服务和广告等活动的开支。在低成本战略背景下，企业的薪酬制度应突出低薪酬的特点。在总体薪酬支出水平一定的条件下，企业可雇用较少的高效率雇员或雇用较多的效率较低的雇员来完成既定的生产经营任务。由于企业的雇工成本不仅包括薪酬水平，而且包括雇员福利和社会保险等多个方面，追求成本最低化的企业采用较低的薪酬-雇员替代模式，即以效率工资雇用较少的高效率雇员，有利于总雇工成本的节约。

QIYE XINCHOU XITONG SHEJI YU ZHIDING

由此可看出，这样的企业往往严格控制成本，故通常倾向于采用以节约成本为基础的利润分享计划，更偏重于短期激励和窄带薪酬；对于薪酬水平需综合考虑生产力及质量问题，尽量与竞争对手的劳动力成本相当，最好不要高于竞争对手以控制成本；实行集中化的薪酬管理制度。

（2）差异化薪酬战略。

差异化战略是企业通过采用特定的技术和方法，使本企业的产品或服务在质量、设计、服务及其他方面都与众不同。通过提高独特产品的价格，企业可获得较高的单位利润。差异化战略取得成功的关键因素是企业的新产品开发能力和技术创新能力，培育成熟的项目开发团队、产品设计团队和服务团队是实施差异化战略的重要途径。在此背景下，采用团队薪酬制度，完善工作用品补贴和额外津贴制度就成了企业薪酬制度设计的重点。

此外，企业通常更倾向于以知识、能力作为支付基础；采用领先或对应的薪酬水平策略以保证吸引及保留企业所需专业人才，也更倾向采用风险收益及长期激励计划。但企业内部薪酬差距较大，向关键团队与个人、关键职能倾斜；薪酬中的可变部分所占比例较高，薪酬组合激励性相对较高的高弹性薪酬组合。同时，薪酬制度方面更加开放并具弹性，注重员工参与。

（3）集中化薪酬战略。

集中化战略是指企业生产经营单一产品或服务，或者将产品或服务指向特定的地理区域、特定的顾客群而采取的战略。集中化战略的实施是以专业化技术为前提的，它要求企业在特定的技术领域保持持久的领先地位。为了突出技术力量的重要性，吸引技术人才，企业通常给技术人员支付超过市场出清水平的效率薪酬，以提高技术人员对企业的忠诚度，减少由于人员流失而带来的招聘费用、培训费用的损失。该类企业通常采用基于技术等级的薪酬决定制度，并广泛采用股权激励和期权激励等长期薪酬激励计划。

4.2 构建战略导向的薪酬管理系统

与一般薪酬体系相比，战略性薪酬的突出功能是：吸纳企业外对企业发展有价值的，尤其是具有战略价值的人力资源；滞留企业内既有的对企业发展有价值的，尤其是具有重要价值的人力资源；优化企业内部的人力资源配置，迅速弥补企业战略瓶颈部门的人才"短木板"；激发员工尤其是战略性薪酬之倾向性所指向的员工尽其所能地为企业奉献其智慧与心力，同时激励其不断提升自己的潜质。战略性薪酬也正是由于具有上述的突出功能，对企业战略实施具有一定的杠杆作用。

4.2.1 建立战略导向的薪酬体系的步骤

一般而言，战略性薪酬体系设计要经过以下几个实施步骤：

（1）寻找企业发展战略瓶颈。如何发现企业的战略瓶颈呢？"成功的关键因素"分析方法和"标杆"分析方法是其中十分得力的分析工具。"成功的关键因素"是指企业在特定市场持续获利所必须拥有的资源和能力。如果行业中的某企业在成功的关键因素上有缺陷，该缺陷往往构成该企业的发展战略瓶颈。"标杆"分析方法是目前应用很多的一种衡量企业运营状况的方法。它通过与行业中运营最好、最有效率的企业进行比较，从而获得需要改进的信息。比如某个高科技企业，其生产能力十分强大，市场拓展力度较强，但效益陷入了逐年下降的境地，经过分析，其主要症结在于公司的研究部门与竞争对手相比，技术创新、产品创新进展缓慢。由此可见，研发部门成了该高科技公司的战略瓶颈部门。

（2）分析相应的人力资源瓶颈。人力资源瓶颈通常表现为数量不足、质量不高、配置不当、缺乏激励等。以上述高科技公司为例，该公司的研发之所以进展缓慢，效率低下，是因为该公司研发投入严重短缺，研发人员在数量和质量上都存在不足，而且研发人员缺乏工作激励。因此，该公司的研发部门应该在吸纳与滞留高素质的员工，充分激发员工的积极性和创造性等方面提供较大的薪酬激励。

（3）制定相应的战略性薪酬体系。企业的发展瓶颈有时会表现为一个或几个部门，有时则会表现为一个或几个部门的部分岗位。仍以上述高科技公司为例，其营销部门虽然不是公司的战略瓶颈部门，但营销部门中的渠道管理人员仍然十分稀缺，属瓶颈之一。我们可以称这些岗位所需要的人力资源为核心人力资源。战略性薪酬设计的要点在于向企业的瓶颈部门和核心人力资源倾斜，企业可以为其战略性人力资源建立"薪酬特区"，以便吸纳、滞留与激励战略性人力资源，进而为突破企业发展战略瓶颈提供人才保障。

（4）动态分析企业发展瓶颈及其带来的人力资源瓶颈，并前瞻性地制定战略性薪酬政策。前面三个步骤已经构成了一个相对完整的战略性薪酬的实施过程，但以一种动态的眼光来看，企业面临的市场环境复杂多变，企业内部组织也在不断调整之中，企业的战略瓶颈也在不断变化。因此，意图获得持续竞争优势的企业，必须前瞻性地分析企业的战略瓶颈及其人力资源瓶颈，并制定具有前瞻性的战略性薪酬政策。例如，在高科技公司中，研发部门是公司当前最主要的战略瓶颈部门，但随着研发力量的加强，企业规模的扩大，预计公司的市场范围将在今后几年内扩展至全国。从一个区域性品牌成长为一个全国性品牌，物流与供应链管理人才和品牌管理人才将是公司稀缺的战略性人力资源。为了吸引和培养物流

与供应链管理人才和品牌管理人才，战略性薪酬体系也应该适当地向这两类潜在核心人力资源倾斜。

4.2.2　战略性薪酬设计应注意的几个问题

实践证明，战略性薪酬在吸纳、滞留和激励企业战略性人力资源方面具有突出的功效，能够很好地为企业的发展提供战略服务；但它却是一把"双刃剑"，如果运用不当，会带来极大的负面影响。因此，在实施战略性薪酬体系的时候，企业应注意以下几个问题。

（1）必须保持战略性薪酬体系设计的动态性。企业战略管理本质上就是一种动态管理，因而为企业战略服务的战略性薪酬必然具有动态性。可取的方式之一是，结合企业生命周期来设计战略性薪酬体系。企业就像生命体一样，也要经过出生、成长、成熟、衰退直至死亡或转型等不同阶段。处于生命周期不同阶段的企业具有不同的发展战略瓶颈与核心人力资源，因此需要不同的薪酬系统来适应其战略条件。例如，刚起步的企业正急于为其有限的产品或服务打开市场，通常收入和利润都较低，往往会出现现金流短缺的问题，为了控制人工成本，企业通常采用较低水平的基本工资和福利。此时，初创企业为了吸引和留住关键人才，可采取股票期权等长期激励方式，以便将企业成长与员工收益、短期激励和长期激励有机联系起来，既降低了直接薪酬成本，又具有较强的激励作用。而处于成熟阶段的企业则与此不同，它们生产不同的产品，销售收入和利润都较高，管理的重心在于控制成本、提高管理和运作效率，这些企业常对战略性人力资源提供较有竞争力的基本工资、短期激励和福利。

（2）审慎处理由战略性薪酬带来的较大薪酬差距问题。实行战略性薪酬体系所带来的必然结果之一就是薪酬差距拉大，有可能损害企业内部薪酬的公平性。众所周知，公平原则也是薪酬设计必须遵循的原则之一。一个公司内部如果薪酬差距过大，虽然可能激励了享受高薪酬的群体，但容易在公司内部造成对立局面，大大打击其他群体的工作积极性，进而影响公司的整体团结与士气，最终造成公司生产率下降和管理混乱。如何避免由实施战略性薪酬带来的薪酬差距拉大问题呢？可取的对策之一是，对战略性薪酬体系中的薪酬倾斜进行"隐性"处理，以补偿原则来替代性地作为薪酬倾斜的理论依据——战略瓶颈部门的员工和核心人力资源要有更长的工作时间，更大的工作强度，更高的工作压力，因此他们应该享有较高的薪酬补偿。隐性处理薪酬倾斜和内部公平之间的矛盾，显得更为理性，而且实施起来阻力也较小。

（3）合理选择战略性薪酬体系的调整时机。企业发展战略的特性之一，是对企业发展的把握具有前瞻性。这客观上要求战略性薪酬体系的调整亦具有前瞻

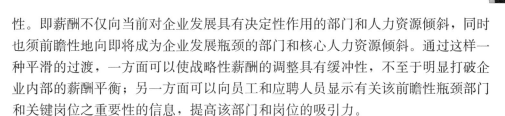

性。即薪酬不仅向当前对企业发展具有决定性作用的部门和人力资源倾斜，同时也须前瞻性地向即将成为企业发展瓶颈的部门和核心人力资源倾斜。通过这样一种平滑的过渡，一方面可以使战略性薪酬的调整具有缓冲性，不至于明显打破企业内部的薪酬平衡；另一方面可以向员工和应聘人员显示有关该前瞻性瓶颈部门和关键岗位之重要性的信息，提高该部门和岗位的吸引力。

<h1 style="text-align:center">本章小结</h1>

本章主要初步介绍了薪酬系统设计的一些原则、理念和影响因素。首先，薪酬设计应遵循的原则有：公平性原则、激励性原则、核心员工原则、适应性原则、员工参与原则、隐性报酬原则、双赢原则等。企业的薪酬体系受国家的经济政策、法律法规等约束，如最低工资保障制度、工资支付制度、工时制度、社会保障制度、企业薪酬调查和信息发布制度等。本章还重点介绍了影响薪酬系统的因素，包括公平因素、内部与外部的影响。此外，企业的薪酬体系要考虑企业战略，建立更有竞争力的薪酬体系。

学习重点：

掌握薪酬系统设计的原则，能深刻理解公平理论，掌握以战略为导向的薪酬体系。

参考文献与网络链接：

中华人民共和国人力资源和社会保障部：http://www.mohrss.gov.cn/

中国人力资源管理网：http://www.chhr.net/index.aspx

中国企业人力资源网：http://www.ehrd.org/

中国人力资源网：http://www.hr.com.cn/

HRoot 领先的人力资源管理：http://www.hroot.com/

HR 人力资源管理案例网：http://www.hrsee.com/

Balkin D B, Gomez-Mejia L R. "Toward a contingency theory of compensation strategy" [J]. *Strategic management journal*, 1987, 8 (2).

Folger R. *Rethinking equity theory* [M]. Springer, 1986.

Li L, Roloff M E. "Organizational culture and compensation systems: An examination of job applicants' attraction to organizations" [J]. *International*

Journal of Organizational Analysis，2007，15（3）.

王仲昀：《"延迟退休"真的要来了》，《新民周刊》，2020−12−09

柴才、黄世忠、叶钦华：《竞争战略、高管薪酬激励与公司业绩——基于三种薪酬激励视角下的经验研究》，《会计研究》，2017。

付维宁：《绩效与薪酬管理》，清华大学出版社，2016。

李新建、孟繁强、张立富：《企业薪酬管理概论》，中国人民大学出版社，2006。

李永周：《薪酬管理：理论、制度与方法》，北京大学出版社，2013。

刘昕：《薪酬管理》，中国人民大学出版社第3版，2011。

文跃然：《薪酬管理原理》，复旦大学出版社第2版，2013。

思考题：

1. 分析薪酬设计的原则有哪些，含义是什么？
2. 公平原则的内涵有哪些？
3. 薪酬设计的政策因素有哪些？
4. 薪酬设计的主要问题会有哪些？
5. 公司的发展与组织结构对薪酬设计有什么影响？
6. 公司的文化对薪酬设计有什么影响？
7. 什么是战略薪酬？
8. 战略薪酬的设计应注意什么问题？
9. 以竞争力为导向的薪酬体系是指什么？

 **A 企业专家制度怎么啦？**

A企业为充分调动技术人才的积极性和创造性，曾采取提高奖金系数的办法，但激励效果只维持了几个月。后来，总经理王某在一次外出考察中，发现某企业聘任技术专家的做法很好。回来后便授意有关职能部室筹划、建立了本企业技术专家聘任制度，明确了专家的任职资格条件，规定了相应的竞聘考核办法。对于被聘任的技术专家，根据岗位特点给予不同标准的专家津贴，其标准具有很强的市场竞争力。同时，对个别已被其他企业作为猎取目标的人才，给予最高标准的专家津贴，还将其配偶的薪酬标准提高了几个档次。

专家制度实施初期，极大地激发了专家们的干劲和责任感，但同时引起了其他员工的强烈不满，主要有三种意见：①部分骨干员工认为自己与那些专家从事相同的工作，工作起来毫不逊色，只因聘任名额少，才没有被聘任。况且专家的工作和未聘之前相比，并未发生明显变化，凭什么享受高薪。②部分员工认为本企业生产连续性强，每个人的工作息息相关，如果其中任何一个环节出现问题，都可能造成重大隐患，而这种情况一旦发生，技术专家同样无能为力，所以本企业不适合建立专家制度，即使要建立，薪酬待遇也不应该相差太大。③大多数员工认为，企业对技术专家的评聘是在只有少数人参加的情况下进行的，评聘过程不透明；而专家们则认为，自己是凭本事吃饭，因为自身价值大，所以应该享受高薪。

这些不满情绪在第一季度考核期来临之际变得更为激化，此时企业的外部环境迅速恶化，企业不得不抽出更多的时间和精力去处理层出不穷的问题，推迟对技术专家的考核，最终考评只是简单地走个过场。此后，因为种种原因，专家津贴一直没有与本人的业绩挂钩，基本上成为一种固定的薪酬。在一年一度的聘期到来时，企业还是没有进行公开竞聘，直接增补了几名技术专家，原有专家无一人落聘。

又过了一段时间，企业的决策层发现，无论是技术专家还是其他员工，工作积极性和责任感都明显减退。技术专家们抱怨工作太辛苦，他人不配合；而其他员工则理直气壮地认为，既然专家们享受高薪，就应该付出更多的劳动，自己多劳也不能多得，只要把分内之事干好就行，何必多管其他事情。

问题：

1. 为什么 A 企业的专家制度没有如愿落实？
2. 该如何设计才有效果？

海尔集团的薪酬变革管理

海尔曾经是工业时代规模管理的忠实践行者，如今在互联网带来的冲击前，海尔是所有家电企业中转型最激进的一家，它正在推进的这场变革将颠覆其原有的全部组织结构。近来被业界高度关注的"海尔大裁员"的背后，正是海尔的这场小微运动。运动才刚开始。2013 年初，海尔的小微模式从各地的工贸公司开始试水。海尔的工贸公司成立于 2007 年，主要负责在境内销售海尔及控股子公司生产的相关产品。如今，海尔全国 42 家工贸公司已经全部转型"商圈小微"；小微模式开始在制造、设计、财务等海尔其他部门全面推进。随着海尔集团上述"激进"的管理改革与创新，势必要在薪酬管理体系上要建立起一套与之匹配的模式。

薪酬战略

海尔的"商圈小微"旨在将公司打造为平台化的生态系统，成为可实现各方利益最大化的利益共同体。自主经营体强调员工和经营者同一立场合作，奉行全员参与经营，员工不再是被动的执行者而是身处其中的主动的创业者，但这一模式可能潜藏着消极怠工的风险。为消除该风险，海尔在薪酬战略的四大目标中选择偏重雇员贡献方面，并以"三公原则"（即公平、公正、公开）作为指导思想。海尔的公平体现在对所有员工都实行统一的可量化考核标准；公正是指设立严格与工作成果挂钩的员工升迁制度，根据绩效高低将员工在优秀、合格、试用三个等级内进行动态转换；公开则指考核方式、考核结果和所得薪酬向所有员工的公开和透明。这一薪酬战略较好地解决了潜在的委托代理问题，并激励员工主动工作和构建利益共同体。

薪酬结构

海尔在推行自主经营体时，重金聘请 IBM 设计了宽带薪酬结构，即一种等级少、等级区间内浮动范围大的薪酬结构。研究表明，宽带薪酬等级少且富有弹性，能够较好地淡化等级观念，消除官僚作风，起到支持和维护扁平化组织结构的作用。

薪酬制度

在海尔的组织变革过程中，合适的薪酬制度应当起到激励和筛选的杠杆作用：一方面增强现有员工对自主经营体模式的认同；另一方面吸引适合自主经营体模式的员工，从而促成公司与员工的匹配，推动企业变革。对此，海尔推行了人单合一机制下的"超利分享酬"，激励员工先为客户创造价值，在扣除企业常规利润和市场费用后，就可与企业共享剩下的超额利润。海尔基于为用户创造的价值把薪酬基数分为五类，依次为分享、提成、达标、保本和亏损。员工的绩效达到提成或者分享水平就可参与对所创造价值的分享，即员工在向市场"挣工资"，而非等企业"发工资"。这种高度参与式的利润分享意味着客户价值的最大化就是员工收益的最大化，能够激发员工为客户创造价值的积极性，实现员工利益与企业利益的一致性。

海尔还采用了"创客薪酬"推动自主经营体的发展。在这一制度下，员工与公司先达成一致的目标，再落实到具体的年月日，根据达到的目标获取"四阶"薪酬，即创业阶段的生活费、分享阶段的拐点酬、跟投阶段的利润分享和风投配股阶段的股权红利。其中蕴含的激励层次也从"生存权利""利益分享"上升到了"事业成就"。员工实质上是创业者，可以利用公司的平台和资源进行自主经营，初创时得到扶持，壮大时共享收益。

所有人都可以在海尔平台上创新创业，成立小微公司，小微与海尔签订对赌协议，海尔对小微进行投资，而且提供对赌酬，只有小微的业绩到达协议标准，小微才会有相应的薪酬。从一定意义上讲，海尔对小微的对赌使得小微能够把工作当成自己的事业来做，也就是所谓的"自己的店当然自己最上心"。

问题：

1. 海尔集团的薪酬变革管理以什么为原则和导向？
2. 海尔集团是如何对员工进行激励的？其薪酬体系有什么特点？

【开篇案例】

绩效薪酬：成了三星，毁了索尼？

20世纪90年代中期之后，索尼引入美国式的绩效主义，最终导致索尼在数字时代的失败。索尼前常务理事天外伺朗对这美国式的"绩效主义"做了个定义，指的是"业务成果和金钱报酬直接挂钩，员工为了拿到更多报酬而努力工作"，也就是我们中国企业再熟悉不过的"绩效薪酬制度"。难道真的因此成就了三星，摧毁了索尼吗？

绩效主义助推三星转型。三星认为"奖励工资"是人类最伟大的发明，也是资本主义的一大优势。李健熙上任后，大胆打破三星传统，推行"信赏必罚"的奖励工资制度，给管理层发放年薪。三星集团各子公司CEO的年薪中，基本工资只占25%，其余的75%由绩效决定。员工的基本工资比重占60%，另外40%由能力而定。能力评价决定员工实际年薪，评为一级能得130%的酬金，若评为五级，甚至连基本工资都领不到。同一职级的员工，实际年收入最高与最低可以相差5倍。这在李秉哲时代以及当时韩国其他公司是不可想象的，引起了极大的震动。

李秉哲时代，三星实行高度集权的管理模式，即源自日本明治时代的"上头指示、下面做事"的集权体制。权力都在总部，下面的分子公司负责人只负责执行总部命令，缺乏主人翁精神，缺少经营主动性。这种体制在短缺经济时代，也就是产量和规模决定胜败的时代固然没有问题，效率也很高。但是，进入90年代的"丰裕时代"后，质量、创新和速度决定成败的时代，这种高度集权、僵化、分子公司没有经营主动性的管理体制不再适应新的环境。李健熙在三星推行"自律经营"，目的是要"将集团经营重心下沉"，让分子公司总经理承担起完全的经营责任，这种"分权"的管理模式，改变了他父亲李秉哲时代高度中央集权的管理模式。绩效薪酬作为"自律经营体制"的一部分，有力地促进了"经营重心下沉"管理模式的推进。一句话总结当时的"自律经营体制"，就是"责权放下去，收入拉开来"。来自美国的"绩效主义"，确实达到了扭转三星既有的僵化体制、激活分子公司经营团队、培养他们的主人翁意识和经营自主性、助推三星新经营转型的目的。

绩效主义给索尼带来了什么？如果仔细回顾一下索尼20世纪90年代的历史，你将会发现：就在同一时期，发生在三星的管理模式转型的故事，在索尼也演了一遍。索尼导入绩效主义的起点是1994年，其标志则是"公司制度"。索尼将原来的事业部制改革为公司制，即把业务单元改造成独立公司，其负责人要对资产负债表和损益表负责，并拥有权力投资新业务。这时的索尼，总部像一家控股公司，负责新业务投资和整体协调；在公司体制下，索尼把计划和产品开发人员从总公司分散到每个子公司。与"责任、权力、资源下沉"相配套，索尼同时导入"绩效薪酬"制度。

改革前，索尼考核业务单元负责人的是两个指标："收入"和"利润"。改革后，除了这两个指标外，还有"ROE、ROA、Cash Flow"等类似于上市公司的考核指标，并将这些指标完成情况与经营者收入挂钩。索尼总部给每一个公司规定10％的资金成本，任何一项投资，要求ROI必须超过10％这个底线。1998年，索尼更进一步，考核重点变成了"股东价值"，以及EVA指标，将EVA与管理者的薪酬挂钩：业务单元管理者奖金，50％由公司业绩决定，25％取决于索尼整体业绩，剩下25％由个人目标管理来决定。在公司内部的员工层面，与三星类似，导入绩效考核机制，并将考核结果与个人奖金和晋级相结合。

索尼当时采取"公司制度"的目的，与三星实行"自律经营体制"差不多，就是为了激发业务单元的主动性、积极性，鼓励他们承担完全的经营责任，抓住"从模拟到数码"技术大变轨的机会，继续领先消费电子行业。索尼公司制度和绩效薪酬的改革初始阶段（1995~1998年），确实达到了董事会所期望的"刺激收入、增加利润"的目标，1997年、1998年连续两年收入、利润大幅增长，是历史上绩效最好的两年。但是，这些收入和利润仍然是"模拟技术产品"带来的。好景不长，1998年之后，随着数字技术快速取代模拟技术，索尼开始陷入衰退和亏损。究其原因，与当年的管理模式改革导致的负面作用有直接关系。

负面作用之一：短期导向。索尼分子公司总经理要"对投资承担责任"，而且投资的ROI不得低于10％，这就使得他们不愿意投资风险大但是对未来很重要的技术和产品，而更愿意做那些能够立竿见影又没有多大风险的事情。比如

VAIO电脑，出井伸之的意图是通过把音响与视频功能整合，引发个人电脑革命——把它打造成划时代的、能够像当年Walkman一样有轰动效应的"娱乐电脑"（之前，电脑都是工作用的）。但是电脑业务部门有短期利润压力，更多的资源就用在开发下一个季度挣钱的产品上，而不是更具创意、也更不确定的VAIO身上，结果VAIO变成了一款反响平平的"Me Too"产品。

负面作用之二：本位主义。每个业务单元都变成独立核算经营公司，当需要为其他业务单元提供协助而对自己短期又没有好处的时候，这种体制下人们没有积极性提供协作。三星推出数码融合产品"康宝DVD"之后，2001年，索尼希望推出一款超过三星"康宝"的融合产品"Cocoon"，它可以把电视节目录制到它所带的DVD的硬盘上。这个全新的产品的开发涉及电脑部门、电视部门、DVD部门。还有Cocoon产品部门自己。结果DVD部门不支持，Cocoon只好在不带DVD功能的情况下上市，根本卖不出去。DVD部门之所以不支持，是因为担心Cocoon上市会挤占它的传统DVD产品销售。

由此看来，天外伺朗的那篇文章《绩效主义毁了索尼》，还算是实事求是的，并没有夸大其词，或者像有人说的出于"泄私愤"。确实，索尼引进美国式绩效主义让索尼赚了小钱、误了大事。不过，仔细一想，不对啊——同一个时期，三星采取的也是同样的管理体制，同样考核业务单元的EVA，同样根据短期业绩表现支付奖金，同样有PS利润分享，为什么三星能够避免"短期导向"和"本位主义"？绩效主义怎么就没把三星给毁了呢？

讨论题：

1. 公司的绩效薪酬模式有什么优缺点？
2. 为什么说绩效薪酬成了三星，毁了索尼？

第一节 基于岗位的薪酬模式

1.1 岗位薪酬的内涵

目前从世界范围来看，使用最多的是基于岗位的薪酬体系。这种薪酬体系是对每个岗位所要求的知识、技能以及职责等因素的价值进行评估，根据评估结果将所有岗位归入不同的薪酬等级，每个薪酬等级包含若干综合价值相近的一组岗位。即首先对岗位本身的价值作出客观的评价，根据这种评价的结果来赋于承担这一岗位工作的人与该岗位的价值相当的薪酬这样一种基本薪酬决定制度。然后根据市场上同类岗位的薪酬水平确定每个薪酬等级的工资率，并在此基础上设定每个薪酬等级的薪酬范围。

基于岗位的薪酬体系的基本思想是：不同岗位对知识、技能有不同的要求，承担职责的大小也不一样，所以不同岗位对企业的价值贡献不同。在每个岗位任职的员工对企业的贡献和重要程度也不同，他们应当根据所从事的工作领取报酬。岗位薪酬体系是一种传统的确定员工基本薪酬的制度，它最大的特点是员工担任什么样的岗位就得到什么样的薪酬。与新兴的技能薪酬体系和能力薪酬体系相比，岗位薪酬体系在确定基本薪酬的时候基本上只考虑岗位本身的因素，很少考虑人的因素。在这种薪酬制度下，有些员工个人的能力可能会大大超过其所担任的岗位本身所要求的技术或资格水平，但是在岗位没有变动的情况下，他们也只能得到与当前工作内容相对等的薪酬水平。岗位薪酬体系实际上暗含着这样一种假定：担任某一种岗位工作的员工恰好具有与工作的难易水平相当的能力，它不鼓励员工拥有跨岗位的其他技能。

1.2　岗位薪酬的适用范围

从一定程度上来说，岗位薪酬体系在操作方面比能力薪酬体系更为简单，而且适用范围也比较广，对于我国的许多企业和大部分岗位来说还是比较实用。和传统上中国企业讲究行政级别和资历相比，岗位导向的薪酬模式是一种很大的进步。这种模式最适合传统的科层组织，在这种组织中，岗位级别比较多，企业外部环境相对稳定，市场竞争压力不是非常大。就岗位类别而言，基于岗位的薪酬模式比较适合职能管理类岗位。对这些岗位上的任职者要求有效地履行其职能职责是最重要的，岗位的价值才能得以真正体现。但从当前我国企业的薪酬管理实践来看，大多企业都没有制定规范、系统和具有实效性的岗位说明书，再加上对于岗位评价的技术没有能够很好地掌握，结果在实践中犯了许多明显的错误。许多企业的岗位工作制（即我们所说的岗位薪酬体系）实际上是根据岗位的行政级别或者员工的资历来确定基本薪酬，而不是根据真正意义上的岗位来确定基本薪酬。

1.3　岗位薪酬的实施

1.3.1　对岗位薪酬公平性的思考

企业在市场上的竞争，实质上是企业间人才的竞争。如何留住人才、吸引人才，是所有企业面临的大问题。已有许多研究表明，企业的薪酬体系的公平性与

QIYE XINCHOU XITONG SHEJI YU ZHIDING

企业吸引和留住优秀人才息息相关。中国古语云："不患寡，患不均"。其实在企业里，员工永远都在抱怨薪水低，而真正造成人才流失的，却往往是由于不公平。西方管理学的激励理论也认为只有在员工感觉到"公平"的情况下，员工才会受到强有力的激励。最常见的薪酬给付不公平的情况有如下几种。

1. 薪酬差距不合理

一方面，差距太小的不公平。由于长期行政管制，使中国目前仍占很大比例的国有企业仍然留有"大锅饭"的影子，干多干少一个样，干好干坏一个样，那么当然干得多与好的人就会感觉不公平；另一方面，差距太大的不公平，如一位营销总监助理，平时拿着一份不错的薪水，倒也工作踏实。但是自从一个偶然的机会让他知悉了营销总监，也就是他的顶头上司的薪酬，竟然数倍于他，而联想到这位总监平日只是一个"二传手"，有什么事都给他干，使他再也不能忍受，愤而"立誓"跳槽。可见，薪酬本身是让这位营销助理满意的，但真正促使他离开的原因，却是薪酬之间差距的不合理。

2. 市场比较不公平

有人说"跳槽"就是公司之间薪酬水平比较的直接结果，虽然过于绝对，因为员工离职的原因多种多样，但是薪酬外部比较结果如果不公平的话，当然相对容易引起员工流失。

3. 模糊工资不公平

"给红包"的做法曾经甚至现在仍在相当一部分企业中流行。许多企业乐意将其作为薪酬发放的一种补充，多为临时性、一次性或年度性的奖金。其初衷有不少正是为了弥补正式薪酬的不公平，但事实上，许多员工又会对"红包"的公平性提出质疑，原因是"红包"给付的标准不明确，弹性过大，很容易引起员工相互猜疑。

4. 谈判工资不公平

通常现在的招聘程序中都会有双方进行薪酬谈判这个程序。但较为合理的做法是企业本身有一个已制定的薪酬范围，而针对应聘者的资历、经验、能力等在这个范围内定夺。如果企业没有薪酬范围，而纯粹依照"口舌"或"拍脑袋"来定薪，就会扰乱企业内部薪酬系统，成为不公平的源头。

1.3.2 岗位薪酬实施的关键环节

上述这些种种的"不公平"现象归结起来，都是薪酬的高低与岗位的职责、绩效表现、能力资历不相匹配的结果。因此职责、绩效、能力是共同决定薪酬高低的三个主要和关键的因素。按岗位付薪，是一个内部公平的薪酬系统最基本的条件。在这个系统当中，包含了职责澄清、岗位评估和岗位薪酬三个部分。很多企业因人设事，不重视岗位管理，连基本的职责定位都很混乱，就很难确定岗位的相对价值。

1. 职责澄清

职责澄清也就是对岗位在组织中的位置、设立岗位的目的、应当承担的职责、内外部沟通网络以及对该岗位任职资历、能力的规范描述，通常会使用岗位说明书等类似的管理工具。岗位说明书是规范描述岗位分析结果的工具，具有统一规范的格式，写法也很有讲究，尤其是在职责描述栏里动词的选用，将决定在整个任务中该岗位承担的职责范围。在这里要强调的是，岗位说明书并非是人力资源部门或直线管理者强加给任职者的，而是应由管理者和任职者双方沟通后达成一致的结果。双方一致认定的职责，是公平、满意的薪酬给付的前提。当然，岗位说明书除了作为岗位薪酬的最主要依据之外，还可以作为招聘、业绩管理和职业发展规划的辅助工具。岗位说明书上都会有一个明确的岗位名称，例如××部经理、AA部主管等，有很多企业都是利用这些抬头来定薪的，即经理作为一个薪酬等级，主管作为一个薪酬等级等。但这只是较为粗略的做法。

2. 岗位评估

为了更加精确地衡量岗位之间的重要度差别，区分此经理与彼经理之间应当存在的薪酬差异，尤其是级别之间的薪酬合理差距，必须对岗位进行科学的评估。岗位评估是针对岗位的一些重要因素进行抽象后，再给予量化的分析与评定。岗位评估是实施基于岗位的薪酬制度的关键环节，其技术要求非常高，尤其是对大型的企业来说，更要慎之又慎。在企业进行岗位评估时，应以组织结构图为基础，岗位说明书为对象，以保证评估的公平性。

对岗位进行评估时，可以借鉴已经成熟的岗位评估系统，也可以自己开发系统，或干脆采用"德尔菲法"成立评估专家团进行背对背打分。在保证评估结果的准确性的前提下，从使用者出发，力求简便、易学、易用，若有成熟的软件作为评估操作工具更佳。中国企业运用过的传统的要素计点法，主要是四因素法，即从劳动责任、劳动技能、劳动强度和环境四个方面对岗位进行评定。传统的四因素法强调了体力因素和环境因素，对岗位的创新工作、管理责任、任务复杂程度等体现现代企业核心竞争力的因素考虑不足，因而导致脑体倒挂现象，对管理因素在企业中的作用重视不够。另外，传统的四因素岗位评估的主观性太强，评定等级的划分缺乏对岗位现实任务的分析依据。经过科学的岗位评估，原来在一个行政级别上的岗位可能被划分到了两个或更多的不同薪资级别上，原来上下两个的岗位差距拉到了更合理的水平。

在具体实施岗位评估时，有几点注意事项：①成立评估委员会进行公平评

估，并保证评估工作的推行；②一定是评估"岗位"而非评估"任职者"；③挑选有代表意义的典型岗位进行评估，以免特殊岗位的一些非普遍因素扰乱整个系统，评估岗位应由上而下；④任何人不能评估自己的岗位；⑤评估结果应通过内部平衡性检验。按照评估结果给岗位进行排序和部门之间的岗位匹配图的检验达到平衡以后，评估结果应取得最高管理人/层的批准方可推行。

3. 岗位薪酬

如果不胜任的员工在某一个岗位上，也拿同样的基于岗位的工资，对其他人来说就是不公平的，如果一个能力很强的人得不到提升，那么基于现岗的工资水平对他来说就太低了，也是不公平的。

在取得岗位评估结果以后，划分出岗位级别，便可以模拟内部的薪酬曲线。此时一般参照的标准有两个，一个是企业本身的付薪能力，二是市场的薪酬水平。由于整个人才市场的开放程度越来越高，在进行企业内部管理时必须更多地考虑市场竞争因素。因此建议企业在制定薪酬政策的时候要考虑市场水平，做出合理的定位。配合薪酬调研回归曲线，如果企业定位在中高线（75 分位），理论上讲，该薪酬水平可以吸引市场上 75％的人才。在这里有以下几点需要注意。

（1）回归曲线上的点不是真实薪酬数值，它是为了企业能够使薪酬等级平滑而用指数公式模拟回归的结果。

（2）企业内部的薪酬曲线应当是等比曲线，而不是等差直线，这样才可以整条曲线上各个点的导数相等，以保持公平性和激励性。举个例子，当基本薪酬是 1000 元时，调薪 100 元是有激励性的；而当基本薪酬是 10000 元时，调薪 100 元是没有激励意义的。所以薪酬曲线应呈等比数列上升，而非等差数列。按照中国目前的经验，通常这个等比数列的上升率为 25％左右，少数激进型的企业可以达到 50％。

（3）薪酬级别应是一个范围，而不是一个点，否则就无法体现不同的任职者在同样岗位上的差异了。通常薪酬范围的差距为 50％，也就是说同一级别最高薪酬水平是最低水平的 1.5 倍。

（4）薪酬级别之间应当有部分重叠，从而为任职者提供更多的发展机会：升职或提升能力。而且也利于企业向超过或低于岗位要求的任职者给予适当的薪酬（并不是总能找到恰好符合岗位要求的人员）。重叠过少容易引起官本位现象；重叠过多则不利于鼓励任职者承担更多的责任。一般重叠不超过 3 个级别是一个衡量标准。随着人力资源与薪酬管理的发展，越来越强调宽幅薪酬制度。可以把以前窄幅薪酬政策中 2 个甚至 3 个级别合并起来，成为新的宽幅级别。企业有了内部模拟薪酬曲线，为企业按岗位付薪提供了依据，但是，薪酬曲线还需要根据市场的变化和企业的付薪能力不断进行调整，所以，薪酬曲线是一条动态曲线。

1.4 岗位薪酬的优缺点

1.4.1 岗位薪酬的优点

基于岗位的薪酬模式，其优点体现在以下几个方面。

（1）实现了真正意义上的同工同酬，因此可以说是一种真正的按劳分配体制。

（2）有利于按照岗位系列进行薪酬管理，操作比较简单，管理成本较低。

（3）晋升和基本薪酬增加之间的连带性加大了员工提高自身技能和能力的动力。

结合中国企业，包括事业改制单位的实际情况，目前还有很大一部分单位需要尽快转为以岗位为主的工资制度，不能再延续传统的、没有激励作用的薪酬制度。因此，进行工作分析，规范职位管理体系，进行岗位评估，加大岗位分配的比例，适当拉开纵向和横向差距，是这些单位必须要做的基础工作和改革工作。

1.4.2 岗位薪酬的缺点

基于岗位的薪酬模式的不足也比较明显，体现在以下几个方面。

（1）等级结构过于严密。在这种薪酬体系中，每个岗位根据价值评估分数的高低被归入高低不同的等级，这样企业就为成百上千的岗位建立起了一个结构严密的"岗位金字塔"。每个岗位都有详细的岗位说明书，每个员工据此知道自己应当对什么负责，但另一方面也就知道了自己无须对什么负责。这种森严的等级结构将员工固定在一个个岗位上，员工很难有机会从事其他岗位的工作。因为每个岗位对知识、技能的要求是不一样的，员工岗位的变化意味着他的工资也要做相应的变化。但是，岗位的变化却并不一定意味着员工知识、技能的变化。因此，在以岗位为基础的薪酬体系中，员工岗位改变总会遇到这样的矛盾。这种矛盾进一步加剧了组织缺乏灵活性和弹性的现象。

（2）不利于员工职业发展。在以岗位为基础的薪酬体系中，通常是管理类的岗位落入高工资等级，而其他类型工作的岗位则一般很难进入高工资等级。专业人员（比如培训专员、会计等）在工作了一定年限以后报酬就很难再提高了，因为在他所在岗位的薪酬等级中，他们已经达到了最高标准，向上已经没有提薪空间了。在这种情况下，通常员工在考虑自己的职业发展时，第一选择就是管理岗位，因为只有做管理类工作，他们才具有进一步提高薪酬的可能，而管理岗位毕竟有限，于是就导致了这样一种现象，即员工们都试图通过各种方式进入管理职

系。但是并不是所有优秀的专业人员都适合做管理者，于是企业失去了许多优秀的专业人员，而多了许多无能的管理者。

（3）制约员工知识、技能提高。在基于岗位的薪酬体系中，岗位说明书对员工的知识、技能和职责作出非常清晰而且具体的规定，同时由于等级结构严密，导致决策链条过长。如果在一线出现了问题，信息通过正式渠道传递到上层，上层决策以后，解决方案再通过正式渠道下达到一线，一线人员根据上级的指示解决问题。这种通过正式渠道、从上至下的决策方式，使得一线员工难以根据自己的知识、技能创造性地解决问题。一线员工最了解自己的工作，也最了解在工作中出现的问题，他们通过长时间的工作，在本专业领域成为专家，如果适当授权让他们解决问题，不仅更有效，而且员工的知识、技能也可以在不断的解决问题中得到提高。

第二节　基于能力的薪酬模式

2.1　能力薪酬的内涵

2.1.1　能力的内涵

这里所谓的能力严格来说实际上是一种绩效行为能力，是指一系列的技能、知识、能力、行为特征以及其他个人特性的总称，即达成某种特定绩效或者是表现出某种有利于绩效达成的行为的能力，而不是一般意义上的能力。绩效行为能力又被称为胜任能力，这种能力对个人、群体、特定工作以及整个组织的绩效有一种预测作用。

通常可以将员工所具有的能力划分为三个层面，即核心能力、能力模块以及能力指标。首先，核心能力是指为了确保组织的成功，员工必须具备的核心技能和素质。核心能力通常是从组织的使命或宗旨称述中抽象出来的。而这种称述往往表明了企业的经营哲学、使命、价值观、经营战略和远景规划等，这与以上讲述的胜任力类似。其次，能力模块着眼于将核心能力转换为可观察的行为。例如，对应于"经营洞察力"这一项核心能力，能力模块可能涵盖了解组织、管理成本、处理三方关系以及发现商业机会等多个维度。最后，能力指标指的则是可以用来表示每一能力群中能力水平的可观察行为。在一定程度上，它反映出来的是工作复杂程度不同的职位所需的特定能力在程度上的不同。通过能力指标，管理者可以比较直观地界定出特定职位所需的行为密度、行为强度、行为复杂程度

QIYE XINCHOU XITONG SHEJI YU ZHIDING

以及需要付出的努力程度。

总体而言，能力薪酬体系就是将"能力"开发的概念映入薪酬管理中，能力薪酬也称为与能力相关的薪酬，"与能力相关的薪酬"与"以能力为基础的薪酬"的不同主要在于："能力"的阶段有很多的不确定，完全按照员工能力支付薪酬也难以操作。一般现实中，能力薪酬与技能薪酬往往是交织在一起使用的。

随着一些新的管理范畴，如"弹性""创新""速度"等被引入人力资源的各个环节中，在以能力为基础的工作评价中，从体现企业的价值观、核心竞争力和高附加值出发，评估这些要素在不同工作之间的价值比较，进而形成职位薪酬等级，即对能够促进企业战略实现的、形成和维持核心竞争力的、为企业创造高附加值的员工支付更多的报酬。

能力薪酬是企业以个体或群体员工的能力为核心的人力资源管理系统的一个重要组成部分，以人为本，对能力的强调必须贯穿于企业的员工招聘、晋升、绩效管理以及薪酬管理等整个人力资源管理系统。将这种理念融入新员工的甄选以及员工的绩效评价过程。能力薪酬还要求组织建立对于工作或角色进行评价的系统，获得确定薪酬水平的市场数据，能够灵活追踪各种浮动薪酬的管理系统、综合性的培训计划。

2.1.2 能力曲线与企业薪酬

人的职业工作能力的发展可划分为四个阶段：成长期、成熟期、鼎盛期和衰退期。如图 3-1 所示，曲线 I 代表企业中某类受过专业训练、具有较高学历人员（如大学毕业生）的能力曲线，对应于时间轴上 OT_1 段、T_1T_2 段、T_2T_3 段和 T_3T_4 段的曲线段，即表示该类人员职业能力发展的四个阶段。每一个阶段都与个人职业生涯的一定阶段相对应，具有一定的特征。

在成长期，员工的职业能力较低，还不能独立承担工作，但其职业能力以加

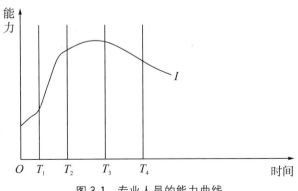

图 3-1 专业人员的能力曲线

速度迅速提高；进入成熟期后，员工具备了从事本专业工作的能力，能独立承担工作，并逐步成为所在单位的业务骨干，其职业工作能力继续提高，但提高的速度有所减缓；到了鼎盛期，员工已具有较强的职业工作能力，已成为所从事工作的组织者或主要负责人，职业工作能力达到了个人职业生涯的最高水平，继续提高的余地已比较小，处于相对稳定状态；进入衰退期后，员工仍然具有较强的职业工作能力，在工作中仍发挥重要作用，但其能力正逐渐降低，直到职业生涯结束。

对于没有受过专业训练的低学历人员，其职业工作能力的发展也大致包含这样四个阶段，只是能力的整体水平较低，成长期和成熟期都相对较短，衰退期比较长，且进入衰退期后职业工作能力下降更明显。如图 3-2 所示。

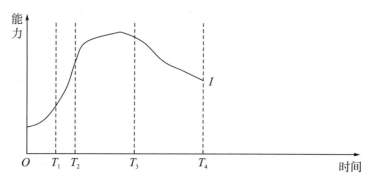

图 3-2　非专业人员的能力曲线

对应于员工个人职业工作能力发展的四个阶段，上述的两种薪酬策略如图 3-3 所示，曲线 W_1 表示高起点、低增长策略，可划分为两个阶段：一是对应于 OT_3 时间段，也就是员工成长期、成熟期和鼎盛期的增长阶段，工资以较为均衡的速度提高；二是对应于员工衰退期的稳定或下降阶段，工资水平基本保持不变或略微有所降低。很明显，这种策略较少考虑员工职业能力的变化，是一种与员工职业能力差异关联性比较低的策略，因而对员工的动态激励作用有限。

曲线 W_2 表示低起点、高增长策略，可划分为三个阶段：一是对应于 OT_1 时间段，也就是员工成长期的高增长阶段，工资以加速度迅速提高；二是对应于 T_1、T_3 时间段，也就是员工成熟期和鼎盛期的低增长阶段，工资以较为均衡的速度提高；三是对应于员工衰退期的稳定或下降阶段，工资水平基本保持不变或略微有所降低。这种策略由于与员工的职业能力紧密相关，对员工有较强的动态激励作用。因此，我们认为这种策略应是大多数企业的正确选择。

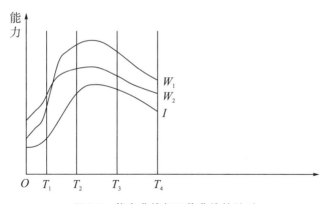

图 3-3 能力曲线与工作曲线的关系

2.2 能力薪酬的产生背景

基于能力的薪酬设计方案的产生是由一系列复杂因素造成的。

首先，全球竞争的加剧迫使公司将提高核心竞争力作为孜孜以求的目标。而核心竞争能力的本质就是附加在企业人力资源（资本）身上的核心知识和技能以及对这些核心知识和技能的整合、共享及不断学习和创新的能力。企业确定了自己核心竞争能力所需要的员工的知识和技能后，企业薪酬设计就应该向具备这些知识和技能的员工倾斜。这是企业薪酬体系设计的重要性体现，也是企业薪酬体系设计应遵循的原则。根据 1998 年《基于胜任力的薪酬体系》的产业界研究报告，对来自一系列组织的人力资源专家进行的调查所得出的结论显示，1/3 的公司已经有了一个基于能力的报酬体系或将在一年内建立这一体系。除此之外，这份报告还对员工进行了调查，发现在已经采用这一体系的公司中，员工普遍认可这一方案，而只有 5% 的员工认为它不受欢迎。按照这种趋势估计到现在采取这种报酬方案的公司在比例上更大。

其次，传统薪酬固有的缺陷。按传统薪酬理论的思路，制订薪酬方案，先进行市场调查，而后排出职级职别，将同等级同类别的职位归类归档，最后根据实际情况制订出本企业的薪酬标准。显而易见，传统的薪酬战略无法适应企业和员工的需要，没有办法将职工的能力差距在薪酬上体现出来，因此无法对员工产生激励作用。

此外，组织结构在今天也发生了巨大的变革，正从机械模式向有机模式转变，减少了中间层次，提高了管理跨度。伴随着组织结构的变革，公司的文化也相应地发生变化，更专注于改善服务质量和以顾客为导向，这就要求员工有足够的技术能力和必要的人际交往能力，以便敏锐地感知顾客需求并为顾客提供服务。

2.3　能力薪酬的作用

基于能力的薪酬设计方案作为一种新生事物，显示出愈来愈强的生命力，无疑对企业的发展起到非常重要的作用，主要体现在以下几个方面。

首先，基于能力的薪酬设计方案可以满足员工的自尊心和增强他们的责任感，提高其工作积极性。在通常情况下，员工更喜欢具有心理挑战性的工作，能够给他们提供运用自己的技术和能力的机会，并且有一定的自由度。在适度挑战的条件下，大多数员工将会感到愉快和满意，从而有利于提高工作绩效，而基于能力的薪酬设计方案正是以能力为基础的，符合这一要求。

其次，基于能力的薪酬设计方案还能够对变化的心理合约问题做出部分反应，在这种情况下公司和雇员的关系并不是终身雇佣的关系，雇员的身份由企业人变成社会人。另外，由于组织层次的减少，改变了以前以传统职务为晋升途径的方式，职业定位没有以前清晰，这使得员工在心理上有一定的失落感，所以公司和员工之间的关系存在着重新调整和相互适应的过程。公司所提供给员工的只是增加技能的机会和由此带来的在双方发展基础上的更大的市场竞争力和增加收入的机会。

再次，公司可以保持一支比较精干高效的员工队伍，这能够在最大程度上避免人浮于事的现象，这在公司规模较小、业务不稳定的情况下显得尤其重要。因为，当员工具有不同的工作技能时，他们可以顶替意外缺勤的同事，例如因事假、病假或培训、会议等原因不能来上班的人员。

最后，基于能力的薪酬设计方案符合薪酬设计的公平性原则。薪酬设计的两个最重要的原则是，薪酬对外有竞争性，对内有公平性。在通常情况下员工希望公司的薪酬制度和晋升政策是公正的，符合他们心中的期望。如果薪酬建立在个人技能水平的基础之上，就会提高员工的工作满意度，进而提高工作绩效。

2.4　能力薪酬的实施

成功实施能力薪酬的关键因素包括以下几方面。

2.4.1　科学的任职体系

在设计能力薪酬方案以前，企业首先需要制定出符合自身特点的能力体系，也就是任职资格体系。任职资格体系描述的不是抽象的能力概念，而是在对所有职位根据性质分类的基础上对每一类职位建立各自的能力级别和标准。这是整个基于能力薪酬体系，乃至整个基于能力的人力资源管理体系的基础。

2.4.2　配套的培训体系

在企业鼓励员工提高自身能力的同时，也对企业培训提出了更高的要求。企业必须向员工提供提高自身能力的帮助，必须根据任职资格体系的内容和标准，针对不同的职种，以及同一职种的不同任职资格等级，开发出具有针对性的课程，帮助员工提高自己的能力。

2.4.3　具有弹性的组织结构

在以能力为基础的薪酬体系中，员工不断学习新的知识、技能，那么企业如何运用这些知识和技能就是一个需要慎重考虑的问题。因为，如果员工掌握的新知识和新技能没有机会运用，就会失去学习的兴趣和信心，而企业也并没有从员工能力的提高中受益。所以，企业必须使自己的组织结构更具弹性。

2.4.4　简单明了的薪酬方案

能力薪酬方案不能太复杂，否则员工会由于不了解其真正含义而没有信心，而企业也会由于体系本身的复杂而导致操作困难，对其继续推行失去信心。另外，在推行能力薪酬之前，需要在企业进行宣传，以得到员工的理解和支持，这样才能有一个良好的实施基础。

2.4.5　激励员工的工作能力

能力薪酬的管理重点不再是确保任务的安排与职位等级保持一致，而是要放在如何最大限度地激励员工的工作能力方面。此外，一旦员工在工作多年后发现自己已经达到了最高的能力等级，无级可升，那么其继续学习新能力的动机就很可能会被削弱，这时，企业可能需要考虑利用利润分享等其他刺激手段。

能力薪酬的应用是一项系统性的工作，许多著名企业运用能力薪酬的结果表明，这种体系可以显著地提高人力资源的质量，强化组织的竞争力，促进企业发展目标的实现。由于中国企业在这方面的起步较晚，因此，可以借鉴一些外国知名企业的成功经验，但一定要符合中国的国情，符合自己公司的实际情况。目前，以个人技术、能力为基础的薪酬模式并不适应于中国所有的企业和企业的所有部门，它需要有相适应的企业内部环境，如组织结构简单、强调团队合作和自我管理、进行分权性的决策、强调劳动力柔性以及员工发展，企业有一种比较开放、员工参与性强的企业文化等。同时，只有在员工的能力能很大程度上决定企业业绩的情况下，这种体系才适用。如对于管理人员、研发机构人员和其他专业技术人员等。运用该制度可以在一定程度上鼓励优秀的专业人才安心本职工作，因此，企业应根据自身的条件来选择，或通过改变环境条件以适应该体系对环境的要求。在我国，采用完全以技术、能力为基础的薪酬并不可取。因为它需要具备一套健全的评估系统，这个系统非常复杂，需要一定的实践基础和经验，并且

QIYE XINCHOE XITONG SHEJI YU ZHIDING

是一个逐步完善的过程。因此，目前将以技术、能力为基础的薪酬与其他薪酬方式相结合，发挥其各自的优势，是一种可行的选择，其方式有：在以职位为基础的薪酬体系中，将技术、能力薪酬与职位薪酬相结合；将技术、能力作为职位评定的标准之一；将每种技术、能力与具体的绩效相对应。这样既保证了对有能力的员工进行激励，又不至于挫伤履行了职位职责和业绩好的员工的积极性。

2.5　胜任力薪酬专题

2.5.1　胜任力的内涵

胜任力是"与工作绩效或生活中其他重要成果直接相似或相联系的知识、技能、能力、特质或动机"（McClelland，1973）。这些特性能够明确地区别出优秀绩效执行者和一般绩效执行者，或者说能够明确地区别出高效的绩效执行者和低效执行者。胜任力即完成工作、达到绩效所需具备的知识、能力和行为特征，可分为：门槛类胜任力、区辨类胜任力、转化类胜任力。

1. 门槛类胜任力

门槛类胜任力指仅仅保证工作取得成功而界定出的一些最低标准要求，它与取得更高的绩效之间没有太大的相关性，传统的薪酬管理和技能薪酬即以此为基础。在传统职位薪酬方案中，员工的薪酬完全取决于他们所在的职位，不同的职位要求不同的基本能力，职位的价值决定员工的价值。薪酬不能体现员工的真正素质和价值，只侧重于对传统的岗位价值进行奖励，是以工作职责范围所规定的目标完成情况作为一种衡量标准，而不重视员工当前和未来的发展要求，并可能与强调学习的组织文化相抵触。技能薪酬是基于基础技能知识的薪酬，指根据员工所掌握的与业务相关的技能数量和水平而支付的工资报酬，是确定员工基本工资的一种薪酬方法，它需要对组织中各岗位所需的全部技能进行系统的分析和归类。技能薪酬被广泛运用于蓝领员工，这主要是因为在这些岗位中，工作可以具体化和量化，比较容易识别并衡量工作中所需的技术。但对于管理者、专业技术人员等知识性强的软性职业，技能薪酬就有局限，因为人员职务难以提炼出操作性、可量化的技能，决定他们绩效的主要因素不是知识与技术，而是某些品质与特征。

2. 区辨类胜任力

以上的薪酬模式显然不能满足以价值为中心的人力资源管理的要求，而以区辨类胜任力为基础的薪酬模式则恰恰体现价值中心，区辨类胜任力是指最有可能将同一职位上的优秀绩效者与一般绩效者区别开来的胜任素质，如"主动性""创造性""影响力"等。区辨类胜任力并不是一成不变的，而是可以通过特定的方法来加以影响和改善的。区辨类胜任力可表明个人相关的"价值"和个人成长。以胜任力为基础的薪酬即主要以区辨类胜任力为基础，为专业人员、管理人员发展与高绩效有关的综合胜任能力而支付的报酬。该种薪酬模式结合了情境变量，符合未来的岗位要求，更能适应国际竞争的需要。未来的组织更加扁平化、更灵活、更有弹性，要求员工能够快速适应变化，学习新的事物，快速胜任工作。以胜任力为基础的薪酬模式需要前期全面的分析设计和试运行，有选择的投入，组织稳定和员工参与的文化，其有效的发挥需要以胜任力为基础的人力资源管理体系的支持，并通过下述潜在的服务链发挥作用，如图 3-4 所示。

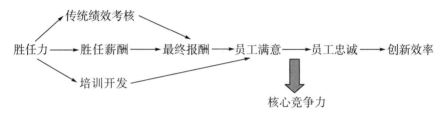

图 3-4　胜任力价值链

以上表明：通过建立胜任力价值链，为培训开发提供方向，还为绩效评估提供一个平台，为绩效考核者进行绩效跟踪和绩效测量方面提供统一标准，降低绩效的数据收集整理难度。传统的薪酬体系与胜任力薪酬结合使用，传统绩效考核的是基于岗位或技能、基础知识等可以量化的一些门槛类胜任力，是构成基本工资的主要基础。但最终报酬还包括创造性、团队协作等带来的超额报酬。根据激励-保健原则，基本稳定的工资、奖金等报酬，并不一定能激发员工的工作热情，但一些激励因素如培训、晋升机会等则会极大地提高其工作热情。这表明胜任力薪酬的激励作用远大于上述基本的绩效考核收入，这也是形成和强化企业核心竞争力的重要条件。

3. 转化类胜任力

转化类胜任力通常是指管理人员和员工普遍都缺乏的那些胜任力素质，一旦他们在这种胜任力上得到改善和提高，那么将会大大提高他们的工作绩效，如开发他人、系统思考、高能量等胜任力。转化类胜任力在职场中属于稀缺资源，拥有这类胜任力的基本都是优秀管理者或高潜质员工。面试中若发现具备这一类胜任力的应聘者，建议招聘官们特别关注。

2.5.2　胜任力模型

胜任力识别的主要方法是建立胜任力模型。胜任力模型是指达成某一绩效目标的一系列不同胜任力要素的组合，是一个胜任力结构。

胜任力模型不仅能够预测员工的未来表现，而且其因子界定清晰，分级明确，容易评估。而评价中心的主要作用是为企业选拔、培训和发展管理人员，其目的是要确保管理人员具有胜任岗位的能力，在未来的工作中表现出优异的绩效。所以，胜任力模型正好满足了评价中心对测评指标的内在要求，不仅有良好的预测性，而且可量化、可评估，为评价中心测评指标体系的建立提供了有力保证。

员工个体所具有的胜任特征有很多，但企业所需要的不一定是员工所有的胜任特征，企业会根据岗位的要求以及组织的环境，明确能够保证员工胜任该岗位工作、确保其发挥最大潜能的胜任特征，并以此为标准来对员工进行挑选。这就要运用胜任特征模型分析法提炼出能够对员工的工作有较强预测性的胜任特征，即员工最佳胜任特征能力，如图3-5所示。图中变量的涵义表示如下，A：个人的胜任力，指个人能做什么和为什么这么做；B：工作岗位要求，指个人在工作中被期望做什么；C：组织环境，指个人在组织管理中可以做什么。交集部分是员工最有效的工作行为或潜能发挥的最佳领域。

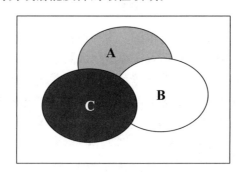

图3-5　胜任力模型

当个人的胜任力大于或等于这三个圆的交集时，员工才有可能胜任该岗位的工作。企业人力资源管理所要发掘的胜任力模型就是个人胜任力与另外两个圆的交集部分，即能够保证员工有效完成工作的胜任特征模型。

胜任特征模型构建的基本原理是辨别优秀员工与一般员工在知识、技能、社会角色、自我认知、特质、动机等方面的差异，通过收集和分析数据，并对数据进行科学的整合，从而建立某岗位工作胜任特征模型构架，并开发出相应可操作的人力资源管理体系。

建立胜任特征模型需要一系列步骤，在此作简要说明。

1. 定义绩效标准

绩效标准一般采用工作分析和专家小组讨论的办法来确定。即运用工作分析的各种工具与方法明确工作的具体要求，提炼出鉴别工作优秀的员工与工作一般的员工的标准。专家小组讨论则是由优秀的领导者、人力资源管理层和研究人员组成的专家小组，就此岗位的任务、责任和绩效标准以及期望优秀领导表现的胜任特征行为和特点进行讨论，得出最终的结论。如果客观绩效指标不容易获得或经费不允许，一个简单的方法就是采用"上级提名"。这种由上级领导直接给出工作绩效标准的方法，虽然较为主观，但对于优秀的领导层也是一种简便可行的方法。企业应根据自身的规模、目标、资源等条件选择合适的绩效标准定义方法。

2. 选取分析效标样本

根据岗位要求，在从事该岗位工作的员工中，分别从绩效优秀和绩效普通的员工中随机抽取一定数量进行调查。

3. 获取效标样本有关胜任特征的数据资料

可以采用行为事件访谈法、专家小组法、问卷调查法、全方位评价法、专家系统数据库和观察法等获取效标样本有关胜任特征的数据，但一般以行为事件访谈法为主。

行为事件访谈法是一种开放式的行为回顾式调查技术，类似于绩效考核中的关键事件法。它要求被访谈者列出他们在管理工作中发生的关键事例，包括成功事件、不成功事件或负面事件各三项，并且让被访者详尽地描述整个事件的起因、过程、结果、时间、相关人物、涉及的范围以及影响层面等。同时也要求被访者描述自己当时的想法或感想，例如是什么原因使被访者产生类似的想法以及被访者是如何去达成自己的目标等。在行为事件访谈结束时最好让被访谈者自己总结一下事件成功或不成功的原因。

行为事件访谈一般采用问卷和面谈相结合的方式。访谈者会有一个提问的提纲以此把握面谈的方向与节奏。并且访谈者事先不知道访谈对象属于优秀组或一般组，避免造成先入为主的误差。访谈者在访谈时应尽量让访谈对象用自己的话详尽地描述他们成功或失败的工作经历，他们是如何做的、感想如何等等。由于访谈的时间较长，一般需要 1～3 个小时，所以访谈者在征得被访者同意后应采用录音设备把内容记录下来，以便整理出详尽的有统一格式的访谈报告。

4. 建立胜任特征模型

通过行为访谈报告提炼胜任特征，对行为事件访谈报告进行内容分析，记录各种胜任特征在报告中出现的频次。然后对优秀组和普通组的要素指标发生频次和相关的程度统计指标进行比较，找出两组的共性与差异特征。根据不同的主题进行特征归类，并根据频次的集中程度，估计各类特征组的大致权重。

5. 验证胜任特征模型

验证胜任特征模型可以采用回归法或其他相关的验证方法，采用已有的优秀与一般的有关标准或数据进行检验，关键在于企业选取什么样的绩效标准来做验证。

以我们为某大型电器营销公司的销售经理进行胜任特征模型构建的研究为例。首先选取了该公司不同地区的经理进行工作分析，明确经理的工作内容和工作要求，并结合该公司的实际情况确立了对经理们的绩效考核指标。在该公司现有的优秀绩效表现与一般绩效表现经理当中随机挑选 30 名经理，对经理进行行为事件访谈。访谈的内容主要有三个部分：一是被访谈者的基本资料；二是被访谈者列举自己三件成功事件以及三件不成功的事件；三是对被访谈者的综合评价。在实施行为访谈的过程中，我们同时对经理进行了管理素质测评以及管理知识测评，用来验证胜任特征模型的有效性。根据各经理的访谈报告，我们归纳整理出了经理胜任特征频次表，并以此构建了经理的胜任特征模型。根据该胜任特征模型明确了合格的营销经理应该具备的胜任特征，并以此为依据开发了针对公司现状的营销经理培训体系。帮助经理们找到自己的"短木板"，有针对性地对经理们进行培训，同时也为该公司的薪酬体系的建立提供了有力依据。

基于胜任特征的分析，则研究工作绩效优异的员工突出与优异表现相关联的特征及行为，结合这些人的特征和行为定义这一工作岗位的职责内容，它具有更强的工作绩效预测性，能够更有效地为选拔、培训员工以及为员工的职业生涯规划、奖励、薪酬设计提供参考标准。能够帮助企业全面掌握员工的需求，有针对性地采取员工激励措施。从管理者的角度来说，胜任特征模型能够为管理者提供管理并激励员工努力工作的依据；从企业激励管理者的角度来说，依据胜任模型可以找到激励管理层员工的有效途径与方法，提升企业的整体竞争实力。

以胜任力为基础的薪酬管理，不仅重视技能、岗位的胜任力等可以直接量化的一面，也重视主动性、创造性、团队协作等无法直接量化的软性因子，而这些因子更是企业核心能力的来源。因此，这种转变体现在薪酬上不仅要改变传统的短期、物质的报酬，更要增加长期激励的手段，长期激励报酬方案诸如持股计划、期权计划和利润分享等，将人力资本的薪酬与企业绩效相联系，作为年度现金报酬的补充。这些计划反映了一种管理文化，即强调以"公司大家庭的成员关系"为基础的计划参与，它创造一种强调绩效和所有权的文化氛围。胜任力薪酬在强调长期激励对短期激励补充作用的同时，也强调群体激励对个体激励的互补作用。"收获分享"、"目标分享"和"成功分享"是这些激励计划的体现。

2.5.3　胜任力薪酬产生的背景

基于胜任力的薪酬体系（competency-based pay system）是对传统薪酬体系的一次革命。传统的薪酬体系过分强调员工过去的绩效，以及员工所在岗位在企业中的重要程度，而忽略了能够创造绩效并且能够增强企业核心竞争力的员工胜任力。在这种新的体系中，支付薪酬的依据是员工拥有的胜任力，即知识、技能、社会角色、自我概念、人格特质和动机/需要，薪酬增长取决于他们胜任力的提高和每一种新胜任力的获得。基于胜任力的薪酬体系实现了胜任力与报酬的匹配。在知识经济时代，越来越多的企业采用基于胜任力的薪酬体系，这个变化主要由下列因素引起。

（1）知识经济时代的竞争归根到底是人力资源的竞争。在日趋激烈的市场竞争环境中，企业要获得发展必须依靠企业的核心竞争力，而企业的核心竞争力是有竞争力的员工所拥有的知识、技能、经验和素质等。人们逐渐认识到人力资源对企业未来发展产生的重要作用。为了企业的长远进步，也为了吸引、留住有竞争力的员工，企业的薪酬策略纷纷向胜任力倾斜，企业薪酬体系的基础由岗位转为胜任力。

（2）组织结构的扁平化、弹性化信息时代，日趋激烈的竞争和瞬息万变的市场环境要求企业不断地简化组织结构，减少中间管理层次，提高管理灵活性。组织结构呈现扁平化、弹性化的趋势是因为：一方面，组织中的中间管理岗位大大减少，传统的通过升职的方式获得加薪的机会也随之减少。另一方面，弹性化的工作小组或团队取代了固有的部门和岗位，同一个小组或团队的员工没有清晰明确的职责划分，原有的岗位说明书不能完整、详尽地描述现在的工作内容和职责。基于岗位的薪酬体系已不适用于这种组织结构。

（3）基于岗位的薪酬体系的缺陷设计。基于岗位的薪酬体系一般是先进行岗位分析，然后进行岗位评价，根据评价结果对岗位进行排序，接着企业进行薪酬调查与定位，设计薪酬结构。传统的薪酬体系更注重岗位，很难将员工个人能力的差距体现出来。这种薪酬体系很难留住、吸引高水平的员工。

2.5.4　胜任力薪酬模型的构建

（1）构建胜任力模型。通过对比担任同一职位的高绩效者和一般绩效者所表现出的能力素质差异，确定该职位的能力素质模型。素质模型必须建立在对企业、特点、战略、岗位等基础问题的系统性分析的基础上，并需要在不同阶段根据时间、战略、环境等因素的变化进行调整。

（2）胜任力定价。所谓胜任力定价，就是确定每一种胜任力及其组合的价值标准。要建立基于胜任力模型的薪酬体系，首先必须对组织所有胜任力进行科学

合理的定价，这种定价方式不要求非常准确，只要求一个大致的范围即可。胜任力定价的最基本方式有两种：①基于市场的定价，即比较相同素质在其他企业所能获得的报酬定价。这种方法的前提是能获得市场上关于胜任力定价的情况。但是因为这种薪酬模式应用时间比较短，且胜任力结构及其定价都是企业的商业机密，很难通过正常渠道获得。因此目前，我们只能通过具备一定胜任力水平的个体当前薪酬水平来反推胜任力的价格。②基于绩效的定价，根据每项胜任力与绩效的相关性来确定胜任力价格，相关性越强，定价越高。在对每项胜任力进行定价的基础上，需要将胜任力的价格分解到每个等级上，并且要考虑胜任力模型是一个系统模型，不能简单像对待一般商品那样定价，而应该考虑到其组合模式对价格也有一定的影响。

（3）建立基于胜任力的薪酬结构。基于胜任力的薪酬结构，大多采用宽度薪酬结构。所谓宽度薪酬，是指组织将工资结构划分为几个大的宽带，在每一个宽带范围内又划分为若干个等级，并且每一个宽带之间都有交叉的区域。建立基于胜任力的薪酬结构主要有以下步骤：①根据当前和组织所期望的胜任水平来决定需要多少个宽带，将胜任力水平差异比较大的员工划分到不同的薪酬宽带中；②对进入每个工资宽带的人员进行胜任力水平测评，确定该工资带的基本胜任力要求；③根据每个工资宽带的人员平均胜任力水平，结合胜任力定价水平确定该工资宽带的中点工资；④确定每个工资宽带中的上下限；⑤确定每一水平胜任力的工资。

（4）评估员工胜任力，确定其报酬水平。组织对所有员工的胜任力进行科学评估，并将评估结果作为确定员工工资水平的主要依据，体现以个人胜任力为基础的报酬分配方式。

2.5.5 胜任力薪酬的作用

对于员工尤其是知识型员工来说，业绩是各种能力相互作用的复杂产物，并受到薪酬机制的驱动。基于胜任力的薪酬方案使得员工不断获得能使自己更为优秀的能力，并且这种能力受到公司的重视和应用，从而不管个人还是他们所服务的组织都会受益。胜任力薪酬的作用体现在以下方面。

（1）员工获得了更多的发展机遇，而组织则获得了一支灵活性的劳动力队伍。员工不会被特定的工作描述所束缚，能方便地从一个职位流动到另一个职位，这样就提高了组织内部员工的流动性。能做更多事情的员工对一个组织具有更大的价值。

（2）支持扁平型组织结构。高能力的员工队伍要求较少的监督，因此可以削减管理层级。工作的设计可以强调员工在较大范围内的参与，而不仅仅考虑在较窄的、确定的工作范围内的个人贡献。

（3）鼓励员工对自身发展负责，使员工对自己的职业生涯有更多的控制力，为在组织内推行员工自我管理奠定了基础。同时增强了员工控制自己报酬的能力，因为他们知道要想获得工资增长需要做些什么（获得新的能力）。

（4）对组织学习具有支持作用。组织学习的基础是个人学习，胜任力薪酬方案可以引导员工不断地、自主地学习，使得人力资源政策与组织学习匹配起来，使得企业不断投资于学习能力的提高，为促进员工和组织的共同成长做出贡献，并最终建立起学习型组织。同时要使基于胜任力的薪酬模式的实行更具有效性。

同时也应注意以下几点。

（1）要让员工知道需花多少时间才能掌握每一技能模块。总体上，可将很复杂的模块进行分解，也可以将某些技能进行合并，使技能模块包含的内容数量合适，使员工每年都有进步。另外，加强胜任力获取的评估，如果缺乏有效的周期性的评估，胜任力薪酬容易异化成一个资历等级系统。在制定胜任力模块时需对每一等级的标准作详细的说明，来增加表面效度。通过笔试、面试、工作样本、榜样或工作绩效等形式进行正规和周期性的等级证明，以保证胜任力的获取和保持。

（2）需要加强对培训系统的管理，要辨别组织是否适合采用胜任力薪酬。胜任力薪酬并不适用于组织中的每一个人和每一个部门，它只在员工胜任力对于成功绩效至关重要的情景下是合适的，比如科技开发、计算机软件和管理咨询公司等。对知识员工和专业人员起主要作用的部门更是如此，尤其是对一些基础性的研发工作岗位，因为这些岗位的人们需持续地更换角色和任务，而他们工作中的一大部分任务是以失败而告终的。适用胜任力薪酬的组织往往具有较宽、扁平化和灵活的组织结构，宽带的薪酬结构，具有持续的员工发展计划。如果是一个高度专业化的高耸的组织结构，实行低成本的战略，胜任力薪酬显然不适合。

（3）建立综合的以胜任力为焦点的人力资源系统。这可以保证薪酬系统与胜任的联系不会导致冲突或限制胜任力的发展，以及保证组织中胜任力本身良好的建立和得以理解。很多组织中，已经在寻找和发展自身的胜任力框架，而不是套用其他公司的或公认的标准框架。胜任力薪酬的引入，通常要 1~2 年的时间，所以它并不是一个速成而是一个逐步适应的过程。

（4）要有综合的薪酬决策过程。总体而言，胜任力薪酬并不是取代了传统的薪酬方法，而是与它们结合在一起，Towers Perrins 调查的采用胜任力薪酬的公司中有 84% 的公司仍使用绩效评估。同时，基础工资既考虑了个体绩效也考虑了胜任力。这样的一种结合有助于传统的绩效薪酬与胜任力薪酬的统一，能够保

证对员工来说并不是拥有技能就可以了，而且促使管理人员评估胜任力运用到工作中并对绩效产生影响的程度。另外，传统的绩效薪酬过分地强调了个体取得的结果以及过去的绩效，而没有考虑这些结果是怎样获得的，以及如何才能增加未来成功的可能性，胜任力薪酬可以在这个方面弥补缺陷。

2.5.6　对胜任力薪酬的评价

基于胜任力的薪酬体系作为一种新兴体系，受到越来越多的企业和管理者的关注，表现出良好的发展势头。基于胜任力薪酬体系的优点包括以下方面。

（1）有利于员工个人胜任力的提高与扩展。新的薪酬体系使得员工不再需要依靠岗位晋升的方式获得加薪，淡化官本位思想。它引导员工钻研，将专业水平向纵深发展，也鼓励员工学习相关的新知识与技能，提高综合水平。通过对员工胜任力水平的提高与扩展来获得更高的报酬。

（2）有利于企业核心竞争力的增强，实现企业战略。员工的胜任力是企业核心竞争力的基础。基于胜任力的薪酬体系像一根指挥棒，指引着员工努力学习和提高企业需要的各种胜任力，提高企业人力资源整体竞争力。

（3）有利于企业组织的变革。全球竞争的加剧和日趋迅猛的信息技术要求组织减少中间管理层次、重组业务流程。基于胜任力的薪酬体系淡化了岗位在薪酬结构中的作用，引导员工注重自身胜任力水平的提高。有利于企业进行组织变革，提高管理的灵活性，适应环境变化。

（4）有利于吸引和留住高水平的人才。高水平的人才往往希望能在自己的专业领域有所建树，满足他们自我实现的需要。基于胜任力的薪酬体系为他们创建了一个发展平台，薪酬政策向胜任力倾斜，激励他们专注于自身价值的实现。

在认识了这种薪酬体系的优点的同时，我们也要清醒地认识到它自身存在的不足，基于胜任力薪酬体系的缺点包括以下方面。

（1）实施基于胜任力的薪酬体系会增加企业的成本，提高管理难度。企业为了科学合理地考核员工的胜任力水平，必须建立一套胜任力评价体系，设置待评的胜任力要素，以及等级标准，并对每个员工进行评价。同时，随着企业战略的调整，企业所需要的胜任力要素要进行相应的调整，对员工的评价工作也随之及时更新。对于这个建立体系、评价、调整体系、再评价的过程，企业要设置专门的组织负责，可能还会聘请外部专家进行专业设计与指导，而且这个过程与企业每一个员工的切身利益息息相关，每个员工都要参与，企业花费自然不菲。另一方面，从原有的薪酬体系转化为基于胜任力的薪酬体系必然会引发一部分员工的抵制，增添了管理的难度。

（2）实施基于胜任力的薪酬体系必须建立配套的培训体系和绩效管理体系，

对企业人力资源工作提出较高的要求。企业对员工的胜任力开展评价后，员工会发现某些胜任力要素需要进一步提高，同时企业根据战略的改变会增加或减少一些胜任力要素，这些要素就需要开发相应的培训项目，为员工提供学习、改进的机会。

2.5.7　胜任力薪酬的设计难点

（1）能力的评价问题。基于胜任力的薪酬体系的中心思想是"能酬匹配"，员工的"能"即胜任力，其与员工获得的报酬直接相关，因此，员工胜任力评价成为整个薪酬体系设计与实施中最为基础而又关键的环节。对员工胜任力进行评价的难点在于对企业所需胜任力的界定和胜任力等级标准的制定。由于每个企业的情况都不一样，这两个步骤没有现成的模板套用，只能自行分析开发，对于企业来说难度很大。对于胜任力的界定，企业首先必须从组织着手，根据企业的发展战略，界定组织的核心能力，然后将核心能力细化到各个岗位类别中，为每个岗位类别界定胜任力。制定胜任力等级的标准时可以采用访谈、问卷等多种形式收集信息，同时要对绩效优秀者与绩效平平者进行比较，从而制定每类岗位的每级胜任力标准。值得注意的是，即使是同一种胜任力在不同类别岗位中的标准一般是不同的，没有可比拟性。

（2）胜任力与薪酬的挂钩形式。基于胜任力的薪酬体系要求员工胜任力成为支付薪酬的依据，至于这个"依据"怎样体现，企业有着不同的选择。企业可以选择直接挂钩，让员工的基本工资完全由胜任力水平决定；企业也可以选择间接挂钩，让员工的岗位决定一个薪酬的范围，员工的胜任力水平决定他的薪酬在这个范围中的位置。这两种方式各有利弊，不同的企业要根据自己的实际情况进行比较，选择合适的一种。

第三节　其他薪酬模式

除了基于职位的薪酬模式和基于能力的薪酬模式之外，比较常见的薪酬模式还包括：基于绩效的薪酬模式、基于市场的薪酬模式和基于年功的薪酬模式。

3.1　基于绩效的薪酬模式

基于绩效的薪酬体系是以员工的工作业绩为基础支付工资，主要依据是工作成绩或劳动效率。基于绩效的工资结构包括基本工资和绩效工资。基本工资由职位或技能来决定，绩效工资则是按照考核结果，对照预设的标准和比例来计算。

QIYE XINCHOU XITONG SHEJI YU ZHIDING

绩效薪酬可以衡量员工的有效付出，将个人回报和对企业的贡献挂钩，避免"干好干坏一个样"的不公平现象。采取绩效薪酬体系的关键是要建立起一套有效的绩效管理体系。绩效薪酬的形式有计件（工时）工资制、佣金制、年薪制等。绩效工资制适用于生产工人、管理人员、销售人员等。

基于绩效的薪酬模式有如下优点：①激励效果明显。员工的收人和工作目标的完成情况直接挂钩，能让员工感觉到公平。②有助于实现企业的目标。员工的工作目标明确，通过层层目标分解，使得组织战略目标得以实现。③节省成本。企业不用事先支付过高的人工成本，在整体绩效不好时能够节省人工成本。

该薪酬模式同时也存在一些不足：①收入多少取决于个人的绩效水平，在员工过于考虑个人绩效时，会造成部门或者团队内部成员的不良竞争，使员工为了取得良好的个人绩效而缺乏合作意识。②绩效评估往往很难做到客观、公正和准确。如果在这种情况下就将收入和绩效挂钩，势必会造成新的不公平，难以发挥绩效付酬的激励作用。③影响员工的忠诚度。长期使用绩效薪酬制度，一旦企业增长缓慢时，员工拿不到高的物质报酬，会影响员工的士气，在企业困难时，也很难做到"共渡难关"，员工可能会选择离职或消极工作。

3.2　基于市场的薪酬模式

此种薪酬体系是根据市场价格确定企业薪酬水平，根据地区及行业人才市场的薪酬调查结果，来确定岗位的具体薪酬水平。人才资源的稀缺程度在很大程度上决定了薪酬的市场水平。该薪酬体系一般适用于企业的核心人员。

基于市场的薪酬模式有如下优点：①企业可以通过薪酬策略吸引和留住关键人才。②企业可以通过调整那些替代性强的人才的薪酬水平，节省人工成本，提高企业竞争力。③参照市场价格来确定工资水平，员工容易接受，并能降低员工在企业内部的矛盾。

该薪酬模式同时也存在一些不足：①市场导向的工资制度要求企业有良好的发展能力和赢利水平，否则难以支付和市场接轨的工资水平。②员工要非常了解市场薪酬水平，才能认同市场工资体系。因此，这种薪酬体系对薪酬市场数据的客观性提出了很高的要求，同时，对员工的职业化素质也提出了要求。③完全按照市场来支付薪酬，会使得企业内部薪酬差距拉大，造成员工之间的矛盾。

3.3　基于年功的薪酬模式

在基于年功的薪酬模式下，员工的工资和职位主要是随年龄和工龄的增长而提高的。中国国有企业过去的工资制度在很大程度上带有年功工资的色彩，虽然强调技能的作用，但在评定技能等级时，实际上也是论资排辈。年功工资的假设是服务年限长，工作经验多，业绩自然会高；老员工对企业有贡献，应予以补偿。目的在于鼓励员工对企业忠诚，强化员工对企业的归属感，导向员工终身服务于企业。在人才流动低、终身雇佣制环境下，如果员工确实忠诚于企业并不断进行创新，企业也可以实施年功工资制。其关键在于外部人才竞争环境比较稳定，否则很难成功地实施年功工资。其典型适用群体：日本企业及国有企业。适合的企业和岗位：适合外部人才竞争环境较稳定，员工忠诚于企业并不断进行创新的企业。

基于年功的薪酬模式有如下优点：①员工较为忠诚、有归属感。②年功序列工资制可防止过度竞争，保证秩序。不同年龄层职工之间的关系比较融洽，同年龄层之间的工资差别很小，有利于维护团队精神。③在起点工资确定之后，工资便随着年龄逐渐上升，以保障生活费用为原则，从而使职工有一种稳定感，工作的心理压力不大，能力能正常发挥。④企业内进行人事调动时，年功序列工资制是一种适应性较强的工资体系，因而它有利于企业内人才的相互流动。

该薪酬模式同时也存在一些不足：①难以吸引和留住年轻人。②年功序列工资制取决于年龄和工龄等要素，而不太讲求能力或职能要素，不利于人才潜能的发挥，缺乏激励性。③工资决定的基础过于模糊，不利于职工对工资体系的了解。提升工资时，无法确切把握能力要素。④年功序列工资制的包含要素过于庞杂，它不仅是推动职工工作的一种代价，还要照顾职工的住宅与家属方面的收入要求，因而在工资体系中往往设定种种名义的津贴或间接性给付，这就造成家庭与工作不分开的局面，忽略了工资的本质定义。

上述五种薪酬模式的总结和比较如表 3-1 所示。

表 3-1　五种薪酬模式的比较

工资类型	付酬因素	特点	优点	缺点
岗位工资制	岗位的价值	对岗不对人，岗位变薪酬变	同岗同酬	灵活性差，鼓励官本位思想
能力工资制	员工所拥有的知识和技能	因人而异，能力提高工资提高	鼓励发展技能，有利于培养人才	技能评定复杂，能力界定困难
绩效工资制	员工的劳动贡献	与绩效直接挂钩，工资随着绩效浮动	激励效果明显，节约人工成本	助长员工短期行为，团队意识差
市场工资制	劳动力供求关系	根据市场、竞争对手确定工资	竞争性强，操作简单	缺乏内部公平
年功工资制	员工的年龄、工龄和经验	工龄与工资同步增长	稳定性好，员工忠诚度高	缺乏弹性，缺乏激励

第四节　薪酬模式的选择

4.1　组织类别

组织结构是指对于人员和工作任务进行分工，分组和协调合作的制度性安排。组织结构与薪酬战略之间有着密切的联系，薪酬战略必须与组织结构相匹配适应，否则会使组织的运行更加紊乱，影响企业战略的实施。例如，如果扁平化的组织结构一味地强调等级工资制，将会严重影响员工工作的积极性，员工的满意度也会随之降低。组织结构与薪酬战略之间的关系可以通过以下特征表现。

4.1.1　官僚结构

官僚结构的主要特征是标准化和等级森严，它强调制度化、经理决策和信息自上而下的传播。例如，资历工资和传统的薪酬等级制度等职位薪酬体系最适合官僚结构的组织。资历工资是根据工作年限来确定薪酬的等级，它强调了组织中员工的资历和权威。同时，等级较为森严的组织往往借助薪酬来强化其结构特征，即通过拉开薪酬的等级数目和分配级差来反映员工在组织内的地位等级。

4.1.2　组织扁平化

组织扁平化主要是指通过减少组织层次来提高组织效率，这种结构具有更强的适应性，并使得员工能够更多地参与公司事务，更加突出员工的能力，主要以能力薪酬为主。宽带薪酬正是适应组织扁平化而开发的薪酬结构模式。宽带薪酬在组织中用较少的薪酬等级，跨度很大的薪酬范围来替代以前较多的薪酬等级。

4.1.3　工作团队

工作团队主要是通过成员的共同努力来产生积极的协同效应。在当前的企业管理实践中，团队建设和成员激励的问题日益受到关注。以工作团队为基础的薪酬计划强调团队内部的合作，补偿员工由于扮演团队成员的角色而承担的额外责任。同时，团队薪酬的开发也鼓励员工掌握相关的技能和知识，以达到通力合作的目的。

4.2　发展阶段

为了在日趋激烈的人才竞争中树立优势，重建薪酬体系已经成为目前许多中国企业改革中的一项重要而又紧迫的任务。但是，一些企业往往容易在薪酬设计的一开始就陷入具体的设计中，反复商讨薪酬的单元构成、水平差异等问题，各

种意见很难统一。其实，无论是薪酬系统，还是招聘、培训等其他人力资源管理工作，其目的都是帮助企业实现其战略目标。因此，在进行薪酬系统具体设计之前，十分有必要从战略的层面进行分析和思考，这样才能保证在薪酬战略指导下设计出来的薪酬系统是适合于本企业的，而不仅仅是"先进的"或"合理的"。企业所处的生命周期就是一个在薪酬设计之前必须考虑的战略条件。企业就像生命体一样，也要经历从出生、成长、成熟直至死亡等不同阶段。处于不同生命周期的企业（或者企业处于不同的生命周期）具有不同的特点，因此需要不同的薪酬系统来适应其战略条件。

企业在薪酬设计时必须充分考虑企业的发展战略，这与战略导向原则是一致的。企业设计薪酬还必须结合企业自身的发展阶段，不同的阶段对薪酬策略要求是不一样的。

刚刚开始起步的企业，其薪酬政策强调易操作性和激励性，更加突出员工开拓等方面的能力，运用以能力为基础的薪酬体系，激励员工积极发挥自己的能力，同时也表现出非常个人化的随机性报酬，在薪酬评价上以主观为主，总裁拥有90％以上的决策权；企业通常正急于为其有限的产品打开市场，这一阶段常会出现现金流问题，收入和利润都较低，因此人力资源管理的目标就是吸引和留住关键人才、鼓励创新。近几年出现的一些网络公司就是例子。这些企业为了节省现金和控制人工成本，通常采用较低水平的基本工资和福利。在其薪酬系统中更强调部门或个人的业绩，常设立较高的绩效奖金，有些企业还采用期权等长期激励方式，以便将企业成长与员工收益、短期激励和长期激励有机联系起来，既降低了企业风险，又具有较强的激励作用。

企业成长期的人力资源特点是：企业处在蒸蒸日上、快速上升和发展阶段，急速扩充和发展可能会导致资金短缺、现金流困难，人员不稳定。主要原因是：快速成长中，系统不够健全或制度滞后。因此，企业缺乏快速、灵活的激励、留才的方法与策略。因此，处于高速成长期的企业，在制定薪酬政策时，必须考虑到薪酬的激励作用，仍以能力薪酬为主，这个时候设计的薪酬工资较高、奖金相对非常高，长期报酬也比较高，福利水平也会要求比较高。

而处于成熟阶段的企业则与此不同，它们生产不同的产品，销售收入和利润都较高，管理的重心在于控制成本、提高管理和运作效率。这些企业常能提供较有竞争力的基本工资、短期激励和福利。但如果企业处于平稳发展期或者衰退期，制定薪酬的策略则又不一样。因此，企业设计薪酬政策必须充分与企业发展的阶段相结合。当然，并不是所有企业都经历了上述阶段，现实情况远比上述复杂。例如我们曾为一家大型企业设计薪酬体系，该企业拥有数个事业部和子公

QIYE XINCHOU XITONG SHEJI YU ZHIDING

司，不同单位之间在业务、人员等方面的性质相差较大，既有属于劳动密集型的，也有刚设立的高新技术企业。企业原有的薪酬体系过多关注于不同单位之间的平衡，结果造成有的单位成本过高，产品缺乏竞争力，而有的单位人才流失严重。其实各个单位所处的生命周期等战略条件是不同的：高新技术企业正处于创业阶段，急于在激烈的"人才战"中"攻城掠地"；而处于传统行业的单位其管理和运作系统已相对稳定，部分类型的人员在人才市场上相对过剩，关键是留住核心的管理层。因此，不能简单、僵化地将整个企业划归到某一阶段而采用一样的薪酬系统。在深入调研的基础上，企业改变原有的管理模式，由集权式向分权式转变，允许各下属单位建立适合自己的薪酬体系。

4.3 组织文化

组织文化是指组织内全体员工共同的价值观与行为准则。组织文化的特征之一就是，客户与员工以及员工内部之间建立紧密的纽带与合作关系，这样可以使大家一同对付动荡不安的竞争环境。一方面，组织文化通过影响员工的价值观和行为准则对薪酬战略产生直接影响，奖励组织所需要的员工态度与行为，同时约束和惩罚那些敢于挑衅组织文化的员工；另一方面，薪酬战略的设计必须能够反映和增强组织文化。

根据工作特征可以将组织文化分为以下四种类型。

（1）职能型文化。过去职能型文化一直占主要地位，企业的经营模式和市场的稳定性是至关重要的，职能型组织文化的企业强调严密的自上而下的行政管理体系、清晰的责任制度、专业化分工等，这种组织文化的企业在设计薪酬时一般以职务工资制为主。企业中的员工非常清楚企业的经营领域，对相对处于被动地位的客户也比较清楚和了解，同时由于在同一地域或行业中的竞争者数目一般都有限，很明白自己的竞争对手是谁，在这种文化氛围里，企业会非常重视长期规划，工作职位和工作内容往往是依据职能、等级性线条组织起来的，组织的管理层分明，权力和职责的链条清晰，决策职能和执行职能被严格分开，组织绩效主要取决于企业的规模、每股收益以及企业在所处行业中的声誉。这种组织非常强调个人的专业化，在这种组织中的成功人士是那些专业技术人员，他们能够很好地自我约束，注重纪律、保障和命令，对专业、保障性以及秩序看得比较重，同时，员工从进入劳动力市场到退休一直在同一家企业或至少是同一行业中工作是一件很平常的事情。

在职能型组织中，薪酬的核心元素是基本薪酬，主要是基于职位的薪酬体系，它通过大量的范围狭窄的等级将各种职能专业整合在一起，由于强调个人的专业化，在职能型组织的薪酬方案中，通常会包括数量较多并且跨度不大的工资等级，员工需要通过自己的经验水平增长和技能获取或改善，在这些薪酬等级中不断前进。在基于职位的薪酬体系设计过程中既要考虑内部公平性，还要考虑外部市场比较问题，这一点对于吸引新员工尤为重要。内部公平是组织建立基于职位的薪酬体系的着眼点，但从吸引具有良好素质的新员工和留住优秀员工的目标出发，企业组织应从外部公平性出发，参考行业标杆型企业的薪酬水平及行业平均水平，使本企业薪酬水平具有一定的效率和外部竞争性。

（2）流程型文化。流程型组织文化的特点是以客户满意度为导向来确定价值链；基于团队和相互学习的工作关系，共同承担责任；围绕流程和供应链来设计部门等。现在很多企业的组织文化都开始向流程型进行转变，流程型文化注重客户，主要强调内部攻破性，这种组织文化的企业在设计薪酬时主要以客户、市场导向为主，一般以职能工资制为主。只是在需要吸引新人加盟时，薪酬在外部市场上的竞争性才会受到重视。流程型文化下的内部公平性更多的是着眼于团队之间的比较而不是个人之间的比较。员工一旦加入组织，他们的薪酬增长就取决于自身的绩效表现和掌握新技术及新能力的情况，而与其他因素无关。

与传统组织相比，流程型组织的薪酬范围或者薪酬等级要宽一些，因为它不强调个人的专业化，它通常会采用奖金激励的形式，既可以采用对单个团队的绩效进行奖励的很小金额的季度奖金，又可以采用旨在将每一个人与组织的总体绩效和客户服务联系在一起的范围更广、额度更大的年度奖金。

（3）时间型文化。时间型组织文化的特点是集中资源，抓住机会，迅速把产品和服务推向市场，强调高增长和新市场进入；项目驱动；权利取决于对资源的控制；跨部门团队，包括高水平的专家等。这种组织文化的企业在设计薪酬时主要考虑时效和速度因素，同时考虑工作质量因素，一般以绩效工资制为主。这种文化对于内部公平性强调很少，与流程型组织文化接近，许多员工也都有资格获得奖金，以相互独立的项目为核心，奖金支付的周期比较短，时间型文化下的基本薪酬通常会被划为数量较少但范围较宽的薪酬宽带，而不是数量多的薪酬等级，在一个薪酬宽带中甚至有可能会包括组织中所有的专业技术人员。个人可以在同一薪酬宽带中频繁上行，取其依据是个人获得新技能和新能力以及承担新责任的情况。只有当一个人进入能够为组织带来价值增值的新层次，它才有可能调到一个新的工资宽带中。

（4）网络型文化。网络型组织文化没有严密的层级关系，承认个人的特殊贡献，强调战略合作伙伴；以合伙人方式分配权力，强调对公司总体目标的贡献；以"合同"方式形成工作网络。典型的公司有律师事务所、会计事务所、某些咨询公司等。这种组织文化的企业在设计薪酬时主要强调利益共享、风险共担。网络型文化所强调的是联盟和冒险，因此，对于薪酬的内部公平性很少关注。每个人的报酬都取决于此人对某一特定项目所带来的贡献，所以更多的注意力被放在竞争性的市场工资率上或者是根据个人情况分别确定价值。即基本上根据员工的能力而定的薪酬，网络型组织中的薪酬具有某种两极分化的倾向，真正的人才可能得到巨额的报酬，既有可能完全以佣金的形式提取，也有可能被授予公司的股权，而其他人的薪酬则要视情况而定。此外，由于上述特点，组织和员工之间的关系可能只维持几个星期或几个月。

4.4 员工类别

对不同类别的员工所要求的薪酬模式不同，对于基础性的生产和服务人员而言，岗位要求简单，重复性劳作，因熟练程度不同，易于量化，因此，主要运用以职位为基础的薪酬模式，以稳定和保障为主。而对于管理人员、技术专业研究人员、营销人员等使用以能力为基础的薪酬模式。对所有企业来说，核心员工是企业的财富，是企业的核心竞争力，是企业的未来，须将核心员工薪酬的设计提高到战略的高度，进行认真的对待。企业要有创新的薪酬观，结合企业的实际进行创新。员工薪酬设计应以市场为导向又结合本企业的实际，将市场薪酬水平作为员工薪酬水平判定的参照系，如果企业采用个性化的薪酬激励，则同时应注意把握度的问题，核心员工的薪酬应是建立在客观的需求基础之上的个性化的薪酬。在企业日常的人力资源管理中，应将需求调查作为企业薪酬管理的不可或缺的环节，而且个性化激励对于核心人员的薪酬设计不是一成不变的，应随着市场的发展而进行及时的调整。另外，为核心员工设计薪酬时应注意与普通员工的差距不能太大，毕竟普通员工也同样是企业不可或缺的。过大的收入差距，容易导致员工的不和谐，甚至引起普通员工的离职，最终影响企业的发展。这就需要有专业薪酬管理技能，同时又兼具丰富实践经验的人力资源管理团队来完成这项重要的工作。

4.4.1 销售人员

销售人员是客户了解企业的一个重要窗口，是客户与企业之间联系的一个重要纽带，决定企业成长和盈利的核心要素，销售人员具有三个特点：①工作时间和工作方式灵活性很高，很难对其工作进行监督。由于外部市场环境以及客户、竞争对手不断变化，销售人员的工作时间和地点、工作方式往往没有一个定式，管理部门很难对销售人员的行为实施直接监督和控制，销售人员基于个人的知识、经验、社会联系、销售技巧等开展工作，自己安排工作日程。由于所销售的产品和服务的差异、销售方式和销售对象的差异，销售工作本身也存在很大差异。销售工作既需要销售人员独立工作，又需要整个销售团队的沟通协调，因此，很难通过销售人员的工作态度、行为或者工作时间来进行考核并确定他们的薪酬，难度是很大的。②可以清晰地衡量销售人员的工作业绩。销售人员的工作成果可以用销售数量、销售额、客户数量等很明确地表示出来，评估其业绩主要以结果为导向，而不是结果为导向。③工作业绩风险很大，是由环境的不确定性很大，客户偏好的差异等造成的，结合以上几个特点，销售人员的薪酬应侧重于以能力为基础的薪酬模式。

（1）基本工资为基础，增加津贴和福利。基本工资的确定主要依据员工的从业经验和学历水平，以及员工的技能水平。为了达到吸引和保留人才的目的，将销售人员的薪酬定位于不低于同行业公司平均水平。津贴主要指出差津贴，按照销售人员的出差地点、时间、交通工具给予标准不同的住宿补贴、伙食补贴和差旅补贴。福利主要包括养老保险、医疗保险、失业保险、住房公积金等。企业的主要目标是开拓优质的客户资源，较高的基本工资加上丰厚的津贴和福利制度可以确保销售人员每月稳定的收入，增加其安全感，为其拓展新客户解除后顾之忧。

（2）采用不同的提成比例。企业针对不同的客户和产品实行不同的提成率，老客户（合作关系满一个年度的客户）、老产品的提成率明显低于新客户（合作关系不满一个年度的客户）、新产品的提成率，这样大大激励了销售人员开拓新客户、销售新产品的积极性。

（3）增加团队绩效工资。在开拓新客户的初期，需要全体销售人员的共同努力，达到客户资源信息共享，需要增进团队和谐。同时为了避免在销售旺季时销售人员间的恶意竞争，企业根据团队整体的业绩，给销售人员增加团队绩效工资，即销售人员每季度的销售提成中的一定比例作为整个销售部门的基金，奖励贡献突出的销售人员。这样，极大地促进了团队的团结，增进了团队成员之间的相互协作。

（4）对新进销售人员采取提成、奖金选择制。即新进的销售人员（应届毕业生以一年为限，其余以半年为限），可以自愿选择销售提成或者奖金。如果选择销售提成，则计算方法如销售收入乘以提成比例；如果选择奖金，则企业根据新进销售人员的工作努力状况按期发放奖金，奖金来源为销售部门的基金。对于新进销售员，只要付出努力，也能拿到较高的报酬。如此，既增加了新进销售人员的职业安全性，也提高了他们的积极性。

（5）薪酬制度具有民主性和透明性。在制定新的销售薪酬制度时，企业普遍

征集各个销售人员的意见，让员工参与销售薪酬的制定。公司和员工进行充分的沟通，在达成相互谅解的基础上，制定几种具有代表性的薪酬制度。由销售人员选择最合适的薪酬制度，最后由公司最高管理人员签发并形成制度性文件。当员工能够了解和监督薪酬制度的制定和管理，并能对制度有一定的参与和发言权时，猜疑和误解便易于冰释，不公平感也会显著降低。

4.4.2 专业技术人员

在知识经济时代，专业技术人员在企业中发挥的作用越来越大，日益成为企业的核心和持续发展的动力来源。但有的企业因为薪酬管理方面的失误而导致技术人员，尤其是核心的技术人员流失严重，没有离开企业的技术人员也人心动摇，使企业的正常发展受到了很大的影响。

专业技术人员的工作特点如下。

（1）工作复杂程度高。生产企业中的操作工人主要从事一些内容简单、重复性强的工作；而专业技术人员则与管理人员一样，所面临的是多变的、复杂的工作环境和工作内容。这就要求他们要具有足够的灵活性和承受压力的能力。

（2）工作的专业化程度高，工作过程难于监督。专业技术人员所从事的是专业性和创造性都很强的工作。企业要对他们的工作过程进行监督是很难的。所以，对专业技术人员的考核通常是结果导向型的。

（3）工作内容相对独立，具有一定的垄断性。专业技术人员所做的工作从表面上看与生产、管理、营销等部门直接相关性不强，甚至有时和这些部门几乎没有直接联系，相对独立性和封闭性比较强。

（4）技术依存于员工本人，员工流动则技术随之流动。知识、技术经验几乎完全由员工本人控制，他们能发挥多大的作用在很大程度上由员工本人意愿和受激励的程度而定。在专业技术人员垄断相关技术的情况下，如果他们从企业中流失，那么他们所具有的专业技能也就从企业中消失了。所以在专业技术人员没有形成梯队的企业中，这种人才流失是比较危险的。

根据以上特点制定的合理的专业技术人员的薪酬模式如下。

（1）合理确定专业技术人员的薪酬水平。由于各种原因，目前我国的企业中使用较多的是职位薪酬体系，或以职位薪酬为主。在这种薪酬体系中，员工的薪酬水平取决于职责技能、努力程度及工作条件等报酬要素。由于专业知识和技术的迁移性，在劳动力市场上专业技术人员的流动相对比较容易，而且这种人才流失对企业的影响是非常大的。所以，企业应当确保专业技术人员的薪酬具有足够的竞争力，至少不能低于市场平均水平。如果有条件，最好对他们采用领先型的薪酬策略，最大限度地降低专业技术人员的流失率。这就要求企业要对市场薪酬水平和专业技术人员的心态有比较好的把握。

（2）短期激励和长期激励相结合，重视员工的长期发展。专业技术人员的工作周期在很多时候比较长，而且其工作结果对企业的影响也是滞后的，甚至有时根本就显现不出来。所以，对他们的评价和激励不能以短期的利润为重要依据，否则会激起他们强烈的不满。当然，对于有突出贡献的专业技术人员，应该给予一定金额的一次性奖励，或按其成果所创造的利润进行提成。短期的激励在效用上存在长期激励不足的问题，为了解决这个问题，我们必须采取措施把专业技术人员的个人利益与企业的长远利益"捆绑"起来。股票期权就是一个比较好的措施。所谓股票期权是指公司给被授予者在获得授权以后能够在约定时间内按约定价格和数量购买公司股票的权利。股票期权最大的特点就是它的长期性，即专业技术人员必须经过较长时间的努力后，公司上市前景或成长前景较好时才会行权，既有"金手铐"的作用，又能防止短期行为。

（3）合理设计薪酬结构，满足专业技术人员的个性化需求。企业中不同的员工群体对薪酬的要求不同，好的薪酬体系应该能够满足各层次员工的个性化需求，因此"弹性"一词近几年颇为流行。大多数的专业技术人员都是风险回避型的，而且对专业技术的认同程度高，期望得到较高且稳定的收入，以潜心于专业研究。因此，专业技术人员的基本薪酬应当在薪酬总额中占较大的比重，并且处于劳动力市场的领先地位，至少不应低于竞争对手支付的水平。否则，企业很难留住这些人才。在福利方面，除了工作条件和工作环境以外，专业技术人员可能更看重的是继续受教育和接受培训的机会。所以，企业要尽量为他们提供这类机会，并把知识水平和能力的提高作为加薪的重要依据。这样既满足了专业技术人员的个性化需求，提高了对企业的忠诚度，又使员工提高了知识和技能水平，为企业的长期发展打下了坚实的基础。

4.4.3　管理人员

与其他员工群体相比，管理层可能是企业在进行薪酬管理时需要关注的诸多特殊群体中最为重要的一个，管理人员受激励水平的高低会直接作用于组织的经营绩效和员工的工作满意程度，进而影响到企业的竞争力。管理人员作为企业的重要组成部分，不仅会直接作用于企业的经营方向和生产营销策略，而且其自身的工作作风和领导风格也会对企业的工作氛围、人际关系等产生举足轻重的影响。

由于组织中的各种决策，包括薪酬决策，都是由管理层一手做出的，他们必须让员工相信自己没有以权谋私的嫌疑，尽管管理层在数量上只占到组织中员工总数的很小一部分，但企业对他们的薪酬支付往往要占企业薪酬总额的相当大的

部分，一般根据管理者在组织层级结构中的位置不同，固定的基本薪酬占薪酬总额的 1/3 到 2/3 不等，位置越靠近上层，则基本薪酬在薪酬总额中所占的比例也就越低，而对于基层管理层而言，基本薪酬几乎就是其所领取的全部薪酬收入。奖金等绩效薪酬适用于各个管理层级，而长期奖金更多的是针对高层管理者的一种奖励；在很大程度上是由于高层管理者的管理行为与组织的长期绩效之间的联系更为直接和紧密的缘故。此外，对高层管理者的工作进行有效监督和激励的难度也更大一些。在间接薪酬方面，福利与服务很全，其中退休福利通常是其中数额最大的一种，由于管理者本身的薪酬水平就高，而且他们的工作年限也相对较长一些。

本章小结

本章主要介绍薪酬体系模式选择：基于岗位的薪酬模式、基于能力的薪酬模式、基于绩效的薪酬模式、基于市场的薪酬模式、基于年功的薪酬模式，并进行了五种模式的比较。每种薪酬模式都有各自的优缺点和适用条件，企业可以根据实际情况选择合适的薪酬模式。

学习重点：

重点把握基于岗位的薪酬体系模式和基于能力的薪酬体系模式的区别，以及选择的判断标准。

参考文献与网络链接：

中华人民共和国人力资源和社会保障部：http://www.mohrss.gov.cn/

中国人力资源管理网：http://www.chhr.net/index.aspx

中国企业人力资源网：http://www.ehrd.org/

中国人力资源网：http://www.hr.com.cn/

HRoot 领先的人力资源管理：http://www.hroot.com/

HR 人力资源管理案例网：http://www.hrsee.com/

Bennett B, Bettis J C, Gopalan R, et al. "Compensation goals and firm performance" [J]. Journal of Financial Economics，2017，124 (2).

Brinkerhoff R O, Gill S J. *The Learning Alliance：Systems Thinking in Human Resource Development* [M]. Jossey-Bass, Inc. , 1994.

Gupta N, Jenkins Jr G D. "Practical problems in using job evaluation systems to determine compensation"［J］. *Human Resource Management Review*，1991，1（2）.

Heneman R L，Greenberger D B，Fox J A．"Pay increase satisfaction：A reconceptualization of pay raise satisfaction based on changes in work and pay practices"［J］. *Human Resource Management Review*，2002，12（1）.

Li L，Roloff M E．"Organizational culture and compensation systems：An examination of job applicants' attraction to organizations" ［J］. *International Journal of Organizational Analysis*，2007，15（3）.

Mahoney T A． "Multiple pay contingencies：Strategic design of compensation" ［J］. *Human Resource Management*，1989，28（3）.

Rummler G A，Brache A P．*Improving Performance：How To Manage the White Space on the Organization Chart* ［M］. Jossey-Bass，Inc.，1995.

马喜芳、钟根元、颜世富：《基于胜任力的薪酬激励机制设计及激励协同》，《系统管理学报》，2017。

邵腾：《浅谈薪酬设计模式》《人口与经济》，2004。

杨涛、马君、冯雪：《绩效薪酬与员工创造力关系研究述评与展望》《科技进步与对策》，2017。

思考题：

1. 基于岗位的薪酬模式有什么内涵？
2. 基于能力的薪酬模式有什么内涵？
3. 能力曲线与薪酬模式的选择有什么关系？
4. 建立能力薪酬有什么难点？
5. 能力薪酬模式与职位薪酬模式有什么不同点？
6. 胜任力的内涵是什么？
7. 什么是胜任力模型，如何建立胜任力模型？
8. 薪酬模式的选择需要考虑哪些因素？
9. 销售人员、管理人员、专业技术人员的薪酬模式该如何选择？
10. 企业发展阶段对薪酬模式的选择有什么影响？

 **案例 1** 　　**如何处理新员工的薪酬问题**

小张通过一番努力，终于应聘上向往已久的保健品 A 公司。小张觉得这个工作来之不易，其销售才能也能得到充分发挥，因此工作得特别努力，每天都拜

访好几家新客户，甚至在每天回家以后都花大量时间在报纸上收集客户信息。一个月过去了，小张的工作状态越来越差，做事越来越打不起精神，在 A 公司工作了近两个月之后，小张向公司提出了辞职申请。由于公司人才流失严重，严重影响了公司的业绩。为了招聘到优秀的人才，公司花费大量精力和金钱。小张是本次招聘的新员工中的佼佼者，在公司的表现也很突出，为什么刚刚开始上手就要提出辞职呢？人力资源部经理一改以往的习惯做法，决心尽最大努力留住小张。在同小张的深谈中，经理了解到了小张辞职的原因，同时，也意识到了公司管理中所存在的严重问题。

原来，小张在进公司之前了解到，在 A 公司，不论是新业务员，还是老业务员，底薪和提成都一视同仁，提成均按销售额的 5％，相比其他几家应聘的公司，A 公司的薪酬制度还是比较有竞争优势并且比较公平的。小张的销售能力出类拔萃，A 公司的品牌颇有影响，因此，小张相信自己能够干得很开心，获得高报酬。但慢慢地，小张发现，尽管自己每天不停地打电话、拜访客户，但是销售业绩在公司的业绩公告栏上还是远远地落在两位老业务员后面。第一个月工资发下来，老员工比小张多出十几倍，小张很难受，也很苦恼。本来新员工的业绩低一些很正常，可是，仔细观察下来发现，公司的两部客户咨询电话都放在两位老员工的办公桌上，每当有客户咨询电话，都被两位老员工据为己有。由于 A 公司自身有许多广告，因此客户咨询电话非常多。老员工只要坐在办公室，守住电话，便可以掌握大量的新的优质客户，而像小张这一批新进员工则只有自己开发新客户。小张愤愤地说：客户资源是公司的，现在都被两位员工据为己有，我们新员工即使这么努力，业绩与每天坐在办公室的老员工们相比，还是相去甚远，当然只有另谋生路。公司也知道这样做不公平，曾经计划过采取措施改变这种状况，但是由于两位老业务员掌握了公司的主要客户，公司的销售主要靠他们做；并且，公司的几个大客户也都是他们以前开发的，同他们的私人关系很好，如果公司调整销售制度，担心他们两个老业务员跳槽。对此公司也很头疼。但是，这种状况不改变，公司就不可能留住新人。

问题：

你认为 A 公司的薪酬管理存在什么问题？应该如何改进？

诺基亚的薪酬体系

诺基亚（Nokia Corporation）是一家总部位于芬兰埃斯波，主要从事移动通信产品生产的跨国公司。虽然现在诺基亚全球手机销量第一的地位在 2011 年第二季被华为及三星双双超越，也几乎已经淡出了我们的视野，但是这并不妨碍我们对于它内部一些先进管理制度的学习。

帮助员工明确工作目标

当代管理大师肯·布兰查德在其著作《一分钟经理》中指出，"在相当多的企业里，员工其实并不知道经理或者企业对自己的期望，所以在工作时经常出现'职业偏好病'——做了过多经理没有期望他们做的事，而在经理期望他们有成绩的领域里却没有建树。造成这样的情况，完全是由于经理没有为员工做好目标设定，或者没有把目标设定清晰地传递给员工。"

这个观点指明了员工绩效管理里一个长期为人忽视的问题——在许多情况下，员工的低效业绩，并不是因为员工的低能力或低积极性，而是因为目标的不明确性。而绩效体系是整个薪酬体系的基础，如果没有解决好这个问题，薪酬体系的合理性与公平性必然会受到挑战。精于管理的诺基亚早就看到这个问题，其解决方案甚至比肯·布兰查德的解决方案更具前瞻性和战略性。

诺基亚认为，不但要对每一个员工的工作目标、更要对员工的发展方向进行明确的界定与有效的沟通。只有这样，员工才能在完成眼前工作目标的基础上，与企业的发展保持同步，才能在企业成长的同时，找到自己更大的发展空间。而且诺基亚提倡，在这个目标确定的过程中，员工才是主动角色，而经理则应该从旁引导。小张告诉《IT 时代周刊》的记者，为了达到这个目标，诺基亚启动了一个名为 IIP（invest in people，人力投资）的项目：每年要和员工完成 2 次高质量的交谈，一方面要对员工的业务表现进行评估，另一方面还要帮助员工认识自己的潜力，告诉他们特长在哪里，应该达到怎样的水平，以及某一岗位所需要的技能和应接受的培训。

通过 IIP 项目，员工可以清晰地感觉到，诺基亚是希望员工获得高绩效而拿到高薪酬，并且不遗余力地帮助员工达到这个目标。这就为整个薪酬体系打下了良好的基础。

薪酬参数保持行内竞争力

诺基亚认为，优秀的薪酬体系，不但要求企业有一个与之相配的公平合理的绩效评估体系，更要在行内企业间表现出良好的竞争力。比如说，如果行内 A 层次的员工获得的平均薪酬是 5000 元，而诺基亚付给企业内 A 层次员工的薪酬只有3000 元，这就很容易造成员工流失，这样的薪酬体系是没有行内竞争力的。然而这里又存在一个问题，如果企业员工的薪酬水平远高于业内平均水平，就会使企业的运营成本高于同业，企业的盈利能力就会削减。这同样也是不利于企业发展的。

为了确保自己的薪酬体系具备行内竞争力而又不会带来过高的运营成本，诺基亚在薪酬体系中引入了一个重要的参数——比较率（comparative rate），计算公式为：诺基亚员工的平均薪酬水平/行业同层次员工的平均薪酬水平。例如：当比较率大于1，意味着诺基亚员工的平均薪酬水平超过了行业同层次员工的平均薪酬水平；比较率小于1，则说明前者低于后者；等于1，则两者相等。

为了让比较基数——行业同层次员工的平均薪酬水平能保持客观性和及时性，诺基亚每年都会拨出一定的经费，让专业的第三方市场调查公司进行大规模的市场调查。根据这些客观数据，再对企业内部不同层次的员工薪酬水平作适当调整，务求每一个层次的比较率都能保持在1~1.2的区间内（即行内同层次薪酬水平与高于水平的2成之间）。这样既客观有效地保持了薪酬体系在行内的竞争力，又不会带来过高的运营成本。

重酬精英员工

巴雷特法则（Pareto's law）又称80-20法则，它概括性地指出了管理和营销中大量存在的一种现象，比如：20％的顾客为企业产生了80％的利润，或20％的员工创造了企业80％的绩效。根据前者，营销界衍生出一套大客户管理（key customer management）营销管理理论与方法。而后者则促进了人力资源管理上的一种新理论——重要员工管理（key staff management）的产生。

诺基亚是重要员工管理理论的推崇者，从其薪酬体系中即可明显发现这一点。例如，诺基亚的薪酬比较率明显地随级别升高而递增：在3~5级员工中，其薪酬比较率为1.05；而在更高一层的6级员工中，其薪酬比较率为1.11；到了7级员工，这个数字提高到了1.17。也就是说，越是重要、越是对企业有贡献的精英员工，其薪酬比较率就越高。这样，就确保了富有竞争力的薪酬体制能吸引住企业的重要员工。

这还使得诺基亚的薪酬体系有一个特征，级别越高的员工，其薪酬就越有行业竞争力，让高层人员的稳定性有了较好保证，有效避免了企业高层动荡带来的伤害，使诺基亚的企业发展战略保持了良好的稳定性。而这对于企业的持续发展来说，是至关重要的。

而在不同层次的薪酬结构上，诺基亚也根据重要员工管理原则作了相应的规划，其薪酬结构上有3个趋向性特征：基本工资随着等级的升高而递增；现金补助随着等级的升高而降低；绩效奖金随着等级的升高而升高。

重要员工管理理论在诺基亚薪酬体系中的嵌入，一方面保证了高层员工有更好的稳定性和更好的绩效表现，同时也给低层次员工开拓了一个广阔的上升空间，在薪酬体系表现出相当强的活力与极大的激励性。

"诺基亚北京公司薪酬体系"的"现金福利"部分，有一个排满中国节日的现金福利发放表：春节每个员工发放现金福利 600 元，元旦 200 元，元宵节 100 元，中秋节 200 元，国庆节 300 元，员工生日发放 400 元。

诺基亚是一个典型的跨国公司，其现金福利的发放，虽然不算一个大数目，却完全是按照中国传统的节日来设计的。其中体现出的对中国文化的理解，让中国员工有被尊重与被照顾的感觉。而"员工生日"现金福利的规定，更是让员工感受到细致入微的个性化体贴。

在薪酬体系中表现出来的对中国文化与中国员工的尊重，使员工们"受尊重、被确定"的组织认同需求得到满足，无疑是诺基亚薪酬制度上的另一个闪光点。

问题：

1. 请根据所学知识，谈谈对诺基亚公司的薪酬制度看法及优势分析。

2. 借鉴诺基亚公司的薪酬制度，请结合自己所在企业的实际情况分析如何优化薪酬制度。

第四章

薪酬系统设计的流程

【开篇案例】

　　T行地处华北某大城市，是由原该市的城市信用社组建而成，近年来经过不断改革和快速发展，现已位居国内中等规模城市商行的行列，存贷款余额、资产总额以及融资交易量等主要指标均在全市金融系统中保持领先。但随着外部经济金融环境的不断变化，尤其是最近一段时期银行业开放步伐的加快和一系列宏观调控政策的出台，该行在人才竞争方面面临更加严峻的挑战，特别是在薪酬体系方面。T行目前实行的工资制度仍带有浓重的职务工资色彩，按任职者行政级别而非岗位价值确定工资级别，忽略了岗位差异，已不能适应现代银行业人力资源管理的需要；以"死分活值"为基本特征的行员等级工资制下，工资档次差距过小，且不能根据市场调整，忽视了地区差异和市场差异，从而导致各种其他名目的分配；行员等级工资分配中专业技术职务级别的工资上升空间较小，一定程度上影响了部分专业技术人员的工作积极性；支行"分灶吃饭"造成同工不同酬现象严重，收入差距不合理。因此，T行打算进行薪酬的改革，可是应该如何进行改革呢？

第 一 节　　确 定 薪 酬 策 略

　　一套好的薪酬体系应对内具有激励性，对外具有竞争性和吸引力。设计一套科学、合理的薪酬体系，一般要遵循以下八个步骤，即确定薪酬策略、进行岗位分析、实施岗位评价、开展薪酬调查、进行薪酬定位、设计薪酬结构、确定薪酬水平、实施薪酬体系。本章将分为八个章节详细讨论这个流程，其中第一步便是确定薪酬策略。

薪酬策略是在综合考虑企业战略、目标、文化和外部环境的基础上，制定的对薪酬管理的指导原则。企业的发展战略决定了企业的薪酬策略。确定薪酬策略就是确定企业价值判断准则和反映企业战略需求的薪酬分配策略。

　　薪酬策略可以体现在以下三个方面：一是薪酬水平策略，即领先型、跟随型还是滞后型或是混合型；二是薪酬激励策略，即重点激励哪些员工，采用什么样的激励方式；三是薪酬结构策略，即薪酬应当由哪些部分构成，各占多大比例；薪酬分多少层级，层级之间的关系如何等。例如，企业处于发展阶段，其经营策略是追求快速增长，此时应采取的薪酬策略可能是企业与员工共担风险，在薪酬结构上采取"低固定薪酬＋高浮动薪酬"的策略；企业处于成熟阶段，其经营策略是追求稳健的发展，此时应采取的薪酬策略可能是给予员工较高的薪酬，提高固定薪酬的比例。

第二节　进行岗位分析

2.1　岗位分析的内涵

　　岗位分析是薪酬体系设计的基础。岗位分析是指对组织中各项工作职务的特征、规范、要求、流程以及对完成此工作员工的素质、知识、技能要求进行描述的过程，它的结果是产生岗位工作描述和任职说明书，为整个人力资源管理提供有价值的基础信息。通过岗位分析，明确各岗位的工作性质、职责的大小、劳动强度的大小，工作环境及条件的要求以及任职资格等。岗位分析做好了，才能进一步做好岗位评价，确定薪酬等级及水平等。

　　有些人认为，岗位分析是劳而无功的行为，而其他人认为如果没有岗位分析，管理者就不能做好与岗位相关的决策。大部分不同意见的分歧在于：岗位分析是否提高了组织的灵活性。现在，许多组织都力图通过成本控制来提高自身的竞争力，用较少的员工完成更多的任务，并将其作为成本战略的一部分。通过提高岗位分析效率和减少岗位数目，管理者可以更加灵活地分配岗位任务，从而达到成本节约的目的。岗位分析的信息收集岗位，有时是一项费力不讨好的任务，不管你做得多么好，你都得面对来自其他员工的挑战。组织往往以熟悉岗位为由把收集信息的任务指派给新员工，而实际上，彻底熟悉该组织及其岗位的员工能把这项岗位做得更好。岗位分析要由高层牵头，收集并分析与职位有关的资料，如职位和任职者情况、岗位概述、岗位职责、内外部关系、岗位条件、必要的资

格条件等信息，最后形成简明而系统的岗位描述。岗位描述具体说明了岗位的物质特点和环境特点，主要包括以下几方面：职务名称、岗位活动和岗位程序、岗位条件、社会环境及聘用条件。任职说明书是要求从事某项岗位的人员必须具备的生理要求和心理要求，如年龄、性别、学历、健康状况、岗位经验、体力、观察力、事业心、领导力等。如果公司有现成的岗位岗位描述，可以将原有的拿出来做归类，并根据公司的战略导向及新政策要求作再分析。岗位岗位描述必须充分体现公司的战略导向，使员工对职位的责任、贡献及所需努力大小等内容有统一的理解。这有利于建立公平合理的、体现内部一致性的薪酬制度。

岗位分析是企业人力资源管理岗位的基础，它的主要目的有两个：第一，弄清楚企业中每个岗位都在做些什么工作；第二，明确这些岗位对员工有什么具体的从业要求。岗位分析所要调查的信息包括岗位或角色的任务，职责以及对胜任岗位所需要的人的要求等。岗位分析要从以下八个要素开始着手进行分析，即(7W1H)：

WHO：谁从事此项岗位，责任人是谁，对人员的学历及文化程度、专业知识与技能、经验以及职业素质等资格要求有哪些？

WHAT：在雇员要完成的岗位任务当中，哪些是属于体力劳动的范畴、哪些又是属于智力劳动的范畴？

WHOM：为谁做，即顾客是谁？这里的顾客不仅指外部的客户，也指企业内部的员工，包括与从事该岗位的人有直接关系的人：直接上级、下级、同事、客户等。

WHY：为什么做，即岗位对从事该岗位者的意义所在。

WHEN：岗位任务应该被要求在什么时候完成？

WHERE：岗位的地点、环境等。

What qualificatiaons：从事这项岗位的雇员应该具备哪些资质条件呢？

HOW：如何从事或者要求如何从事此项岗位，即岗位程序、规范以及为从事该岗位所需要的权利。

这个过程可以分为准备阶段、调查阶段、分析阶段和结果形成阶段四个阶段。

准备阶段的任务首先是确定岗位分析信息的用途；其次确定所需要的信息内容以及信息的来源，建立与各种信息渠道的联系；最后要制定沟通的计划，在搜集资料和分析的过程中都需要和员工、领导沟通，并且设计全盘的调查方案。信息来源的选择应注意：①不同层次的信息提供者提供的信息存在不同程度的差别。②岗位分析人员应站在公正的角度听取不同的信息，不要事先存有偏见。③

使用各种职业信息文件时，要结合实际，不可照搬照抄。

调查阶段是指信息的收集阶段，收集与职位有关的背景信息，设计组织图和岗位流程图等。岗位分析的大量活动是收集相关信息，信息是后两个阶段岗位的依据，应全面、客观、准确。

分析阶段主要是指对信息的分析，具体内容包括审核、分析和归纳。要同承担此岗位的有关人员共同审查所收集到的职位信息。

结果形成阶段是岗位分析的最后阶段。这一阶段的主要任务是：在深入分析和总结的基础上，编制岗位工作描述和任职资格要求。

2.2　岗位工作描述

2.2.1　岗位工作描述的编制内容

岗位工作描述是表明企业期望员工做些什么、员工应该做些什么、应该怎么做和在什么样的情况下履行职责的总汇。岗位工作描述最好是根据公司的具体情况进行制定，而且在编制时，要注意文字简单明了，并使用浅显易懂的文字填写；内容要越具体越好，避免形式化、书面化。一份完整的岗位工作描述包括工作描述与任职资格要求两大方面的内容。但由于职位不同、编写格式不同，使编制出的岗位工作描述呈现出不同的模式。一般说来，岗位工作描述编制内容主要有以下几个要素。

（1）工作名称。该名称必须明确，使人看到工作名称，就可以大致了解工作内容。如果该工作已完成了工作评价，在工资上已有固定的等级，则名称上可加上等级。

（2）雇用人员数目。同一工作所雇用工作人员的数目和性别，应予以纪录。如雇用人员数目经常变动，其变动范围应予以说明，若所雇人员是轮班使用，或分于两个以上工作单位，也应分别说明，由此可了解工作的负荷量及人力配置情况。

（3）职位概况。注明企业中归属部门、隶属关系、级别、编号以及岗位工作描述的编写日期等。

（4）任职条件。描述某职位所需的相关知识和学历要求、培训经历和相关工作经验及其他条件。

（5）职责。所谓职责，就是这项工作的权限和责任有多大，主要包括以下几方面：对原材料和产品的职责；对机械设备的职责；对工作程序的职责；对其他人员的工作职责；对其他人员合作的职责；对其他人员安全的职责等。

（6）管理结构。描述实施管理的性质、管理人员或员工性质。包括水平、类

型、管理的多样性、职位权限、直接和间接管理员工的层次和数量。

（7）工作环境。包括室内、室外、湿度、宽窄、温度、震动、油渍、噪声、光度、灰尘、突变等，各有关项目都需要做具体的说明。

（8）工作关系。根据职位在企业组织中的地位和协作职位的数量，描述完成此项工作需要与企业其他部门的联系要求，描述相互关系的重要性和发生频率等。

（9）操作技能。描述完成该项工作对任职者的灵活性、精确性、速度和协调性的要求。操作技能对于此项工作的重要性程度，技能应如何改善和提升等。

2.2.2　编制岗位工作描述的基本原则

（1）整体性原则。岗位工作描述作为岗位管理的基础，要考虑与聘任、考核、分配等管理工作的衔接，促进各项管理制度相互协调，提高人事管理的整体功效。

（2）科学性原则。岗位工作描述要通过工作分析的科学手段和技术，全面了解、获取与工作相关的详细信息，对具体岗位的工作任务、标准和要求进行收集、比较和分析，确定岗位职责胜任者的素质和条件，进而制定出详细、准确的岗位工作描述。

（3）客观性原则。岗位工作描述要以"事"为中心，是针对岗位和任职者的，而不是针对现有专业技术人员的。

（4）规范性原则。一是岗位工作描述的格式上要一致，按统一表样；二是描述语言要尽可能地具体、规范，力求精准、干练，文字措辞应保持一致。

（5）公开性原则。在制定岗位设置方案和编写岗位工作描述的工作中，要广泛征求专业技术人员的意见；按规定，设岗情况和岗位工作描述要向全体专业技术人员公布，做到公开、公正，维护专业技术人员的知情权。

2.2.3　编制岗位工作描述时需要注意的几个问题

（1）描述职位目标：企业中不同的职位有不同的目标。描述职位目标应遵循"3W"法则，即为什么要设计本职位（目的）—Why；职位有多大权力（职权范围）—Within；本职位主要干哪些工作（工作内容）—What。

（2）确定职位职责：只描述职位工作内容还远远不够，还需要确定能保证工作内容高效率完成的职责。职责要按照由主到次顺序书写，用关键词描述所应承担的责任。

（3）指明关键要素：即明确每一个职位最关键、最重要的要素。

（4）规定核心能力：核心能力是完成职位工作的前提和保证。

（5）描述用语规范、准确：岗位职责描述格式应是"动词＋宾语＋结果"。

动词的选择如表 4-1；宾语表示该项任务的对象，即工作任务的内容；结果表示通过此项都会影响到考评的信度和效度。

表 4-1　岗位职责动词使用规范表

	管理职责	业务职责
决策层	主持、制定、筹划、指导、监督、协调、委派、考核、交办	审核、审批、批准、签署、核准
管理层	组织、拟定、提交、制定、安排、督促、布置、提出	编制、开展、考察、分析、综合、研究、处理、解决、推广
执行层	策划、设计、提出、参与、协助、代理	编制、收集、整理、调查、统计、记录、维护、遵守、维修、办理、呈报、接待、保管、核算、登记、送达

第三节　岗位价值评估

3.1　岗位价值评估的内涵

3.1.1　岗位价值评估的定义和特点

岗位价值评估又称职位评估或岗位测评，是一组评价人员在岗位分析的基础上，根据岗位价值模型的评价标准，对岗位的责任大小、工作强度、所需资格条件等特性进行评价，以确定岗位相对价值的过程。岗位评估的目的是使用一致、公平的方法，依据岗位对组织的整体贡献，确定各岗位的相对价值，以便实现薪酬管理体系的内部公平性。有效的岗位评估应该是全面的、利于沟通的、体现行业特点的。

选取岗位价值评估要素时，所需要考虑的方面如下。

（1）能广泛地用于大多数岗位；

（2）相互独立而不重叠；

（3）能清晰划定不同层次；

（4）能被员工和领导双方接受；

（5）要易于分辩及评估。

岗位价值评估具有以下三个明显的特点。

（1）岗位价值衡量的是公司所有岗位之间的相对价值，而不是某一个岗位的绝对价值：岗位价值的评估如果脱离了企业这个特定的环境是没有任何意义的。

岗位价值评估是根据已经设计好的评估模型，对每一个岗位的主要影响因素逐一进行测定、评估，由此得到每个岗位的相对价值。这样公司所有岗位之间也就有了对比的基础，最后再按照评定的结果，对岗位划分出不同的等级。

（2）岗位价值结果具有一定的稳定性和可比性。由于公司发展目标、组织结构、岗位设计等都有一定的稳定性，因此岗位价值的评估结果也存在相对的稳定性。但是随着企业发展战略的转变，公司的流程设计发生变化，进而导致公司的组织结构、岗位设计、工作内容的变化，岗位价值也会随之而变化。如果公司只是小范围的调整而导致新增个别岗位，则可以根据之前的岗位价值评估结果，选定一个参照点，具体确定新增岗位的岗位价值，而不需要重新进行评估。

（3）岗位价值评估的过程需要运用多种评价技术和手段。一次成功的岗位价值评估一般需要组织设计与管理、流程设计与优化、统计、数据处理等，要运用排序法、分类法、因素比较法等多种岗位价值评估方法。这样才可以对所有岗位做出相对比较公平的评估。

总之，岗位价值评估是现在人力资源管理薪酬体系设计的关键。岗位价值评估是技术性非常强、涉及面广、工作量大的活动。

3.1.2　岗位价值评估需要遵循的原则

（1）对岗不对人。岗位价值评估的对象是公司所有的岗位，而非从事某个岗位的具体某一个人。因为岗位承担了公司战略目标实现的所有事项，只要将每个岗位的工作职责加起来，就形成了整个公司为实现赢利的运行模式。但是每个岗位承担的工作会有差异，其重要程度也会不一样，衡量它们之间的重要程度就需要进行岗位价值评估。

（2）适宜性原则。选择适合公司的评估模型、评估方法、评估技术、评估程序，只有这样，评估结果才会体现合理性。

（3）评估方法、评估标准的统一性。为了保证规范与结果的可比性，岗位价值评估必须采用统一的评估方法与评估标准。

（4）过程参与的原则。适当地让员工参与到岗位价值评估工作中，容易让大家对结果产生认同感，也有利于增强岗位价值评估结果的合理性。

（5）结果公开的原则。评估结果向员工公开，透明化岗位价值评估标准与流程。有利于员工对企业价值取向达成理解和认同，明确自己努力的方向，提高员工对薪酬的满意度，减少抱怨。

3.1.3　岗位价值评估的步骤

岗位价值评估一般分为六个步骤。

（1）岗位价值模型设计与选择。设计和选择适合本企业实际的岗位价值模型是岗位价值评估工作中非常重要的环节之一。岗位价值模型是基于企业各岗位的共同特点建立起来的，那么先寻找各岗位共同特点。一般来说，可以直接运用成熟的模型。

（2）成立评估小组。对岗位价值进行评估的人员的构成必须慎重考虑，评估人员的选择直接关系到测算结果的有效性。评估小组成员的选择标准是：一、对企业内部流程和公司战略有深刻的认识和把握，熟悉评估岗位知识；二、尽量保证评估小组在各个被评估部门之间的平衡，保证评估过程的公正，需要多人参与（一般5~8人）；三、外部专家参与；四、培训评估内容；五、对岗位价值测算的意义、程序和方法有很好的领会；六、公开评估小组成员名单。

（3）岗位价值试评估。先选择个别岗位进行试评估，对选定评估对象的岗位工作描述组织学习，主要了解该岗位的基本信息、岗位层级、岗位使命、主要职责、工作环境、岗位任职资格、关键业绩领域等，然后进行试评估，并说明具体得分原因。

（4）岗位价值正式评估。首先要准备岗位价值评估模型资料，并保证评估小组成员每人一份；整理所有被评估岗位的基本情况；准备岗位价值评估填写用的空表格以及一间比较安静的会议室，便于讨论。然后进行正式评估工作，要保证评估小组成员在一起进行评估；最好在一天或两天时间集中进行，要保证评估过程免受干扰；评估过程要保密；评估数据在评价结束以后公开；最后评估数据提交总经理审核。

（5）岗位价值评估数据处理：发现数据有错误或者异常的要再处理；

（6）岗位价值评估数据的应用。主要应用在：绘制岗位价值曲线图；绘制岗位薪酬层级关系图；确定岗位价值系数。

3.1.4　岗位价值评估的指标体系

岗位价值评估系统的核心是建立岗位价值评估的指标体系，它是由一系列评估指标组合而成。评估指标的数量根据企业需要而定。指标的类别，即维度以能涵盖岗位价值的各主要方面为宜。目前国际上比较流行的岗位价值评估指标如下。

（1）反映岗位的重要性或影响力度的指标

与岗位影响力度相关的因素很多，主要是一些规模与水平指标。例如，人数、资金、销售量、利润率等指标都可以反映岗位的重要性和影响力度。再者是职务层次，职务层次越高，影响力度就越大。例如，董事长、总经理、部门经理和一般员工之间的影响力度显然不同。

（2）反映岗位的责任范围和程度的指标

岗位责任是指任职者对下属或其他岗位应承担的各种业务、人事、管理等责任，主要通过责任内容、责任范围和责任层级等指标反映。

一个特定的岗位涉及多少责任面，可以从多角度来看。例如，领导一个部门，还是多个部门；参与一项工作，还是多项工作；工作性质是简单重复性的，还是复杂多变的。按照责任面的多少，可以将工作分为若干等级，然后进行测量。

岗位所赋予的权限，包括决策权和计划权等。例如，决策权按照程度可依次分为主要决策权、参与决策权、决定权、建议权、审批权、审核权以及处置权等。如果某个岗位的决策权限大，表明其责任大；反之则小。某些岗位如果只需要照章办事，受到的制约多，独立性差，"自由度"小，则岗位的责任范围也小；反之，某个岗位可以相对独立地执行或者改变某项计划，可创造的空间大，受到的约束小，则责任范围大。

承担风险的责任。一些工作如果失误，会给企业带来巨大的经济和名誉损失，另外一些工作的失误可能损失较小。风险的大小与岗位的重要性直接相关。

（3）反映岗位监管难易程度的指标

岗位的监督和管理难度直接受员工规模和员工层次的影响。员工的规模也就是在该岗位所要监督管理的员工的数量，人员多相对人员少的岗位，监管难度更大。在员工数量相同的情况下，人员的层次也影响监管难度，即管理和监督的难度随员工的层次提高而上升。管理专家与监管一般员工的难度显然不同，或者说，质量高的员工相应地也需要高质量的监管人员。

（4）反映岗位的内部和外部工作关系的指标

每一岗位的工作都需要部门内部或者相关部门的支持和协调。不同岗位需要得到的支持与协调的程度不一样；同一岗位处理不同问题时，也会出现差异。一些处理较为简单问题的岗位，所需要的协调和支持比较少；一些岗位需要处理的问题较为复杂，需要的支持和协调相对就多；一些问题需要若干个部门的支持和协调，难度则更大。

岗位的外部协调主要是指该岗位与企业外部的单位或部门的协调。例如，政府部门、信息部门、供应商、技术支持部门、法律部门等。按照与外部沟通和协调的难度可以分为不同的级别，在分级时考虑这样几个因素：沟通和协调的频率、涉及的单位数、单位的级别等。

（5）反映任职者技能要求的指标

岗位资格要求指标有时也称为工作技能要求指标。它主要由三个因素构成：学历水平、工作经验和员工的潜在能力。

学历水平是指顺利完成岗位工作所必需的最低学历要求，一般依据接受正规教育的程度，可分为若干等级，不同的学历赋予不同的难度值，由低至高依次可分为：小学、中学、职业高中、中等专业技术学校、高等专业技术学校、大学本科、硕士和博士等。

工作经验主要是指胜任本岗位工作所需要的最短的准备时间。以从事专业工作或相关工作的时间为依据，可参照以下几个等级进行划分。

无经验或只有简单经验（1年以下的相关工作经验）；

需要有专门经验（1年以上、2年以下的专门工作经验）；

需要有较丰富的岗位经验（5年以上、8年以下）；

需要有丰富的跨岗位的经验（8年以上、12年以下）；

需要有极其丰富的跨几个重大岗位的经验（12年以上）。

目前，在我国许多企业中实行持证上岗制度，包括有关管理部门颁发的技术等级资格证书和企业自行规定的岗位培训考核制度。通过相应的认证等级，可以反映岗位对任职者的技能和经验的不同要求。

能力要求主要涉及岗位对任职者潜在能力的要求，评价标准以实际工作需要的能力、性质和程度为依据。例如，对管理和专业人员来说，其能力的评价应注重高层次的管理和专业能力，如专业技术能力、计划协调能力、决策应对能力、开拓创新能力等，对操作人员来说，其潜在能力主要表现在观察能力、感知能力、注意力、记忆力、判断能力、语言表达能力、空间认知能力、协调配合能力和数字估算能力等。

（6）反映工作强度与工作压力的指标

不同岗位的工作强度和压力不等，使得任职者付出的努力程度不同。强度和压力大的工作需要任职者在生理和心理上付出得更多，也给任职者的生活状况及个人发展造成不利的影响，甚至造成某些伤害等。这些因素包括：

工作负荷程度，是指工作量的饱满程度，一般以工作负荷率作为评价标准。工作负荷率等于实际工作时间与法定工作时间之比。

工作复杂度，是指工作内容的复杂和难易程度。任职者承担任务简单，步骤和过程交叉少的工作，需要任职者付出的努力小；反之，承担难度大、专业技术要求复杂或带有开创性质的工作，需要任职者付出的努力则大。

工作复合度，是指岗位所涵盖的业务范围以及对其业务领域的影响力。承担单一的、相关性较低或辅助性的工作，需要任职者付出的努力则小；反之，主管多项相关度较大的工作，需要任职者付出的努力则大。

工作压力，是指工作任务和责任对任职者身心健康的负面影响程度。例如，

过高的工作频率、遭受人身攻击的风险和较大的精神压力等，都会给任职者造成生理和心理的不良影响。主要的衡量指标包括：身体疲劳程度，通常按照国家关于体力劳动的分类标准；心理压力，主要以对任职者造成的心理压力程度为标准；工作的单调性，主要以工作内容是否多样化，是否能引起任职者的兴趣为标准。如果某项工作非常单调，长时间在固定位置上重复单一动作，则该项工作的分值为最高。

（7）反映工作环境或条件的指标

不同岗位的工作环境决定了员工付出的努力、生理和心理损害程度的差异。工作环境因素包括：

工作时间，是指工作在时间上的分布特点，主要以班制安排、加班和出差情况为评价标准。通常讲，日班制、加班和出差少表明工作条件相对优越，分值低；反之，班制不规则、需要经常加班和经常出差的工作条件则较差，则分值高。

工作地点，是指任职者在完成工作职责时所处的场所特点，以及场所的变动情况。例如，室内作业比露天、野外、海上、地下、高空和恶劣环境下的作业条件更优越，前者评价分值相对低，后者相对高。

此外，在岗位价值评估中，还可根据企业和工作性质，甄选出更多的评价因素，如工作的创新性与开拓性，工作的非程序化程度，异质文化的适应性等反映新的工作类型和特征的指标。

3.2　岗位价值评估的模型

岗位价值评估模型是基于企业各岗位的共同特点建立起来的一系列评价要素的组合。它的主要作用在于解决不同岗位之间的可比性。设计评价模型的主要工作是：①提炼出各岗位进行工作评价的共同要素，并为每一项要素确定权重；②为每一项工作评价要素进行分级并分别定义。表 4-2 列出一个岗位价值模型的范例。

表 4-2　基本影响要素分值分配表

序号	岗位价值系统要素	权重	分值	系统子要素	权重	分值
1	工作环境条件	14%	140	体力消耗		30
				脑力消耗		30
				工作时间		30
				自然环境		30
				人际交往		20

续表

序号	岗位价值系统要素	权重	分值	系统子要素	权重	分值
2	知识与资历要求	17%	170	学历		30
				经验		50
				知识的广度		40
				综合能力要求		50
3	解决问题的程序	18%	180	工作复杂性		90
				工作创造性		90
4	管理与监督	15%	150	层级类别		20
				管理人数		50
				职权与影响		80
5	沟通与交流	12%	120	沟通内容		40
				语言表达写作要求		40
				与内外部沟通		40
6	对企业的影响	24%	240	效益责任影响		80
				质量责任影响		80
				成长促进影响		80
汇总		100%	1000			1000

以下是岗位价值评价模型的具体说明及定义：

工作环境条件：是指包括生理和自然以及人际环境在内的要素的总称。

（1）体力消耗：指该岗位对人员身体方面的特殊要求，如搬重、站立工作等。详见下表。

级别	级别内容	相应分值
1级	对身体体能方面无特殊要求，无明显的体力消耗	5
2级	①本职工作中有时需要搬运10公斤以上的物品（包括原材料、设备、成品等） ②每天站立连续工作（包括操作、检验、监督、巡查等）均在3小时以上	10
3级	有时需要登高作业，包括维修、架线等	20
4级	①平均每天都搬运物品、抬重20公斤以上，较明显的体力消耗 ②每天站立上下午累计连续工作5小时以上或其他较明显的体力消耗	30

（2）脑力消耗：指该岗位对人员脑力劳动方面的要求，如精神注意力集中程度、工作紧张程度、思考问题程度等。详见下表。

级别	级别内容	相应分值
1级	①只需按规定进行简单操作，心神无须高度集中 ②工作任务无紧迫感	5
2级	①需要细心地观察、操作确保完成工作，少数时间必须高度集中精力 ②任务有一定的时限性，在规定的时间内必须完成	10
3级	①大部分时间注意力都要高度集中，工作节奏较快 ②岗位工作的思考研究性较强，且经常感到较大压力	20
4级	①持续保持注意力的高度集中或任务多样化，工作时间很紧张 ②需要不断的思考研究、创新来完善、管理部门工作或某一专业领域工作	30

（3）工作时间：指岗位要求的工作起止时间。详见下表。

级别	级别内容	相应分值
1级	正常作息时间，每天只需完成领导安排的少量工作任务	5
2级	工作量适中，每天正常班纯工作时间在6个小时左右	10
3级	工作时间有时会因总体安排而延长，有时需被安排加班、加点（月均2天以上，但不含错时加班、加点）	20
4级	工作任务多或艰巨，经常加班、加点（月均4天以上，不含错时加班及配合性加班）	30

（4）自然环境：指岗位人员工作所处的自然环境是否存在不舒适和危险性，如高温、高空、干燥、接触有毒物质或气体、尘土、油垢、户外作业或外出等。详见下表。

级别	级别内容	相应分值
1级	工作环境舒适，基本无任何不安全因素出现	0
2级	①少量接触有毒物质、粉尘、油垢等； ②有时需短时间（平均每天2小时以下）在高温、干燥等较恶劣的环境中工作	10

续表

级别	级别内容	相应分值
3级	①由于登高作业、电器设备操作等存在一定的危险性； ②有时在户外作业、操作或出差等（月均3次以上）； ③经常性乘坐公共交通工具或驾驶车辆外出办理公务（月均5次以上）	20
4级	①长时间接触有毒物质等，经常在高温、干燥等恶劣的环境中工作（平均每天5小时以上）； ②经常出差或户外作业（月均5次以上）；经常驾驶车辆外出办理公务（月均10次以上）； ③经常性带大额现金往返，办理相关现金业务； ④工作本身的危险性较大，需要进行相应的劳动保护措施，如冲床操作、接触强酸、强碱等化学物质等	30

（5）人际交往：指该岗位工作中是否承担公司内、外部人员关系矛盾冲突等风险。详见下表。

级别	级别内容	相应分值
1级	组织环境和谐，岗位之间无明显的利益冲突，不直接面对工作矛盾	0
2级	工作过程中可能会由于履行自身工作职责时，与相关部门、人员产生矛盾	10
3级	需要经常面临公司内、外部的矛盾冲突，对人的心理会造成一定的影响	20

知识与资历要求：是指岗位对人员的学历、工作经验、所具备的知识以及综合能力方面的要求。

（1）学历：指从事本岗位工作必须具备的基本学校教育、其他进修等所获得的知识，即国家承认的学历证明的知识水平。详见下表。

级别	级别内容	相应分值	级别	级别内容	相应分值
1级	初中及以下学历	5	4级	大专、高职专等学历	20
2级	高中学历	10	5级	本科学历	25
3级	中专、技校等学历	15	6级	硕士研究生及以上学历	30

（2）经验：指从事本岗位工作必须具备的在专业工作实践中积累所获得的知识。详见下表。

级别	级别内容	相应分值	级别	级别内容	相应分值
1级	1年以内	10	4级	3~4年	30
2级	1~2年	15	5级	4~5年	40
3级	2~3年	20	6级	6年以上	50

（3）知识的广度：指岗位工作所需要的专业知识，主要包括以下几个方面的专业知识：①财务、②销售、③技术、④生产制造、⑤质量、⑥人力资源、⑦行政办公、⑧战略管理、⑨供应链管理。详见下表。

级别	级别内容	相应分值
1级	只需要其中1个相关知识的岗位	5
2级	需要其中任意2个及以下相关知识的岗位	10
3级	需要其中任意3~4个相关知识的岗位	20
4级	需要其中任意5~6个相关知识的岗位	30
5级	需要其中任意7个及以上相关知识的岗位	40

（4）综合能力要求：指为顺利履行工作职责具备的多种知识素质、能力的总体效能要求。详见下表。

级别	级别内容	相应分值
1级	简单能力——工作单一、简单，无需特殊技能和能力	5
2级	一般能力——工作规范化、程序化，仅需某方面的专业知识和技能，如实验操作、产品检验、会计、机械设备维修等	15
3级	专项管理——熟悉某专业领域，能够运用基本原理结合相关知识等解决实际问题，具备一定的分析能力和独立开展工作的能力，如自动控制设备的维修保养，产品检验的数据分析	25
4级	综合管理——具备领导某个领域的工作的能力，工作多样化，灵活处理问题要求高，需综合使用多种知识和技能，能够运用系统的专业知识解决较复杂的实际问题，具备较强的综合分析能力和协调组织能力，解决多方面管理、工艺、技术面临的新问题	40
5级	全面管理——全面负责管理几个领域的工作的能力，熟悉多方面的专业知识，能全面领导本单位工作或主持重大项目工作，需在复杂多变的环境中处理事务，需要高度综合能力，具备战略管理能力	50

解决问题的程度：指本岗位经常面临并要解决的专业业务问题的复杂性和创造性，即影响岗位问题解决难度的要素。

（1）工作的复杂性：指本岗位要解决问题本身的性质、管理幅度和难度决定的工作内容、工作过程和方法的复杂程度。详见下表。

级别	级别内容	相应分值
1级	问题已经确定：工作内容或问题确定（很少有其他选择），基本属于个别、具体环节的操作，工作步骤和过程是常规的，即该岗位在工作中经常面临问题的解决，具备明确的操作及方式，只需按标准规程进行操作	10
2级	问题需要一定的方法判断：工作内容或问题比较确定，但涉及若干方面的操作，可以有对工作步骤、过程、方法的选择，基本上相对独立地工作，即问题需要依据常规的方法判断	25
3级	问题需要深入研究确定：工作内容或问题有一定的不确定性，涉及较复杂的专业业务问题，通常要从与其他问题相关性中加以解决。拟订工作步骤和方法及实施过程可在他人指导下或参考有关资料和借鉴他人经验，独立地完成，即通过大量信息数据的搜集进一步分析、讨论后判断	45
4级	问题判断有一定明确概率：工作内容或问题有不确定性，较多涉及复杂专业业务问题，需要将多个相互独立的问题联系起来与若干个部门协调加以解决。拟订工作步骤、方案和实施过程中要独立地参考多种资料和掌握有关要素的动态，并吸收运用国内外新管理技术和方法。即问题原因、出处或正确性的判断可遵循一定的规律性	65
5级	问题判断无明确概率：工作内容或问题解决目标有较大的不确定性。工作任务包括承担企业重要业务项目、管理课题、拟订工作计划、工作标准、解决企业、行业专业系统的疑难业务问题，要跨越多个部门之间、专业之间统筹考虑相关管理目标，整体性上掌握企业经营管理的现状和动态。系统地吸收、运用、创造性借鉴国内外先进管理技术方法。即问题所涉及的要素难以把握、判断本质的难度大、无一定的规律可循，具有较大的风险性	90

（2）工作的创造性：指本岗位完成工作任务必须融合各种信息而做出的有关判断和创新的程度。详见下表。

级别	级别内容	相应分值
1级	按程序制度解决：无需或较少需要判断，发生意外务必请示	10
2级	按要求规定解决：要根据有关环境条件的要求和限制进行简单判断，确定工作步骤和过程，例如招聘考核、订单的处理等	25

续表

级别	级别内容	相应分值
3级	需要寻求新的解决方法：要通过深入调研和思考，在涉及复杂概念的工作分析中，做出有效的判断和必要的创新，即在现有政策规定之外寻找更合理的解决方法，例如，市场策划、对管理体制的改进、工艺技术的改进、依据产品标准进行内控标准的制定及改进等	45
4级	需要进行预测判断解决：要通过全盘分析和思考，在涉及大量复杂概念和相关要素的重新组合与协调工作中，做出正确的判断和较大的创新，如确定全部管理方案、制定新标准等	65
5级	需要进行风险性决策解决：需要通过较为艰巨的研究和探索，在解决重大实际问题中，做出有价值的判断和重大的创新，如国内外新课题的研究、公司发展方向的决策等	90

管理与监督：指本岗位必须指导、培养人员开展工作，并对其进行管理、考核的责任。

（1）层级类别：指该岗位在公司组织结构中所在的岗位级别。详见下表。

级别	级别内容	相应分值	级别	级别内容	相应分值
1级	一般生产操作级	5	3级	责任级（主管科室工作）	15
2级	员级（对一方面负责）	10	4级	主管级以上（全面负责部门管理）	20

（2）管理人数及层数：本该岗位所管理的人数和管理层数。详见下表。

级别	级别内容	相应分值
1级	接受管理	0
2级	5人以下或管理一个层次	10
3级	6人以上或管理两个层次	25
4级	10人以上或管理三个层次	50

（3）职权与影响：指本岗位的工作职权范围及对公司的影响程度。详见下表。

级别	级别内容	相应分值
1级	只需按指令完成日常一般性工作或重复的简单劳动，无相关影响	0
2级	承担某一方面的单项或多项业务工作，对完成具体工作任务起到基础推动作用，如实验分析、产品检验、设备维修等基础工作	10
3级	从事某一方面的管理工作，工作结果的失误可能会影响到其他相关部门或给公司带来一定的损失，如生产车间管理、质量检验管理、设备管理等	25
4级	①主管一两项工作项目，对完成工作任务起到关键作用，如产品项目管理 ②领导某个领域的工作，对公司某一业务范围的发展有重大影响，如生产管理、行政部门管理等	50
5级	①对公司多个部门的运转都负有领导监督责任，涉及公司内、外部的重大决策； ②领导某个领域的工作，不仅对本部门的发展有重大影响，同时影响到公司其他多个部门或公司整体，工作结果的失误可能会给公司带来较大或致命的损失，如技术管理、质量管理、销售管理等	80

沟通与交流：是信息的传达和理解的过程，也是情感交流的过程和问题解决方法的探讨过程，从而更好地达到工作目标。

（1）沟通的内容：需要沟通的信息的繁简、重要程度。详见下表。

级别	级别内容	相应分值
1级	基本根据程序、标准工作，工作中很少与其他岗位人员交流沟通	5
2级	简单的沟通交流，如表单的传送、文件的发放、命令的传达、结果的报告等	15
3级	较复杂的沟通交流，需要运用一些沟通技巧，对沟通的信息进行分析，确定有价值的东西，从中找到解决问题的办法，或达到某种共识等	25
4级	就公司的战略发展、重大决策、变革等方面与公司高层之间的沟通	40

（2）语言表达与写作要求：在工作沟通与交流中对语言表达和书面写作能力的要求。详见下表。

级别	级别内容	相应分值
1级	无特殊要求	5
2级	只需表达清楚需要说明的意图，偶尔会有少量的书面表达与文件编写	15

续表

级别	级别内容	相应分值
3级	具备较强的语言表达、人际交往沟通能力，经常使用书面文字或语言进行内、外部交流或经常性地进行管理和技术文件、报告、制度的起草、编写等，技术人员一般使用外语查询法规或技术文献等	25
4级	熟练应用合同或法律条文等知识，在一定程度上较熟练应用外语进行国际交流	40

（3）与内外部沟通：该岗位的沟通范围及沟通对象。详见下表。

级别	级别内容	相应分值
1级	部门内部沟通，本部门各岗位人员之间的信息交流，如工作汇报等	5
2级	部门间沟通，与其他部门各岗位人员之间的信息交流，如信息传递、管理沟通等	15
3级	与供应商相关外部联系或与相关外单位、政府部门等业务联系	25
4级	作为商家沟通，与客户或外部公共关系联系，与外部进行高层次技术交流	40

对企业的影响：指本岗位工作结果给企业带来的影响程度。

（1）效益收入影响。指该岗位对公司效益收入的影响程度。详见下表。

级别	级别内容	相应分值
1级	无直接影响	5
2级	有侧面的影响，影响不大，不直接影响	15
3级	直接影响，但影响较小	30
4级	对个别影响公司效益的因素有较大影响	50

（2）质量责任影响：指在产品质量、质量体系方面的影响。详见下表。

级别	级别内容	相应分值
1级	不需承担任何产品质量责任和质量管理体系责任	5
2级	对产品质量某个环节或工序负责	15
3级	对产品质量直接影响，但影响较小；或负责质量体系的一个方面	30

续表

级别	级别内容	相应分值
4 级	影响产品的重要工序作业质量，负责产品工艺质量标准的建立或质量的把关、检验工作；或负责质量管理体系的两个方面	50
5 级	直接影响产品的技术、工艺、质量，需全程控制，全面负责；或全面负责质量管理体系	80

（3）成长促进影响：指该岗位对公司战略及中长期发展的贡献或对公司整体运营风险的控制。详见下表。

级别	级别内容	相应分值
1 级	无明显贡献	5
2 级	对一个项目或某项业务工作的发展有局部基础作用贡献	20
3 级	对某个项目的完成或某项业务领域的发展起着积极的关键作用	40
4 级	对多个项目的完成或多项业务领域的发展起着积极的关键作用	60
5 级	对公司的整体运营、重大决策、投资等方面的重大战略性贡献	80

第四节　开展薪酬调查

4.1　薪酬调查的内涵

4.1.1　薪酬调查的定义以及目的

薪酬调查就是指企业通过搜集信息来判断其他企业所支付的薪酬状况这样一个系统过程，这种调查能够向实施调查的企业提供市场上的各种相关企业向员工支付的薪酬水平和薪酬结构等方面的信息。调查的对象一般选择本地区、同行业中的其他企业或者其他行业中与本企业存在竞争关系的企业。调查的内容包括本企业所属行业的整体工资水平、竞争对手的薪酬状况、企业所在地区的工资水平和生活水平、要调查岗位的职责和任职条件等。调查的方法有：问卷调查、委托专业调查公司、搜集公开的薪酬资料、流动人员调查等。完整的薪酬调查报告应包括以下三部分主要内容。

（1）基本情况概述，包括所调查公司的常规数据、调查方式和过程、所调查

的每个职位的简要职位说明、报告概览等。

（2）薪酬调查的数据，要有上年度的薪资增长状况、不同薪酬结构对比、薪酬水平、奖金和福利状况、长期激励措施以及未来薪酬走势分析等。

（3）福利与人力资源实务，包括薪酬管理、绩效管理、招聘和留任、员工培训和职业发展、人工成本管理和税收影响、福利管理等。薪酬调查的对象，最好是选择与自己有竞争关系的公司或同行业的类似公司，重点考虑员工的流失方向和招聘来源。同时要采用相同的标准进行工作评估，并各自提供真实的薪酬数据，只有这样才能保证薪酬调查的准确性。另外，还应当在适当的时期，针对不同层次的员工和不同职群的员工进行内部调查，掌握其满意度及需求动向。

从调查方式上来看，薪酬调查可以分为正式薪酬调查和非正式薪酬调查两种类型。从调查的组织者来看，正式薪酬调查又分为商业性薪酬调查、专业性薪酬调查和政府薪酬调查。

商业性薪酬调查一般是由咨询公司完成的，其中有的是应客户需要对某一行业进行调查，有的是咨询公司为获利而主动进行的调查。专业性薪酬调查是由专业协会针对薪酬状况所进行的调查。而政府薪酬调查，则是指由国家劳工、统计等部门进行的薪酬调查。

一般来说，企业希望通过薪酬调查实现以下几个方面的目的。

（1）调整薪酬水平。大多数企业都会定期调整自己的薪酬水平，进行调整的依据是生活费水平、绩效、企业支付能力、员工资历或者是随着竞争对手薪酬水平的上调而调整。因此，企业需要通过薪酬调查来了解竞争对手的薪酬变化情况，并有针对性地制定自己的薪酬调查对策，以避免在劳动力市场中处于不利地位。

（2）构建或调整薪酬结构。由于竞争环境的变化，越来越多的企业已经从对内部一致性的强调转移到了对外部竞争性的重视，因此，现在许多企业都在利用薪酬调查来评价自身所做的工作评价的有效性，以此来整合根据内部工作评价得到的薪酬结构和从外部市场得到的不同职位的薪酬结构。充分掌握组织环境和目标方面的信息，并在此基础上作出判断是必要的。另外，随着一些企业逐渐从以职位为基础的薪酬体系向以人为基础的薪酬体系转移，企业就更为依赖市场薪酬调查来确定其薪酬水平以确保其外部竞争性。

（3）估计竞争对手的劳动力成本。对于许多竞争比较激烈的企业来说，如零售业、汽车业等，劳动力成本是决定企业竞争优势的一个重要来源。因此，这些企业常常需要运用薪酬调查数据来分析竞争对手的劳动力成本，既不能因为薪酬太低而失去优秀的员工，也不能因为薪酬太高而失去竞争力。

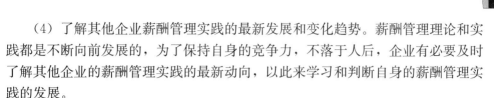

（4）了解其他企业薪酬管理实践的最新发展和变化趋势。薪酬管理理论和实践都是不断向前发展的，为了保持自身的竞争力，不落于人后，企业有必要及时了解其他企业的薪酬管理实践的最新动向，以此来学习和判断自身的薪酬管理实践的发展。

薪酬调查结果是进行薪酬决策的主要依据，也往往会影响到一个组织的劳动成本和产品的竞争力，因此调查结果对组织非常重要。

4.1.2　薪酬调查的实施步骤

在通常情况下，薪酬调查分为三个阶段：准备阶段、实施阶段和结果分析阶段。三个阶段的主要工作如下。

（1）根据需要审查已有薪酬调查数据，确定调查的必要性及实施方式。许多企业常常会让第三方来完成薪酬调查的工作，原因有：企业自行调查往往会引起其他企业的警觉和不合作，由第三方来完成，会更加容易说服目标企业合作和参与；另外，薪酬调查工作费时费力，企业往往没有足够的人手和时间。

（2）界定劳动力市场的范围，明确作为调查对象的目标企业及其数量。界定相关劳动力市场主要包括下面几类企业：与本企业竞争从事相同职业或具有同样技术员工的企业；与本企业在同一地域范围内竞争员工的企业；与本企业竞争同类产品或服务的企业。调查对象的数量没有一个统一的规定：采用领先型薪酬策略的大企业一般仅调查几个支付高薪酬的竞争对手。咨询公司进行的全国性调查一般超过100家企业。

（3）选择准备调查的职位及其层次。选择薪酬调查包括哪些职位的方法有：基准职位确定法；全球定位法和薪酬两端定位法等。

（4）选择所要搜集的薪酬信息内容。薪酬调查的信息内容一般包括：有关组织性质的信息，如财务信息、组织规模和组织结构；有关总的薪酬体系的信息，如基本薪酬及其结构、年度奖金和其他年度现金支付；确定所研究的每个基准职位特殊薪酬的信息，如股票期权或影子股票计划等长期激励计划、各种补充福利计划等；还有薪酬政策等方面的信息。在薪酬调查中，如果所调查的职位属于高层、中层管理职位或是监督类的职位，那么询问被调查者关于某一职位的权限范围的信息也是非常重要的，因为这些信息有助于判断某一职位在企业中的地位。

（5）设计薪酬调查问卷并实施调查。调查常采用两种基本的方法：访谈和邮寄调查问卷。通常调查的目的和采集数据的详细程度决定方法的选择。

（6）对调查得到的数据进行核查以及分析。薪酬数据的分析方法一般包括：频度分析、居中趋势分析、离散分析以及回归分析等。

4.2　薪酬调查的渠道

（1）企业之间开展相互调查。现阶段我国薪酬调查系统和服务还没有完善，薪酬调查中最可靠和最经济的渠道是企业之间的相互调查。可以采取与相关企业的人力资源部门进行联系，或者通过协会等机构进行联系的方式。但是，由于薪酬管理政策及薪酬数据在许多企业属于头等商业秘密，普遍实行密信制管理。企业间尤其是主要竞争对手间交换薪资信息的可能性微乎其微。

（2）委托专业机构进行调查。为了实现获取薪酬决策参考依据的目标，企业可以考虑委托专门机构进行调查，通过参与调查或购买调查数据的方法进行。委托专业机构调查会减少人力资源部门的工作量，避免企业之间大量的协调工作，拓宽获取信息的渠道。但它需要向委托的专业机构支付一定的费用，而且专业机构中鱼龙混杂，咨询公司资信业绩直接影响薪酬调查的参考价值。

（3）查询社会公开信息。相比上面两种方法，公开的信息源比较广泛。例如，有些企业在发布招聘广告时，会写上薪金待遇，调查人员稍加留意就可以了解到这些信息。另外，某些城市的人才交流部门也会定期发布一些岗位的薪酬参考信息，再则，目前一些人力资源专业网站、一些热门 BBS 站点会定期依据不同的市场细分对象，进行相关的薪资水平及福利制度实施状况的"在线网络调研"，这些公开信息可以从不同方面提供市场薪资动态。

（4）借用外部薪资调查资料。①要考虑调查资料的时效性。企业的薪酬水平随企业的效益和市场人力资源的供需状况变化的周期明显缩短，尤其在薪资变动比较活跃的行业，时效性的要求就更为突出。②薪资调查的样本数量要适度。如果调查样本太少，单个数据影响力太大。③明确薪资调查的具体对象。调查主要应在同行业领域里，最好在相同目标市场的企业间开展，但有些调查报告只罗列了被调查的企业总数，而对各行业的具体企业数未作交待。例如，某薪资调查报告公布了计算机、电子通讯、医药生化、消费品行业中各种类别职位的薪资行情，但未申明其中的行业统计数目，如果样本中消费品行业占50%，或者更多，而其他行业占30%，或者更少，那么报告数据的可比性则大打折扣。因而在购买报告或选择参加某类别调研之前，首先要掌握调查对象的具体情况，最起码应掌握对象的比例分布，确定调研对象数据是否具有参考价值。④合理进行职位匹配。在取得某岗位数据的同时，要比较一下该岗位的岗位职责是否与本企业的岗位职责完全相同。不能因为岗位名称相同就误以为工作内容和工作能力要求也一定相同，故而薪资调查数据存在很大的职位匹配需要。例如：对于一名普通营销人员，为了便于对外开展工作，公司在职位设计上采取"高开低走"的方式，一律冠以营销经理或高级业务代表的头衔，与实际偏差很大。在数据比较时，最好把同类职位按照职务高低走势进行排列，再根据公司内部职位排列顺序依次进行横向匹配。

第五节 进行薪酬定位

5.1 薪酬定位的内涵

5.1.1 薪酬定位的定义与目标

薪酬定位是指在薪酬体系设计过程中，确定企业的薪酬水平在劳动力市场中相对位置的决策过程，它直接决定了薪酬水平在劳动力市场上竞争能力的强弱程度。薪酬定位是薪酬管理的关键环节，是确定薪酬体系中的薪酬政策线、等级标准和等级范围的基础。影响企业薪酬定位的因素有企业内部因素和企业外部因素两种。企业内部因素主要有企业的薪酬策略、盈利能力、支付能力、发展阶段等。企业外部因素有国家相关的法律法规、目标劳动力市场的薪酬水平、目标劳动力市场的人才供求状况，产品市场的差异化程度等。

薪酬水平定位的目标主要体现在：①确定合理的薪酬水平；②吸引、保留和激励员工；③控制劳动力成本；④塑造组织形象。企业薪酬水平定位会影响企业的薪酬策略和薪酬竞争力的建构，薪酬竞争力直接影响企业实现薪酬目标的能力，这种能力必然会影响员工流动和企业的绩效状况。薪酬水平及其竞争力是影响企业等组织业绩的关键策略之一。

5.1.2 薪酬定位的基本过程

（1）内部环境审视：对企业的薪酬理念、薪酬战略、人力资源规划、战略规划、财务支付能力等内部制约因素进行分析。

（2）外部环境审视：对目标劳动力市场的竞争程度、产品市场的差异化程度、相关的法律环境等外部制约因素进行分析。

（3）对薪酬定位进行灵敏性分析：充分考虑薪酬定位对现有的人力资源管理体系、企业文化、核心竞争力以及企业战略实现进程等相关领域的影响程度。

（4）确定薪酬定位：通过对以上因素的通盘考虑，最后确定企业的薪酬定位。

5.2 薪酬定位的形式

制约薪酬定位的因素很多。从企业的内部环境来说，最直接的因素是薪酬战略和薪酬理念，其次是人力资源规划，再次是战略规划。另外，企业的支付能力、业务扩张速度、人才培养速度、内部劳动力市场的流动性等等也都是需要考虑的相关因素。从企业的外部环境来说，在进行薪酬定位决策时，则需要重点考虑目标劳动力市场内人才竞争的激烈程度，以及产品市场的差异化程度等因素。

企业的薪酬水平定位实质上是一种突破成本和欲求双重障碍的市场竞争力选择。既要控制人工成本，保持核心员工的相对稳定，又要提高员工士气和工作满意度，还要保持合理的员工流动率。为了达成这些目标，企业必须从自身实际情况出发，对不同职务类别、员工类别，分别制定薪酬策略。那么在这些内部和外部因素的制约下，企业在进行薪酬体系设计时所能够采取的薪酬定位有哪几种典型形式呢？一般情况下，薪酬定位有三种基本形式：领先型、追随型、滞后型。领先型是指企业的薪酬水平高于市场平均水平，追随型是指企业的薪酬水平与市场平均水平基本相当，滞后型是指企业的薪酬水平落后于市场平均水平。

在这三种基本形式的基础之上，有些企业则是对不同的员工群体，采取不同的定位，由此形成了混合型薪酬定位。不同的薪酬定位，对企业的人力资源管理，对企业的核心竞争力，对企业战略的实现会产生不同的影响。比如说，采取领先型薪酬定位的企业，其薪酬水平在市场上具有足够强的吸引力，这样必然会吸引许多能力非常强的优秀候选人，在这种情况下就要求企业在进行招聘的时候具有较高的甄选能力。因为能力强的候选人一般都有比较好的职业背景，都有既定文化下形成的行为习惯和思维定势，如果甄选手段不完善，甄选能力不强，将那些价值观、行为方式、思维方式等与自己的企业文化所倡导价值观、行为方式和思维方式相去甚远的人才招聘进来的可能性就会增大，而这样的人才对企业人力资源管理系统的稳定性、连贯性和一致性的冲击力、影响力或者说杀伤力是非常大的，尤其是那些就任高层职位的人才。所以，在进行薪酬定位的时候，需要考虑每种定位对现有的人力资源管理能力和水平，尤其是对甄选能力、对具有不同文化背景的人才的同化能力、对人事危机的处理能力等方面所提出的要求和挑战。同样，不同的薪酬定位，对企业的核心竞争力以及企业的战略实现进程的影响也都需要进行慎重的考虑。常见的薪酬定位策略与薪酬政策目标之间的关系如表 4-3 所示。

表 4-3　薪酬策略与薪酬目标的关系表

薪酬水平定位	薪酬政策目标				
	人才吸引力	人才保持力	劳动力成本控制	降低对收入的不满	提高劳动生产率
领先型策略	好	好	不确定	好	不确定
追随型策略	中	中	中	中	不确定
滞后型策略	差	不确定	好	差	不确定
混合型策略	不确定	不确定	好	不确定	好

　　表中的不确定关系是指某一薪酬策略并不能直接决定该决策目标的实现状况，还要受到其他因素的影响才可能得到明确的结果。需要指出的是，薪酬定位作为薪酬体系设计过程中的一个关键环节，在决策的过程中需要遵循一定的方法和规律，有其科学性的一面，同时我们还需要看到，在这个决策过程中，同样也存在着许多需要靠丰富的经验进行主观判断的地方，所以我们说，薪酬定位和企业管理实践过程中的其他工作一样，是科学和艺术的结合。它要求薪酬体系设计人员不但要了解薪酬体系设计的过程和原理，同时也需要对企业运营管理的细微之处有着切身的体会和深刻的理解，能够在关键之处对分寸拿捏得当。这也是为什么有些薪酬体系看起来很科学、很合理，但使用的时候存在很多问题的主要原因之一。

第六节　设计薪酬结构

6.1　薪酬结构的内涵

　　薪酬结构阐明员工薪酬的构成项目及各部分所占的比例。薪酬的构成主要包括工资、津贴、奖金、福利等。薪酬的不同组成部分起着不同的激励作用。薪酬的结构可以分为以工作为导向的薪酬结构（岗位薪酬制）、以绩效为导向的薪酬结构（绩效薪酬制）、以能力为导向的薪酬结构（能力薪酬制）、以市场为导向的薪酬结构（市场薪酬制）、以年功为导向的薪酬结构（年功薪酬制）及组合薪酬结构（组合薪酬制）。

　　薪酬结构反映了企业的分配哲学，不同的公司有不同的薪酬结构。新兴企业的薪酬措施往往不同于成熟的官僚化企业。许多公司在确定人员工资时，往往要综合考虑五个方面的因素：一是其职位等级，二是个人的能力，三是个人绩效，

四是市场工资水平，五是个人资历。在工资结构上与其相对应的，分别是岗位工资、能力工资、绩效工资、市场工资、年功工资。也有的将前两者合并考虑，作为确定一个人基本工资的基础。岗位工资由岗位等级决定，它是一个人工资高低的主要决定因素。岗位工资是一个区间，而不是一个点。相同岗位上不同的任职者由于在技能、经验、资源占有、工作效率、历史贡献等方面存在差异，导致他们对公司的贡献并不相同，因此技能工资有差异。所以，同一个等级内的任职者，基本工资未必相同。根据工资的中点，要设置一个上下的工资变化区间，这就增加了工资变动的灵活性，使员工在不变动岗位的情况下，随着技能的提升、经验的增加而在同一岗位等级内逐步提升工资等级。绩效工资是对员工完成业务目标而进行的奖励，即薪酬必须与员工为企业所创造的经济价值相联系。绩效工资可以是短期性的，如销售奖金、项目浮动奖金、年度奖励等，也可以是长期性的，如股份期权等。市场工资是根据市场价格确定企业薪酬水平，根据地区及行业人才市场的薪酬调查结果，来确定岗位的具体薪酬水平。年功工资是员工的工资主要是随年龄和工龄的增长而提高的薪酬体系。

综合来说，确定岗位工资，需要对岗位做评估；确定技能工资，需要对人员资历做评估；确定绩效工资，需要对工作表现做评估；确定市场工资，需要对地区及行业工资进行调研；确定年功工资，需要了解员工的年龄及工龄等信息；确定公司的整体薪酬水平，需要对公司盈利能力、支付能力做评估。每一种评估都需要一套程序和方法。所以说，薪酬体系设计是一个系统工程。要不断地优化企业的薪酬结构，构成薪酬体系的基本工资、激励工资、津贴、福利等各种薪酬形式之间的关系和比例要平衡。基本工资具有高刚性和高差异性，激励工资具有高差异性和低刚性，津贴具有低差异性和低刚性，福利具有高刚性和低差异性。薪酬方案应细化到薪酬各个具体形式的策略选择，不要过分强调基本工资或奖金，要起到更符合个人需要、更为经济的激励效用。比如：企业高管人员实施薪酬领先策略时，可以把基本工资定位在市场水平中等偏上，把激励工资（主要是股票和分红）加大比重。这样就可以在经费不变的情况下，通过薪酬形式结构优化设计，可提高薪酬的可变性、差异性、时效性以及现金流使用的弹性。

6.2　薪酬结构设计的基本原则

6.2.1　公平性原则

在人力资源管理诸领域中，薪酬政策是最富有挑战性的，需要考虑的因素很多。从理论上来说，薪酬水平的高低与特定的组织、劳动力市场、工作以及员工四方面的因素有关，因此管理者在制定薪酬政策时必须考虑这四个方面的因素。

尤其要处理好结果公平的问题，即外部公平、内部公平和自我公平。

（1）外部公平。外部公平主要是员工个人的收入相对于劳动力市场的水平。科学管理之父泰勒对此有深刻的认识，他认为，企业必须在能够招到适合岗位要求的员工的薪酬水平上增加一份激励薪酬，以保证这是该员工所能找到的最高工资的工作。这样，一旦员工失去这份工作，将很难在社会上找到相似收入的工作。因此，一旦员工失去工作，就承担了很大的机会成本。只有这样，员工才会珍惜这份工作，努力完成工作要求。外部公平要求公司的整体工资水平保持在一个合理的程度上，同时对于市场紧缺人才实行特殊的激励政策，关注岗位技能在人才市场上的通用性。

（2）内部公平。内部公平主要是指员工相互之间的比较衡量。实际上作为企业组成部分的员工都很难判断个人的工作成效和对企业的贡献，这时候对员工影响最大的就是与身边其他员工的比较。为了保障内部公平，公司需要有统一的薪酬体系，科学的岗位评价和公正的考核体系。

（3）自我公平。自我公平是员工个人对自己能力发挥的评价和对公司所做贡献的评价。每个员工对收入的评价都首先基于个人的能力，如果他认为可以承担主管的责任，但是目前他所处的位置是普通员工，那么他觉得不可能发挥他的全部才干，这时候，即使给予基于该岗位的客观评价，并提供高于他目前所作贡献的待遇也难以让他满足。同时，员工还会比较个人的收入和公司的收入之间的关系，也就是他会评价因为他的工作给公司节约的钱、给公司创造的利润，如果他认为他所承担的责任远大于个人的收益，就会导致不满，并阻碍业务的顺利进行。这种情况在创业元老和比较容易区分个人贡献的岗位中比较普遍。要保证员工公平，首先是量才而用，并为有才能者创造突出的机会。其次，还需要实现说明规则，建立制度的契约或心理的契约，目的是双方都明白相互的权力和义务。重要且比较容易判断其对公司贡献的岗位宜采用业绩导向的薪酬，常见的有销售人员、市场人员以及独立核算单位的负责人等。任何领域的不公平都会引起道德上的严重问题，如员工感觉到自己被给予了不公平的报酬，他们将不会尽力工作，甚至离开企业，这都会损害组织的整体业绩。

6.2.2 激励性原则

对于员工的激励方法，已经有许多成熟的经典理论可以参考，下面简单介绍几种主流的激励理论。

1. 需求层次理论（Hierarchy of Needs Theory）

马斯洛在他的代表作《动机与个性》中提出需要层次理论。他将人们的需要分成五个等级，依次为生理需要、安全需要、社交需要、尊重需要、自我实现需要。

马斯洛认为五种需要各自处于不同的层次上，组成了一个层级系统。生理、安全、社交和尊重属于低级的基本需要，自我实现属高级需要或超越性需要。二者不同在于，前者越得到满足变得越不重要，唯有自我实现需要是个无底洞，越得到满足就越重要。

该理论的缺陷在于对需要层次的分析过于简单、机械。人类需要往往不是非要经过某一层次需要才能有高一层的需要，而是随着环境和个体情况的变化同时存在着若干种需要。马斯洛虽然运用了动态的、发展的观点来分析人的需要，但他只看到了单向的、由低到高的逐级上升的运动。实际上人的需要在某种特定情况下可能还存在着越级跃升的运动，或逐级下降、越级下降的运动。

2. 双因素理论（Motivator-Hygiene Theory）

美国心理学家赫兹伯格以工程师和会计师为研究对象，提出了双因素理论，其中双因素是指激励因素和保健因素。激励因素是指与工作自身的内容相关的因素，如工作本身的兴趣、工作给人带来的能使其充分发挥自身聪明才智的艰巨性与挑战性、工作中使自己的知识和才能得到提高和发展的机会、工作中所赋予的责任等等。这些因素能激发起人的成就感、责任感、荣誉感与自信心之类的积极感情，因而能增进人的满意感，从而激励他们努力工作和求上进。保健因素是指那些与工作本身无关而属于外界工作环境的因素，如劳动条件、单位的政策及规章制度、顶头上司的能力和作风、同事的态度和脾气、工资福利等。这些因素得到满足只能消除人们的不满意，但不能激发积极性。

双因素理论的提出有其积极的一面，这表现在：它告诉我们，采取某项激励措施以后，并不一定带来满意，更不等于劳动生产率能够提高。满足各种需要所引起的激励深度和效果是不一样的。物质需求的满足是必要的，然而作用也是有限的、不能持久的。要调动人的积极性，不仅要注意物质利益和工作条件等外部因素，更重要的是利用那些内部因素。也有许多专家对双因素理论提出批评，认为调查面太窄，赫兹伯格调查取样的数量和对象缺乏代表性。样本203人，数量太少，而且对象是工程师、会计师，不具有代表性。赫兹伯格把两种因素分开是不妥的，保健因素也能产生满意，激励因素也能产生不满意。

3. 期望理论（Expectancy Theory）

美国的心理学家弗鲁姆在他的《工作与激励》中提出了期望值理论。他认为某一活动对某人的激发力量取决于他能得到结果的全部预期价值乘以他认为达成该结果的期望概率。

按照期望理论，员工所付出的努力可以通过上述三个因素共同作用产生，其三者之间的关系如以下公式：努力程度＝效价×工具性×期望值。

期望理论虽然存在一些辨证的思想，但其认为人们首先要把所有可能的方案逐一进行分析，权衡每一方案的可能与后果（即期望与效价），然后做出理性的抉择。然而实际上许多人并非完全是理性的，不耐烦将所有可能逐一斟酌，这样期望值理论的分析就大减了。

4. 公平理论（Equity Theory）

侧重研究报酬对人们积极性的影响，等式相等时才感觉公平。当等式不等时，他会采取措施让等式趋于平等。OP/IP＝OC/IC。其中，OP 表示自己对所获报酬的感觉；OC 表示自己对他人所获报酬的感觉；IP 表示自己对个人所作投入的感觉；IC 表示自己对他人所作投入的感觉。

除了这种横向比较外还有纵向比较。公平理论着眼于群体的影响及个人对别人的感觉，强调的是当事者主观上所感知的情况，不是客观的真实情况。因此它告诉管理者公平是相对的、不是绝对的。只能努力消除管理者个人的私心和偏见，加强管理，尽量准确地度量个人的绩效，做到在客观上让多数人认为公平，而不可能做到让每个人主观上都认为公平。

总之，对于大多数企业来说，通过薪酬系统来激励责任心和工作积极性是最常见的和最常用的方法。一个科学合理的薪酬体系对员工的刺激是最持久的，也是最根本的。因为科学合理的薪酬体系解决了人力资源所有问题中最根本的分配问题。

6.2.3　竞争性原则

企业要想留住具有竞争力的真正的优秀人才，必须首先要制定出一套对人才具有吸引力并且在行业中具有竞争力的薪酬体系。如果企业制定的薪酬水平太低，那么必然在其他企业的人才竞争中处于不利的地位，甚至还会损失本企业的优秀人才。那么，什么样的薪酬体系才能具有竞争力呢？除了较高的薪酬水平和正确的价值取向外，灵活多变的薪酬结构也越来越引起人们的关注。

许多公司内部薪酬级别之间存在一定的问题，因此应该制定合理的组织结构，由此确定各职位对于公司的相对价值。例如：经理的薪酬水平通常都高于辅助性员工，为什么？因为经理负责促成经营结果。如果薪酬结构中未妥善地明确各职位之间的薪酬水平差异，员工往往会因此产生不满情绪。因此，管理者需要确保公司具备一个合理的职位评估体系和程序，由此确定各职位之间的相对差异并通过薪酬水平来体现这一差异。

而且，管理者需要确保公司的薪酬水平具备一定的竞争力。这里所说的薪酬竞争力是指相对市场中同行业的公司而言具有一定的竞争力。大部分公司都确定了一系列的基准匹配公司，这些公司通常是市场上的竞争对手或与公司争夺人才的那些公司。在国内，人们比较容易了解朋友或家属在其他公司所获得的薪酬水

QIYE XINCHOU XITONG SHEJI YU ZHIDING

平。因而，管理者需要通过某种程序来审核薪酬水平，该程序中包括对所在行业的基准匹配职位进行调研，然后根据这一信息制定一个富有竞争力的薪酬结构。为确定长期竞争力，制定与市场水平相符的工资结构将有助于公司吸引和留住企业所需要的优秀人才。

6.2.4 合法性原则

薪酬体系的合法性原则是必不可少的，它是建立在遵守国家相关法律法规、相关政策和企业一系列管理制度基础之上的合法性。如果企业薪酬系统与现行的国家的政策和法律法规、企业管理制度等不相符合，则企业应该迅速地进行改进以使其具有合法性。

此外，薪酬设计的原则还有适度性、认可性、平衡性、交换性和成本控制等原则。在实际经济生活中，单单采取哪一种确定薪酬的原则都不合适。薪酬的确定，需要综合应用上述不同的原则，根据企业的具体情况有所侧重，并随着企业的发展进行调整。

6.3 薪酬结构的内容

6.3.1 薪酬等级

薪酬结构的特点之一就是分等：等级的数目和各等级之间的关系。因为薪酬结构反映组织设计和组织工作流程，所以，有些薪酬结构分层较多，有些薪酬结构层次较少。例如，洛克西德公司把同一类职位分为 6 个等级（见表 4-4），通用电气塑料公司则使用五个比较宽泛的等级（表 4-5）来涵盖所有的专业职位和行政职位。通用电气塑料公司的分类方法也许相当于洛克西德公司的 2 或 3 个等级。

6.3.2 薪酬级差

不同等级之间的薪酬差异称作级差。薪酬结构十分倾向于支付高薪酬给资格要求高、工作条件差、教育投入高的职位。薪酬管理中的各类薪酬级差包括职业生涯中不同阶段的薪酬差异、上下级之间的薪酬差异、管理人员和一般员工之间的差异。

6.3.3 薪酬结构确定的标准

确定薪酬结构等级和差异大小的标准可归纳为以岗定酬和以人定酬。以岗定酬依据的是工作内容——完成了的工作任务、组织所期望的行为、期望的结果——来确定薪酬的高低。以人定酬关注的是人，即员工拥有的技能或知识，或者是那些组织认为员工具备了的能力。

尽管此理论把薪酬结构分为以人定酬和以岗定酬很方便，但这两类并非一定是相互独立的。在现实中，只描述工作而不涉及从事工作的人的行为是很难的。同样，只界定与工作相关的知识或能力，而不涉及工作的内容也是很难的。但是，这两类标准毕竟是从不同角度来考虑的。洛克西德公司中工程师职位结构使用的标准是所从事的工作（表 4-4），而通用电气塑料公司使用的标准是每一层次的职位所需的能力（表 4-5）。

表 4-4　洛克西德公司工程技术职位结构

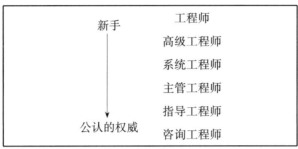

表 4-5　通用电气塑料公司管理/专业技术人员的等级

等级	描述
执行官	对通用电气塑料公司的主要业务或公司职能提出创新、指导和愿景规划
主任	指导一个重要的职能部门或较小的企业分支机构
负责人	领导有广泛责任的或者重要影响的项目或计划的贡献者；领导某个有广泛责任或者重要影响的职能部门的管理人员
技术/管理人员	管理有一定范围和责任的项目或者计划的贡献者，或者特定领域的一线经理
专业人员	从事具体任务、活动或者不太复杂的短期项目的主管或者贡献者

6.4　薪酬结构建立的步骤

薪酬结构建立的步骤详见图 4-1。

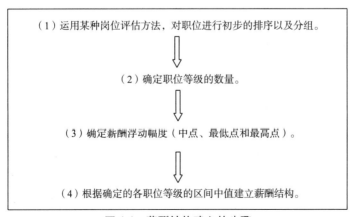

图 4-1　薪酬结构建立的步骤

6.4.1　运用某种岗位评估方法，对职位进行初步的排序以及分组

在这一步骤上需要注意的问题是：职位评价是否建立在对职位的充分理解的基础之上？职位描述是否完备？在对职位进行比较时，所选择的参照对象是否合适？

6.4.2　确定职位等级的数量

把薪酬基本相同的不同职位归集在一起称为一个等级。等级能够使企业在不改变薪酬的情况下，增强在同一等级水平上调配员工的能力。问题在于确定哪些职位大体相同，从而把他们划为同一等级，这需要职位分析员重新考虑职位评价的结果。在不同等级内，有不同于在其主等级的职位的薪酬浮动幅度。尽管等级有很大的灵活性，但也给设计提出挑战。等级设计的目的是把薪酬相似的职位划为同一等级。如果职位评价的点数落在靠近两个等级分界的临界点附近，那么薪酬差异的程度与职位内容差异的程度就不相称了。解决这个两难问题就需要了解组织中特殊职位、职业生涯和工作流程，设计符合组织特点的等级结构，需要反复修正。

6.4.3　确定薪酬浮动幅度（中点、最低点和最高点）

浮动幅度的中点常根据薪酬水平设定。薪酬政策线穿过每一等级上的这个点就称为这一等级薪酬浮动幅度的中点。浮动幅度的中点通常称为控制点。

这一点符合受到良好培训员工所需要的薪酬，而且员工对在此等级上工作感到满意。这一点也反映了企业在相关市场上的竞争力。理想的职级幅度取决于对它如何支持职业生涯、晋级和其他组织制度的实施。等级薪酬浮动的幅度一般在10%～120%，高级管理职位等级浮动幅度通常为60%～120%；中级专业和管理职位浮动幅度为35%～60%；办公室文员和生产职位，浮动幅度为10%～25%。上述的逻辑是，管理职位浮动幅度比较大，反映了个人在自由决策和绩效方面有更多的机会。

另一方面，理想的薪酬浮动幅度更取决于对某一特定企业雇主的意愿。薪酬调查通常提供实际最高和最低薪酬值。同时，还要根据薪酬策略确定的浮动幅度。一些薪酬部门经理通过其他薪酬经理确保自己提出的建议浮动幅度是调查数据的75%线。也有些薪酬经理分别确定最低和最高幅度。最低值与中点之间的值往往代表一位新员工成为一名称职员工的时间。能很快掌握的职位其薪酬下限与中点之间的差就小。薪酬浮动幅度超过中点直到最高额是企业愿意支付其所认可绩效的薪酬。最终，浮动幅度取决于权衡各种因素后的判断。

一旦中点（取决于薪酬策略线）和浮动幅度（取决于判断）确定后，就可计算浮动的上限和下限了。

下限＝中点／［100％＋（1/2浮动幅度）］

上限＝下限＋（浮动幅度×下限）

例如，浮动幅度为30％，中点值为10000美元。

下限＝10000美元／（100％＋0.15）＝8696美元

上限＝8696美元＋（0.30×8696美元）＝8696＋2609＝11305美元

注意这些公式假定了浮动幅度的对称性（例如，中点距上下限的值相等）。一个关于浮动幅度的问题是主管与其所管下属薪酬之间的差。一般来说，一个主管类职位，比其所管职位高一个薪酬幅度，虽然15％的级差是通常的选择，但大幅度的等级交叉，再加上一些职位可能有的加班工资或激励工资，对主管职位而言，保持如此的级差很困难。另一方面，有些人认为，如果给管理人员高工资，会诱导技术人员转向管理职位，这不利于生产。

6.4.4　根据确定的各职位等级的区间中值建立薪酬结构

只要在考虑到各职位等级内部各种职位的价值差异大小及相应的外部市场薪酬水平的情况下，确定各个薪酬区间的变动比率，我们就可以建立起一个薪酬结构。有时候，为了管理的方便，薪酬管理人员会在一个薪酬等级内再划分出几个小的层级，这些层级之间可以是相互重叠的，也可以是相互衔接的。此外，在整体薪酬框架中，同一家企业中可以采用多种薪酬结构，以反映企业的管理哲学和经营状况，比如说，企业在设计销售人员和技术研发人员的薪酬结构时，完全可以采用两种不同的模式。

第七节　确定薪酬水平

薪酬水平是企业内部各个岗位的具体薪酬标准。在确定薪酬水平之前，首先要进行薪酬结构设计，并将设计思路与公司中高层进行深入沟通，确保能够得到普遍的认可。在思考薪酬体系的结构时，先将设计调研后的信息进行分析，包括对现状的描述、对问题的阐述、未来解决方案的主要想法等。未来的解决方案可以从薪酬结构、各部分占比、各部分发放方式、调薪幅度、总量控制、调整机制、非物质薪酬、中长期薪酬、薪酬差距等方面展开。企业原有的合理且被员工普遍认可的做法要予以保留，重点突出对企业关键问题的解决思路和方法。

在确定某一岗位的薪酬水平时，通过岗位分析、岗位评价和参照薪酬市场调查等结果来确定不同职级、职等的薪酬水平、薪酬幅度、薪酬级差等。薪酬的内容有很多，每一个员工最后的定薪组成包括：基本工资、津贴与补贴、奖金、福

利等。对于特殊的管理人员，还要加上股权等不同的薪酬形式。在确定薪酬水平时，有些关键性的问题必须要注意：

（1）薪酬的结构、标准、发放办法等都应当特别注重法律法规，要事先了解清楚当地的最低工资标准、社保基数、住房公积金政策。

（2）最终确定的薪酬要体现出不同群体薪酬的共性与个性，如销售人员与行政人员收入的不同比例，生产人员与研发人员不同的奖金核发方法等。

（3）确定薪酬时要重点关注总量控制，将薪酬总量与最能体现公司人力资源管理效能、且最易核算的指标相关联，如产量、销量、收入、利润等。

（4）确定薪酬时应考虑实务并与企业现有政策对接，包括请假处理、新员工定薪办法、岗位调整、调动、人才专项政策、专项奖励等，已经形成惯例并被大家普遍接受的政策就不需要调整，如果原来没有相应的规定或惯例，就需要对上述情况下工资如何发放进行详细的规定。

（5）要特别重视津补贴和福利等非工资现金性收入。

第八节　实施薪酬体系

薪酬体系的初稿设计完成以后，应广泛征求员工的意见，以确保其民主性、公平性和合理性。制度在正式发文前，最好能够将制度文本进行公示，广泛征集各级管理者和员工的意见，结合反馈修订完善，然后再正式发文实施。

在正式实施之前，首先企业需要和员工进行沟通，对薪酬制度的理念、内容进行培训与宣贯。制度性的培训宜采用集中培训方式，以强化制度的严肃性。进行制度性培训时，需要先将薪酬设计的理念与原则进行详细说明，以便于员工理解设计思路。同时为了便于员工理解新制度的内容，可以针对薪酬结构、工资体系、发放方式等与原制度进行对比说明。实施的过程中，企业要定期调查员工的薪酬需求及其满意度，了解员工的想法和建议，并根据外部环境的变化，及时对薪酬体系进行调整。

在实施第一个月，发放工资时，人力资源部要对实施情况进行跟踪，重点跟踪事项包括发放后的普遍反响、关键人员意见建议、有无申诉等。对于提出问题的人一定要及时给予反馈，需要做解释说明的给予现场说明，建议调整岗位等级或个人等级的现场征询理由，并承诺会反映给公司。同时对于提出的问题进行汇总，普遍性问题必须提出针对性的解决方案。

新的薪酬制度实施后，并不意味着企业就万事大吉了，人才市场价位不断高涨，企业人工成本不断攀升。不论企业新的薪酬体系是在年初还是在年中执行，到年底都需要跟踪执行情况，并根据外部市场薪酬调查给企业提出是否上浮的建议。通常企业在年中执行新体系时，如当时调整幅度较大，且本年度无市场薪酬大幅波动的因素，建议当年度不上调。市场薪酬增幅较大时，首先要根据薪酬制度中的薪酬调整条款判断企业是否符合薪酬调整的条件。如符合条件，则根据企业效益情况、对市场未来预期，给出薪酬上浮的比例建议。

在薪酬制度实施的过程中，人力资源部可能会遇到各种各样的问题，面对这些问题，人力资源部必须认真对待和解决，否则很容易造成员工的不满，影响薪酬制度实施的效果。这些问题可能包括以下几个方面。

（1）员工对个人薪酬不满。这是最常见的问题，要详细给员工解释设计理念和个人具体定位的原则、方法，取得员工的理解。如是岗位等级的问题，需由员工提出详细的分析，最好是书面文件，并且经过其分管领导的认可，人力资源部通过分析给出是否调整的建议。如是个人定位问题，可以将员工的意见以及对该员工基本情况和日常表现、绩效记录等信息反馈给高层，由高层判断是否给予调整。

（2）考核后实发薪酬偏低。这种情况的形成可能是由于企业目标过高，造成员工绩效工资难以拿全，或设计的奖金形同虚设，员工收入明升暗降。这种情况下可以与高层协商，要么将企业目标分级，将原有的高目标设定较高的绩效兑现标准，要么适当降低浮动比例。

（3）考核后实发薪酬偏高。这种情况的形成可能是由于企业目标偏低，或考核不严谨，造成员工绩效工资兑现比例偏高，奖金很容易获取，员工实际收入增长过快。这时可以建议高层提高目标，或者调整考评标准，并严格执行考评标准和考评程序；也可以降低绩效兑现系数，增加奖金兑现条件，或适当降低浮动比例。

薪酬制度的设计、实施因与企业员工的切实利益相关联，因此是企业人力资源管理工作中非常重要的环节，薪酬调整或变革在操作过程中一定要关注各类细节，把工作做精细、做深入，才能取得企业各级管理者和员工的理解和认可。

本 章 小 结

本章主要讲述了薪酬系统设计的程序，具体步骤分为：确定薪酬策略、进行岗位分析、实施岗位评价、开展薪酬调查、进行薪酬定位、设计薪酬结构、确定薪酬水平、实施薪酬体系。工作分析的最终目的是形成岗位工作描述。岗位价值

评估又称职位评估或岗位测评，是一组评价人员在岗位分析的基础上，根据岗位价值模型的评价标准，对岗位的责任大小、工作强度、所需资格条件等特性进行评价，以确定岗位相对价值的过程。除了对岗位价值进行评估以外，也要对员工能力进行评估和定位。影响公司薪酬水平的因素有多种，包括人才供应状况、公司内部盈利能力及人员的素质等。薪酬调查就是指企业通过搜集信息来判断其他企业所支付的薪酬状况这样一个系统过程，这种调查能够向实施调查的企业提供市场上的各种相关企业向员工支付的薪酬水平和薪酬结构等方面的信息。在设计薪酬结构之前，还要进行薪酬定位，薪酬定位是指确定企业的薪酬水平在劳动力市场中相对位置的决策过程，它直接决定了薪酬水平在劳动力市场上竞争能力的强弱程度。它包括领先型、追随型和滞后型。薪酬结构阐明员工薪酬的构成项目及各部分所占的比例。薪酬的构成主要包括工资、津贴、奖金、福利等。薪酬的不同组成部分起着不同的激励作用。在确定某一岗位的薪酬水平时，通过岗位分析、岗位评价和参照薪酬市场调查等结果来确定不同职级、职等的薪酬水平、薪酬幅度、薪酬级差等。最后一步是薪酬系统的实施与反馈。

学习重点：

掌握工作分析的常用方法、岗位价值评估、薪资调查、薪酬定位、薪酬结构的建立。

参考文献与网络链接：

中华人民共和国人力资源和社会保障部：http：//www. mohrss. gov. cn/

中国人力资源管理网：http：//www. chhr. net/index. aspx

中国企业人力资源网：http：//www. ehrd. org/

中国人力资源网：http：//www. hr. com. cn/

HRoot 领先的人力资源管理：http：//www. hroot. com/

HR 人力资源管理案例网：http：//www. hrsee. com/

Carlson D S, Upton N, Seaman S. "The impact of human resource practices and compensation design on performance：an analysis of family-owned SMEs" [J]. *Journal of Small Business Management*, 2010, 44 (4).

Thierry H. "Payment：Which meanings are rewarding?" [J]. *American behavioral scientist*, 1992, 35 (6).

Hua Q W, Rui L J. "Briefly Discussing Compensation System Design of Company" [J]. *Non-Ferrous Mining and Metallurgy*, 2016.

Zhe S，Liang Q，Luo P，et al. "Study on Reactive Automatic Compensation System Design" [J]. *Physics Procedia*，2012，24（24）.

马喜芳、钟根元、颜世富：《基于胜任力的薪酬激励机制设计及激励协同》，《系统管理学报》，2017。

乔治·T.米尔科维奇、杰里·M.纽曼：《薪酬管理》，中国人民大学出版社第6版，2002。

王长城：《薪酬构架原理与技术》，中国经济出版社，2003。

文跃然：《薪酬管理原理》，复旦大学出版社第2版，2013。

朱三彬：《工商管理实践教学中薪酬管理制度设计分析——评〈薪酬管理〉》，《中国教育学刊》，2018。

思考题：

1. 薪酬系统设计的流程有哪些？

2. 工作分析有哪些常用方法？分别如何使用？

3. 既然工作分析是人力资源管理的基础，那么它究竟是如何帮助管理者做出薪酬决策的？

4. 岗位工作描述包含哪些内容？又有哪些原则？

5. 什么是岗位价值模型？什么是岗位价值评估？

6. 为什么一定要用工作评价？为什么不单纯地使用市场价格？工作评价如何才能将内部一致性和外部市场压力联系起来？

7. 薪酬结构的设计有哪些原则？其中激励性原则是基于什么理论？

8. 如何进行薪酬结构设计？

9. 你如何为确定焊接工的薪酬设计一个调查？如何为确定财务人员的薪酬设计调查？问题会有什么不同吗？使用的技巧和采集的资料有什么不同？

一家中小型企业最近拟出了自己的一套薪酬方案，正准备实施。

第一，拟订这套薪酬方案的原则是：保障基本生活的同时，允分调动各位员工的积极性和创造性，鼓励个人努力奋斗，强调团结协作，促使公司和所有员工共同进步、发展。

第二，方案的依据是：根据公司、部门、个人的考核结果，每月进行一次工资核算。

第三，这套方案的特点：强调个人努力与团结协作的统一性；工作报酬和工作奖惩的统一性；员工个人命运与公司命运一体化；不强调资历，只看重现实的工作表现；定量评价与定性分析相结合；业绩考核与工资待遇、奖惩相互依存，考核是客观依据，待遇、奖惩是结果。这样将逐步使公司的管理走上"法制化"轨道，避免"人治"、主观臆猜等造成的不良后果。在公司这个大家庭中，对事不对人，使各位员工身感公正、合理、科学，积极进取，促进公司、员工共同进步。

第四，方案制定的方法是：

（1）根据对各工作岗位的职责分析，和每位员工面谈，确定每个人的基本工资额和岗位工资额；

（2）根据公司、部门、个人的考核结果，确定公司、部门及个人业绩系数；

（3）按以下方案确定各位员工的工资额，并按此发放。

员工工资＝（基本工资＋岗位工资）×公司系数×部门系数×个人绩效系数

问题：

这套方案是否合理可行？请你用所学的人力资源管理薪酬理论来分析。

第五章
薪酬系统设计的方法

【开篇案例】

不同岗位的薪酬水平

南京一家外资汽车制造企业有车间工人约 3000 人，都是由劳务公司外包，企业对这方面工资的预算是定额每个人 1000 元，总额就是每月 300 万元。共有 100 多个岗位，分布在公司下属的发动机厂、车身厂、喷漆厂、组装厂等，这些岗位复杂程度各不相同，工作的环境各不一样。结果按照额定的 1000 元平均发放薪酬，工人产生了很大的疑惑和不满，影响到工人的情绪，从而影响了产品质量。

讨论题：

1. 这家企业应该如何来安排不同岗位的薪酬，以解决工人的不满情绪呢？
2. 如果不按照岗位来设计薪酬，还有其他方式吗？

第一节　岗位分析方法

上一章讲述了薪酬系统设计的流程，即确定薪酬策略、进行岗位分析、实施岗位评价、开展薪酬调查、进行薪酬定位、设计薪酬结构、确定薪酬水平、实施薪酬体系。这一章将详述在薪酬系统设计中运用到的方法，尤其是岗位分析和岗位评价环节使用的方法。

岗位分析的内容取决于岗位分析的目的与用途，不同的组织所进行的调查分析的侧重点会有所不同。因此，在岗位分析内容确定后选择适当的分析方法十分

重要。岗位分析的方法，依靠不同的标准有不同的形式。依据基本方式划分，有访谈法、观察法和问卷调查法等；依照功用划分，有基本方法和非基本方法；依照分析内容和确定程度划分，有结构性分析和非结构性分析方法；依据分析对象划分，有任务分析和人员分析方法；按照结果可量化程度，又可分为定性和定量两类基本方法等。当然，每种方法都有各自的优缺点，在实践中，要做好岗位分析，常常根据不同的职位，把不同的方法相结合起来，以达到最佳效果。

1.1 访谈法

1.1.1 访谈法的程序

访谈法又称面谈法，是一种应用最为广泛的工作分析方法之一。访谈法指工作分析人员就某项具体工作与从事该项工作的个人、团队、其上级主管、或者过去的在岗人员就工作内容与要求进行交流讨论。访谈时一般会要求员工叙述其所做的工作内容以及工作任务是如何完成的，然后分析人员使用标准格式记录下他们的叙述。通常用于工作分析人员不能实际参与观察的工作。面谈的程序可以是标准化的，也可以是非标准化的。常用的标准化访谈程序如下。

（1）说明访谈的目的。必须对员工充分说明访谈的目的，这样他们就不会把访谈理解为效率评估或薪金审计，否则他们就会故意夸大工作的复杂性和难度，以此来提高自己的薪酬。

（2）为访谈设定结构。一次访谈可以用多种方法设定结构，但所有这些方法都首先聚焦于工作内容，然后聚焦于工作背景，最后聚焦于员工的必要条件。有关员工的必要条件的信息要在最后加以收集，因为它是从工作内容和工作背景的信息中被推断出来的。为访谈设定结构以确定工作内容的各种方法将在下列清单中加以描述：要求该员工描述该工作的主要职能；如果该工作是在不同的地点上被完成的，那么工作分析人员可以根据工作地点为访谈设定结构；如果职能随季节的不同而变化，那么就按照季节为访谈设定结构；如果该工作是方案取向性的工作，那么可以通过开发一个方案的清单并且讨论包含在每项方案中的任务为该访谈设定结构。

（3）控制访谈。工作分析人员要显示自己对目前正在谈的事情非常感兴趣，要经常重述和总结自己认为员工已经说过的主要观点，不要对员工所作的陈述提异议，不要苛求或试图提议在工作方法上做任何改变或改进，还要在时间和主题方面控制住访谈。如果员工们偏离了该题目，通过总结到那时为止所收集到的信息把他们重新带回到正确的话题上。

（4）记录访谈。在获得信息时，应当把它记录下来。

1.1.2 访谈法的种类

访谈的种类分为个人访谈、群体访谈、主管访谈三种。

个人访谈是指对每个员工进行个人访谈。

群体访谈通常用于大量员工做相同或相近工作的情况，因为它可以一种迅速而且代价相对较小的方式了解到工作的内容和职责等方面的情况。

主管访谈法是指同一个或多个主管面谈，了解所要分析的职位的情况。主管对于工作内容一般都有比较好的了解，与主管面谈可以节省工作分析的时间。

无论采用何种访谈法，最为重要的一点是，被访谈者本人必须十分清楚访谈目的是什么。

1.1.3 访谈法的优点和缺点

访谈法的优点包括：

（1）应用广泛。它可以广泛应用与确定工作任务和责任为目的的工作分析方面。

（2）通过面谈还可以发现一些在其他情况下不可能了解到的工作活动和行为。

（3）面谈还为组织提供了一个良好的机会来向大家解释工作的必要性及功能。

（4）访谈法相对来说比较简单，但却可以十分迅速地收集到有关的信息。

（5）访谈法还可以加强人力资源工作者与企业员工的充分沟通，在相互沟通中，人力资源工作者和各部门员工可以增进了解，建立良好的工作关系，有利于双方在日后各自工作中彼此配合。对于新加入的人力资源工作者，访谈法可以帮助他们尽快进入工作正轨，在访谈企业员工的同时了解企业的运作流程，较快熟悉情况。

访谈法的缺点包括：

（1）由于工作分析经常被看作改变工资率的依据，因此，员工容易把工作分析看成工作绩效评价，而夸大其从事工作的重要性和复杂性，从而导致所提供的工作信息失真。

（2）分析人员对某一工作固有的观念可以影响对分析结果的正确判断。

（3）若分析人员和被调查者相互不信任，应用该方法具有一定风险。

1.2 问卷调查法

这是工作分析中最常用的一种方法。就是采用问卷来获取工作分析中的信息，实现工作分析的目的。问卷法适用于脑力工作者、管理工作者或工作不确定因素很大的员工。该法列出一组任务或工作行为，要求雇员就其是否执行了这些

任务或行为做出明确回答，然后分析人员根据这些任务或行为出现的频率、对工作完成的重要性、执行的难易程度以及整个工作的关系确定其权重，最后求出一个可用来评价实际工作内容和要求的分数。

1.2.1　问卷调查法的形式及其特点

问卷中的问题通常包括开放型问题和封闭型问题两种。开放型问题，是没有事先准备答案的，通常在问卷形成阶段使用，在最终问卷中，要慎用。封闭型问题，是事先准备了答案的，应答者只能在事先准备好的答案中选择。封闭型问题的数据转化的工作量大为减少。

例如 MPDQ 法就是一种管理职位描述问卷方法。它对管理者的工作进行定量化测试，涉及管理者所关心的问题、所承担的责任，所受限制及管理者的工作所具备的特征，共 197 项问题分为 13 类：产品、市场与财务规划；与其他组织与人员的协调；组织内部管理控制；组织的产品与服务责任；公众与顾客的关系；高级咨询；行为的自治；财务委托的认可；员工服务；员工监督；工作的复杂性与压力；高层财务管理责任以及海外员工人事管理责任。

1.2.2　问卷调查法的优点和缺点

问卷调查法的优点有：

（1）可以在短时间内从众多任职者那里收集到所需的信息资料，比访谈法要更加省时省力。

（2）可以在生产和工作时间之外填写，不至于影响正常工作。

（3）调查范围广，可用于多种目的、多种用途的工作分析。

（4）可以促使员工思考自己的工作内容、职责权限、工作流程等信息。

（5）比较而言，它更适用于收集管理性工作的信息。

问卷调查法的缺点有：

（1）问卷编制的技术要求比较高，设计难度较大，需要进行反复测算，所花成本费用较高。

（2）不同任职者因对问卷中同样问题理解的差异，会产生信息资料的误差，进而偏离工作分析的目标。对于问卷中问题有时需加说明，否则会由于理解不同造成误差。

（3）问卷的回收率通常较低，回收率的高低，既与被调查者的配合态度有关，也与问卷的编制合理与否有关。

（4）它的具体形成限制了其使用范围，只适宜于对文字有理解能力并有一定表达能力的人。

1.3　观察法

观察法是指在工作现场观察员工的实际工作，用文字或者图表对结果进行记录，收集工作信息的一种方法。这种方法主要用来收集强调人工技能的那些工作信息。分析人员应该注意的是：研究的目的是工作，而不是个人的特征。

运用观察法进行工作分析时，可以将观察法与访谈法结合使用。一般来说，观察前先进行访谈会有利于观察工作的进行。一方面这样会有利于把握观察的大体框架；另一方面它使双方有机会相互了解，建立起合作关系，使后面的观察更加顺利自然。

1.3.1　观察法的工作分析程序

（1）初步了解工作信息。检查现有文件，形成工作的总体概念，准备一个初步的任务清单，作为面谈的框架。

（2）进行面谈。确保所选择的面谈对象具有代表性，最好是首先选择一个主管或有经验的员工进行面谈，因为他们了解工作的整体情况。

（3）对工作具体情况进行现场观察。观察到的信息内容要及时准确地记录下来。

（4）合并工作信息。工作信息的合并是把主管、工作者、现场观察者和有关工作的书面资料合并为一个综合的工作描述。在合并阶段，工作分析人员应该可以随时获得补充资料。

（5）核实工作描述。核实阶段要把所有面谈对象召集在一起，目的是确定在信息合并阶段得到的工作描述的完整性和精确性。核实阶段应该以小组的形式进行，把工作描述分发给主管和工作承担者。工作分析人员要逐字逐句地检查整个工作描述，并在遗漏和含糊的地方作出标记。

1.3.2　观察法的优点和缺点

观察法的优点是：

（1）分析人员能够全面和比较深入地了解工作要求，适用于那些工作内容主要是由身体活动来完成的工作。

（2）采用这种方法收集到的资料多为第一手资料，排除了主观因素的影响，比较客观和正确。

观察法的缺点是：

（1）不适用于工作周期长和主要是脑力劳动的工作。

（2）不宜观察紧急而非常重要的工作。

（3）观察法的工作量太大，要耗费大量的人力和财力，时间也过长。

1.4　工作日志法

工作日志法又称写实工作法，就是让员工以工作日志的方式记录每天的工作活动，作为工作分析的资料。这种方法的基本依据是：任职者本人对所从事工作的情况与要求最了解，它对于高水平和高复杂性工作的分析显得比较经济和有效。工作日志的填写中一般包括以下项目：工作日志姓名、职位名称、所属部门、填写日期、工作活动名称、工作活动内容、工作活动结果、时间消耗以及备注等。

工作日志法的优点是：如果记录足够详细，常常会揭示一些别的方法无法得到或者观察不到的细节问题。工作日志法的缺点是：这种方法要求员工在一段时间内对自己工作中所做的一切进行系统的活动记录，如果员工缺乏责任心，可能会马虎或者敷衍了事。

1.5　关键事件法

关键事件法其主要原则是认定员工与工作有关的行为，并选择其中最重要、最关键的部分来评定其结果。它首先从主管、员工或其他熟悉该工作的人那里收集一系列工作实践，然后描述"特别好"或"特别坏"的工作绩效。关键事件法是要求分析人员、管理人员、任职者，将工作过程中的"关键事件"详细地加以记录，在大量收集信息后，对职位的特征和要求进行分析研究的方法。关键事件是指使工作成功或失败的行为特征或事件。

关键事件主要包括：导致事件发生的原因和背景；员工特别有效或者多余的行为；关键行为的后果；员工自己是否能够支配或者控制上述后果。

关键事件法的主要优点是：将关注焦点集中在工作行为上，而且通过这种工作分析的方法可以确定行为的任何可能的利益和作用。关键事件法的主要缺点是：归纳事例会耗费大量时间，并会遗漏一些不显著的工作行为。而且这种方法比较费时，另外，由于关键事件的定义是那些能够显著地对工作产生有效或者无效的事件，这样，就遗漏了平均的绩效。也就是说，利用关键事件法，无法对中等水平绩效的员工的工作进行描述，从而无法完成全面的工作分析。

1.6　工作体验法

工作体验法是指工作分析人员亲身参与体验所分析的工作，熟悉掌握第一手资料的一种方法。主要优点是分析人员可以真实了解工作的实际内容以及对员工体力和脑力的要求，有利于工作描述和工作要求的进行。主要缺点是只适合于简单的工作，对于较复杂的需培训才能从事或者有一定危险性的工作，无法使用此法。

1.7　技术会议法

技术会议法是指直接召集管理人员、技术人员举行会议，公开讨论工作特点以及具体要求。主要优点是管理人员和技术人员对自身工作相对熟悉，尤其是一些技术细节，所以其意见对有效的工作分析比较有用。主要缺点是耗费人力，一定程度上会影响正常的工作。

工作分析方法各有利弊，组织的很多方面都会对其起到影响作用，通常，工作分析人员在实践中综合考虑各方面因素，也不仅仅只用一种方法，而是将各种方法结合起来使用，这样的效果更好。比如在分析生产性工作时，可能采用面谈法和广泛的观察法来获得必要的信息。由于工作的性质不断变化，对工作者的知识技能提出了更高的要求，因此，未来工作分析方法的发展趋势是综合权衡考虑影响工作的诸多因素，实现多种方法的有机结合。

第二节　岗位价值评估方法

岗位价值评估最初是由工厂的习惯演变而来的。工人和工头劳动实践中逐渐感到某些工作是彼此有联系的。这种联系既来源于外部的接触，也来源于生产操作的顺序，还来源于协作劳动的工人由低等级到高等级所需要掌握的知识顺序。不同工种的工作应该有不同的薪酬，这种不同工作等级有不同薪酬的思想逐渐作为一种习惯保留了下来。但用习惯解释不同工种间的薪酬差别不能令人满意，于是，许多企业便开始探讨确定工作价值的方法，并逐渐形成了制度化的岗位价值评估方法，这些方法按时间顺序依次为：排列法、分类法、因素比较法、评分法和黑点法。战后以来，岗位价值评估方法在西方发达国家得到了广泛的应用。如美国 20 世纪 60 年代初有 2/3 的企业，70 年代约 75% 的大企业和 65% 的小企业使用岗位价值评估方法。在应用这些岗位价值评估方法特别是量化的评分法和要素比较法的同时，西方一些大型管理咨询公司又创造了一些混合型的工作评价方法。这些方法在处理资料方面主要依靠计算机，耗资通常也较多，其中较著名的方法有：50 年代初期设计的 Hay-MSI、指导图象表象法、尤威科欧尔形象法和传递评价法等。日前，岗位价值评估方法在工业化国家的采用与日俱增，这种应用主要在工厂一级，总的来讲，大企业比小企业采用得更多。如英国，据 1968

QIYE XINCHOU XITONG SHEJI YU ZHIDING

年的调查，超过 5000 名员工的大组织中，54％的组织采用岗位价值评估。瑞典，至少 20％以上的蓝领工人采用了以部门为范围的岗位价值评估，在荷兰，对蓝领工人甚至采用了以国家为范围的岗位价值评估。

2.1 岗位排序法

2.1.1 岗位排序法的定义

岗位排序法，也称序列法，是一种传统的方法。岗位排序法是根据各种岗位的相对价值或它们各自对组织的相对贡献来由高到低地进行排列的一种方法。排序法是最简单、最快捷、最容易被员工理解和解释的方法。而且，它的费用最低。然而，它会导致许多问题，解决方法既麻烦，又昂贵。

2.1.2 岗位排序法的实施程序

岗位排序法的实施程序是：第一，选择岗位评估者和需要评估的岗位。第二，取得评价岗位所需要的资料，一般通过工作分析，以岗位说明书作为评价的资料依据。第三，进行评价排序，规范的做法是发给评价者一套索引卡，在每张卡片上标明岗位的特点，然后让评估者进行高低排序。有两种常用的排序方法：交替排序法与配对比较法。

交替排序法是在每个极端交替排列岗位说明书，表 5-1 说明了这种方法。所有的评价者对于哪项职位最有价值、哪项职位最没有价值达成一致意见，然后确定下一个最有价值、下一个最没有价值的职位，以此类推，直至所有的职位都已排列在内。在该表中，评价者们一致认为，焊接工的职位最有价值，接待员的职位最没有价值。然后，他们又从剩下的四项职位中选出最有价值和最没有价值的职位。

表 5-1　交替排序法

职位	排序
名称	最有价值的职位
剪刀工	焊接工
焊接工	电工
机械工	
焊接工	
碾磨工	
接待员	接待员
	最没有价值的职位

配对比较法运用一个矩阵来比较各种职位。在图 5-1 中，从左上方开始，向右移动，每两种职位都被比较，比较之后，价值相对较大的职位就记入空格中。例如，电工相对于剪刀工而言，价值较大。剪刀工相对于机械工而言，价值较大。当完成所有职位间的比较之后，被认为价值较大、频数最多的职位便是等级最高的职位，以此类推。

交替排序法与配对比较法都比简单排序更可靠（总是产生类似的结果）。然而，排序法也有其弊端。对于作为职位定级的标准或因素，往往定义不明。如果没有明确定义，那么评价会成为主观的看法，而且很难用与岗位相关的术语来解释和证实。而且，使用这一方法的评价者必须对所研究的每个职位非常了解。比较的次数太多，往往把本来很简单的任务变得十分困难——例如 50 项岗位需要比较 1225 次；而且，随着组织的变化，评价者不可能对所有的职位都十分了解。一些组织正在努力克服这一困难，它们试图通过先在单一部门内部排列各职位，最后对结果加以汇总，以达到这一目的。然而，虽然排序法看似简单、快速、费用低，从长远观点看，得到的结果是不可能永远合理的。而且它会带来新的问题，需要费用很高的方法加以解决。

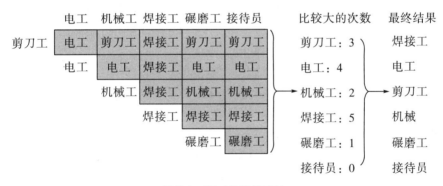

图 5-1 配对比较排序法

2.1.3 岗位排序法的优缺点

岗位排序法的主要优点是简单方便，无复杂的量化技术，容易理解和应用，因而成本低廉。但这种岗位评估方法的缺点也很明显：①缺乏详细具体的评价标准，没有明确的补偿因素，所以在排序过程中很难避免主观因素。②它要求评价者对每一个需要评价的岗位的细节都非常熟悉，因而只适合那些规模较小、结构简单和职位类别少的组织。③缺乏精确的度量手段，只能排列各种岗位相对价值的相对次序，无法回答在相邻两个岗位之间价值差距的具体状态。例如，岗位排序法可以告诉我们行政秘书的岗位价值大于录入员，小于系统分析师。但是

它无法告诉我们行政秘书的岗位价值比录入员的大多少、又比系统分析师的小多少。

2.2 岗位分类法

2.2.1 岗位分类法的定义

岗位分类法起源于美国20世纪20年代，也称分级法或等级描述法，它是事先建立岗位等级标准，并给出明确定义，然后将各种岗位与这一设定标准进行比较，将岗位确定到各种等级中去。让我们设想一个书架，有很多格子。每个格子边上都有一小段文字，说明该格子内书籍的种类。而且，可能还会有几个代表性的书名。岗位评估的分类法与此十分相似。岗位说明书被归纳、细分为一系列的等级，包含了所有的岗位。等级说明书用作"标签"，作为比较岗位说明书的标准。每个等级都说明得很细，有充足的岗位细节，使得在为每项岗位定级时非常容易。如果把归属每个等级的基本岗位的名称都包括在内，那么这些等级就可变得更加明确。

岗位分类法强调的是岗位类别的差异，而不是单个岗位的差异。它的基本思路是，首先将各种岗位按照最具代表性的特质设定一个分类标准，把具有相同特征的岗位归为同一个"类别"；然后在分"类"的基础上，再按照岗位说明书将同类别岗位的其他特征差异分为不同的"级别"。

当只有一个方案涵盖来自数个职业或岗位类型的各项岗位时，等级说明书的撰写就会非常麻烦。虽然等级的定义越具体，评价就越可靠，但它减少了那些评价者能较容易分类的岗位种类。例如，评价者头脑中关于销售岗位的等级定义会使得办公或行政性岗位的分类变得相当困难，反之亦然。如果说明书内包含有各等级基本职位的名称，说明书就会更具体一些。在实践中，岗位说明书不仅要与标准等级说明书和基本岗位比较，而且岗位说明书之间也要互相对比，这是为了保证每个等级内部各项岗位比较相似，而不是与邻近等级中岗位更相似。最终得到的结果是一系列的等级，每个等级都有许多岗位。每个等级内的岗位可认为是平等的（相似的）岗位，支付的报酬应该没有差别，不同等级内的岗位是有差异的，应有不同的工资水平。

2.2.2 岗位分类法的步骤

岗位分类法的步骤是：

第一步，进行工作分析，理解岗位的主要岗位职责、岗位环境、劳动强度及其对任职者的资格要求等内容。

第二步，根据岗位性质和管理的便利，区分岗位的类别。进行岗位分类，一般是先分大类，然后在大类下再细分小类。比如说把企业的岗位先分为营销、管理、研发、生产等，然后再在研发下细分为软件研发、硬件研发，在管理下细分为人力资源、财务、行政等。当然要不要细分，以及要细分几次，取决于企业的需要。一般认为，两次分类，即先分大类、然后再在大类下分小类，是通常的做法。

第三步，选择共同的评价指标，例如根据岗位的责任、任务量和岗位复杂程度等，对岗位进行排序、分级，并对各级别和岗位进行明确定义。

第四步，将各种岗位与确定的标准进行对比，然后将它们定位在合适岗位类别上。

第五步，不同等级的岗位或职位对应不同的工资标准，形成工资等级序列。

2.2.3　岗位分类法的优缺点

岗位分类法的优点是简单明了，很容易被员工理解和接受。它比较适合在需要对大量的岗位进行评价，而这些岗位在岗位任务的内容、责任、岗位环境和岗位所需要的技能差别都很大时采用。因为是按照事先制定的标准进行评估，在一定程度上可减少评估人员的主观性。此外，这种方法还具有很高的灵活性，如当组织中岗位的数量增加时，那些新增加的岗位比较容易被定位在合适的位置上；当一种岗位的要求变化以后，也很方便将其重新划分到较高或者较低的岗位级别中去。

岗位分类法的缺点是，它实际上假定岗位因素与岗位价值之间存在着稳定关系，因此有时岗位在分类体系中的定位有些牵强，会产生不公平感。另外，在岗位类别的划分上也有一定的难度，如果岗位的类别太少，就难以准确地区分岗位的价值；如果岗位的类别太多，将各种岗位等级进行定义就是一个非常复杂的工作。

2.3　因素比较法

2.3.1　因素比较法的定义

因素比较法是一种比较计量性的岗位评估方法，比较适用于岗位种类多的大型企业。它的主要特点是通过确定有代表性的工作岗位和工作因素的相对价值，推算企业的岗位等级和薪资等级。因素比较法与岗位排序法比较相似，因此可以将它看作是改进的岗位排序法。当然，这并不意味着因素比较法与岗位排序法之间没有区别。二者之间的区别主要表现在两个方面：一是岗位排序法只从一个综合的角度比较各种岗位不同，而因素比较法则选择多种报酬因素分别进行比较排列。二是因素比较法是根据每种报酬因素得到的评价结果设置一个具体的报酬金

额，然后计算出每种岗位在各种报酬因素上的报酬总额，并把它作为这种岗位的薪酬水平。

2.3.2 因素比较法的实施步骤

因素比较法的基本实施步骤是：

第一，确定标尺性岗位。即在每一类岗位中选择标尺性岗位作为比较的基础。所谓标尺性岗位是指那些在很多组织内普遍存在、工作内容相对稳定、市场流行工资率公开合理的岗位。

第二，选择岗位之间的报酬因素，通常将一个岗位类别中包括的各种岗位的共同因素确定为标准因素。这些因素包括责任、工作环境、精力消耗、体力消耗、教育水平、技能和工作经验等。

第三，编制因素比较尺度表。各种岗位对工作因素的要求不尽相同，一些岗位对智力要求较高，一些则对体力的要求较高，而且各种岗位的技能要求、责任程度以及工作条件之间也存在很大差异。例如，一般对操作工的体力要求较高，但智力要求相对较低，而一些岗位对员工的责任要求高，体力要求相对较低。编制因素比较尺度表的方法是将标尺性岗位按设定的各种标准因素进行比较排序，并确定各种标尺性岗位在各种标准因素上应该得到的基本工资，各种标尺性岗位在各种标准因素上应该得到的报酬金额的总和就是这种标尺性岗位的基本工资。

第四，将非标尺性岗位同标尺性岗位的标准因素逐个进行比较，确定各种非标尺性岗位在各种标准因素上应该得到的报酬金额。

第五，将非标尺性岗位在各种标准因素上应该得到的报酬金额加总得出这些非标尺性岗位的基本工资。表 5-2 是一个因素比较法的示例。

表 5-2　因素比较法量表

小时工资率（元/小时）	技能	努力	责任	工作条件
0.50			岗位 1	
1.00	岗位 1			岗位 2
1.50		岗位 2		
2.00		岗位 1	岗位×	
2.50	岗位 2			岗位 3
3.00	岗位×			
3.50		岗位×	岗位 3	岗位×
4.00	岗位 3			

续表

小时工资率（元/小时）	技能	努力	责任	工作条件
4.50		岗位 2		
5.00		岗位 3		岗位 1

在本例中，岗位的标准因素包括技能、努力、责任和工作条件。岗位 1、岗位 2 和岗位 3 是标尺性岗位。岗位 1 的小时工资率为 8.5 元（＝1.00＋2.00＋0.50＋5.00），岗位 2 的小时工资率为 9.5 元，岗位 3 的小时工资率为 15 元。如果现在需要评价岗位×，它在行各种标准因素上的地位如表 5-2 中的位置所示，那么可以知道×的小时工资率应该为 12 元。因素比较法有利于使各种岗位获得较为公平的岗位评估，但它在应用上比较繁琐，标尺性岗位受现行工资率的影响，需不断根据劳动力市场的变化进行更新，同时，标尺性岗位也可能发生工作内容变更等情况，这会使其失去标尺作用。因此这种岗位评估方法应用不太普遍。

2.3.3　因素比较法的实施要点

因素比较法在使用中，需要注意以下几点：

（1）在确定各种岗位影响因素时，要考虑生产和经营的性质。例如，影响因素可以概括为五个，即劳动者的智力、体力、责任、劳动消耗和工作环境，各因素对不同性质岗位的影响不同。各种因素还可以细分，例如劳动者的智能可以分为知识、技能、经验等；责任可以分为安全责任、经营责任或风险责任等；劳动消耗也可以分为体力消耗和腕力消耗等。

（2）用最简洁的方法，将各因素的内涵表述清楚，以确保评定标准的统一和公正。与其他岗位评估方法相同，因素比较法也需要遵循自上而下和自下而上的沟通渠道，依靠专业人员提供设计方案，但需要一线人员的密切配合和及时反馈。

（3）确定各因素的影响等级及其在总体系中的比重时，要注意结合企业生产的性质和特点。例如工作环境因素，在一些设备先进、机械化程度高、工作条件差异不大的企业，其重要性低于一些工作环境较差、机械化程度低、工作条件差异大的企业；相反，前者对劳动者的智力因素要求比较高。

2.3.4　因素比较法的优缺点

因素比较法的优点是：①把各种不同岗位中的相同因素相互比较，然后再将各种因素薪酬累计，使各种不同岗位获得较为公平的岗位评估。②此法是用岗位说明书建立岗位比较尺度，这意味者任何人只要具备岗位评估知识，就能够遵循

此法来制定合用的尺度。③此法常用五个因素，在这些因素中很少有重复的可能，而且可以简化评价工作。

因素比较法的缺点是：①因素定义比较含混，适用范围广泛，且不够精确。②因有薪酬尺度的存在，势必受现行薪酬的影响，因此很难避免不公平现象。③此法建立比较困难，因为在排列标准岗位顺序时，两端岗位虽容易决定，但中间部分则难安排。④一个或更多的标准岗位的职务可能变更或责任加重，这样会使这些标准岗位失去代表性作用。⑤岗位比较尺度的建立，步骤复杂，难于向职工说明。

2.4　评分法

2.4.1　评分法的定义

评分法，又称要素计点法，是把岗位的构成因素进行分解，然后按照事先设计出来的结构化量表对每种岗位报酬要素进行估值。评分法有三个基本要点：①报酬要素；②要素的等级可以量化；③权数反映各要素相对的重要性。每项岗位分配到的总分数，取决于它的相对价值，即它在报酬结构中的位置。评分法的原理是：基于岗位的相对价值对每一个特定的岗位进行比较；因为岗位性质不同无法直接比较，就要寻找不同质的岗位中的同质要素进行比较；将一些具有代表性的同质要素在岗位族中选择出来，设定一定的标准进行评价，即通过评分的方式反映岗位的相对价值；依据岗位价值的大小构建岗位和薪酬等级结构。

在美国，评分方案是确定工资结构最常用的方法。评分法与等级法和分类法有明显的差异，因为它为评价岗位确定了明确的标难：报酬要素。人们是以业务活动的战略方向和岗位对战略的贡献为基础，对报酬要素下定义的。然后，根据要素在各项岗位中的体现，对这些要素加以量化，并且根据它们对组织的重要程度，赋予适当的权数。每个要素权重都被给予相应的分值，最后，每项岗位的总分数就决定了它在岗位结构中的地位。

2.4.2　评分法的步骤

（1）进行工作分析。评分方案也从工作分析开始。用于分析的是各类岗位中有代表性的岗位，也就是基本岗位。这些岗位的内容是报酬要素定义、给要素评分和确定权数的基础。

（2）确定报酬要素。报酬要素是指那些在工作中受组织重视，有助于追求组织战略并实现其目标的待征。在评分方案中，报酬要素非常关键，发挥着中心作用。这些要素能反映工作如何增加组织的价值。它们源于工作本身和公司的战略方向。

一个组织为了选出报酬要素，需要弄清是工作的哪些方面增加了价值。为了发挥作用，报酬要素必须以所执行的工作为基础，以组织的战略和价值观为基础，而最终受工资结构影响的利益相关者也要能够接受。

（3）制定要素量表。要素一经选出，就应制定一个量表去反映每个要素内部的不同等级。每个等级可根据基准岗位中有代表性的技能、任务和行为来确定。图 5-2 说明了国家金属贸易协会为"知识"这一要素制定的量表。

知识

这个要素度量的是执行某任务时所需的知识或相应的培训。

等级 1

所有整数的读、写、加、减，遵守一定的指示，使用固定的规格标准、直接阅读工具和类似设备；无须给出解释。

等级 2

对数字（包括小数和分数）的加、减、乘、除；简单使用公式、图表、绘图、规格说明、进度表和线路图；使用可以调节的测量仪器；对报告、表格、记录以及可比数据的检查；需要一定的解释。

等级 3

数学与复杂图表的结合运用；使用多种类型的精密测量仪器；在一个特殊或专业化领域有相当于 1~3 年的实际贸易培训经验。

等级 4

高级贸易数学与复杂图表、绘图和手册上公式的结合运用；使用任何类型的精密测量仪器。在一个人们认可的贸易、技艺、行业内达到初级专业水平；或相当于受过 2 年技术院校教育的水平。

等级 5

更高等级数学的运用，包括工程学原理的应用，以及相关及时操作的演示，要求有机械、化学或类似工程学等方面理论的综合知识。相当于有 4 年的技术院校或大学教育的经历。

图 5-2　国家金属贸易协会为"知识"这一要素制定的量表

确定各等级的标准有：区分各类岗位时不要划分太多的层次；运用容易理解的术语；使用基本岗位的名称来规定等级的定义；使人们非常清楚如何将这些等级运用于各类岗位。

（4）根据重要性确定要素权数。这些等级确定之后，要素的权重也必须确定。不同的权重反映雇主对各要素重视程度的差别。例如，另一个雇主协会把"教育"这一要素的权重定为 10.6％；一个咨询方案建议用 15％，一个贸易协会则把它规定为 10.1％。如何确定这些要素的权重呢？显然，组织领导的参与非

常关键。另外，也要以市场为基础，经过各方协商决定。

（5）评分。对待评工作进行评分，并将工作各付酬因素所评分数求和，得出工作分值，该工作分值即为该工作在组织中的相对价值。举例来说，假定岗位评估委员会决定使用技能、努力、贡献和工作条件四种付酬因素，决定使用的总分值为 1000 分，然后根据各种付酬的相对重要性确定分配这些分值。如果技能的权重被确定为 20%，那么将有总共 200 分分配给技能，如果技能被划分为 10 个等级，则每提高一个等级，分值就增加 20 分，那么，一项需要掌握最低等级技能的工作在技能方向就应该得到 20 分，而一项需要掌握次低等级技能的工作在技能方面就应该得到 40 分。依次类推。如果一个工作需要最高等级的技能，那么它在技能方面就应该得到 200 分。按照类似的方法，我们可以对努力程度、责任和工作条件进行同样的处理。

2.5 黑点法

黑点法（hay point method），也称海氏岗位评价系统，是评分法和因素比较法的一个很好的结合，它是由世界著名的薪酬问题咨询公司海氏（Hay Associates）在 1984 年开发出来的一套岗位评价体系，它有效地解决了不同职能部门的不同职务之间相对价值的相互比较和量化难题，被企业界广泛接受：海氏系统实质上也是一种评分方法。根据该系统，所有职务包括的最主要的付酬因素有三种：技能水平、解决问题的能力、承担的职务责任。

海氏认为，各种工作岗位虽然千差万别、各不相同，但无论如何总有共性，也就是说，任何工作岗位都存在某种具有普遍适用性的因素，他认为最一般地可以将之归结为三种，即技能水平、解决问题能力和职务责任。在他看来，岗位存在的理由在于它承担了一定的责任，即岗位的"产出"。而要有产出，则必然要有投入。这就要求岗位的任职者具有相应的知识和技能。具备一定"知能"的员工通过什么方式来获得产出呢？是通过在岗位中解决所面对的问题，即投入"知能"通过"解决问题"这一生产过程，来获得最终的产出"应负责任"。

在技能水平中包括三个子因素，在解决问题的能力中包括两个子因素，在承担的职务责任中包括三个子因素。具体来讲，技能水平指的是要使工作绩效达到可接受的水平所必需的专门业务知识及其相应的实际运作技能的总和，这些知识和技能可能是技术性的、专业性的，也可能是行政管理性的。技能这一因素中包含有三种成分：①专业理论知识。即对职务要求从事的职业领域的理论、实际方法与专门性知识的理解。该子因素分为 8 个等级，从基本的（第一级）到权威或专门技术的（第八级）。②管理诀窍。指的是为达到要求绩效水平而具备的计划、

QIYE XINCHOU XITONG SHEJI YU ZHIDING

组织、执行、控制及评价的能力与技巧，该子因素分为 5 个等级，从起码的（第一级）到全面的（第五级）。③人际技能。指该职务所需要的沟通、协调、激励、培训、关系处理等方面主动而活跃的活动技巧。该子因素分为基本的、重要的和关键的三个等级。要指出的是，技能水平有深（综合性）与广（彻底性）之分，即一个职务是要求了解许多事情，还是要求就少数事情了解得很多。总的技能水平应是深度与广度的乘积。

　　任何工作总要在一定程度上解决问题。典型的解决问题过程包括考察与发现问题，分清问题的主次轻重，诊断问题产生的原因，针对性地拟定出若干备选对策，在权衡与评价这些对策各自利弊的基础上做出决策，然后据此付诸实施等环节。一般来说，在组织系统中层级越低，要求解决的问题越简单越常规，越有既定的规章制度可依循，对他发挥独立性思维的要求也越低；级别越高则反之，解决问题的能力这个因素分解为两个成份：①思维环境：即指定环境对职务占有者思维所设的限制程度。该子因素分为 8 个等级，从几乎一切都按既定规则办的第一级（高度常规的），到只作了含混规定的第八级（抽象规定的）。②思维难度。指解决问题时当事者需要进行创造性思维的程度。该子因素共分五个等级，从几乎无须动多少脑筋只需按老规矩办的第一级（重复性的），到完全无可供借鉴的第五级（无先例的）。

　　承担的职务责任不是指职务规定必须履行的职责或所拥有的权限，而是指职务担任者的行动对工作最终后果可能造成影响，他当然需对此后果负责，所以称为责任。此子因素也有三个方面：①行动的自由度。指职务能在多大程度上对其工作进行个人性的指导与控制。该子因素包括从自由度最小的第一级（有规定的）到自由度最大的第九级（一般性无指引的）等九个等级。②职务对后果形成所起的作用。这方面共分四级：第一级是后勤性作用，即只在提供信息偶然性服务上做一点贡献；第二级是咨询性作用，即出主意和提供建议；第三级是分摊性作用，即与本企业内部（不包括本人的下级和上司）其他部门或企业外部的别人合作，共同行动，责任分摊；第四级是主要的，即由本人承担主要责任。③职务责任。指可能造成的经济性正负后果，也分为四级，即微小的、少量的、中级的和大量的，每一级都有相应的金额下限，具体数额要视企业的具体情况而定。

　　海氏岗位评价体系的示例见表 5-3、表 5-4、表 5-5。

　　在根据海氏系统对各种工作进行评价时，岗位评价者借助工作分析和海氏系统的指导图表确定每种岗位的各个标准因素所应该得到的分数，然后把这三个海氏因素的分数加总就是每种岗位的总点数。

表 5-3　海氏岗位评价指导图表之一：技能水平

人际关系技巧		管理诀窍														
		起码的			有关的			多样的			广博的			全面的		
		基本的	重要的	关键的	基本的	重要的	关键的	基本的	重要的	关键的	基本的	重要的	关键的	基本的	重要的	关键的
专门理论知识	基本的	50	57	66	66	76	87	87	100	115	115	132	152	152	175	200
		57	66	76	76	87	100	100	115	132	132	152	175	175	200	230
		66	76	87	87	100	115	115	132	152	152	175	200	200	232	264
	初等业务的	66	76	87	87	100	115	115	132	152	152	175	200	200	232	264
		76	87	100	100	115	132	132	152	175	175	200	230	230	264	304
		87	100	115	115	132	152	152	175	200	200	232	264	264	304	350
	中等业务的	87	100	115	115	132	152	152	175	200	200	232	264	264	304	350
		100	115	132	132	152	175	175	200	230	230	264	304	304	350	400
		115	132	152	152	175	200	200	232	264	264	304	350	350	400	460
	高等业务的	115	132	152	152	175	200	200	232	264	264	304	350	350	400	460
		132	152	175	175	200	230	230	264	304	304	350	400	400	460	528
		152	175	200	200	230	264	264	304	350	350	400	460	460	528	600
	基本专门技术	152	175	200	200	230	264	264	304	350	350	400	460	460	528	528
		175	200	230	230	264	304	304	350	400	400	460	528	528	608	700
		200	230	264	264	304	350	350	400	460	460	528	608	608	700	800
	熟练专门技术	200	230	264	264	304	350	350	400	460	460	528	608	608	700	800
		230	264	304	304	350	400	400	460	528	528	608	700	700	800	920
		264	304	350	350	400	460	460	528	608	608	700	800	800	920	1056
	精通专门技术	264	304	350	350	400	460	460	528	608	608	700	800	800	920	1056
		304	350	400	400	460	528	528	608	700	700	800	920	920	1056	1216
		350	400	460	460	528	608	608	700	800	800	920	1056	1056	1216	1400
	权威专门技术	350	400	460	460	528	608	608	700	800	800	920	1056	1056	1216	1400
		400	460	528	528	608	700	700	800	920	920	1056	1216	1216	1400	1600
		460	528	608	608	700	800	800	920	1056	1056	1216	1400	1400	1600	1840

表5-4　海氏岗位评价指导图表二：解决问题的能力

		思维难度				
		重复性的	模式化的	中间型的	适应性的	无先例的
思维环境	高度常规性的	10%~12%	14%~16%	19%~22%	25%~29%	33%~38%
	常规性的	12%~14%	16%~19%	22%~25%	29%~33%	38%~43%
	半常规性的	14%~16%	19%~22%	25%~29%	33%~38%	43%~50%
	标准化的	16%~19%	22%~25%	29%~33%	38%~43%	50%~57%
	明确规定的	19%~22%	25%~29%	33%~38%	43%~50%	57%~66%
	广泛规定的	22%~25%	29%~33%	38%~43%	50%~57%	66%~76%
	一般规定的	25%~29%	33%~38%	43%~50%	57%~66%	76%~87%
	抽象规定的	29%~33%	38%~43%	50%~57%	66%~76%	87%~100%

表5-5　海氏岗位评价指导图表三：承担的职务责任

职务责任	大小等级	微小				较小				中等				较大			
职务责任	金额范围	微小				少量				中级				大量			
职务对后果形成的作用		间接		直接		间接		直接		间接		直接		间接		直接	
		后勤	辅助	分摊	主要	后勤	辅助	分摊	主要	后勤	辅助	分摊	主要	后勤	辅助	分摊	主要
行动的自由度	有规定的	10	14	19	25	14	19	25	33	19	25	33	43	25	33	43	57
		12	16	22	29	16	22	29	38	22	29	38	50	29	38	50	66
		14	19	25	33	19	25	33	43	25	33	43	57	33	43	57	76
	受控制的	16	22	29	38	22	29	38	50	29	38	50	66	38	50	66	87
		19	25	33	43	25	33	43	57	33	43	57	76	43	57	76	100
		22	29	38	50	29	38	50	66	38	50	66	87	50	66	87	115
	标准化的	25	33	43	57	33	43	57	76	43	57	76	100	57	76	100	132
		29	38	50	66	38	50	66	87	50	66	87	115	66	87	115	152
		33	43	57	76	43	57	76	100	57	76	100	132	76	100	132	175
	一般性规范的	38	50	66	87	50	66	87	115	66	87	115	152	87	115	152	200
		43	57	76	100	57	76	100	132	76	100	132	175	100	132	175	230
		50	66	87	115	66	87	115	152	87	115	152	200	115	152	200	264

续表

职务责任	大小等级	微小				较小				中等				较大			
	金额范围	微小				少量				中级				大量			
职务对后果形成的作用		间接		直接		间接		直接		间接		直接		间接		直接	
		后勤	辅助	分摊	主要	后勤	辅助	分摊	主要	后勤	辅助	分摊	主要	后勤	辅助	分摊	主要
行动的自由度	有指导的	57	76	100	132	76	100	132	175	100	132	175	230	132	175	230	304
		66	87	115	152	87	115	152	200	115	152	200	264	152	200	264	350
		76	100	132	175	100	132	175	230	132	175	230	304	175	230	304	400
	方向性指导的	87	115	152	200	115	152	200	264	152	200	264	350	200	264	350	460
		100	132	175	230	132	175	230	304	175	230	304	400	230	304	400	528
		115	152	200	264	152	200	264	350	200	264	350	460	264	350	460	608
	广泛性指引的	132	175	230	304	175	230	304	400	230	304	400	528	304	400	520	700
		152	200	264	350	200	264	350	460	264	350	460	608	350	460	608	800
		175	230	304	400	230	304	400	528	304	400	528	700	400	528	700	920
	战略性指引的	200	264	350	460	264	350	460	608	350	460	608	800	460	608	800	1056
		230	304	400	528	304	400	528	700	400	528	700	920	528	700	920	1216
		264	350	460	608	350	460	608	800	460	608	800	1056	608	800	1056	1400
	一般性无指引的	304	400	528	700	400	528	700	920	528	700	920	1216	700	920	1216	1600
		350	460	608	800	460	608	800	1056	608	800	1056	1400	800	1056	1400	1840
		400	528	700	920	528	700	920	1216	700	920	1216	1600	920	1216	1600	2112

上述介绍岗位评估方法，从是否进行量化比较的角度看，岗位排序法和岗位分类法属于将整个岗位看作一个整体的非量化评价方法；而因素比较法、评分法和海氏系统方法属于按照岗位要素进行量化比较的评价方法。从岗位评估中的比较标准看，岗位排序法和因素比较法属于在不同的岗位之间进行比较的岗位评估方法；而岗位分类法、评分法和海氏系统方法属于将岗位间既定的标准进行比较的岗位评估方法。

第三节 岗位评估方法的替代

3.1 技能工资制

3.1.1 技能工资制的含义

本章第二节讲述了岗位评估的几种方法，第三节将详述岗位评估方法的替代。本书第四章提到五种基本的工资模式：基于岗位的薪酬模式、基于能力的薪酬模式、基于绩效的薪酬模式、基于市场的薪酬模式、基于年功的薪酬模式。在实践中，基于能力的薪酬模式常作为岗位评估方法的替代。这里的"能力"严格来说实际上是一种绩效行为能力，是指一系列的技能、知识、能力、行为特征以及其他个人特性的总称。本小节将从技能的角度切入能力，详述技能工资制及其运用。

技能工资制是按照员工的知识和技能确定工资的一种薪资制度，与岗位工资制所不同的是，它是按照员工所具有的知识水平和技能程度来确定薪资等级。以技能为基础的薪酬结构支付个人的薪酬时，根据的是个人所表现出的技能，而不是他们从事的特定岗位。一个基本的差别是：一个人的薪酬是由经鉴定具有的技能决定的，而不管所开展的岗位是否需要那些特定的技能。埃克森（Exxon）支付在得克萨斯的 Baytown 提炼厂操作工的薪酬时，依据的是对他们经鉴定具有的多种技能，不论分配给他们的是操作性岗位还是保养性岗位。对比以岗位为基础的薪酬方案，员工的薪酬是根据他们从事的岗位支付的，而与他们具备的技能无关。传统的技能等级标准的确定依据四项内容：教育背景、专业水平、工作技能和工作实例。教育背景，主要是指员工接受正规教育的程度。专业水平是指受教育程度有时不能完全反映员工的专业知识水平，因为岗位有特定的要求，员工的技能还要通过对专业知识的掌握程度来反映。也就是所谓的"应知"，即员工为了完成某一等级的岗位所应具备的专业理论知识，如对工艺过程、材料性能、机器结构与性能的了解等。工作技能是指员工为胜任某一等级岗位所应具备的技术能力与工作经验，例如程序设计、工艺管理、设备操作、检查维修等。工作实例是员工的岗位综合能力，一般是根据岗位对"应知"和"应会"等能力的要求，制定出各技术等级对应的能力要求，通过对典型工作项目或操作实例的检验，测定员工的综合技能，根据技能确定技术等级和工资标准。

3.1.2　技能方案的类型

技能方案可以侧重于深度（如《公司法》、金融或焊接和水压维持方面的专家），或侧重于广度（如具有营销、生产、金融和人力资源等方面知识的通才）。

专家：在知识和技能方面有深度。把员工个人拥有的知识作为薪酬结构的基础，这并不新鲜。小学或中学老师的薪酬结构很长时间以来，一直是以他们受教育水平所衡量的知识为基础的。一份典型的老师的合同规定了一系列的层次，每一个层次都与受教育水平相对应。为了进一步提高薪酬，需要继续接受教育。这种结果可能是：两位老师从事同样的必不可少的工作——教初中生的英语，他们或许会有不同的薪酬率。薪酬以从事工作的个人具有的知识为基础（以大学期间的学分数和经验作为标准），而不是以工作的内容为基础。其假设条件是：具有较多知识的老师工作效率较高而且较灵活——也能够教高中生。

通才：以多技能为基础。正如教师一样，在以技能为基础的薪酬体系中的员工也是通过获得新知识来增加薪酬，但这种知识是有关工作中某些具体的知识。波格-瓦纳（Borg-warner）公司的一个实例（参见图5-2）说明了这种制度。波格-瓦纳公司为汽车的联动机件组装链条。最初，整个组装过程中有七个不同的岗位，第一个是堆货工，然后是打包工、装配工和铆工。当波格-瓦纳公司改换使用以技能为基础的薪酬制度时，这七种岗位被重新组织为三种范围较广的类型：A、B、C三种操作工。C型操作工是一个入门水平的岗位。一旦C型操作工能通过测试性工作表明掌握了堆货工的技能之后，他们就有资格获得B型操作工岗位的培训。每掌握一种工作的技能，就能增加一定数额的薪酬。B型操作工可以在他已经掌握的任一种岗位上轮流工作，包括C水平的岗位。一位B型的操作工能够胜任要求的每个岗位，包括堆货，而且得到的仍是B型操作工应

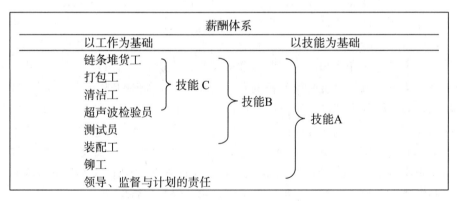

图5-2　波格-瓦纳公司汽车装配归类法

QIYE XINCHOU XITONG SHEJI YU ZHIDING

有的薪酬。A 则操作工也能胜任所有的岗位，包括承担计划并监督团队的责任。波格—瓦纳公司的优势是：劳动力有灵活性，进而降低人员配备的水平。

波格—瓦纳公司这种以技能为基础的薪酬制度与前面谈到的用于教师的薪酬制度是不同的。因为在多技能制度下，员工分配到的责任在短期内可以发生明显的变化，而教师的责任并不是经常变化的。

3.1.3 以技能为基础的薪酬结构的目的

有些雇主从使用以岗位为基础的薪酬制度换成以人为基础的薪酬制度，之所以这么做，是希望新的制度能够发挥更好的作用，实现内部一致薪酬结构的目标。具有内部一致性的薪酬结构支持工作流程，公平对待员工，而且根据组织的目标，指导他们的行为。

（1）支持工作流程。以技能为基础的薪酬方案的一个主要优点是：能够比较容易地使人们适应工作流程的变化。例如，一家全国性的连锁旅馆，每天下午 4 ～7 点，把工作人员安排在旅馆的前台，当大多数客人 7 点钟办理完入住手续后，又将这些工作人员安排到食物和饮料的服务工作中，以满足对客房和饮食服务的需求。这家旅馆通过工作流程的变化保证客人们无须等很长时间就能入住与就餐，用较少的员工提供了高水平的服务。

（2）公平对待员工。以技能为基础的薪酬方案可能会增加薪酬，员工们喜欢这一点。而且，通过鼓励员工对自身的发展负责，以技能为基础的方案可以使员工对自己的职业生涯有更多的控制力。

然而，公平这个问题仍然没有得到解决。例如，为掌握薪酬较高的技能水平，需要进行培训，在确定哪些员工有培训机会时，偏爱与歧视就会起作用。有些员工会抱怨说，他们被迫承担那些参加培训的员工的岗位。而且，至今没有要求法院判定：如果两名员工从事同种工作，得到不同的薪酬，是否是法律所不允许的歧视。

（3）根据组织目标指导员工行为。以人为基础的方案有可能要阐明新的标准和行为期望。这种方案让员工意识到：公司对他们的期望不仅局限于来上班和完成要求他们做的事。"那不在我的岗位说明书范围内"已不再是一种有实际价值的回答。以技能为基础的方案试图促使员工看到他们更广泛的责任，而不只限于岗位说明书中涉及或未涉及的责任。以技能为基础的方案解决了"我从事的工作有何意义"这一问题。

3.1.4 技能分析

技能分析是一个辨别和收集有关开展组织内某项工作所需技能的资料的系统性过程。它与工作分析的相似之处显而易见。如果薪酬结构要以技能为基础，就

需要某种方法来确定组织为了成功所要求的各种不同的技能。搜集的资料要有助于描述、鉴定和评价这些技能。图 5-5 指出了技能分析中的重要决策：①应收集什么资料？②使用什么方法？③应由谁参加？④结果对于薪酬目标有多大用处？这些也恰恰是管理人员在工作分析中面临的决策。

图 5-6 定义了技能分析中使用的一些专业术语。技能，即分析的最小单位，组成技能模块，它与一项岗位或一项岗位的某个部分类似。相似水平的有关技能模块组成一个技能类型。但是，切记一点：专业术语的定义仍在演变，因此，这些术语在不同的应用中可能会有所差别。

```
内部一致性
组织内的工作关系 ──→ 技能分析 ──→ 技能模块 ──→ 技能鉴定 ──→ 以技能为基础的
                                                            薪酬结构

            基本决策
            该方案的目标是什么?
            应收集什么资料?
            使用什么方法确定和鉴定技能?
            应由谁参加?
            结果对于薪酬目标有多大用处?
```

图 5-5　确定内部以技能为基础的薪酬结构

```
技能类型
反映一个工作群内所有活动或一个过程中各步骤的不同技能水平的有关技能模块的集
合，例如，生产技术人员。

        技能模块
        技能、活动或行为的集合，例如，承担房屋的组装工作。

                技能
                分析的最小单位，一个人所做工作
                的具体说明，检查油量和所有的滤
                油器。
```

图 5-6　技能分析中的专业术语

食品生产商通用磨坊（General Mills）公司使用了四种技能类型，与生产过程中的每个步骤相对应：材料处理、混合、填料和包装。每种技能类型都有三个模块：①初级水平；②中级水平；③高级水平。图5-7是该生产商使用方案的图示。可以看到，一名新员工最初从材料处理的初级水平开始，被证明在包括技能模块A1的所有技能上达到合格之后，就能开始接受在技能B1或A2方面的培训。

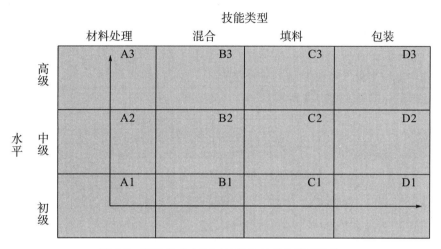

图 5-7　通用磨坊公司以技能为基础的薪酬结构

员工的参与在以任职者为基础的薪酬体系设计过程中必不可少。在定义技能、技能等级和技能模块分类方面，员工是信息的一个源泉。员工和管理人员又是有关鉴定一个人是否真正具备这些技能的专业知识的来源。

应该如何鉴定员工具备了技能而且能够运用它呢？哪些人应该参加这个过程？实践中各不相同。有些组织运用同事检查、在职示范和测验来鉴定，这类似于传统手工艺的方法（如学徒、熟手、师傅）。还有些组织要求成功地完成正式的功课学习以及在职的时间。下面介绍一下任职资格标准体系。

1. 任职资格标准体系的开发原则

（1）基于战略。在开发任职资格标准时必须要高度关注战略，使任职资格中的工作技能不但能满足目前企业运转所需，而且还能和企业战略高度吻合，满足将来的战略所需。

（2）源于工作。任职资格的标准的分类分级、角色定义和标准开发都要从实际工作中来，要进行深入的工作分析，不能仅从技能本身进行推理。当工作内容和工作对任职者的要求发生重大变化时，要及时修订。

（3）结果导向。达标、认证的素材应尽可能取自日常工作，尽量减少为获得资格而额外增加工作，更要避免员工为认证、达标而将精力偏离工作。

（4）牵引导向。能够有效指导员工的日常工作和自学，促进员工不断学习和提高。这就要求角色定义、KSA（知识、技能、能力）的标准开发要尽可能细化、明确，对员工的工作和学习有指导意义。

2. 任职资格标准体系的开发思路

（1）总体思路。总体思路是"以终点为起点"，这里的"终点"包括两层含义：

第一，标准体系，即从任职资格标准体系"应当是什么？"出发，逐步向前推导，得出整个任职资格的标准体系；第二，工作成果，即从工作成果出发，判断完成"工作成果"所需具备的工作技能。

（2）具体步骤如图5-8所示。

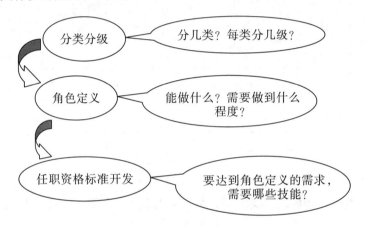

图5-8　任职资格标准体系开发的具体步骤

分类分级。任职资格从纵横两个维度明确了职务对任职者的资格要求。横的维度通过分类分专业实现，使同一专业线涵盖的职务的工作技能具有较多的共性。纵的维度通过分级实现，使不同等级对任职者的资格要求有明显区别。级数的多少由两个因素决定：一是要能拉开档次，使同一级内员工的工作能力相差不致太大；二是要易于构筑体系，易于管理。

要强调的是，在分类过程中，不能太细：一是因为任职资格标准开发的工作量会相当大，二是因为今后的管理、认证中会相当麻烦，三是没有必要，因为许多职位对任职者的工作技能的要求的区别不是很大。而且不能太粗，太粗则会使得任职资格中的工作技能过于抽象、过于宏观，从而损伤任职资格体系的实用价值。对于这个问题的建议是，任职资格分类最好是基于职位簇（job family），然后在此基础上进行微调。

表5-5是针对某企业的研发人员和市场营销人员所做的一个分类分级方案。

表 5-5　分类分级方案示例

大类	小类	级数	大类	小类	级数
研发类	软件研发、系统研发、集成电路设计	五级	市场类	客户经理、技术支持、客户服务	五级

角色定义。角色定义规定了公司对各级各类任职者"能做什么、需要做到什么程度"的期望，它是任职资格标准体系的核心。它与后面的任职资格标准开发之间的关系是：前者是"做正确的事"，后者是"将事做正确"。

关于角色定义的基本原则如下。

要充分考虑行业和竞争对手的情况，以引导公司不断缩小与竞争对手在人力资源能力方面的差距。

基于现实又不能拘泥于现实。所谓基于现实，是指要根据专业对员工资格的实际要求和员工的具体情况进行设置，不能脱离现实。所谓不拘泥于现实是指角色定义要具有一定的前瞻性和挑战性，能引导员工朝公司期望的方向不断努力。

晋升难度要考虑人才成长的自然规律，并根据级别的不同而有所区别。

在同一专业线内不同级别的晋升难度要基本合理平衡。

关于角色定义的基本内容如下。

承担的责任大小；在本专业领域的影响；对流程优化和体系变革所起的作用；要求的知识的深度和广度、技能的高低；解决问题的难度、复杂度、熟练程度和领域。

任职资格标准开发。标准的开发要解决的问题是：要达到在角色定义中"能做什么、需要做到什么程度"的要求。

关于任职资格标准开发的基本思路（参见图 5-9）。

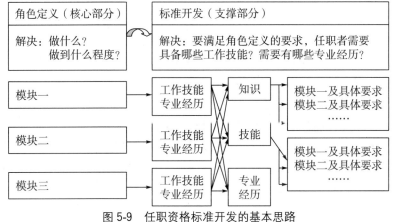

图 5-9　任职资格标准开发的基本思路

关于任职资格标准开发的指导原则如下。

单元模块化。工作技能的标准尽可能模块化，这样做有三个目的：一是提高标准的复用性，减少标准体系开发的工作量；二是为便于培训的课程开发和实施；三是能充分利用资源，减少认证的工作量，提高认证的可信度。

能够衡量。标准必须能够衡量，否则在认证的过程中将产生麻烦，影响任职资格的权威性。

如何从角色定义的模块导出工作技能和专业经历要求？应仔细阅读岗位说明书，搜集与职务有关的信息。

根据角色定义，每个角色确定 3~5 个标杆人物。

深度访谈标杆人物，搜集要达到角色定义中的要求所必备的工作技能和专业经历。

综合、分析、校验同一专业内不同级别标杆人物的访谈信息，"去伪存真、去粗取精、由表及里、由彼及此"，分模块撰写工作技能和专业经历要求。

验证、修改上述工作技能和专业经历要求。

3. 任职资格标准体系开发中信息的获取

在理解了任职资格标准体系的开发思路后，怎样尽可能多地从相关方面获取准确信息，就成了任职资格标准开发成功与否的关键。

（1）向谁获取信息。企业的高级主管。任职资格标准不但要反映出员工应该取得的业绩，还必须与组织期望树立的整体形象相一致。公司的高级主管普遍面临着持续不断的增进销售量、利润和股东收益的压力。因此，对于什么是企业需要的工作业绩，以及实现这些业绩所需要的能力，高级主管的观点通常是最具有前瞻性和全局性的。引入他们的看法能确保模型包含从现在到未来 3~5 年组织所需的能力，以及从组织整体层面来看的核心能力要求。

管理者、监督者和核心员工。管理者、监督者和核心员工一起共同负责组织中各项活动和流程的具体运作，他们要确保企业能不断开发出新的产品和服务，保证组织高效运转。企业要求他们不断地审视成本支出和投资的情况，以确保资产盈利率最大化。此外，他们还必须对资本、技能和人力之间配置的优化提出意见。因此，他们对本部门中什么是卓越的绩效水平，以及达到这种水平所需的技能了如指掌。

普通员工。普通员工必须完成组织分派的特定任务，并实现特定的目标。作为一线工人，他们了解履行自己的职责所需的技能和技能水平；了解生产活动的不同组织方式；了解绩效的差别——这些都是鉴别核心素质所需要的关键信息。让普通员工参与建模的过程还能确保他们最终认可并接受模型和素质各水平之间的差别。

客户（内部和外部）。企业内外部客户是提供核心素质的丰富信息源。客户是由企业的一系列要素产生的产品和服务的终极接受者。外部客户提供的要素信息特别有助于销售和服务型公司任职资格标准的建立，因为销售和服务人员与客户相处的时间超过了与组织内其他人员相处的时间。

（2）如何获取信息。常见的方法有访谈法、问卷调查法、专家小组法等。在任职资格标准的开发过程中，组建一个由人力资源管理专家和待开发职系的资深专家组成的小组，是非常有必要的。

3.1.5　技能工资制的特点与缺陷

技能工资制是为了适应企业对技能员工的需求，通过薪酬机制体现员工的技能差别，促进员工技能的提高。主要弊端有两个：①与岗位脱节。因为技术职称的认定是由权威性的认证机构采取统一考核方式进行的，在许多内容上不能与企业的特定岗位要求相吻合。换言之，具备技术职称的员工不一定适合特定岗位的要求。②与绩效脱节。技能等级工资是一种能力工资制度，而不是一种绩效工资制度，因此，在有些情况下，会导致员工的报酬与绩效背离。

3.2　谈判工资制

谈判工资制分为个别谈判与集体谈判两种方式。在劳动力市场上由个别劳动者和雇主之间进行讨价还价，经双方协商确定计时或计件工资标准，这是个别谈判。集体谈判则由工会出面协商，双方议定最低工资标准。

3.2.1　工资集体谈判的定义

集体谈判是国际劳工组织使用的概念。根据国际劳工组织 1981 年通过的 154 号公约《促进集体谈判公约》第 2 条规定，"集体谈判是指包括所有在一名雇主、一个雇主群体或者一个以上的雇主组织同一个或多个工人组织之间进行的谈判"。

工资集体谈判是指在国家法律保护和约束下，通过企业（代表雇主）与工会（代表工人）之间的谈判来决定工人工资的一种工资决定方式。工资集体谈判的主要内容包括：工资协议的期限，工资分配制度，职工平均工资水平及调整幅度，资金、津贴、补贴等分配办法，变更和解除工资协议程序，工资协议的终止条件，工资协议的违约责任等。一般由劳资双方组织通过谈判及签订集体合同加以确定，合同条款由资方负责执行，劳方负责监督，工资集体谈判一般一年进行一次。工资集体谈判是西方资本主义社会的专利，是伴随着资本主义市场经济和社会化大生产的发展而产生的，是劳资双方不断调整劳动关系的必然结果。如今，在大多数市场经济国家中，工资集体谈判已经成为确定工人工资水平与工资

QIYE XINCHOU XITONG SHEJI YU ZHIDING

分配结构的主要手段，通过集体谈判确定的工资水平不仅直接适用于数量庞大的雇员，而且日益成为整个部门、整个行业或一个地区的模式。

3.2.2　工资集体谈判制度的发展脉络

1. 历史回眸

工资集体谈判制度诞生于西方资本主义社会，是在资本主义与市场经济的不断自我完善和劳资双方不断斗争妥协的过程中逐渐形成与发展的。18世纪下半叶，西欧开始的工业革命加剧了劳资矛盾，促进了工会组织的建立，在一些企业出现了集体谈判的萌芽。当时英国已经出现了由企业主和工人代表经过协商之后签订的雇佣条件协定。1799年，美国费城的制鞋工人也与雇主就劳动条件、劳动报酬等问题进行过协商和谈判。

集体谈判制度产生初期，主要是由工人代表与雇主通过协商谈判达成一种普通协议。当时，这种协议仅仅是劳资双方的"君子协定"，并不具有法律效力，通过集体谈判签订集体合同也不被看成是一种法律行为。雇主为了自由地对工人进行剥削，千方百计地抵制与工会开展任何形式的协商或谈判。随着工人运动的深入发展，劳资矛盾日益尖锐，对抗越来越激烈，工人罢工运动不断高涨，资本家为缓和矛盾，开始对工人做出一些让步。随着劳资冲突的频繁与升级而引起的社会动荡对资方的利益和政府统治带来巨大的冲击：巨大的交易成本和统治费用。这使得资本家和政府渐渐懂得，依靠高压和不平等的交易方式来处理劳资利益分配等问题对自己极其不利。此时，一种有利于降低交易成本和减少社会震荡的收入分配制度即劳资集体谈判工资制应运而生。

20世纪初期，集体谈判的法律地位开始逐步得到认可，许多西方工业国家的集体谈判有了迅速的发展。第一次世界大战以后，德国于1918年颁布了《团体协约法》，1910年，英国商务院第一次发表集体合同调查报告，报告载明当年英国签订集体合同达1696件。其他发达资本主义国家的集体谈判制度也大多是在这一时期产生和发展起来的。法国于1919年制定了《劳动契约法》，后将该法编入《法兰西劳动法典》。这些立法表明，当时的一些主要工业国家已经改变了以往对集体谈判的抵制，而是将其视为劳资关系调整的重要途径，采取接受、容纳的态度。但集体谈判工资制作为一项较为普及并受法律保护和政府提倡的制度，最终确立于20世纪30年代。其标志是美国通过的1932年诺里斯－"拉瓜迪亚"法案，1933年《全国产业复兴法》，1935年《社会保障法》和1938年《公平劳工标准法》。在这些法律条款中规定，工会成员有权在不受雇主干涉、强迫和限制下，通过自己选择的代表进行集体性谈判交涉。第二次世界大战后，几乎所有资本主义国家的企业都推行了劳资集体谈判工资制度，并且由政府法律予以确定。目前，在资本主义企业，主要有三种支付方式，即计时工资制、计件工资制和薪金制，它们基本上都是通过劳资集体谈判决定的。工资集体协商的结果是签订工资集体协议。在工资集体协议中，有关劳动报酬的内容视不同国家和企业有所不同，一般包括：

（1）关于工资标准及其差异的态度。在集体协议中，一般都对不同工种和不同技术水平的劳动者应付给不同的工资标准表明态度，例如，写进关于工资向生产第一线员工倾斜，向苦、脏、累工种倾斜，向技术岗位倾斜的内容。

（2）关于最低收入标准的制定意见。劳资双方应就如何保证低收入者的最低收入以及相关的措施等达成协议。

（3）关于保证企业员工收入和生活水平稳定的条款。该条款的制定主要是指如何消除企业外部因素，主要是经济波动引起的生活指数上涨对员工工资水平的影响，制定企业工资变动与物价指数变动关系的调整原则等事宜。

（4）关于本企业员工工资调整的原则和调整计划。企业应制定详尽的劳动生产率与工资增长之间的调整原则与变动比例。例如，有些企业在集体合同中规定，企业劳动生产率与员工工资增长率之间的比例为 1：0.3～1：0.7，最高达到1：0.9。

（5）关于保证企业员工工资按时发放的协议。在集体协议中应明确规定，雇主不准随意克扣和拖欠员工工资，在特殊情况下应提前支付员工的工资等。

（6）其他有关的工资分配、工资水平、工资标准和工资分配形式等。

2. 相关理论及经验

早在 18 世纪，亚当·斯密等一批早期的经济学者就注意过劳动力市场上劳资交涉对工资决定的影响，但当时并未予以重视。直到 19 世纪末 20 世纪初，研究工资集体谈判的理论才多起来，比较有代表性的是英国的庇古（Pigou）和美国的克拉克（Clark）。庇古曾具体分析和论述了集体谈判决定工资的过程。庇古认为工会和雇主双方代表在进行工资谈判时，都有自己交涉的上下限。工会的上限以不影响会员就业为原则，如果工资率超过上限，就会对会员的就业产生不利影响；工会的下限是工会对采取罢工等手段进行斗争时可能带来的损失进行比较后最低可以接受的工资率，如果低于下限，工会就会采取罢工等手段进行斗争。雇主的上限是雇主对工人罢工或关厂停工可能带来的损失进行比较后愿意付出的最高工资率，如果高于上限雇主宁愿接受罢工或关厂带来的损失；雇主的下限以保持在生产上必需的劳动力数量为限度。工会的上限和雇主的下限形成了集体谈判的范围，双方不可能在此范围以外达成工资协定。如果工会的下限在雇主的上限以下，则就构成实际交涉区，在实际交涉区达成工资协定的可能性较大，双方

都可能接受。

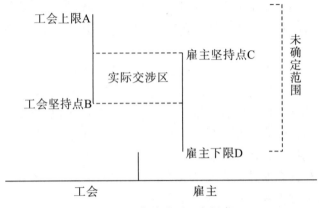

图 5-10　集体谈判工资制度

如果工会的下限在雇主的上限以上，则双方不存在实际交涉区，达成工资协定就比较困难，只有经过斗争和妥协，双方或一方做出改变，才能达成工资协定。

19 世纪美国经济学家克拉克开始把劳资谈判与工资决定联系起来，认为与劳动力买方垄断市场相对应，出卖劳动力的一方也必须建立组织，遏制工人间的彼此竞争，与企业主相抗衡。只有经过集体组织交涉，单个工人才有希望抵抗住工资标准下降的压力（这种压力来自企业主追求利润最大化的要求）；也只有经过集体谈判，才能使工资公平合理。

二战以后，随工会力量的强大，工会在工资决定中的作用日益突出。从而使工资集体谈判理论得以发展和完善。对这一理论做出重要贡献的经济学家有多布、邓洛普、张伯伦、厄尔曼、里斯等人。我国提出的要"推行职工工资集体协商制度"的国策，就是来源于这些思想。

从 2000 年 11 月开始，按照我国《劳动法》规定，我国境内的企业依法开展工资集体协商制度，并颁布了中华人民共和国劳动和社会保障部 9 号令，实施《工资集体协商暂行办法》（简称《暂行办法》）。在《暂行办法》中，对工资集体协商和工资集体协议做了规定。所谓工资集体协商，是指职工代表大会与企业代表依法就企业内部工资分配制度、工资分配形式、工资收入水平等事项进行平等协商，在协商一致的基础上签订工资协议的行为。所谓工资协议，是指专门就工资事项签订的专项集体合同。已订立集体合同的，工资协议作为集体合同的附件与集体合同具有同等效力。同时，《暂行办法》还就工资协议对雇主与员工双方的同等约束力、对劳动合同中的工资报酬标准的约束以及对协议履行监督等作出规定。我国工资集体协商的内容包括：

（1）工资协议的期限；

（2）工资分配制度、工资标准和工资分配形式；

（3）职工年度平均工资水平及其调整幅度；

（4）奖金、津贴、补贴等分配办法；

（5）工资支付办法；

（6）变更、解除工资协议的程序；

（7）工资协议的终止条件；

（8）工资协议的违约责任；

（9）双方认为应当协商约定的其他事项。

《暂行办法》中还规定，职工年度工资水平应符合国家有关工资分配的宏观调控政策，工资集体协商代表的产生和协商行为必须符合法定程序；工资协议签订后，必须在规定的时间内报送劳动保障行政部门审查，向全体人员公布。

3.2.3　工资集体谈判制度在我国的兴起

工资集体谈判制度在我国的兴起与发展不是偶然的，是有其兴起和发展的多方面条件的，是在解决企业特别是非公有制企业（主要是合资、个体私营企业）中存在的日益增多的劳资矛盾过程中为保护工人工资等合法权益而出现的。我国将工资集体谈判制度称为"工资集体协商"。

关于"工资集体协商"比较权威的解释是劳动和社会保障部 2000 年发布的《工资集体协商暂行办法》。该办法中所称的"工资集体协商"，是指职工代表与企业代表依法就企业内部工资分配制度、工资分配形式、工资收入水平等事项进行平等协商并签订工资协议，依法订立的工资协议对企业和职工双方具有同等约束力。

1. 工资集体谈判制度是比较成熟的工资决定机制

工资集体谈判作为一项较为普及并受法律保护和政府提倡的制度，最终确立于 20 世纪 30 年代。如果从 18 世纪中后期萌芽开始算起，工资集体谈判制度已经经历了 200 多年的发展历程。历史实践证明，集体谈判在保护工人权益、平衡劳资力量、协调劳资关系方面是行之有效的。可以说，西方的集体谈判制度是一项比较成熟的工资决定机制。目前，已经为国际上人多数市场经济制度国家所采用。我国加入了 WTO 后，工资制度也必然要和国际接轨。

我国从 1994 年开始将"三省五市"（广东、山东、福建三省，深圳、成都、北京、青岛、大连五市）作为集体合同试点。到现在，我们对工资集体谈判制度的探索也已经有了十多年的历史。截至 2003 年 8 月，全国范围内，平等协商、

集体合同制度覆盖的基层单位达 127 万家，覆盖职工达 9500 万人。工资集体谈判制度在我国有了初步的发展。

2003 年初《工人日报》报道了集体工资谈判成片建制的典型，实行了集体工资谈判制的企业，除江苏昆山开发区 283 家非公有制企业外，还有山东 486 家非公有制企业、河北 15 万家非公有制企业，覆盖职工 75 万人。值得关注的是，许多现已建制多年的非公有制企业，都是一种"自下而上"模式的产物，并非是地方政府和工会刻意选点推行的结果，而是在政策导向下，遵循市场规律，主动探索解决分配途径的结果。其中，在建制的关键阶段，也得到了政府劳动部门和地方工会的及时支持和指导，但这是一种"两头热"，一拍即合的产物，绝不是"单相思"能够实现的。实践和经验都证明这种工资制度符合市场经济规律，利于协调劳资矛盾，促进经济发展，促进社会的和谐和进步。

2. 协商主体逐步凸现

随着我国市场经济改革的不断推进，企业内部的劳动关系已经由政府行为向市场契约行为转变。不仅非公有制企业劳（工人）、资（雇主）、政三方面格局已经形成，对于国有企业，也要按照"产权明晰、权责明确、政企分开和管理科学"的要求进行规范的公司制改造，国家不能直接干预企业的经营活动。

这样，在经济领域内就形成了劳、资（雇主）、政三方面格局。劳动者与政府之间的契约关系不再是一种普遍的现象，劳动关系的主体将进一步明确为实行自负盈亏的企业和拥有劳动力这种生产要素的劳动者。企业拥有和利用的资源由市场调配，使劳动关系的形成、终止及劳动力价格的确定完全通过劳动力市场来完成。追求利润最大化目标的企业到劳动力市场上挑选最具生产率的劳动者，而劳动力则会寻找那些为自己的劳动力出价最高的雇主。市场交易的双方必然寻求一种机制来维护交易人合法性和保证其可执行性。这种机制就是集体合同，其核心是工资集体协商。

3. 政治条件日渐成熟

劳动立法是工资集体协商付诸实施的一个极为重要的社会政治条件。进入20 世纪 90 年代，劳动立法的步伐进一步加快。《工会法》《劳动法》相继颁布，集体合同制度、工资集体协商制相继出台，工会组织已明确把调整劳动关系作为工作重点，把代表和维护职工群众的具体利益作为一项重要职能，把推行工资集体协商作为深化集体合同制度的切入点。众所周知，劳动者与企业之间就劳动报酬即工资的确定，存在着不同的甚至是对立的利益取向，劳动者要求企业支付尽可能多的单位劳动报酬，企业则希望尽量降低单位劳动报酬来减少劳动力的成本支出，以增加利润。而劳动立法，明确了劳动者与用人单位之间是平等主体间的合同关系，相互选择和平等协商，通过协议，续延、变更、暂停或终止劳动关系。确立工资集体协商机制，本质上就是确认劳动者工资的谈判权。

2000 年 11 月，劳动和社会保障部制定并下发了《工资集体协商试行办法》，要求在我国境内的各类企业推行工资集体协商制度，职工代表与企业代表依法就企业内部工资分配制度、工资分配形式、工资收入水平等事项进行平等协商，在协商一致的基础上签订工资协议。国家以法律文件形式将工资集体协商机制向全社会公布，旨在保障劳动关系双方的合法权益，促进劳动关系的和谐与稳定。"十五"计划也提出要把推行"职工工资集体协商制度"作为国策。可见，实施工资集体谈判制度在政治上已经不存在障碍了。

本章小结

本章主要介绍了五种岗位评估方法，分别是岗位排序法、岗位分类法、因素比较法、评分法和黑点法。岗位排序法是根据各种岗位的相对价值或它们各自对组织的相对贡献来由高到低地进行排列的一种方法。岗位分类法是指事先建立工作等级标准，并给出明确定义，然后将各种工作与这一设定标准进行比较，将工作确定到各种等级中去的一种岗位评估方法。因素比较法是通过确定有代表性的工作岗位和工作因素的相对价值，推算企业的岗位等级和薪资等级的一种方法。评分法，又称要素计点法，是把工作的构成因素进行分解，然后按照事先设计出来的结构化量表对每种工作报酬要素进行估值。黑点法，也称海氏岗位评价系统，是评分法和因素比较法的一个很好的结合，它是由世界著名的薪酬问题咨询公司海氏同事（Hay Associates）在 1984 年开发出来的一套岗位评估体系，它有效地解决了不同职能部门的不同职务之间相对价值的相互比较和量化难题。上述介绍的岗位评估方法，从是否进行量化比较的角度看，岗位排序法和岗位分类法属于将整个工作看作一个整体的非量化评价方法；而因素比较法、评分法和海氏系统方法属于按照工作要素进行量化比较的评价方法。从岗位评估中的比较标准看，岗位排序法和因素比较法属于在不同的工作之间进行比较的岗位评估方法；而岗位分类法、评分法和海氏系统方法属于将工作间既定的标准进行比较的岗位评估方法。

本章还介绍了两种岗位评估方法的替代，分别是技能工资制和谈判工资制。技能工资制是按照员工的知识和技能确定工资的一种薪资制度，与岗位工资制所不同的是，它是按照员工所具有的知识水平和技能程度来确定薪资等级。谈判工

资制是由劳动者或工会和雇主之间进行讨价还价，经双方协商确定的工资标准。

学习重点：

掌握岗位等级法、岗位分类法、因素比较法、评分法、黑点法、技能工资制、谈判工资制。

参考文献与网络链接：

中华人民共和国人力资源和社会保障部：http：//www. mohrss. gov. cn/

中国人力资源管理网：http：//www. chhr. net/index. aspx

中国企业人力资源网：http：//www. ehrd. org/

中国人力资源网：http：//www. hr. com. cn/

HRoot 领先的人力资源管理：http：//www. hroot. com/

HR 人力资源管理案例网：http：//www. hrsee. com/

丁守海、陈秀兰、许珊：《技能工资差距扩大的影响因素研究》，《当代经济研究》，2014。

栾卉：《工资集体协商制度对农民工工资增长的影响机制研究——对七大城市的调查分析》，《兰州学刊》，2017。

谢玉华、杨玉芳、郭永星：《工资集体协商形成机理及效果比较研究——基于制度变迁的视角》，《广东社会科学》，2017。

谢玉华、杨玉芳、毛斑斑：《基于多案例视角的需求诱致型工资集体谈判形成机制研究》，《管理学报》，2017。

朱富强：《〈劳动合同法〉和集体谈判权的理论基础》，《中山大学学报（社会科学版）》，2014。

朱三彬：《工商管理实践教学中薪酬管理制度设计分析——评〈薪酬管理〉》，《中国教育学刊》，2018。

思考题：

1. 什么是岗位评估？岗位评估有哪些方法？

2. 什么是岗位排序法？岗位排序法的实施步骤是什么？

3. 什么是岗位分类法？岗位分类法的实施步骤是什么？

4. 什么是因素比较法？因素比较法的实施步骤是什么？

5. 什么是评分法？评分法的实施步骤是什么？

6. 什么是黑点法？黑点法的实施步骤是什么？

7. 本章中五种岗位评估方法分别适合于什么样的公司？

8. 技能工资制和谈判工资制分别适合什么样的人员？

9. 什么是工作技能？怎样衡量员工的工作技能？

技能工资制

据美国《商业周刊》一项关于技能工资的使用情况和效果的调查研究表明，技能工资已在全美30％以上的公司中推广使用，并带来了员工特别是知识工作者更高的绩效和满意度。

在微软，传统的以岗位或职务为基础的薪酬管理制度正逐步转变为以业绩或技能为基础，而且美国《财富》杂志上的500家大型企业中有近50％的企业已经对部分员工实行了能力工资管理体系。

微软是这么做的：首先，微软为技术人员和管理人员提供两条平行的工资晋升途径。在每个专业里设立了"技术级别"，这种级别用数字表示，既反映了员工在公司的表现和基本技能，也反映了经验阅历，并根据技术级别确定员工的工资水平。在开发部门，每年开发经理对全体人员进行一次考核并确定技术级别，这使所有的员工都可以相互比较以充分认识到公司对自己技能的认可程度。

譬如，微软对开发员界定为15个级别，一个从大学里招聘的新雇员一般是10级，每年对开发员进行测评以决定晋级情况，一般需要6～18个月可以升一级，有硕士学位的员工升得会快一些，或一开始定位为11级。对各级别的要求是：12级员工的技能编写代码准确无误，在某个项目上基本上可以应付一切事情；13级员工的技能可以从事跨商务部门的工作；14级员工的技能可以影响跨越部门的工作；15级员工的技能可以影响整个公司范围的工作。技能工资可能更适用于一些规模较大的公司，因为它们可能在提供培训机会和支付高额培训费用中更有优势。《财富》杂志上的500家大型企业有50％以上的公司至少对一部分员工采用了技能工资制度，并且实行技能工资方案的公司中有60％的人认为方案在提升组织绩效方面是成功或非常成功的；只有6％的人认为是不成功的或非常不成功的。

讨论题：

1. 技能工资制的优缺点是什么？

2. 技能工资制有哪些替代方法？

第六章
奖 金 管 理

【开篇案例】

小李辞职

小李是一家公司的一个项目主管，一向工作表现很出色，突然有一天小李向老板提出想辞职，老板着急了，问他为啥啊？小李说："一句话呀，本来工资不高，没有任何奖勤罚懒措施，空口许诺期权我不怀任何希望，做项目与没做项目工资差不多，老板想调就调；辛苦做出的东西，首先是没有项目开发基金或奖项，更没有项目提成，可想而知，所有的人工作积极性不高，包括我自己在内，不愿意太辛苦，可是项目又那么急，人手本来不够，赶出来的项目质量最终可想而知，最后所有问题都会怪到我头上来，何苦而为之呢？所以我要走人。"

讨论题：

1. 你认为小李辞职的最重要原因是什么？
2. 如果你是老板，你该怎么办？

第一节 奖金的定义和重要性

1.1 奖金的定义与特点

奖金，这个在日常生活中大家都很熟悉的词，目前在专业薪酬理论的研究层面上却有着并不统一的界定。通过总结目前国内外比较权威的薪酬教材及相关专著来看，对"奖金"含义的界定大概可以归纳出三种思路。

（1）强调薪酬与绩效挂钩产生的可变件和激励性，以整个绩效工资体系体现"奖金"的全部含义。如美国最权威的薪酬专家乔治·米尔科维奇和杰里·纽曼所编著的《薪酬管理》（第六版）一书就是以这样的思路来安排奖金的全部内容的，在这种安排下绩效工资计划与激励计划共同组成奖金的范畴。

（2）同样也基于薪酬与绩效挂钩产生的可变性和激励性，但是有将绩效工资纳入基本工资范畴的意图，而以激励工资计划作为奖金的主要含义。如约瑟夫·马尔托齐奥所著的《战略薪酬：人力资源管理方法》及加里·德斯勒所著的《人力资源管理》等，在安排奖金的内容时就体现了这样的思路。

（3）不仅仅将奖金的激励性体现在薪酬与绩效挂钩上，还进一步认为薪酬可以通过与能力、技术、知识等因素挂钩来体现激励性。

在这些并不完全统一的内容结构安排下，一些专用于表示奖金意义的术语也有着不同的层次含义，如，奖金可以是绩效工资体系下的绩效工资与激励工资的总和，也可以单指激励工资；此外，从奖金的可变性上它也可以被界定为可变薪酬；从它的激励性和风险性上又有激励计划、风险工资的说法；考虑到"奖励"的货币形式和非货币形式时，全面奖金或报酬机会总量又作为一个概念出现……如此种种，不一而足。尽管，在概念表述上看起来是有着这样或那样的差异，但其实奖金所包含的基本内容却是比较明确的，奖金是按照员工超额劳动或者超常绩效的数量和质量支付的一种货币形式的报酬。与其他薪酬制度相比，奖金制度有以下特点。

1.1.1 灵活性

奖金的发放有较大的弹性，它可以根据工作需要，灵活决定其标准、范围和奖励周期等，有针对性地激励某项工作的进行；也可以抑制某些方面的问题，有效地调节企业在生产经营中对工作数量和质量的需求。

奖金在经营管理上的一个独特作用是可以适应企业绩效周期的变化，企业在经营不十分景气时，可以通过奖金，而不是通过裁员来调节企业资源配置，降低人工成本，并可以把企业需要的人员保留下来。因此，奖金在解决企业经营中的一些紧急、难度较大的问题上，具有比基本工资更大的灵活性。

1.1.2 激励性

任何工资形式和工资制度都具有优点，但也都存在缺陷。例如，计时工资主要是根据实际工作时间和员工的努力程度来确定劳动报酬，但难以准确反映员工超额贡献的变化；计件工资主要是从数量上反映工作成果，但难以反映员工在工作质量、原材料节约和安全生产等方面的超额贡献。这些均可以通过奖金弥补。

一般情况下，决定奖金变动的因素有两个。一是企业的经济效益，二是个人对企业效益的贡献。前者是间接的，后者是直接的。当企业经营效益好的时候，员工的总体奖金水平提高，但个人奖金不一定与总体水平同步提高，因为每个人的贡献是有差异的；反之，企业经营效益不变，总体收入水平下降，而贡献大的员工的奖金收入不一定随之下降，甚至会脱离总体奖金水平而提高。因此，奖金的激励机制在于，它与员工对企业的贡献直接相连：贡献大，奖励的数额高；贡献小，奖励的数额低；没有贡献，即没有奖励。正因为奖金制度不具有基本薪酬所提供的保障功能，因此对员工的激励性强，造成的危机感和压力也大。

1.1.3　及时性

奖金虽然是对员工以往绩效的奖励，但它是一种短期激励形式，及时性或即时性是其一大特征，具有比较强的奖勤罚懒、奖优罚劣的功能。但是，及时性的缺陷是容易诱发员工绩效的短期性，有可能驱使员工为了增加个人报酬而努力工作，或者只发生与奖励相关的工作行为，不关注奖励之外的行为。在某些方面，还可能导致同事之间的恶性竞争，对企业、同事、团队造成不良影响。因此，企业不便单独实施奖金制度，只能作为基本薪酬制度的一种补充。

1.2　奖金相关的法律法规

奖金是指对劳动者在创造超过正常劳动定额以外的社会所需要的劳动成果时，所给予的补偿和奖励。与奖金相关的法律法规有如下几条：

《关于工资总额组成的规定》（1990）第四条规定，工资总额由下列六个部分组成：

（一）计时工资；（二）计件工资；（三）奖金；（四）津贴和补贴；（五）加班加点工资；（六）特殊情况下支付的工资。

《关于工资总额组成的规定》（1990）第七条规定，奖金是指支付给职工的超额劳动报酬和增收节支的劳动报酬。包括：

（一）生产奖；（二）节约奖；（三）劳动竞赛奖；（四）机关、事业单位的奖励工资；（五）其他奖金。

《关于工资总额组成的规定》（1990）若干具体范围的解释第二条规定，关于奖金的范围包括：

（一）生产（业务）奖包括超产奖、质量奖、安全（无事故）奖、考核各项经济指标的综合奖、提前竣工奖、外轮速遣奖、年终奖（劳动分红）等；（二）节约奖包括各种动力、燃料、原材料等节约奖；（三）劳动竞赛奖包括发给劳动模范、先进个人的各种奖和实物奖励；（四）其他奖金包括从兼课酬金和业余医疗卫生服务收入提成中支付的奖金等。

从上述规定可知，奖金是工资的一部分，属于劳动报酬的范围。

1.3　奖金的重要性

奖金是企业普遍采用的一种调动员工积极性的激励方法，是对员工超常规工作表现的奖励性报酬。它能弥补基本工资制度的不足，将员工贡献、收入及企业效益三者有机结合在一起，具有比工资更强的激励功能。由于奖金属于工资的范畴，所以又具有工资的保障作用。奖金能鼓励员工努力工作，创造性地完成任务。奖金不同于绩效工资，绩效工资是对过去绩效的奖励，而奖金则针对未来行为的影响，是企业对优秀员工的一种人力资本投资，具有很强的激励功能。更为重要的是，绩效工资会永久性地增加到基本工资上，增加企业的工资成本支出，而奖金没有累积作用，符合企业降低成本风险的需要。

奖金经济性的一面表现为奖金可以为员工带来更高的收入，导致更高的生活水平；奖金非经济性的一面表现为奖金是对员工工作绩效和成就的承认，可给奖金获得者带来心理上的某种满足。奖金的激励作用主要是通过奖金量的变化、奖金形式的确立和奖金对员工心理上产生的作用效果实现的，起到了吸引、保留人才的重要作用。

第二节　奖金的类型

2.1　奖金的基本类型

2.1.1　单项奖与综合奖

单项奖的设置是为了奖励员工在某一方面对企业的贡献，例如出勤奖、质量奖等。单项奖具有灵活、易管理、针对性强等特点。缺点是容易引导员工片面追求单项目标，影响企业生产和经营的全面发展。

综合奖是为了生产和工作的全面需要，将反映各种超额贡献的具体奖励指标有机地结合在一起，成为一个综合性的奖励指标体系，对员工全面考核计奖。质量、产量、劳动生产率、人工及物料消耗等指标在综合奖励体系中均被作为分指标，按相应的条件考核之后，衡量出一个综合的奖励水平。

综合奖的特点是评价全面，统一支付奖酬。缺点是计奖指标过多，容易出现重点不突出、差距偏小、刺激作用小等问题。在一般情况下，应以综合奖励为

QIYE XINCHOU ZITONG SHEJI YU ZHIDING

主；在特殊情况下，要发挥单项奖励的作用，并注重二者的协调和配合。

2.1.2　个人奖与团队奖

个人奖是根据个人的绩效颁发的奖金，团队奖是根据集体绩效颁发的奖金。传统的奖励方式比较注重个人奖，认为有利于调动员工个人的积极性。但是现代薪酬理论认为，集体绩效的提高比个人绩效对企业战略的实施意义更大，而且薪酬管理的重要性需要集体绩效的提高来反映，所以主张关注团队奖的作用。

设计和实施一个好的奖励计划，将个人奖和团队奖的激励作用有效结合起来，是奖金管理的关键。在许多情况下，可以采取两步走的方式，第一步按照团队绩效以集体形式进行奖励，目的是提高团队成员的合作精神和集体意识；第二步，在团队内按照个人贡献奖励，以达到个人奖励与集体奖励的双重效果。

2.1.3　一次性奖励和定期奖励

一次性奖励是对完成特定工作目标的个人或团队的奖励。这种奖励计划一般有两种形式，一种是预先设置工作目标，对完成或超额完成指标者进行奖励；另一种是个人或员工对企业做出了特殊的贡献，为了表彰超常绩效而设置的奖励。

定期奖励是企业为了对员工或者团队绩效进行连续激励而设置的奖励，只要完成了特定标准就可以得到。定期奖励一般采取与基础工资相对应的浮动工资形式，虽然支付数量随绩效波动，但奖项是固定和常设的。员工或团队完成了基本工作标准以上的超额部分，就可以奖励薪酬的方式获得报酬。我国许多企业设置的月奖、季奖和年度奖，都是定期奖励的形式。

2.1.4　定期奖与不定期奖

不定期奖是根据需要和条件而随时设立和颁发的，一般为单项奖。定期奖又有月奖、季奖和年奖之分。月奖和季奖是带普通性的两种奖金，二者均属于综合奖；年奖一般是每年年终发放一次，因而又称作年终奖。它也是一种综合性奖金。

这里特别提一下年终奖。年终奖是指行政机关、企事业单位等扣缴义务人根据其全年经济效益和对雇员全年工作业绩的综合考核情况，向雇员发放的一次性奖金，是工资的组成部分。年终奖的发放，法律没有硬性的规定，是否发放年终奖，属于单位的自主权利。但如果劳动合同中有明确约定，或者单位的规章制度中对年终奖有明确规定，单位就应该按照约定或规定发放。

目前企业发放年终奖的形式主要有以下几种：一是双薪制。"年末双薪制"是最普遍的年终奖发放形式之一，即年底企业多给员工1个月的工资。这种是以时间为衡量指标的，只要你工作满了一年，就可以拿到双薪。有的公司也会多发2个月的薪水作为奖励。二是绩效奖金。绩效奖金是一种浮动的奖金，根据个人年度绩效评估结果和公司业绩结果来发放。有的对全员公开，有的不公开。三是"红包"。红包通常是由老板决定的，没有固定的限制，可能取决于员工与老板的亲疏、取决于资历、取决于重大贡献等，通常不公开，在民企中比较常见。除了发现金，一些公司还将旅游奖励、赠送保险、车贴、房贴等列入年终奖的内容。

《劳动法》明确规定："工资分配应当遵循按劳分配原则，实行同工同酬。"年终奖属于劳动报酬，也必须遵循同工同酬原则。以下说法都违反《劳动法》中"同工同酬"原则：①考核合格后才能享受年终奖；②考核前离开单位的不能拿年终奖；③发放时不在册的员工不拿年终奖；④未做满一年的员工不能拿年终奖；⑤年中离职的员工不能拿年终奖。如果劳动合同或公司规章制度都未对年终奖有明确规定，按同工同酬原则，劳动争议仲裁机构或法院一般会支持离职职工得到一定比例的年终奖。同理，"新进员工"也可以得到一定比例的年终奖。

2.2 按职位划分的激励计划

企业中不同的职位具有不同的特点，针对不同的职位设计其独特的激励计划才能更加有效地实现激励效果。企业中的职位大体可分为生产职位、技术职位、中高层管理职位、销售职位等。另外，在一个团队日益重要的市场经济条件下，团队的激励也显得尤其重要。下面就对各种职位以及团队的激励计划分别进行阐述。

2.2.1 生产工人激励计划

生产工人的激励计划一般分为计件工资制和计时工资制。常见的计算工资的方法如表6-1。

表6-1 生产工人激励计划

计件工资制	计时工资制
简单计件工资制	标准工时制
梅里克多计件制	哈尔西奖金制
泰勒差别计件制	罗恩奖金制

1. 简单计件绩效制

简单计件绩效制计算方法简便，因而得到了普遍的应用。

简单计件绩效制的计算公式为：

工资＝完成产品的数量×每件产品的工资率

比如某生产企业，每生产一个产品可获得2元钱的报酬，A员工当月生产了

100 个合格产品，B 员工当月生产了 200 个合格产品，那么 A 员工的计件绩效工资就为 200 元，B 员工的计件绩效工资就为 400 元。

采用简单计件绩效制，需要有一个基础前提，那就是对每件产品的标准生产时间进行事先测算，测算的精确程度对劳动工资率的确定非常重要，如果测算不够精确，必然会导致劳动工资率的偏离，这对员工和企业都是不公平的，所以推行计件绩效制的关键是要掌握好产品的标准生产时间。

这种方法将员工的报酬与劳动效率相结合，可以激励员工更好地工作。完成产品数量多的员工，收入增加，可以使员工更加积极勤奋地工作，提高工作效率。但这种方法也有明显的缺点，那就是员工没有最低的工资保障，假如因原料供应不足而中断生产，员工的工资就会受到很大的影响。同时员工在追求绝对产量的时候容易忽视质量，必须在产品检验时加强控制。

2. 梅里克多计件绩效制

梅里克多计件绩效制的做法是根据员工的工作绩效，将员工分为三个等级，随着等级的变化，绩效工资递增 10%，中等员工得到合理的标准报酬，优秀员工得到额外的报酬，劣等员工得到低于标准的报酬，见表 6-2。

表 6-2 梅里克多计件绩效制

类别	判定	获得额定工资的比率
劣等员工	在标准产量的 83% 以下	0.9×M
中等员工	在标准产量的 83%～100%	1.0×M
优秀员工	在标准产量的 100% 以上	1.1×M

注：M 代表额定工资。

3. 泰勒差别计件绩效制

泰勒差别计件绩效制的基础要求是要制定员工的标准生产产量，然后根据员工完成标准的情况有差别地给予计件工资，见表 6-3。

表 6-3 泰勒差别计件绩效制

判定	获得的工资
在标准产量的 100% 以下	M1＝低工资率 N1×完成产品的数量
在标准产量的 100% 以上	M2＝高工资率 N2×完成产品的数量

4. 标准工时计效制

标准工时计效制以节省工作时间的多少来计算应得的工资。当员工的生产工时低于标准工时时，按节省的百分比给予不同比例的奖金。

比如某员工完成标准工时 4 小时的工作，只用了 2.5 小时，那么该员工就节省了 37.5％的时间 ［（4−2.5）/4＝37.5％］，折合为工资率就为 1.375，那么他的工资就为 1.375×M，M 代表额定工资。

5. 哈尔西 50-50 奖金制

哈尔西 50-50 奖金制的特点是员工和企业分享成本节约额，通常进行 50-50 比例的分配，若员工在低于标准时间内完成下工作，可以获得的奖金是节约工时的工资的一半。

比如某员工的工资率为 20 元/小时，预计完成某项工作的时间是 4 小时，但该员工在 3 小时内就完成了，那么该员工的收入就是：

20×3＋（4−3）×0.5×20＝70 元。

6. 罗恩奖金制

罗恩奖金制的水平不固定，依据节约时间占标准工作时间的百分比而定。

我们可以用一个简单的案例来演示罗恩奖金制的计算过程：比如某员工的工资率为 20 元/小时，预计完成某项工作的标准时间是 8 小时，但该员工在 6 小时内就完成了，那么该员工的收入就是：

20×6＋（8−6）/8×20＝125 元。

根据这种方法所计算出的奖金，其比例可以随着节约时间的增多而增大，但平均每超额完成一个标准工时的奖金额会递减，即节省工时越多，员工的奖金水平越低于工作超额的幅度，这一方法避免了过度高额奖金的发放，而且也使低效率员工能够支取计时的薪酬。

2.2.2　中高层管理人员激励计划

中高层管理人员对于公司来说，具有很高的重要性。因此，对他们仅仅实行简单的根据公司业绩衡量发放的奖金计划是不够的。基于委托−代理理论，有效的激励机制一般应当实现以下四个基本目标：

（1）使管理者和股东的利益一致起来，让管理者能够像股东一样去思考问题和采取行动；

（2）对管理者的奖励具有足够大的变化幅度，以鼓励他们对工作倾注更大的热情，投入更多的时间，勇于承担风险，敢于做出决策；

（3）降低管理者去职风险；

（4）使股东成本保持在一个合理的水平之下。

目前，国际上大公司普遍实行对中高层管理人员发放股权，以此来激励他们有更好的工作表现。股权激励是指公司将本公司发行的股票或者其他股权性权益

授予公司中高层管理人员，借以促进中高层人员与公司利益的结合，进而改善公司治理并推动公司发展的利益驱动机制，也是现代公司制度对公司高管人员奖励和激励制度的结合形式。股票期权作为一种激励方式，最早在 1999 年中国网络科技股赴美上市高潮迭起之际被引入我国证券市场。

股权激励的方式有：

（1）股票期权。股票期权制核心在期权。期权是买卖双方签订的一种权利转让协议，它是在未来特定期限内按双方约定的价格买卖一定数量相关实物商品或金融商品的权利。股票期权是期权的一个"品种"，是指买卖双方按约定的价格，在特定的时间买进或卖出一定数量的某种股票的权利。在国有企业中对经营者实行股票期权制，是指经营者在与企业所有者预定的期限内，享有以某一预先确定的价格购买一定数量本企业股票的权利。经营者在约定的期限，以预先确定的价格购买本企业股票的过程叫行权，预先约定的价格叫行权价格。

股票期权是一种全新的激励约束机制，对企业经营者的激励约束功效显著。

一是股票期权制把企业高层管理者的薪酬与企业的长远发展紧密联系起来，使高层管理者的收益同投资人的长远利益有效地结合在一起，可以迫使经营者放弃为追求个人利益不惜损害投资人利益的短期经营行为，为企业持续、健康发展提供了保障。

二是实行股票期权制，经营者的收益体现在其购买本公司股票行权价与行权日之后本公司股票市价之间的价差，由于行权价是预先预定的，不随时间而变化，股票市场则由公司经营业绩、市场信誉等诸多因素所决定，随时间而涨跌波动，因而企业经营者的收益是真正意义上的不封顶、不保底，完全由市场机制决定，这更有利于通过市场评判企业经营者的价值，使企业经营者的价值得到充分体现。

三是股票期权制具有较大跨度的时间空间，使得企业高层管理者有从容考虑企业经营发展的余地，充分展示高层管理者的经营管理才智。这既把高层管理者牢牢地绑在了企业，又有利于职业企业家的成长，的确是培养企业家队伍的有效机制。

（2）业绩股票。是指在年初确定一个较为合理的业绩目标，如果激励对象年末时达到预定的目标，则公司授予其一定数量的股票或提取一定的奖励基金购买公司股票。

（3）虚拟股票。是指公司授予激励对象一种虚拟的股票，激励对象可以据此享受一定数量的分红权和股价升值收益，但没有所有权，没有表决权，不能转让和出售，在离开企业时自动失效。

（4）股票增值权。是指公司授予激励对象的一种权利，如果公司股价上升，激励对象可通过行权获得相应数量的股价升值收益，激励对象不用为行权付出现金，行权后获得现金或等值的公司股票。

（5）限制性股票。是指事先授予激励对象一定数量的公司股票，但对股票的来源、抛售等有一些特殊限制，一般只有当激励对象完成特定目标后，激励对象才可抛售限制性股票并从中获益。

（6）延期支付。是指公司为激励对象设计的一揽子薪酬收入计划，其中有一部分属于股权激励收入，股权激励收入不在当年发放，而是按公司股票公平市价折算成股票数量，在一定期限后，以公司股票形式或根据当时的股票市值以现金方式支付给激励对象。

（7）管理层/员工收购。是指公司管理层或全体员工利用杠杆融资购买本公司的股份，成为公司股东，与其他股东风险共担、利益共享，从而改变公司的股权结构、控制权结构和资产结构，实现持股经营。

（8）账面价值增值权。具体分为购买型和虚拟型两种，购买型是指激励对象在期初按每股净资产实际购买一定数量的公司股份，在期末再按每股净资产期末值回售给公司；虚拟型是指激励对象在期初不需支出资金，公司授予激励对象一定数量的名义股份，在期末根据公司每股净资产的增量和名义股份的数量来计算激励对象的收益，并据此向激励对象支付现金。

2.2.3　销售人员激励计划

在实践中，针对销售人员的薪酬方案是多种多样的，这些薪酬方案的目的都是将销售人员的薪酬与企业的经营目标以及客户的期望值联系在一起。在选择薪酬方案时，企业所考虑得最多的是三个方面的问题，一是薪酬方案给企业带来的总成本，二是销售职能在企业的经营战略中所扮演的角色，三是销售工作本身的特点。总的来说，市场上存在的销售人员薪酬方案主要有以下四种。

（1）纯佣金制。所谓纯佣金制，就是指在销售人员的薪酬中没有基本薪酬部分，销售人员的全部薪酬收入都是由佣金构成的；佣金通常是按销售额的一定百分比来提取的，所以在实践中又经常被称为销售提成。提成的百分比即为佣金的比率，佣金比率的高低取决于产品的价格、销售量以及产品销售的难易度等。比如，在房地产销售中，销售人员的提成比率一般为1%左右，在佣金比率一定的情况下，每位销售人员的佣金收入高低就取决于员工本人的销售业绩好坏。在表6-4中，我们举例说明了纯佣金制销售人员薪酬计划。在这里，销售人员的佣金比率有两个，在没有达到销售定额之前是一个佣金比率，超过销售定额之后是一个更高的佣金比率，显然，该计划的意图在于鼓励销售人员创造更高的销售业绩。

QIYE XINCHOU XITONG SHEJI YU ZHIDING

表 6-4　销售人员薪酬方案：纯佣金制

薪酬构成	佣金计算方式	
· 基本薪酬：无	实际完成销售目标的百分比	佣金占销售额的百分比
· 目标佣金：6 万元/年，每月根据 实际销售业绩浮动计发	0～100%	5%
· 目标薪酬：6 万元/年，上不封顶	超过 100% 以上	8%

　　这种薪酬制度的优点是，它把销售人员的薪酬收入与销售人员的工作绩效直接挂起钩来，因而激励作用非常明显；此外，佣金的计算也很简单，因而薪酬管理的成本很低。但是在这种情况下，销售人员的收入往往缺乏稳定性，易受经济环境和其他外部因素的影响而大幅度波动；同时，销售人员会受经济利益驱动，过分强调销售额和利润等与佣金直接挂钩的指标，而忽视其他一些尽管对企业非常重要但是却与销售人员的报酬没有直接联系的非直接销售活动，比如客户信息以及竞争对手信息的搜集工作。此外，这一制度还有可能造成上下级之间、新旧从业人员之间的较大薪酬差距，不利于培养销售人员对于企业的归属感，容易形成"雇佣军"的思想。

　　这种销售人员薪酬方案在那些产品标准化程度比较高但是市场广阔、购买者分散、很难界定销售范围、推销的难度不是很大的行业，如人寿保险、营养品、化妆品行业中是比较常见的。比如，在安利这样的直销公司中，许多推销人员都不是直接受雇于该公司，但是他们会根据一定的销售额拿到提成。但是，由于纯粹的佣金制本身存在的缺点和不足，所以它在属于企业正式员工的销售人员中实施的情况并不常见，它更为经常地在劳务型销售人员或者是兼职销售人员中实行。

　　（2）基本薪酬加佣金制。在这种薪酬制度下，销售人员每月领取一定数额的基本薪酬，然后再按销售业绩领取佣金。它一方面为销售人员提供了最基本的薪酬收入，解决了纯佣金制下销售人员因收入不稳可能会出现的生活问题；另一方面又吸收了佣金制的优点，保留了其激励作用。在基本薪酬加佣金的薪酬计划中，佣金部分的计算又可以分成直接佣金以及间接佣金两种不同形式。下面我们分别举例说明。

　　①基本薪酬加直接佣金。表 6-5 中的销售人员薪酬方案设计思路是，每位销售人员每年有 3 万元的基本薪酬，然后再根据每位销售人员的销售业绩计发佣金，佣金按销售额的一定百分比计算。不过，一方面，不同产品的佣金比率是不同的；另一方面，同一产品的佣金比率也会随着销售人员的实际销售业绩达成或

超越销售目标的程度而有所差异。这种薪酬设计方式实际上是将销售人员的基本薪酬和奖励薪酬根据50：50的比例确定的。

表6-5 销售人员薪酬方案：基本薪酬加普通佣金制

薪酬构成	佣金计算方式			
•基本薪酬：3万元/年 •目标佣金：3万元/年，每月根据实际销售业绩浮动计发 •目标薪酬：6万元/年，上不封顶	实际完成销售目标的百分比	佣金占销售额的百分比		
		产品A	产品B	产品C
	0～100％	3％	5％	8％
	超过100％以上	5％	9％	12％

②基本薪酬加间接佣金。在另外一种基本薪酬加佣金的设计中，佣金的计算不是以直接的销售额提成的方式来计算的，而是首先将销售业绩转化为一定的点值，然后再根据点值来计算佣金的数量。如表6-6所示，首先，销售人员有一个4.2万元的年基本薪酬，然后每个月可以获得佣金，但是佣金的计算方式是根据产品销售数量来定的，销售人员每销售一个单位的某种产品，便可以得到一个点值，然后将这些点值加起来，乘以点值的单价，便可以计算出销售人员应得的佣金数量。

表6-6 销售人员薪酬方案：基本薪酬加间接佣金制

薪酬构成	佣金计算方式	
	产品类型	单位产品的点值
•基本薪酬：4.2万元/年 •目标佣金：2.4万元/年，每月根据实际销售业绩浮动计发 •目标薪酬：6万元/年，上不封顶	A	2
	B	5
	C	8
	D	10
	E	6
	每个点等于2元钱	

③基本薪酬加奖金制。这种薪酬制度与第二种制度有些类似，但还是存在一定区别。这种区别主要体现在，佣金直接由绩效表现决定，而奖金和业绩之间的关系却是间接的，虽然它也是根据销售额、利润额、销售目标达成率等指标来衡量员工的业绩，然后支付奖金。但通常情况是，销售人员所达成的业绩只有超过

了某一销售额，才能获得一定数量的奖金。此外，除了优良的销售业绩之外，新客户开拓、货款回收速度、市场调查报告、客户投诉状况、企业规章执行等诸多因素都可以影响到销售人员所得到的奖金数量。下面我们举几个例子来说明这种薪酬制度的设计。

在表 6-7 中，销售人员每年有 4.2 万元的基本薪酬（每个月 3500 元），然后每个月还可以得到奖金，奖金的数量取决于销售人员的销售目标达成度，如果销售人员 100％地完成了销售任务，则销售人员全年的薪酬收入可以达到 6 万元（每个月 5000 元，其中基本薪酬 3500 元，奖励薪酬 1500 元）的目标薪酬水平。但是，如果某位销售人员在 1 月份时的销售业绩只达到了预定销售目标的 80％，则这位销售人员 1 月份所能够得到的薪酬总额为：

3500 元＋1500 元×50％＝4250 元

如果这位销售人员 1 月份的销售额超过了预定目标，完成了目标销售额的 120％，则其在 1 月份所能够获得的薪酬总额为：

3500 元＋1500 元×140％＝5600 元

表 6-7　销售人员薪酬方案：基本薪酬加奖金制（一）

薪酬构成	奖金计算方式	
	实际完成销售目标的百分比（％）	每月目标奖金的百分比（％）
·基本薪酬：4.2 万元/年 ·目标奖金：2.4 万元/年，每月根据实际销售业绩浮动计发 ·目标薪酬：6 万元/年，上限封顶，最高不超过 9.84 万元	70	0
	80	50
	90	75
	100	100
	110	120
	120	140
	130	160

但是，由于奖励公式本身的规定，每位销售人员每年所能够获得的奖金的最高金额是有上限的，即在销售人员达到最高销售业绩（每个月都超过预定销售目标 130％或以上）的情况下，他们全年的奖金数量最高也不会超过 3.84 万元（2.4 万元×160％，或平均每个月 3200 元），即全年最高薪酬收入控制在 9.84 万元这一上限上，或者说，销售人员的最高月薪（基本薪酬加奖金）只能达到6700 元。显然，这种薪酬方案有利于企业有效地控制成本。但是，销售人员可能会在销售目标上与企业讨价还价。

在表6-8中，销售人员的薪酬计划也是由基本薪酬和奖金构成的，不同的是，该公司的奖金是根据季度绩效评价结果来确定的，员工的季度奖金相当于他们个人季度基本薪酬总额的一定百分比。该公司的季度绩效评价指标包括销售额、回款率、销售报告、客户满意度等几项指标，季度绩效评价结果划分为S、A、B、C、D五个等级，季度绩效评价结果达到S级的销售人员，可得到相当于其个人季度基本薪酬总额140％的绩效奖励。若某销售人员的年基本薪酬为2.4万元（每个季度为0.6万元），此人在第一季度时的绩效评价结果为A级，则这位销售人员在第一季度时的薪酬收入就等于1.32万元（0.6万元＋0.6万元×120％）。在销售人员每个季度的绩效评价都能够达到合格（即B级）的情况下，销售人员的目标年薪可以达到4.8万元；但销售人员的年度最高收入不会超过5.76万元。

表6-8　销售人员薪酬方案：基本薪酬加奖金制（二）

薪酬构成	奖金计算方式	
	绩效评价等级	奖金比例（相当于基本薪酬的％）
・基本薪酬：2.4万元/年 ・目标奖金：2.4万元/年，每季度根据总体绩效评价等级浮动计发 ・目标薪酬：4.8万元/年，上限封顶，最高不超过5.76万元	S	140
	A	120
	B	100
	C	50
	D	0

在表6-9中，销售人员的奖金确定主要取决于两个指标，一是销售额指标，二是利润指标。在这两个指标所组成的矩阵中，确定了销售人员在每个季度所可能获得的奖金的数量。奖金计算的基础是季度目标奖金的一定百分比。比如，如果某销售人员的基本年薪为6.4万元，目标薪酬为8万元/年，则全年的目标奖金为1.6万元，每个季度4000元。假定该公司为销售人员确定的享受季度奖金的最低销售额为10万元，目标销售额为15万元，卓越销售额为20万元；最低利润为4万元，目标利润为6万元，卓越利润为8万元。再假定某销售人员在二季度的销售额为18万元，利润为6万元，则该销售人员二季度的销售奖金应当等于目标季度奖金的112.5％，即4000元×112.5％＝4500元。

该销售人员每个季度的最高奖金额不会超过8000元（4000元×200％）。所以，其全年最高薪酬收入会被控制在9.6万元以内。

表 6-9 销售人员薪酬方案：基本薪酬加奖金制（三）

薪酬构成	奖金计算方式						
			相当于季度目标奖金的百分比（%）				
・基本薪酬：6.4 万元/年	销售额	卓越	50.0	87.5	125	162.5	200
・目标奖金：1.6 万元/年，每季度根据实际销售额和利润完成情况浮动计发			37.5	75.0	112.5	150.0	162.5
		目标	25.8	62.5	100	112.5	125.0
・目标薪酬：8 万元/年，上限封顶，最高不超过 9.6 万元			12.5	37.5	62.5	75.0	87.5
		最低	0	12.5	25.8	37.5	50.0
			最低		目标		卓越
					利润		

④基金薪酬加佣金加奖金制。这种薪酬制度设计的特殊性在于，它将佣金制和奖金制结合在一起。如表 6-10 中的例子，销售人员除了有每年 4.2 万元的基本薪酬之外，每个月还能获得相当于销售额 6% 的佣金，此外，在每个季度，他们还可以根据本人所完成销售额的毛利率情况获得一个相当于本人当季所得佣金的一定百分比的季度奖金。显然，企业一方面鼓励销售人员达成更高的销售额；另一方面，还在鼓励他们提高销售的毛利率。

表 6-10 销售人员薪酬方案：基本薪酬加佣金加奖金制

薪酬构成	季度利润奖金	
・基本薪酬：4.2 万元/年	毛利率/%	奖金比例（相当于佣金的百分比）/%
・佣金：每月发放，佣金比率为销售额的 6%	15	0
・奖金：季度发放，相当于佣金的百分比	20	10
・目标薪酬：6 万元/年，上不封顶	25	25

对于一个特定企业而言，它究竟选择哪种薪酬支付方案，取决于多方面的因素，譬如自身所处的行业、公司产品的生命周期、企业以往的做法等。以行业因素举例来说，保险行业、营养品行业、化妆品行业对于销售人员的薪酬设计大多是"高提成＋低固定"的薪酬模式，甚至是实行纯佣金制，而在一些产品的技术含量很高、专业性很强、市场非常狭窄而销售周期又比较长的销售领域中，企业对于销售人员的素质及其稳定性要求都是很高的，这时采用"高固定＋低提成/奖金"的薪酬模式就比较合适。

再比如，就产品的生命周期而言，当公司产品刚刚上市时，产品没有什么知名度或者知名度很小，企业最好是采取固定薪酬模式，或者是采取"高固定＋低奖金/提成"的模式，因为在这个时候，产品销售的风险性是很高的，销售人员的努力很可能得不到足够的市场回报，因此，这个时候就不能让销售人员来承担风险。然而，如果经过一段时期的努力，产品得到了客户的认可，逐渐在市场上打开了销路，销售的风险度逐渐降低，销售额处于增长时期，这时企业就可以适当降低销售人员薪酬中的固定部分，提高浮动部分，以鼓励销售人员更为积极地去扩大市场份额，增加销售额。最后，随着产品达到成熟期，产品品牌或公司品牌对于消费者的购买行为产生的作用比销售人员的说服工作显得更为重要时，企业又可以将销售人员的薪酬方案改回到"高固定＋低浮动"的薪酬模式上去。

2.3　团队激励计划

团队激励计划是一种基于群体绩效激励的奖励薪酬项目，规定只有当团队成员完成团队目标后，才能获得实现确定的奖励。团队激励计划一般适合团队成员间具有高度依赖性的环境。团队激励计划的设计与个人激励薪酬的设计较为类似，分为三个步骤：

（1）确定标准生产率，标准生产率的指标包括客户满意度、安全记录、质量等要素；

（2）确定激励等级，即根据实际生产率与标准生产率的对比来确定支付给该团队的总奖励额度；

（3）确定在团队成员内分配的总薪酬额度，分配的方法包括三种：第一种，团队成员平均分配奖金，该方法可加强成员间的团队合作，在不能明显区别个人绩效的情况下适合采用这种方法。第二种，团队成员根据贡献大小分配奖金，有时可以将一部分奖金平摊，而另一部分奖金则按照贡献大小分别支付。第三种，按照团队成员基本工资的百分比支付奖金，这种方法应用较多。

根据组织形式和任务目标，目前企业中一般有三种形式的团队：平行团队、流程团队和项目团队。每种类型的团队都具有一定的特点，需要采取与之匹配的薪酬激励计划。具体为：

（1）平行团队的薪酬计划。平行团队通常是为解决某一特殊的问题或承担一项特定的任务而组建的。这种团队可以是暂时性的，也可以是长期的，但成员基本是"兼职"的。兼职人员除了特殊需要之外，往往会将大部分时间和精力投入到常规的、正式的工作中，而不是临时团队中。对平行团队一般不主张实行标准的、长期的激励薪酬形式，可实行一次性认可的货币奖励或一些非货币性奖励。

（2）流程团队的薪酬计划。流程团队是通过其成员的共同合作来承担某项工

作或某个工作流程，一般具有"全职性"、"长期性"的特点。成员接受过正规训练，工作能力相当或技能互补，工作目标明确。流程团队的薪酬支付有别于平行团队。企业通常向流程团队支付基本工资，但支付的等级不宜过细，标准之间的差距也不宜过大，可以兼顾市场工资率和工作评价的结果。同时，适当的增薪、被认可的绩效奖励薪酬等对于流程团队都是必要的。

（3）项目团队的薪酬计划。项目团队是为了开发一种新的产品或服务而组成的工作团队，其成员的来源、等级、能力和专长都有所不同，在项目期内，要求团队成员"全职"工作。根据这些特点，在支付项目团队成员的报酬时可以考虑根据任务、职责和能力区分不同的基本薪酬等级和增薪幅度。支付绩效薪酬时可采用两种办法：为了强化合作意识，奖励薪酬可参照基本薪酬的等级按比例支付；为了强化竞争意识，奖励薪酬可按照成员个人的贡献大小支付。一般而言，后者管理的难度相对大一些。

此外，对项目团队支付薪酬还要考虑项目期的特点，例如，在初创期，慎用激励力度大的报酬形式，以免影响合作；在震荡期可适当加大激励力度，以稳定中坚力量；在稳定期可采用规范的、标准的薪酬方案。

2.4　组织激励计划

其实组织激励计划与团队激励计划的界限已经不是很清楚，都是针对员工群体的，只是组织激励计划的对象群更大一些，一般是全员的。组织激励计划是近年来受到重视和广泛应用的一种绩效奖励计划。这类计划所支付的激励方式一般以下几种：

2.4.1　员工持股计划

员工持股计划是目前被广泛采用的全员股权激励计划，它的运作方式一般是：公司把一部分股票交给一个信托委员会，这个数额通常依据员工个人年报酬总量的一定比例来确定，一般不超过15％。信托委员会把股票存入员工的个人账户，在员工退休或不再工作时再发给他们。

实际上，这样的股票计划发挥作用一般需要较长的时期，而且证券市场上的股票价格是不是完全准确地体现着公司实际的绩效水平，这也是一个受很多因素影响的问题。但是员工持股计划的内在目的就在于想通过员工的努力来实现股票价格的上涨，员工和企业都可以在股价上涨的情况下使手中的股票增值。另外，这样的计划可能对促进员工积极参与决策，激发创造热情有所助益。

2.4.2　股票分享计划

股票分享计划在20世纪90年代后期受到了广泛的讨论和应用。它是指公司在特定时间内直接授予员工公司的股票，对员工进行激励。这种给予股票进行激励的方式被认为能提高员工的组织承诺度和保留优秀员工。

在计划实施中，公司应该根据不同情况确定股票授予的覆盖范围，如星巴克和微软的股票计划就是广覆盖的，针对所有员工；柯达公司则只在非管理类员工中分享股票，并且是其中业绩突出者才能得到。实施中对股票授予的另一个控制方面就是对股票套现时间的安排，考虑到长期激励和短期激励不同特点，套现期也可以设计成长期、短期，甚至是立刻套现。

2.4.3 利润分享计划

利润分享计划是指根据对某种组织绩效指标的衡量结果来向员工支付报酬的一种绩效奖励模式。根据这一计划，所有或者某些特定群体的员工按照一个事先设计好的公式，来分享所创造利润的某一百分比，员工根据公司整体业绩获得年终奖或者股票，或者是以现金的形式或延期支付的形式得到红利。在传统的利润分享的计划中，组织中的所有员工都按照一个事先设计好的公式，立即分享所创造的利润的某一百分比。其特点是，员工可以立即拿到现金奖励而不必等到退休时再支取，但是当时却必须按照国家税法的规定缴纳收入所得税。这种利润分享计划的设计和执行往往比其他浮动薪酬计划要更为容易一些，它不怎么或很少需要员工方面的参与。而现代的利润分享计划则将利润分享与退休计划联系在一起。其做法是，企业将利润分享基数用于为某一养老金计划注入资金，经营状况好时持续注入，经营状况不佳时则停止注入。利润分享的组织范围也由原来的整个组织降低到承担利润和损失责任的下级经营单位。当然，在实施利润分享之前，通常要求实施单位能够达到某一最低投资收益率，否则利润分享基金中是不会有实实在在的货币的。

利润分享计划具有两个方面的潜在优势。一方面，利润分享计划使员工的直接薪酬的一部分与组织的总体财务薪酬联系在了一起，向员工传递了财务绩效的重要性的信息，从而有助于促使员工关注组织的财务绩效以及更多地从组织目标的角度去思考问题，员工的责任感、身份感和使命感会增强，而不像个人绩效奖励计划那样会引导员工只关注个人的行为和工作的结果；另一方面，由于利润分享计划不会进入员工个人的基本薪酬之中，因此它具有这样一个有利的特点，即在企业经营陷入低迷时有助于企业控制劳动力成本，从而避免在解雇人员方面产生较大的压力，而在经营状况良好的时候，则为组织和员工之间的财富分享提供了方便。利润分享计划的这样一个特点对于经营的周期性很强的企业会比较有效，因为这些企业的固定薪酬通常相当于或者低于市场水平，而且希望薪酬能够保持一定的灵活性，而利润分享计划恰恰使得它们能够在经营好的年份支付高于

市场水平的薪酬，而在不景气的年份则不必大量裁减人员或压缩正常的成本开支。

但是，利润分享计划的缺陷也是非常明显的。其主要表现是，尽管利润分享计划可以从总体上激励员工，但是它在直接推动绩效改善以及改变员工或团队行为方面所起的作用却不大。其中原因主要是：组织的成功尤其是利润更多的是取决于企业的高层管理者们在投资方面、竞争战略、产品以及市场等方面所做出的重大决策，员工个人甚至员工群体的努力和企业的最终绩效之间的联系是非常模糊的，进而言之，除了中高层管理者之外，大多数员工都不大可能看到自己的努力和自己的利润分享计划下所能够获得的报酬之间到底存在多大的联系。按照期望理论的观点，员工的工作动机取决于行为和有价值的结果之间所具有联系的紧密程度。如果员工看不到如何才能增加利润以及确保利润分享基金到位，那么，他们是不可能因为这一计划的存在而更加努力地工作的。因此，利润分享计划更适用于小型组织或者大型组织中的小型单位，因为在这样一些规模较小的单位中，员工知道如何达到利润目标并且对利润目标的实现确实是有一定的影响力的。

2.4.4　收益分享计划

收益分享计划是企业提供的一种与员工分享因生产率提高、成本节约和质量提高而带来的收益的绩效奖励模式。通常情况是，员工按照一个事先设计好的收益分享公式，根据本人所属工作单位或群体的总体绩效改善状况获得奖金。这是一种在20世纪90年代初开始流行的浮动薪酬计划。在通常的收益分享计划中，报酬会在群体内所有员工之间公平地进行分配，分配的方式或者是根据每个人的基本薪酬的某一相同比率发放，或者是按每完成一个小时的工作获得相同的小时报酬这种方式发放，或者是每个人都得到相同金额的平均发放。收益分享计划的基础是群体绩效而不是个人绩效，并且这种群体绩效通常是一种短期的群体绩效。

收益分享计划和利润分享计划之间存在着本质的区别。首先，收益分享计划并不使用整个组织层次上的绩效衡量指标，而是对某一群体或者部门的绩效进行衡量，准确地说，它不是要分享利润的一个固定百分比，而常常是与生产率、质量改善、成本有效性等方面的既定目标达成联系在一起的（通常是因生产率和质量改善所导致的成本节约）。如果这些目标达成，则群体分享实现货币收益的一部分。显然，这些成本、质量和效率指标比利润指标更容易被员工们看成是他们自己所能够控制的，行为、绩效和结果之间的关系更近了，也更为清晰了，员工们能够更为清楚地知道何种行为或价值观变化能够知道预期的结果，这样，收益分享计划的激励性就可能会比利润分享计划的激励性更强。

其次，收益分享计划下的奖励支付通常比利润分享计划下的奖励支付周期更短，更为频繁。在很多组织中，收益分享计划的收益分配依据是月绩效，并且通常不采取延期的方式支付。这样，尽管收益分享计划是建立在群体绩效的基础之上，但是它对于员工的绩效奖励却相对较为及时。从某种意义上来说，收益分享计划实际上把像利润分享计划这样一些以组织绩效为导向的绩效奖励计划的优点，与像绩效加薪和个人绩效奖励计划这样一些以个人绩效为导向的奖励计划的优点结合了起来。一方面，收益分享计划与利润分享计划相同，也比个人绩效为导向的绩效奖励计划更有利于员工关注范围更大一些的目标，促进员工以及整个公司在绩效改善方面形成伙伴关系；但另一方面，收益分享计划又与利润分享计划不同，它几乎还能像个人绩效奖励计划那样对员工进行激励。

最后，收益分享计划具有真正的自筹资金的性质，因为作为收益分享基础的收益是组织过去无法赚取或者节约出来的钱；这些钱是经过员工们的努力之后创造出来的，而不是企业从自己的口袋里掏出来的。所以，它不会对组织的收益存量产生压力。这是收益分享计划的一个非常重要的特征，也是其得到企业界普通欢迎的一个重要原因。

2.4.5 成功分享计划

成功分享计划又被称为目标分享计划，它的主要内容是运用平衡记分卡方法来为某一个经营单位指定目标，然后对超越目标的情况进行衡量，并根据衡量结果来对经营单位提供绩效奖励。这里的经营单位既可以是整个组织，也可以是组织内部的一个事业部、一个部门，还可以是某个员工群体。无论如何，成功分享计划的报酬支付基础是经营单位的实际工作绩效与预定绩效目标之间的比较——也就是既定绩效目标的达成情况或者绩效改善的程度。此外，成功分享计划所涉及的目标可能包括在财务绩效、质量与客户满意度、学习与成长以及流程等各种绩效方面的改善，并且在成功分享计划中，每一项绩效目标都是相互独立的，经营单位每超越一项绩效目标，就会单独获得一份奖励，经营单位所获得的总奖励金额等于其在每一项绩效目标上所获得的奖励总和。

成功分享计划成功的关键在于为每个经营单位确定一整套公平的目标，这种目标要求经营单位通过努力去超越它们自己在上一绩效周期内所达成的某些绩效目标。由于成功分享计划所关注的是经营单位的绩效改善程度，因此，它并不一定反映这一经营单位本身的盈利状况——尽管盈利性永远都是确定经营目标时的一个首要因素。对于成功分享计划来说，另外一个很重要的因素就是要让员工们理解他们是如何对组织经营目标的达成产生影响的。达到这一目标的途径之一是

让所有的员工都参与到目标的制定过程中来，因此，成功分享计划往往会将一个经营单位中的所有员工都纳入到该计划中来，从而获得全体团队成员对于绩效目标的一种承诺。

与收益分享计划、利润分享计划一样，成功分享计划也属于一种群体激励计划。但是成功分享计划与利润分享计划和收益分享计划之间仍然存在区别。这种区别最明显地体现在作为奖励基础的目标上：一方面，成功分享计划不同于收益分享计划，收益分享计划所关注的主要是生产力和质量指标，与直接的利润指标无关，而成功分享计划所涉及的目标则可能包括财务绩效、质量和客户满意度、学习与成长以及流程等经营领域中的各个方面；另一方面，成功分享计划与利润分享计划也不同，利润分享计划所关注的则是组织目标尤其是财务目标是否达成，而成功分享计划所关注的是员工在团队层次上的表现以及一些更为广泛的绩效结果。成功分享计划的目的就在于将某一经营单位内的所有员工与某些预定的绩效改善目标联系在一起。如果这些目标达到了，则员工们就会得到货币报酬。

2.4.6　其他的一些长期激励计划

表 6-11 列出了其他的一些长期激励计划，简要说明了它们的形式特点及运用这些计划的典型公司。

表 6-11　其他几种长期激励计划

长期激励计划	采用该计划的公司
溢价股票选择权：股票的预购价格高于发行时的市场价值，其目的在于比标准股权产生更强的激励作用	Transamerica Monsanto
长期股权：将股权期限延长到 10 年以上，使授予期限比传统授予期限长 3~4 年。目的是将公司高层管理人员长期留在公司	Chiquita 迪斯尼公司
指数化股权：股票的预购价格围绕一种股值上下移动。激励绩效股的产生	Becton Dickinson
外部标准的长期激励：风险收益给予外部标准而不是内部的预算或目标。推动本公司与其他大公司进行比较，尤其是同行业的大型公司，只有绩效高于这些公司才能获得风险收益	Procter & Gamble 摩托罗拉公司
职业津贴：在员工退休以前，股票不得全额兑现。这种方法适用于对公司核心员工的激励和约束。增加核心员工在公司的工作时间	可口可乐公司 Procter & Gamble ARM

资料来源：Michael Davis, "Long Term Incentive-Going beyond the Typical Use", *Conference Board Compensation Conference*, New York City, 1997.

第三节　绩效考核与奖金发放

3.1　绩效考核方法

3.1.1　绩效考核的分类

（1）按考核的特点可分为综合型、品质基础型、行为基础型和效果基础型。综合型主要适用于对员工进行整体评价与鉴定，通常只对员工的道德品质、作风、基本能力和智力等进行粗线条、轮廓性和定性的考核。品质基础型比综合型要细致，通常从不同维度进行考核，但考核内容较抽象，主要涉及个人品行。行为基础型比品质基础型细致，这类方法不但是多维的，而且每个维度都有标准的尺度，如优、良、中、可、劣等，因此，它比品质基础型更具操作性，但这类方法的考核尺度受主观因素影响较大，因此，实际结果往往导致可信度不高。效果基础型着眼于"干出了什么"而不是"干什么"，由于考核重点在于产出和贡献而不在于行为和活动，因此，这类方法硬而实，直观性好，操作性强，但只看结果，不看手段，往往容易被短期的、表面的现象所迷惑。

（2）按照考核方法的性质可分为客观考核法和主观考核法。客观考核法主要依靠两类硬性指标进行考核：一是生产指标，如产量、销售额、废次品率、原材料消耗率、能耗率等；二是个人工作指标，如出勤率、事故率等。按说客观考核法应该是最可信的，也应该是最公平的，但由于员工工作绩效受多种因素影响，特别是受自身不可控的外部环境因素影响较大，因此，实际结果信度并不高。另外，管理人员的绩效很难直接量化为可测指标，这也决定了其应用的局限性。主观考核法需凭考评者的主观判断，因此，易受心理偏差的左右，但这种方法适用面广，如果程序严密，运用恰当，也可以收到较好的效果。

（3）按照考核标准的类别可分为特征导向评价方法、行为导向评价方法、结果导向评价方法。三类方法的实例如表 6-12 所示。

表 6-12　绩效考核方法类别体系实例

①特征导向评价方法 根据下述特征对员工进行评级
1. 对公司的忠诚　　很低　低　平均　高　很高 2. 沟通能力　　　　很低　低　平均　高　很高 3. 合作精神　　　　很低　低　平均　高　很高

续表

②行为导向评价方法
根据下述量级，评定员工表现各种行为的频率
1=从来没有　　2=极少　　3=有时　　4=经常　　5=几乎总是
（　　）1. 以愉悦和友好的方式欢迎顾客。
（　　）2. 没有能力向顾客解释产品的技术问题。
（　　）3. 正确填写收费卡片。

③结果导向的评价方法
根据生产纪录和员工档案，提供员工的下述信息。
1. 本月生产的产品数量。
2. 质检部门拒绝通过并销毁的产量数目。
3. 质检部门拒绝通过并退回返修的产量数目。
4. 本月中员工没有正式医院诊断情况下的缺勤天数。

①以员工特征为基础的绩效考核方法是指以员工的决策能力、对组织的忠诚度、人际沟通技巧和工作的主动性等个人特性为主要依据的绩效考核方法。其特点是侧重于回答员工"人"怎么样，而不重视员工的"事"做的如何。这类考核方法的优点是简便易行，但存在严重的缺陷：首先，在评价过程中所采用的员工特性与其工作行为和工作结果之间缺乏确定的联系，因此效度差。例如，一名性情非常暴烈的员工在待客户的态度上却可能非常温和。其次，受不同认识的影响，不同的评价者对同一员工的评价结果可能相差很大，从而评价结果缺乏稳定性。第三，它无法为员工提供有益的反馈信息。

②以员工行为为基础的绩效考核方法是指依据员工的行为方式建立的绩效考核方法。这类方法的优点是它克服了以员工特征为基础的绩效考核方法无法为员工提供改进工作绩效反馈信息的弊端，缺点是它无法涵盖员工达成理想工作绩效的全部行为。例如，一名保险推销员可能采取煽动性很强的行为在一个月实现60万元的保费收入。而另一名保险推销员可能采取非常谨慎的，以事实讲话的方式也在一个月实现60万元的保费收入。在这种情况下，如果员工的绩效考核体系认为前一种方法是有效的，那么对第二个员工就很不公平。可见。这类方法只有在工作完成的方式对组织目标的实现非常重要的情况下，才显得十分有效。例如，一名售货员在顾客进入商店时应该向顾客问好，帮助顾客寻找他们需要的商品。及时地开票和收款，在顾客离开时礼貌地道谢和告别。这种行为方式对组织目标的实现就很重要，反过来，在前面讲到的保险推销员的例子中，则使用结果导向的考核方法要更为合理。可见，当员工工作任务的具体完成方法不重要，且存在多种完成任务的方法时，应改用结果导向的考核方法。

③以结果导向的考核方法是指将员工的工作结果与预先设定的最低工作成绩

标准进行比较来作为考核依据的方法。最低工作成绩标准通常包括两种信息：一是员工应该做什么，即工作内容，包括工作任务量、工作职责和工作的关键因素等；二是员工应该做到什么程度，即工作标准。工作标准应清楚明确，便于管理者和员工都理解工作的要求，理解是否已经满足了这些要求。结果导向的考核方法也有缺点，表现在：第一，当员工最终的工作结果不仅取决于员工个人的努力和能力因素，也取决于经济环境、原材料质量等多种其他因素时，这类方法便缺乏有效性。第二，结果导向的绩效考核方法可能强化员工不择手段的倾向。第三，在实行团队工作的组织中，把员工个人的工作结果作为绩效考核依据会加剧员工个人之间的不良竞争，妨碍彼此之间的协作和相互帮助，不利于整个组织的工作绩效。第四，这类方法虽然可以告诉员工其工作成绩可以接受的最低标准，但是它却无法提供如何改进工作绩效的明确信息，因此，它在为员工提供业绩反馈方面的作用不大。

3.1.2　绩效考核的方法

（1）排序法。排序法主要包括以下几种具体方法：

①直接排序法。即将员工按从好到坏的顺序排列。先找出最好的，再找出次好的，如此等等，直到找出最差的列于序尾。这种方法所需时间成本少，简便易行，适合于员工数量较少的组织采用。

②交错排序法。这种方法是在所有需考核的员工中先找出最优者，然后选择出最差的员工，将他们分别列为第一名和最后一名。然后在余下的员工中再选择出最好的员工为整个序列的第二名，选择出最差的员工作为整个序列的倒数第二名。依次类推，直到将所有员工排列完毕，就可以得到对所有员工的一个完整的排序。人们在直觉上相信这种交错排序法优于直接排序法。

③成对比较法。这种方法是根据某一标准将每一员工与其他员工逐一配对比较。每次比较时，较优者记为"＋"，另一个员工就记为"－"，所有员工都比较完后，计算个人"＋"的个数，依次对员工作出评价。"＋"的个数多的员工，其名次就排在前面。如表6-13所示。

表6-13　成对比较法示例

对比者 被考核者	A	B	C	D	E	"＋"的个数	序位
A		－	－	＋	＋	2	3
B	＋		＋	＋	＋	4	1
C	＋	－		＋	＋	3	2

续表

对比者 被考核者	A	B	C	D	E	"+"的个数	序位
D	—	—	—		—	0	5
E	—	—	—	+		1	4

④代表人物比较法。与成对比较法相近的是代表人物的比较法。这种方法是先确定考核的要素项目内容和每项内容在整个考核中所占的比重，然后从被考核者中选出若干代表人物，分别代表每项内容的一定等级，再将被考核者与这些代表人物比较，确定其相互的等级，最后将各项目内容的考核结果加权合计，得出每个被考核者的考核结果。具体方法见表 6-14 所示。

表 6-14　代表人物比较法示例

类别 档次 被考核者	考核内容：工作积极性			基准人姓名：××	
	A	B	C	D	E
甲					
乙 丙 . . .					

⑤强制正态分布法。这一方法的理论依据是数理统计中的正态分布概念，认为员工的业绩水平遵从正态分布，因此可以将所有员工分为杰出的、高于一般的、一般的、低于一般的和不合格的五种情况，其分布的典型形式如图 6-1 所示。

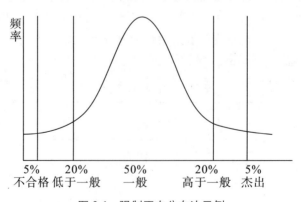

图 6-1　强制正态分布法示例

强制正态分布法的优点是可以克服评价者过于宽容或过于严厉的结果，也可以克服所有员工不分优劣的平均主义。其缺点是：如果员工的业绩水平事实上不遵从所设定的分布样式，那么按照评价者的设想对员工进行强制区别就容易引起员工不满。为了克服强制分布评价方法的缺陷，同时也为了将员工的个人激励与集体激励更好地结合起来，通常使用团体评价制度来改进强制分布法的结果。实施这种评价方法的基本步骤是：第一，确定 A、B、C、D、E 各个评定等级的奖金分配的点数，使各个等级之间点数的差别具有充分的激励效果。第二，由每个部门的每个员工根据绩效考核的标准，对自己以外的其他所有员工进行 0～100 分的评分。第三，对称地去掉若干个最高分和最低分，求出每个员工的平均分。第四，将部门中所有员工的平均分加总，再除以部门的员工人数，计算出部门所有员工的绩效考核平均分。第五，用每位员工的平均分除以部门的平均分，得出一个标准化的评价得分。凡评价的标准分为 1 及其附近的员工得 C 等级的评价，评价的标准分明显大于 1 的员工得 B 等级甚至 A 等级的评价，而那些评价的标准分明显低于 1 的员工则得到 D 等级甚至 E 等级的评价。在某些企业中，为了强化管理人员的权威，还可以将员工团体评价结果与管理人员的评价结果的加权平均值作为员工最终的考核结果，但是需要注意的是，管理人员的权重不应该过大。各个评价等级之间的数值界限可以由管理人员根据员工过去的业绩考核结果的离散程度来确定。第六，根据每位员工的评价等级所对应的奖金分配点数，计算部门的奖金总点数，然后结合可以分配的奖金总额，计算每个奖金点数对应的金额，并得出每个员工应该得到的奖金数额。其中，各个部门的奖金分配总额是根据各个部门的主要管理人员进行相互评价的结果来确定的。

上述五种方法均属于员工比较类的考核方法。这类方法首先由于它考核的基础是整体的印象，而不是具体的比较因素，所以很难发现存在问题的领域，因此不适合用来对员工提供建议、反馈和辅导。其次，使用这种考核技术即使可以在员工之间给出一个用来相互比较的量化分数，但是在员工提出异议的情况下，考核者很难为自己的结论提出有力的证据，因此在为奖金分配提供依据方面作用有限。第三，设计和应用员工比较考核方法的成本很低，这是这类考核技术突出的优点。第四，这类考核技术在大多数情况下可以保持考核尺度的一致性，但也很容易发生光环效应和武断评价。

国际上不少知名企业的绩效考核都使用排序法。比如著名的英特尔公司的员工绩效考核体系就采用排序法。英特尔公司的评价周期是一年，员工的评价记录载入档案。对员工排序的方式是主管人员在一起开会，对承担相同工作的员工，根据他们各自对部门或组织的贡献大小进行排序。该公司的经验是一个考核单位

中包括的员工的数目正好在 10～30 人。在过去，英特尔公司将员工区分为常见的 A、B、C、D、E 五个等级，结果被评价为 C 的员工最多，但是他们并不被视作有成就的员工，这严重影响了员工的心理。现在，英特尔公司已经将评价结果的五个等级简化为"杰出"、"成功"和"有待改进"三个层次，有效地解决了这一问题。

（2）关键事件法。这是由美国学者弗拉赖根和伯恩斯共同创立的方法。其实质是通过被考核人在工作中极为成功或极为失败的事件的分析和评价来考核被考核人的工作绩效。在应用这种评价方法时，负责考核的主管人员要把员工在完成工作任务时所表现出来的特别有效的行为和特别无效的行为记录下来，形成一份书面报告。同时在对员工的优点、缺点和潜在能力进行评价的基础上提出改进工作绩效的意见。如果考核者能够长期观察员工的工作行为、对员工的工作情况十分了解，同时也很公正和坦率，那么这种评价报告是很有效的。但是，由于书面报告是对不同员工的不同侧面进行的描述，没有对员工评定给出一个综合的分数，因此无法在员工之间进行横向的比较，从而也就无法为员工的奖金分配提供依据。其次，考核者用自己制定的标准来衡量员工，员工没有参与的机会，所撰写的工作报告能否为员工提供建议和辅导也取决于考核者在撰写工作报告时所选择的主题，因此，这种方法不适合于人事决策。第三，关键事件法的设计成本很低，但是应用成本很高，这是这种考核技术的突出特点。第四，采用这种考核方法时，如果考核者对员工的观察是充分而准确的，那么就能避免评价误差，但是由于工作是非结构化的，在衡量指标上缺乏统一的规范，因此很容易发生评价误差。

但是，关键事件法也有其优越性。首先，它使得主管不得不考虑下属在整个一年时间（或更长时间）里所积累的关键事件，并花足够的时间去分析，从而避免了考核中只关注最近有关绩效状况的倾向。其次，保留一系列关键事件有助于使主管更清楚哪些方面是下属做得较好的，哪些方面还需要通过指导来改进不足。再次，借助于一系列事实记录有利于使许多评定误差得到较好的控制。因此，在实践中，也不乏运用成功的例子。

（3）行为对照表法。这是将被考核者的情况与行为描述表一一对照，选择合适的描述语言的方法。在应用这种考核方法时，人力资源管理部门要给考核者提供一份描述员工规范的工作行为的表格，考核者将员工的工作行为与表中的描述进行对照，找出准确描述员工行为的陈述。这一方法得到的考核结果比较真实可靠。在某些情况下，行为对照表对每一个反映员工工作行为的陈述都给出一系列相关的进度判断，每一判断被赋予不同的分数。考核者根据员工的行为表现进行选择后，员工在各项上的得分加总就是这一员工的总分。

行为对照表法的一个改进方法是所谓的强制选择法。即设计一个行为对照表,其中的考核项目分组排列,但是每个考核项目并不列出对应的分数,考核者从行为对照表中挑选出他认为最能够描述和最不能够描述员工的工作的陈述,然后汇总到人事部门,由人事部门根据不公开的评分标准计算每位员工的总分。这种方法最显著的优点是可以减少考核者对员工的主观成分,建立更加客观的考核体系。其次,由于这种考核技术可以通过对各项评价指标的重要性设置权重,从而可以得到在员工之间进行相互比较的分数,由此能够较好地为奖励和发展机会的分配提供依据。第三,设计行为对照表虽然要花费很大的成本,但是执行的成本很小,因此和其他的评价技术相比,成本水平居中。第四,这种评价技术的评价标准与员工的工作内容的相关性很高,因此评价误差比较小。但这种方法由于只能够发现一般性的问题,考核者不知道他所选择的项目代表何种工作水平,因此不适合用来对员工提供建议反馈和辅导。

(4)等级鉴定法。这是一种历史最悠久的也是应用最广泛的员工绩效考核技术。在应用这种考核技术时,考核者首先确定绩效考核的标准,然后对每个考核项目列出几种行为程度供考核者选择,如表6-15所示。

表6-15 等级鉴定法范例

员工姓名:		工作部门:		评价者:		日期:	
评价标准	权重(%)	优秀5	良好4	满意3	尚可2	不满意1	得分
工作质量	25						
评语							
工作知识	15						
评语							
合作精神	20						
评语							
可靠性	15						
评语							
创造性	15						
评语							
工作纪律	10						
评语							
得分							

等级鉴定法的效度取决于三个方面：一是各项选择含义的明确程度；二是人们在分析评价结果时分析理想答案的清晰程度；三是对于考核者来说各个评价项目含义的清晰程度。这种方法所需要花费的成本比较低，容易使用。假定优秀等于5分，良好等于4分，满意等于3分，尚可等于2分．不满意等于1分，于是在各个评价标准设定了权重之后，员工业绩的评价结果可以加总为用数字来表示的结果，可以进行员工之间的横向比较。等级鉴定法在评价内容的深度方面不如关键事件法，它的主要优点是适应性强，相对比较容易操作和成本比较低。其缺点是：这种技术虽然可以得出在员工之间相互比较量化的分数，但是在员工提出异议的情况下，考核者很难为自己的结论提出有力的证据，因此在为奖金的分配提供证据方面的作用有限。此外，虽然这种考核技术的考核指标在形式上非常明确，但是由于指标定义方面的缺乏和执行中的不同理解都可能产生考核误差。

（5）行为锚定评分法。这种方法是量表评分法与关键事件法的结合运用。它使用量表评分法对每一考核项目进行定义、设计出一定刻度（评分标准），同时使用关键事件法对不同水平的工作要求进行描述，并使之与量表上的一定刻度相对应和联系（即锚定）。行为锚定评分法的实施步骤是：第一，主管人员确定工作所包含的活动类别或绩效指标。第二，主管人员为各种绩效指标撰写一组关键事件。第三，由一组处于中等立场的管理人员为每一个考核指标选择关键事件，并确定每一个绩效等级与关键事件的关系。第四，将每个考核指标中包含的关键事件从好到坏进行排列，建立行为锚定考核体系。表6-16是为一个学生宿舍的舍监教师建立的行为锚定评分法中"关心学生"评价指标的考核标准实例。

表6-16　行为锚定评分法范例

评价指标：关心学生				
指标定义：积极结识住宿的学生，发现他们的需要并真诚对他们的需要做出反应。				
评级等级：				
最好1	较好2	好3	较差4	最差5
当学生面有难色时上前询问对方是否有问题需要一起讨论	为住宿学生提供一些关于所修课程的学习方法上的建议	发现住宿学生时上前打招呼	友好地对待住宿学生，与他们讨论困难，但是随后不能跟踪解决困难	批评住宿学生不能解决自己遇到的困难

资料来源：George T. Milkovich and John W. Boudreau, Human Resource Management. Richard D. Irwin, 1994.

行为锚定评分法的主要优点是：首先，具备具体行为描述的锚定词，不仅给考核者给分时有了分寸感，而且使被考核者较深刻地信服其行为欠缺，因此，有利于对员工提供建议和辅导。其次，这种考核方法可以得出在员工之间相互比较的量化分数，而且在员工提出异议的情况下，考核者能够明确地依据员工的行为为自己的结论提出有力的证据，由此适合用来为奖金的分配提供依据。第三，设计行为锚定方法的成本很高，但是应用这种评价技术的成本很低，这一点与行为对照表方法相同。第四，由于这种评价技术依据的是员工的行为，因此能够有效地避免评价误差。

与行为锚定评分法相近的一种较新的考核方法是行为观察法（BOS）。这种方法的特点是考核者只需描述被考核者行为的频率而不必考核其行为质量，也就是说只需记录各种可观测到的行为的次数的多少，如总是、经常、偶尔、很少、从不等，而不必决定这些行为是好是坏。评分则由考核者判断的行为频率和行为的权重来决定。表 6-17 为行为观察法的一个实例。

表 6-17　行为观察法范例

工作的可靠性（项目工程师）						
1. 有效地管理工作时间						
几乎没有	1	2	3	4	5	几乎总是
2. 能够及时地符合项目的截止期限要求						
几乎没有	1	2	3	4	5	几乎总是
3. 必要时帮助其他员工工作以达到项目的期限要求						
几乎没有	1	2	3	4	5	几乎总是
4. 必要时情愿推迟下班和周末加班工作						
几乎没有	1	2	3	4	5	几乎总是
5. 预测并试图解决可能阻碍项目按期完成的问题						
几乎没有	1	2	3	4	5	几乎总是
13 分及其以下	14～16 分		17～19 分	20～22 分		23～25 分
很差	差		满意	好		很好

行为观察法的主要优点是设计和实施所需花费的时间和成本较少，能够给员工提供信息反馈，并有助于通过个体目标的设立显著地改善生产率，不足之处是考核者对行为频率的两端的理解往往存在差异，这种差异容易导致绩效考核稳定性的下降。

（6）目标管理评价法。这种评价方法的过程非常类似于主管人员与员工签订

一个合同，双方规定在某一具体的时间内达到某一个特定的目标。员工的绩效水平就根据这一目标的实现程度来评定。实施目标管理评价法的关键是要分别为组织、组织内的各个部门、各个部门的主管人员以及每一位员工制定具体的工作目标。目标不是指员工的工作行为目标，而是指每位员工为组织的成功所作的贡献的大小。因此，目标必须是可以衡量和可以观测的。目标制定要符合所谓的SMART原则：第一，具体目标（special results），即规定一个具体的目标。第二，可测量（measurable），即目标可以用数量、质量和影响等标准来衡量。第三，可接受（accepted），即设定的目标应该被管理人员和员工双方接受。这意味着目标水平不能过高，应该让员工能够接受；同时，目标水平也不能过低，应该让管理人员也能够接受。第四，相关的（relevant），即设定的目标应该是与工作单位的需要和员工前程的发展相关的。第五，时间（time），即目标中包含一个合理的时间约束，预计届时可以出现相应的结果。目标管理评价法的优点是便于发现具体的问题和差距，有利于制定今后的工作计划，有利于对员工提供建议反馈和辅导。此外，由于这种评价技术的评价标准直接反映了员工工作内容，结果易于观测，因此较少出现评价误差。目标管理评价法的缺点是：第一，由于这种评价技术没有在员工之间和工作部门之间建立统一的目标，因此不便于对员工和各个工作部门的工作绩效进行横向比较，不便于为奖金的分配提供依据，也不便于为员工日后的晋升决策提供支持。第二，设计目标管理评价体系需要花费很多资金和时间，因此成本很高，同时设计过程本身也很困难。如果员工在本期完成了设定的目标，那么管理人员就倾向于在下一期提高目标水平。如果员工在本期没有完成目标，那么管理人员在下一期倾向于将目标设定在原来的目标水平上，从而产生所谓的"棘轮效应"。第三，当市场环境在目标设定之后发生意外的变动时，将影响员工目标的完成情况。如果出现的是有利变化，受益者是员工；如果出现的是不利变化，受益者是企业。

（7）图尺度考核法。图尺度考核法是最简单和运用最普遍的绩效考核方法之一，一般采用图尺度表（工作绩效考核表）填写打分的形式进行。一张典型的绩效考核表一般包括以下内容：

①员工基本情况。如姓名、职位、所在部门等。

②绩效考核原因。如年度例行考核、晋升、绩效不佳、工资、试用期结束、其他。

③考核时间。如员工任职时间、最后一次考核时间、正式考核日期时间。

④考核等级说明。一般可以采用OVGIUN标准：

O——优秀（outstanding）：绩效十分突出，明显比其他人的绩效优异；

V——很好（very good）：工作绩效明显超出职位要求，绩效完成质量高，并且在考核期间一贯如此；

G——好（good）：符合职责要求，达到了称职和可信赖的绩效；

I——需要改进（improvement needed）：存在一定缺陷，需要进一步改进；

U——不令人满意（unsatisfactory）：绩效水平总体而言不能让人接受，必须立即加以改进，一般在考核中评定为这一级的员工不能获得奖金；

N——不做考核（not rated）：在绩效等级表中没有可以利用的标准或因时间太短等因素而无法作出考核结论。

⑤绩效考核要素，也就是考核指标。一般性的绩效指标包括质量、生产率、工作知识、可信度、勤勉性、独立性等。在考核表中要对每一个要素作出定义，然后按考核等级标准打分。

⑥填写打分说明，考核人签字。

将以上这些基本内容进行结构化整合，体现为表格的形式，就成了一张绩效考核表。在表格上对每个考核要素按标准等级进行打分，最后的总分就可作为被考核者的考核结果。

3.1.3　绩效考核方法的选择

如上所介绍，各种考核方法都有优缺点，不存在一种能适合任何场合，或者在任何场合都有效的方法。在具体应用时，可依据以下方面进行选择。

（1）绩效考核的目标。如当考核目标是为员工提供信息反馈，以改进工作绩效时，则宜选择行为锚定评价法、目标管理评价法等；当考核目标是为了运用于薪酬制度时，则可选择行为对照表法、行为锚定评价法。

（2）使用成本的大小。有些方法在许多方面都有效，但需消耗大量的人力、物力，因此，当费用受到一定限制时，则不宜选择过于复杂的方法。从成本方面考虑，排序法、等级鉴定法成本较低，目标管理评价法成本较高，关键事件法和行为对照表法、行为锚定评价法成本居中。

（3）被考核者的职务层次和类型。不同的绩效考核方法对不同类别的员工有不同的有效性，如关键事件法较适合于管理人员的绩效考核，目标管理评价法较适合直接生产人员的绩效考核。

（4）方法的简便、精确性。一般而言，在其他因素相同的情况下，应选择那些比较容易实施、考核误差较小的方法。这既可提高考核的精确性，又可减少培训考核者的时间和管理考核体系的难度。

3.2　奖金发放的方式与程序

企业奖金是以货币形式支付给职工的劳动报酬。因而企业在发放奖金之前，就必须先有足够的经费并按一定的程序提取现金。

3.2.1　企业奖金经费的来源

奖金来源是指提取奖金的经费渠道。从根本上说，企业奖金来源于企业劳动者新创造的价值。但从财务渠道上说，企业奖金经费，尤其是经常性（包括综合奖和部分单项奖）奖金的经费，有其指定的来源，一般是从专项经费或指定经费中提取，不可擅自挪用其他经费。我国企业奖金来源主要有四个渠道。

（1）从奖励基金中提取。奖励基金是企业按照一定的比例和标准从指定的经费项目中提取的专用基金。在实行利润留成制度的企业中，奖励基金来自两个方面：一是按职工标准工资总额的一定比例（一般为10％～12％），从生产费用中提取，并将所提奖金计入生产成本；二是按照规定的比例从企业留利中提取。实行利改税制度的企业，其奖励基金完全从企业利润中提取。从企业留利和利润中提取的奖金，均不得计入产品成本。

企业的奖励基金是奖励职工的专用基金，但并非所有的奖金都从奖励基金中支付。从奖励基金中支付的奖金主要是综合性奖金，其中包括缴纳奖金税的经费。此外，企业自建的某些津贴和单项性奖金（经常性的或一次性的）、职工浮动工资，也必须从奖励基金中开支。奖励基金是企业奖金经费的主要支付渠道。

（2）从节约的资金中提取。各种节约奖奖金都可以通过此渠道提取。如节约油料奖金从所节约的油料的价值中提取；节电奖金从所节约的电力的价值中提取等等。通过这种渠道提取奖金，在提取标准上有一定的灵活性，一般是节约价值来得容易者提取的比例小，节约价值来得艰难者提取的比例大；同一种奖金的提取标准在不同企业之间也可以有所差别。

（3）从企业基金中提取。企业基金是根据国家规定的比例，从企业实现的利润（除去上缴利润或税金）中提取的专用基金。企业基金除了主要用于举办职工集体福利设施和农副业生产，弥补职工福利基金的不足之外，还用于企业劳动竞赛奖的奖金支付。此外，厂长（经理）对某些单位、某项任务或某些职工所颁发的各种一次性奖金，也往往从企业基金中支付。企业基金虽不是奖励的专用基金，但也是企业奖金经费的一个来源。

（4）国家或上级主管机关直接发给企业或企业某些职工的奖金，由授奖机关拨给经费。从上述四个经费渠道看，前三个是来自企业内部，最后一个来自企业外部。这样，企业职工所得奖金的来源，则一是企业自有资金，二是上级（企业主管机关和国家）拨款。其中自有资金是企业奖励经费的大头，也是最可靠的经费来源。因此，企业应该不断改善经营管理，调动各方面的积极性，提高劳动生产率，力争提取更多的奖励基金和企业基金，以保证企业奖励有充足的经费来源。

3.2.2 奖金税

奖金税是国家对企业奖金超额部分的征税。它是国家废除对企业奖金"封顶"的规定之后所采取的一种经济限制措施，其主要目的是控制消费基金的过快增长。此外，这一措施对保证国家、企业和劳动者个人三者之间物质利益原则的贯彻执行，也有一定的作用。为此，国家根据各个时期的具体情况，对企业的年度奖金总额规定了不同的限额，凡限额之内的奖金予以免税，超出限额的部分要纳税。

3.2.3 奖励条件

奖励条件，即奖金发放的标准，一般是指特定奖项所要求的超额贡献的数量和质量标准，奖励条件的确立原则为：

（1）要与员工的超额贡献紧密结合，实行多超多奖、少超少奖、不超不奖的奖励原则。

（2）对不同性质的超额贡献采用不同的评价指标和奖励方式，准确反映各类员工所创造的超额贡献的价值。

（3）将奖励的重点放在与企业效益有关的生产环节和工作岗位，以实现提高企业生产经营效益、降低生产成本的最终目的。

（4）奖励条件做到公平合理、明确具体、便于计量。科学化、数量化和规范化的工作评估体系是奖励工作的基础。表 6-18 是我国企业中常用的奖励指标和奖励条件。

表 6-18　奖励指标与奖励条件

部门	奖励指标	奖励条件
生产部门	产量或工作量	超出目标量部分，按比例计奖
	产品质量	合格率、优良率或不良率，超标计奖
	产品投入产出	产出量与投入量之比值，超标计奖
	原材料消耗	单位产品物耗、允许损耗，从节约值中计奖
	利润	超出生产利润指标，从超值中计奖
	劳动纪律	按违纪项目、次数扣奖

续表

部门	奖励指标	奖励条件
生产部门	操作规程	按违规项目、次数扣奖
	客户投诉	按投诉次数、性质、程度扣奖
	交办事项	完成时效、质量，可加奖额
	其他	工作环境、出勤率、服务满意程度等
销售部门	销售或订货	单位时间完成销售量或订货量
	货款回收	在限期内货款的回收率
	毛利率	产品定价与成本比率
	其他	出勤、劳动纪律等
服务部门	所属部门效率	按所属部门平均奖金一定比率计奖
	部门特定指标	如盘库误差率、维修及时率、故障率、保养费支出等
	其他	出勤、用户投诉等

资料来源：刘雄、赵延：《现代工资管理学》第 174 页，北京经济学院出版社 1997 年版。

3.2.4 奖励项目

根据上述奖励条件可以划分以下奖励项目：

（1）刺激员工超额贡献的奖励项目。这些项目体现多超多获奖的原则，例如通过测评产品数量、产品质量、销售、利润等指标决定奖励薪酬分配。

（2）约束员工节约成本、减少消耗的奖励项目。这些项目体现为企业增收节支就可获奖，例如根据原材料消耗、劳动纪律、操作规程、客户投诉等指标决定奖励薪酬分配。

（3）体现部门性质的奖励条件和奖励指标，例如生产部门主要以产量和质量以及原材料消耗等作为奖励条件；销售部门主要以销售量和销售收入作为奖励重点；服务部门主要以上岗情况和服务质量作为奖励依据。

这些项目独立评价，可以作为单项奖参考指标；全面考察，就是综合奖的评价指标，企业可以根据需要进行选择和组合。

3.2.5 奖励周期

计奖周期是指奖金核算、支付的时间单位。计奖周期的确定应视奖励指标的性质和工作需要选择：

（1）为持续的、有规律的生产和工作设置的产量奖、质量奖等，可以月、季等为时间单位。

（2）与经济效益和社会效益有关的奖励，可采取年终奖的形式。

（3）对紧急、临时性的贡献，则采取一次性奖励的方式。

3.2.6 奖励对象和单位

奖励对象和单位是指按不同工作特点划分的独立考核并计发奖金的部门和组织，有三种主要类型。

第一种类型：独立计奖单位。它是指计奖指标与计奖条件明确，可以进行独立工作评价的单位，例如生产车间、班组、营销单位等。

第二种类型：参照计奖单位。它是指企业中服务性、辅助性的工作部门，例如企业的后勤和维修部门等。这些单位的超额贡献难以独立计量，需要以被服务对象的绩效为基础，一般用被服务部门的加权平均奖金水平作为计奖依据。

第三种类型：平均计奖单位。它是指劳动成果不能准确计量的部门，例如办公室、行政管理部门等，一般取企业的平均奖。

3.2.7 奖金的提取

我国国营企业和集体企业的综合性奖金，一般实行月奖或季奖制，即每月或每季发奖一次。企业每月（季）根据生产（工作）任务的完成情况和现有奖励基金的承受能力，提出本奖励期（月或季）发放的奖金总额方案，经企业领导批准后，送上级主管部门核定。上级主管部门只对申请企业当月（季）的任务完成情况、奖励基金状况和当年奖金限额的使用情况及纳税凭证等进行一般性审查，之后，便在企业专用的"工资基金管理手册"上核定奖金数额，最后由企业财务部门凭此手册到开户银行提取现金。

企业自行建立的单项奖奖金的提取也按上述程序办理。国家规定建立的单项奖奖金有两种提取程序：一是企业自有经费支付的奖金，如各种节约奖、合理化建议和技术改进奖等，由企业奖金管理部门审查申报，上级主管机关审批并出具有关证明之后，再由企业财务部门开出现金支票，到开户银行提取现金；二是国家或上级领导机关发给的奖金，由发奖机关将经费拨给受奖企业，经企业财务部门开出现金支票，企业奖金管理部门（或企业财务部门）凭支票和领奖凭证，到开户银行提取现金。

奖金提取属于边缘业务，既是分配工作的一部分，又直接涉及财务、会计工作。因此，它不仅要接受分配政策的指导，服从分配工作的需要，还要接受财经纪律的约束。比如，严格按照规定的资金渠道提取，认真贯彻不挪用、不坐支等财务工作原则。为此，奖金提取一定要按照规定的程序办理，以保证企业奖励工作的正常进行。

本章小结

本章主要介绍了奖金的定义、类型等，而激励计划则作为奖金的方式受到了广泛的应用。文中按照职位，将激励计划分为生产工人激励计划、团队激励计划、组织激励计划、中高层管理人员激励计划、销售人员激励计划等，最后介绍了将组织作为整体的激励计划。奖金的发放是以绩效考核为依据的，文中介绍了绩效考核的主要方法，包括排序法、关键时间法、行为对照表法、等级鉴定法、行为锚定评分法、目标管理评价法和图尺度考核法。最后介绍了奖金发放的条件、周期和对象等。

学习重点：

奖金的定义、激励计划、绩效考核的方法

参考文献与网络链接：

中华人民共和国人力资源和社会保障部：http://www.mohrss.gov.cn/

中国人力资源管理网：http://www.chhr.net/index.aspx

中国企业人力资源网：http://www.ehrd.org/

中国人力资源网：http://www.hr.com.cn/

HRoot 领先的人力资源管理：http://www.hroot.com/

HR 人力资源管理案例网：http://www.hrsee.com/

Bennett B, Bettis J C, Gopalan R, et al. "Compensation goals and firm performance" [J]. *Journal of* Financial *Economics*, 2017, 124 (2).

Davidson C, Woodbury S A. "The displacement effect of reemployment bonus programs" [J]. *Journal of Labor Economics*, 1993, 11 (4).

Ittner C D, Larcker D F, Rajan M V. "The choice of performance measures in annual bonus contracts" [J]. *Accounting Review*, 1997, 72 (2).

Gaver J J, Gaver K M, Austin J R. "Additional evidence on bonus plans and income management" [J]. *Journal of accounting and Economics*, 1995, 19 (1).

Hashimoto M. "Bonus payments, on-the-job training, and lifetime employment in Japan" [J]. *Journal of Political economy*, 1979, 87 (5).

Nazir T，Shah S F H，Zaman K. "Literature review on total rewards：An international perspective" ［J］. *African Journal of Business Management*，2012，6（8）.

付维宁：《绩效与薪酬管理》，清华大学出版社，2016。

李新建、孟繁强、张立富：《企业薪酬管理概论》，中国人民大学出版社，2006。

李永周：《薪酬管理：理论、制度与方法》，北京大学出版社，2013。

刘昕：《薪酬管理》，中国人民大学出版社第3版，2011。

文跃然：《薪酬管理原理》，复旦大学出版社第2版，2013。

赵兵、姚玉芳：《医院绩效奖金分配制度改革研究》，《世界最新医学信息文摘》，2016。

思考题：

1. 奖金的核心含义是什么，奖金有哪些特点？奖金有什么重要意义？

2. 奖金有哪些类型？奖金的内容结构里都包含各哪些奖励计划？

3. 生产工人激励计划有哪些计算工资的方法？每种方法分别如何进行计算？

4. 团队的薪酬计划共有哪几种？分别有什么不同的特点？

5. 中高层管理人员激励计划为什么对公司有很高的重要性？激励的方式有哪些？

6. 销售人员激励计划有几种？每种方法分别如何进行计算？

7. 针对公司一些特殊专业人员的奖励都各有什么特点，针对他们各自的特点，你对哪一类（或几类）有自己的思考？

8. 作为奖金支付的前提，进行绩效考核应关注哪些基本问题？

9. 绩效考核主要有哪些方法？每种方法如何使用？

　　考核为什么没有效果？

W公司有一个车间生产某种产品，流水线生产能力为每天20吨，每月按20个工作日计，约为400吨。实际销售量每月在200～300吨之间，波动比较大，旺季有时会在连续几天内销售几十到上百吨，淡季可以停工休息几天。该产品质量较好，市场上有一定口碑。公司通过了多项体系认证。产品质量标准是既定的，主要是通过严格执行操作规程来达到；车间的"顾客"是销售，销售的要求是及时交货（其他要求与车间关系不大）；由于生产能力远大于销售，故产量基

本不必考虑；绩效一是考虑生产合格产品的能力即产品的生产合格率，二是降低消耗，降低生产成本。

根据上述分析，初步选择的关键绩效考核指标是：

（1）交货及时率。

（2）产品生产合格率。

（3）针对操作规程，在生产过程中进行工艺纪律检查，发现问题即扣分（有扣分标准），满分 100 分。

（4）原辅材料消耗指标由于数据不够暂时不考核，但列入测量、分析的关键绩效指标。

奖金考核的办法如下：

（1）基本奖人均 200 元。

（2）交货及时率达不到 100％，每减少 1％扣奖 5％。

（3）产品生产合格率低于 99％，取消当月奖金。

（4）工艺纪律检查每扣 1 分扣人均 2 元。

（5）由于消耗指标不考核，暂定由厂部根据生产成本和公司实际效益给予适当加奖、扣奖。

考核办法实行的第一个月，出现了一个问题：无法提供准确的交货及时率数据。考核办法的设计者只是规定该数据由销售部提供，并且给了计算公式，但没有和销售部仔细分析这些数据是通过怎样的途径得到的，从理论上说，就是没有把数据的测量方式和流程研究清楚。实际上，客户要货并不都是通过订单，有些大客户是年初订合同，实施中随时电话通知，因此，应交货数量、规格、实际是否满足了客户要求只有销售业务员知道。应通过什么样的手段才能把数据记录下来，由谁来汇总这些零散的数据，都未详细规定，更谈不上对销售业务员进行必要的培训。这样一来，原以为可以准确计量的数据，竟然变成了"拍脑袋"的数据。应该说，交货及时率的测量是有些复杂，但也不是不能测量，关键是事先要考虑、策划好，并落实下去，正所谓"凡事预则立，不预则废"。

从另一方面来说，销售需求是先告知生产计划部的，生产计划部制订计划，车间安排生产。很明显，交货及时率指标至少应该由这两个部门负责。只要稍作流程分析就可以发现，车间实际上并不能对销售直接负责，而是直接对计划负责。对于车间，交货及时率的含义应该是按计划交货的及时率，因此让销售部提供数据是不合适的，或者说，指标及其测量方法定义错误。实际上应该由生产计划部提供数据。只有对整个生产系统进行考核时才能采用按销售需求测定的交货及时率。

第一个月考核结果，工艺纪律检查扣 2 分，其余均符合标准，计算奖金为

196 元/人。当月处于销售旺季，公司效益较好，经总经理室讨论，决定加奖，实发 230 元/人。第二个月考核结果，没有扣奖；销售仍然较好，车间继续得到人平 230 元的奖金。考核办法的设计者感觉有点问题了，但还未理清其中的症结。然而，当设计者终于明白的时候，想补救已经来不及了。

第三个月，该产品销售开始进入淡季，公司原打算该生产线停工休息几天，但麻烦随之而来。两个月的考核，使职工产生了一个错觉，以为只要完成生产任务，就可以每人得奖 230 元（由于采用两级分配的办法，职工并不具体知道这 230 元是怎么来的）。让职工休息，奖金怎么算？如果照发，那么对其他生产线和科室的职工就不公平了；如果减少奖金，这条生产线的职工就不愿意休息，他们觉得忙的时候多生产，空闲了就要扣奖金，还不如每天上班，少生产一点好。反观奖金考核办法，找不出停工休息就要减少奖金的刚性依据，唯一可以适用的，就是总经理室的酌情决定，如果发生矛盾，就把总经理室推到了"第一线"。权衡利弊，当月没有安排正式的休息，奖金还是发 230 元/人。

第四个月，彻底进入淡季，库存的产品已经差不多够一个月的销量。公司经过安排，决定整个车间停工休息一个月，不发奖金。车间内部的矛盾固然解决了，但奖金的问题并没有彻底解决，职工心里还是有疙瘩，无论车间还是科室的职工都有意见。从此以后，230 元/人成了职工对奖金的唯一"标准"，车间奖金考核办法正式名存实亡。

问题：

1. 请分析、讨论，该考核方案是否合适？是否需要作调整和增减？

2. 请问产生"230 元/人成了职工对奖金的唯一标准"这个问题的原因是什么？该如何解决？

▶▶ 第七章

股 权 激 励

【开篇案例】

华为的股权激励

华为，1987 年成立于中国深圳经济特区。经过近 30 年的强势发展，华为从创立初期的 6 名员工和 2 万元注册资金，最终稳健成长为销售规模达到近 5200 亿元人民币的世界 500 强公司。在任正非眼中，华为是"三高"企业：高效率、高压力、高工资。他坚信，高工资是带来高动力的直接力量源，重赏之下必有勇夫。华为带给员工的不仅仅是高工资、高福利、高待遇还有股权的激励。华为公司股权激励理念可简单总结为："以贡献为准绳，向奋斗者倾斜。"在华为，公司根据员工的才能、责任、贡献、工作态度和风险承诺等方面情况，由公司的各级人力资源委员会评定后给定配股额度，以虚拟受限股、期权、MBO 等方式，让员工可以拥有公司股份，员工收入中，除工资和奖金之外，股票分红的收入占了相当大的比重。

在这 30 多年的发展中，华为员工持股的演进过程大体分为以下几个阶段：

第一阶段（1990～1996 年）以解决资金困难为主要目的，实行内部集资。1990 年，华为开始尝试员工持股制度，当时，华为刚刚成立三年，由贸易公司转为自主研发型企业，为解决研发投入大、资金紧张、融资困难造成的企业发展受限的问题，华为开始尝试实行员工持股制。在当时的股权管理规定中，华为将这种方式明确为员工集资行为。参股的价格为每股 10 元以税后利润的 15％作为股权分红，向技术、管理骨干配股。这种方式为企业赢得了宝贵的发展资金。

第二阶段（1997～2001 年）以激励为主要目的。1997 年，深圳市颁布了《深圳市国有企业内部员工持股试点暂行规定》，华为参照这个规定进行员工持股制度改制，完成第一次增资。华为当时在册的 2432 名员工的股份全部转到华为

QIYE XINCHOU XITONG SHEJI YU ZHIDING

公司工会的名下，占总股份的 61.86%。此时，随着公司效益的提升和从资金困境中逐步解脱出来，员工持股制度在担负内部融资任务的同时，也演变成了一种重要的激励制度，与工资、年终奖金、安全退休金等一起，共同构成了华为的薪酬体系。

这次改革后，华为员工股的股价改为 1 元/股。这段时期，华为已进入了高速增长期，开始从高校及社会大规模招聘人才，为提高对人才的吸引力，华为在提高薪酬的同时也加大了员工配股力度。1994～1997 年间，与华为每年的销售额翻番的增长速度同步，华为员工得到了大额的配股和分红。随着每年的销售额和利润增长，员工股的回报率常常能达到 70% 以上。最高时曾达到 100%。在这几年期间入职华为的员工，如果工作成绩出色，工作满两年时奖金与分红就能达到 20 万元，这样的收益水平怎能不让这些刚迈出校门不久的学子们感到意外的惊喜。

第三阶段（2001～2002 年）开始实施虚拟受限股。2000 年，华为受到网络泡沫的侵袭。国内的大部分企业都面临着融资困难的问题，华为也是如此。一方面，面临突然而至的大批量订单，缺乏研发生产资金，另一方面公司向国际市场的进军也需要大量资金；而且，目前的员工持股计划的实行，使得一直享有股份的老员工开始出现效率下降，业绩下滑的态势，未获得激励的骨干员工有了另谋出路的想法。2001 年，深圳市出台了《深圳市公司内部员工持股规定》，这一政策将民营企业一起纳入规范范围内。华为也意识到以前那种不规范的股权安排形式可能带来的潜在风险，以及造成的上市障碍。因此，2001 年，华为聘请国际著名咨询公司，开始对其股权制度进行调整变革。将内部员工股更名为"虚拟受限股"。

这一次的股权激励是将原有的固定分红的方式改为虚拟受限股的方式。激励对象也从工作满一年的全体员工转向对骨干员工和重点员工的激励模式，在员工的持股范围和持股比例上也加大了激励幅度。在本次激励制度的激励方式上，对于在职员工，符合激励条件的激励员工享有企业股票的分红权以及未来股价升值的增值部分，但不授予其股票的个人所有权和表决权，而且员工私自将股票转卖给其他人后，是不能够得到公司承认的。公司的长期股票定价不再是 1 元/股。对于在职的老员工，股票逐渐转成期权。员工们不能够继续得到每年固定的股票分红，而是转变成对企业未来收益的分享。对于离职员工，离开企业时股票清零，股权自动失效。股票从原有的模式变成期权后，每年可以兑现持股额度的 1/4，四年的行权期。

第四阶段（2003～2008 年）股权激励制度进一步修订。还没有从网络危机

的低迷中缓过来的华为，在 2003 年，又遭受了 SARS 的侵袭，影响之大已经波及了华为的海外市场。一方面，面对与思科的产权官司；另一方面，面对产权官司对国际市场的影响，华为认识到当下重要的是要稳住员工队伍，共同渡过难关。针对当前环境，公司及时调整作战策略，不仅要从市场上调整方向，还要从公司内部进行调整。于是，华为的股权激励计划又一次升级。首先从配股额度上做了改进，加大了配股力度，在员工已有的股票数额基础上，再增加基本相同的配股数给员工；其次，股权的套现形式也发生了变化，不同于以往离职时也可以得到一定比例的套现的情况，此次调整后的激励计划要求员工每年只能兑现持有的总股数中的 10%；再次，三年内不进行兑现，如果离开公司，则配股作废。最后，华为将配股的份额向骨干员工和关键岗位的员工倾斜，这些岗位的员工得到的配股数明显多于普通员工。

经过了这次的改革，让员工意识到只有在华为长期地工作下去，才可以获得公司的股权收益。这也在一定程度上，留住了人才，保持员工队伍的稳定，让员工更加懂得长期利益比短期利益更重要。2003 年的财务数据显示，华为的销售收入较 2002 年的 234 亿，增长了 78 亿；净利润较上年增长了 14 亿；与同期同行业比较，华为的销售收入和净利润都远远高于行业平均水平。进一步改进股权激励制度后，华为的业绩出现了突飞猛进的增长，净利润也大幅上涨。截至2007 年末，分析华为的财务数据可以发现，2007 年的销售收入较 2003 年刚开始实行这项激励措施时增长了一倍，净利润增长了 3 倍。与同期同行业进行比较，华为的销售收入是同行业平均水平的 7 倍，净利润高于同行业平均水平近 6 倍。

第五阶段（2008～2012 年）实行饱和配股制。受到全球金融风暴的洗礼，世界各地的经济都遭受到了不同程度的损失，越来越多的大型企业不得不采取裁员行动。受金融危机影响，华为的员工出现了大幅度赎回手中持有股票的现象。为了稳定住已有的员工并吸引新员工，2008 年底，华为将原有的激励模式进行改进，推出了饱和配股制的模式。饱和配股制的激励范围是在企业工作一年及以上的全体员工。推出后的首次配股价为 4.04 元/股，年利率 6%。饱和配股制是根据不同员工的不同岗位级别设定相应的持股限额。如：13 级员工，持股限额最高为 2 万股，到达限额后，不再对其配股；14 级员工限额为 5 万股。由于华为的股权激励计划实行的年限越来越长，很多从股权激励计划开始实施的时候就得到配股的老员工过多，新员工每次得到的配股数量较少，对新员工的激励达不到该有的效果。所以，华为更改激励制度，将原有的股权激励方案改进成目前的饱和配股制。

从股权激励的实施措施中可以看到，对于老员工，虽然设定了配股上限，但

6%的年利率依旧吸引着老员工们继续持股。对于中下层员工，没有达到配股上限的，希望可以更加努力的工作，得到最高配股；已经达到配股上限的，可以努力升职，已获得更高的配股限额。对于刚入职的员工，得到配股权对他们来说更加具有吸引力。从股权激励的实施效果上看，不仅激发了本公司员工的工作动力，也吸引了同行业的其他员工。众多竞争对手的员工纷纷投靠华为，也是在这时，华为的人才计划的扩张为后续的发展提供了充足的保障。华为2012年的财务数据显示，当年的销售收入达到2200多亿元，净利润达到150多亿元，同期同行业比较，高出同行业平均水平的10倍。即使和当时行业内市场份额占比较大的中兴公司相比，销售收入也要高于中兴800多亿。华为这次推行的股权激励是成功的，它不仅鼓舞了士气，也为接下来的进军提供了保障。

第六阶段（2013年）将外籍员工纳入股权激励的范围。随着国内通信行业的不断发展，市场趋于饱和的状态。华为看到国内市场的饱和情况后，决定带领华为走向世界。于是，在2013年，华为开启了海外计划。既然要迈向海外市场，那么企业就需要一些熟悉国外市场和管理模式的优秀人才。相对于将国内的人才大批派往国外，不如就地取才，在海外研究所和办事处聘用一些当地的优秀高管，实现了员工全球化。针对海外市场的人才激励政策，华为根据国内的持股计划，又改进了这项激励制度。将外籍员工也纳入激励的范畴，发放给外籍员工一定量的股权。此次推进的这项长期激励计划，吸引了大量的西方优秀管理人才在华为工作。华为不仅在国外的办事处聘用当地员工，在国内也拥有大量的外籍工作人员。截至2016年初，华为公司拥有外籍员工的数量高达3.4万人。

第七阶段（2014年—至今）推行TUP股权激励计划。2013年，由于每年的超额分红对老员工的激励效力下降，进而造成老员工的消极怠工的情绪，工作热情大大减退。与此同时，华为再一次面临融资的问题。海外扩张需要资金、银行对虚拟受限股开始遭到停贷，企业发展需要融资，但员工又无法继续购买企业内部股票。在双重压力汇聚到一起的情况下，华为改变了原有的股权激励模式，于2013年，推行了TUP计划。TUP计划是time unit plan的简称，又称为时间单位计划。它是指企业根据员工岗位的不同、级别的高低和绩效的多少来核算每年向员工配送期权的数量。

这次推行的TUP计划涉及的期权是有周期限制的。期权不需要用钱来购买，但设定了五年一周期的限制。例如，2015年员工获得了100股的股权，那么在2015年时，该股票不获得分红，2016年，获得三分之一的分红，2017年获得三分之二的分红，2018年就可以拿到全部的分红。2019年得到全部分红，2020年也就是得到股权后的第五年，就可以得到股票增值权。员工在获得股票

的增值额的同时，原有的 100 股股权公司会自行收回，这位员工这一次的五年期的时间单位计划结束，下一年，再对其进行考核，发放股权。TUP 的优势是缓解了员工的现金流周转不开的问题，也激发了员工对股权激励的关注度。从长远的角度看，既消除了长期持股的老员工的懈怠情绪，又激励了新职员的工作热情，可谓上下兼顾。TUP 的实施推动了华为研发投入的高速增长，也为销售收入及净利润带来了较大的提高。

讨论题：

1. 华为的员工激励制度创新体现在哪里？
2. 华为的股权激励制度是否具有可模仿性？

第一节　股权激励的内涵

1.1　股权激励的概念与理论

1.1.1　股权激励的概念

如何留住企业的核心人才，对于任何一个企业的现在和未来发展情况都至关重要。当一个行业或一个企业发展到一定程度时，需要考虑股权激励这一管理机制。股权激励是解决现代企业因所有者与经营者分离所引起的代理问题的一种薪酬机制。具体而言，股权激励是指：

（1）通过多种方式让员工（尤其是经理阶层和核心技术骨干）拥有本企业的股票或股权，使员工与企业共享利益，从而在经营者、员工与公司之间建立一种以股权为基础的激励约束机制，经营者与员工以其所持有的股权共同参与分享企业剩余索取权，并承担公司经营风险，进而为公司的长期发展服务的一种激励方式。

（2）通过经营者获得公司股权形式给予企业经营者一定的经济权利，使他们能够以股东的身份参与企业决策、分享利润、承担风险，从而勤勉尽责地为公司的长期发展服务的一种激励方法。

股权激励制度的好坏与人力资本的实现价值有直接的关系。从股权激励的概念来看，股权激励制度能够纠正企业所有者与员工因为信息不对称而造成的违背公司发展方向的偏差。股权激励制度在起到约束和激励作用的同时，又解决了委托代理问题，使企业的发展与企业所有者的利益相统一，从而让股东与企业共进

退，更大程度地激发股东的工作热情。

1.1.2　股权激励的理论

与企业股权激励相关的理论包括：人力资本理论、委托代理理论、双因素理论、企业能力理论。

人力资本理论将人才视为企业发展的关键，认为在企业的众多资源中，人才是最应该得到重视的。在经济急速发展的大环境下，人才为企业带来的价值远远高于其他因素带来的价值，因此要对企业的核心人才进行激励。

委托代理理论认为由于委托人和代理人之间存在信息不对称，代理人可能以自身的利益最大化为目标，从而损害委托人的利益，对企业的发展造成不良影响。为了解决委托代理问题，企业把股权分享给代理人，将代理人与企业的利益结合在一起，激励代理人为了公司的利益而努力，从而达到约束与激励共存的效果。

双因素理论认为保健因素只能消除人们的不满，不能为员工带来满意感，而激励因素可以对员工进行激励。在企业的薪酬结构中，基本工资、福利等都起着保健作用，给员工提供基本的安全感，而股权激励、奖金等则起着激励作用，能够激励员工更大限度地发挥价值。

企业能力理论认为在企业内部，各个职能不同的部门之间存在着一种"差异化分工"。这种差异化与企业人才的知识储备及掌握的技术水平有关，被称作企业的能力或智力资本。企业创新的动力就来自于其拥有的关键技术水平和知识储备能力，因此，需要对掌握这些技术和知识的人才进行激励。

1.2　股权激励的起源与发展

1.2.1　股权激励的起源

股权激励作为一种长期薪酬激励制度最早产生于美国。20 世纪 50 年代中期，美国旧金山的一名叫路易斯凯尔索的律师设计出了世界上第一份员工持股计划，到了 70 年代，一种新的股权激励方式——股票期权又应运而生，有效地解决了"内部人控制"和"人力资源资本化、证券化"的问题，一诞生便备受瞩目和推崇。70 年代以后，美国的股权激励制度得以不断完善并迅速发展，甚至一度被誉为美国激励机制的创举。据统计，截至 20 世纪末，美国排名前 1000 的公司中对高管实施股权激励的比例达 90%，高管总收入中股票期权收益占比 50%，而可口可乐、通用、强生等十大公司高管总收入中期权收益占比更是高达 95%以上。这种激励机制通过让高级管理人员分享剩余收益，将高层管理者与企业所有者之间的利益目标有机地结合在一起，有效缓解了现代企业的委托-代理问

题，股权激励制度的推广应用也对推动 20 世纪 90 年代美国经济的持续高速发展发挥了重要作用。

然而，安然事件以及随后的世界通信、施乐公司等财务欺诈事件的爆发也暴露了股权激励制度存在的潜在问题，2003 年微软公司和花旗银行甚至放弃了股权激励计划改行股票津贴，更使人们对股权激励的崇拜跌至低谷。为了加快推进对公司治理和监管的改革，美国政府和国会于 2002 年 7 月联手制定并加速通过了《萨班斯－奥克斯利法案》（sarbanes-oxley act），该项法案在修订了美国《1933 年证券法》和《1934 年证券交易法》的基础上，在证券市场监管、会计职业监管以及公司治理等方面作出了许多新的规定，旨在通过强化信息披露、加强会计监督进一步推动上市公司治理机制的完善。然而，根据相关文献统计，即使在该法案颁布以后，美国上市公司中 CEO 和 CFO 基于股权的薪酬支付占总薪酬的比重仍保持在 50％左右。

除了美国外，日本也于 20 世纪 60 年代后期推出 ESOP 等形式的股权激励制度。股权激励在美国、日本的推行及其产生的积极影响，引起法国、英国、意大利、澳大利亚等 50 多个国家起而效之，使得股权激励成为一种国际潮流。由此，股权激励在美国、欧洲、日本等国家获得长足的发展。目前，员工持股计划和股票期权制度在世界范围内被广泛推广和应用，迄今为止，美国实施股权激励的企业达到了 20000 余家，有 3000 多万企业员工参加了各种持股计划，全球工业企业 500 强中 90％都实施了股票期权制度。

1.2.2　股权激励在中国的发展

相比之下，我国实施股权激励制度则相对较晚。20 世纪 90 年代，随着股权激励在世界兴起，中国也在进行国有企业的改革，在没有法理依据的情况下，一些国有大型企业大胆尝试。1993 年万科公司聘请香港专业律师起草并制定《员工股份计划规则》，走在时代的前列。1999 年 9 月，天津泰达制订了我国实施股权激励的第一部成文法——《激励机制实施细则》。1999 年十五届四中全会《关于国有企业改革和发展若干重大决定》充分肯定了经营者"持有股权"的激励方式。2002 年十六大报告明确提出"要确立管理与其他要素一起按贡献参与分配的原则"。

虽然我国企业有上述诸多探索与实践，但由于 2006 年之前，我国原《公司法》禁止公司回购本公司股票，并禁止高管转让其所持有的本公司股票，从法律制度层面制约了我国上市公司股权激励制度的实施进程。直到 2006 年以后，随着我国新《公司法》放松了对股票回购制度的限制，特别是股权分置改革这一制度性变革的完成，监管部门陆续出台了有关上市公司股权激励的一系列法律法规，确立了上市公司实施股权激励计划的方式与基本路径。2005 年 12 月 31 日颁布的《上市公司股权激励管理办法（试行）》明确指出："对于已经完成股权分置改革的上市公司，可遵照该办法要求实施股权激励，建立健全激励与约束机制"，这也标志着我国上市公司开始正式实施股权激励制度。此后，国务院国资委和财政部相继颁布了一系列针对国有控股上市公司实施股权激励制度的指导文件。2006 年 1 月 1 日证监会发布实施《上市公司股权激励管理办法》。同年 9 月 30 日，国资委、财政部发布实施《国有控股上市公司（境内）股权激励试行办法》扫清了股权激励的限制性障碍。2007 年 3～10 月，证监会开展加强上市公司治理专项活动，股权激励暂缓审批，国资委、证监会出台配套政策规范股权激励。

为了防止上市公司高管借股权激励进行利益输送，中国证监会于 2008 年 3～9 月，陆续发布了《股权激励有关事项备忘录 1 号、2 号、3 号》，10 月国资委、财政部发布《关于规范国有控股上市公司实施股权激励制度有关问题的通知》从严规范股权激励的操作。进一步对上市公司股权激励的激励对象范围、标的股票来源、行权指标设定、股权激励与重大事件的间隔期问题、激励计划的变更与撤销、行权或解锁条件、行权安排以及会计处理等进行了规范。2009 年，股权激励相关配套政策不断完善和细化，财政部、国家税务总局陆续发布出台《关于股票增值权所得和限制性股票所得征收个人所得税有关问题的通知》、《关于上市公司高管人员股票期权所得缴纳个人所得税有关问题的通知》，中国资本市场上的制度建设更加纵深化和规范化，股权激励在我国的发展趋于完善。2012 年，国税总局 18 号《关于我国居民企业实行股权激励计划有关所得税处理问题的公告》出台。为进一步推动股票期权落地，中国证监会于 2013 年 10 月和 2014 年 1 月分别发布了两个监管问答，即《关于进一步明确股权激励相关政策的问题与解答》和《关于股权激励备忘录相关事项的问答》。2014 年 6 月出台了《关于上市公司实施员工持股计划试点的指导意见》。

与此同时，随着我国资本市场的快速发展和股权激励制度实践经验的积累，一方面，上市公司的监管制度也发生了深刻变化，尤其是在信息披露的制度建设方面有了很大改善；另一方面，股权激励制度实施过程中存在的一些突出问题也对我国股权激励制度调整提出了许多新的要求。因此，为了适应这些新变化和新要求，中国证监会对我国上市公司股权激励监管制度作出了适当调整，于 2016 年 7 月 13 日正式颁布《上市公司股权激励管理办法》，并于 2016 年 8 月 13 日起施行。此次制定《办法》"强化以信息披露为中心，根据"宽进严管"的监管理念，放松管制、加强监管，逐步形成公司自主决定的、市场约束有效的上市公司

股权激励制度"。尤其是在强化信息披露监管，完善股权激励实施条件，明确激励对象范围，以及进一步完善限制性股票和股票期权相关规定与加强事后监管等方面进行了修订，为上市公司实施股权激励制度提供了更多的规范和指导，也提高了上市公司实施股权激励计划的自主性和便利性。

根据 Wind 资讯数据库统计，截至 2015 年 12 月 31 日，我国共有 675 家上市公司宣告并实施了股权激励计划，占沪深上市公司总数的 23.97％；2016 年总计 219 家上市公司发布了股权激励计划，总计 305 家新三板企业公告股权激励方案；2017 年总计 448 家上市公司发布了股权激励计划，是历史上最多的一年。其中 85％采用限制性股票，9％采用期权激励，6％选择了"限制性股票＋期权"。截止到 2017 年 12 月 31 日，已经公告过股权激励计划的公司达到 1154 家。可以看出，宣告并实施股权激励计划的公司数量逐年上升，股权激励对上市公司业绩提升效果较为显著。2018 年，中国证券监督管理委员又重新发布了《上市公司股权激励管理办法（2018 年修订）》。

需要引起注意的是，我国上市公司实施的股权激励制度与美国等发达国家存在较大差异。美国等发达国家实行的是"随着时间流逝自然行权"的传统型股权激励，然而，这种只是随着时间流逝自然行权的股权激励制度未能有效地将管理层的股权激励收益与公司绩效提升结合起来，尤其是随着安然事件等各类公司丑闻不断爆发更是饱受诟病。相比之下，我国上市公司实行的股权激励计划属于业绩型股权激励，又称为业绩生效型股权激励（performance-vested stock options，PVSOs）。在该股权激励制度下，只有当公司绩效达到或超过事先设定的业绩标准（即行权业绩条件）才能获得授权或行权，从而为管理层提供了明确的努力目标，进而将管理层的股权激励收益与股东利益结合起来，发挥更为有效的激励作用。

1.3 股权激励的功能

股权激励发端于 20 世纪 50 年代、兴起于 80 年代，被全球知名企业广泛采用。股权激励具有何种功能，理论界一直存在争议，争议的焦点主要集中于以下问题。

1.3.1 股权激励与公司绩效

目前关于股权激励对公司绩效的影响，主要形成了以下三种理论假说：

一是利益协同假说，认为随着公司管理层持股数量的增加，管理者与所有者的利益协同效应或激励效应增强，有利于降低代理成本，提高企业价值。"代理理论"认为，为了解决管理者与所有者之间的利益差异，一方面依靠经理人市场的替代效应产生外部压力，督促管理者努力工作以避免被他人接管，另一方面可

以赋予企业管理者部分剩余财产所有权，促使管理者站在企业所有人的角度来经营企业。因此，赋予管理者股权可以激励管理者为增加企业价值努力工作，协调管理者个人效用与股东利益之间的差异，解决"委托-代理"关系中的道德风险。研究发现，高管人员拥有适度的持股权可以缓和高管人员与股东之间的利益冲突，高管持有股票期权有助于提高公司的业绩，股票期权有助于克服年薪、奖金固有的短期导向缺陷。

二是管理者防御假说，该假说认为公司管理层持股数量越多，内部人控制的程度就越高，从而更倾向于掏空公司，即管理层持股的公司堑壕效应或侵占效应增强，有损企业价值。21世纪初，安然（Anron）等公司的财务丑闻，暴露出股票期权可能诱发"过度激励"问题，在信息不对称情况下，管理者为实现个人利益可能出现操纵股权激励的行为。实证研究大量挖掘这些"负作用"，发现股权激励没有显著提高公司业绩，相反会使公司股价下跌、研发投入下降、影响企业的创新能力。

三是区间效应论或曲线关系论，该理论假说认为激励效应与侵占效应同时存在，使得管理层持股与企业价值之间存在区间效应或曲线关系，并形成了N型曲线关系、倒U型曲线关系以及M型和W型等各种曲线关系论。

1.3.2　股权激励与高管留任

随着人力资本理论的发展，学界开始尝试将该理论引入股权激励的研究。人力资本代表人的能力和素质，是附着在人身上的关于知识、技能、资历、熟练程度等的总称，人力资本是促进经济发展的重要生产要素，在当今知识经济时代，人力资本的作用越来越不可替代，这必然会带来两方面的影响：其一，企业对人力资本效用的发挥更加依赖；其二，人力资本所有者对要求利益分配的话语权提高。股权激励作为一种薪酬手段，通过赋予管理者不确定的股票收益权，将人力资本所有者的利益与企业的利益联系起来，促使高管在追求自身利益最大化同时服务于股东利益最大化，一定程度上可以解决人力资本的产权私有性等问题。

从理论上说，股权激励比工资等传统形式的薪酬具有更好地留住高管的功能。首先，股权激励将管理者薪酬与公司的长远发展有效连接，对于喜欢风险的高管具有特殊的吸引力。一般认为，管理者期望的薪酬与特定行业的收益成正比，如果　个行业收益水平高，从事这个行业的员工要求的薪酬也会高。股权激励比工资具有弹性，能更好地反映资本市场上特定行业的收益水平，如果日后该行业发展更好，股权激励能随着行业增长而增加，工资则因为受到现金流等多种因素的影响无法与行业增长同步。其次，股权激励制度增加了高管离职成本，所有的股权激励都设有行权期，限制性股票还需要高管预先出资购买公司股票并等

待未来行权，这意味者管理者如果离职不但无法获得可能的未来收益，还必须承担已发生的成本，放弃股权激励将付出较大的代价。

1.3.3 股权激励与盈余管理

由于内部人控制、信息不对称以及契约的不完备性等原因，基于股票期权和限制性股票的股权激励已成为诱发管理层盈余管理行为的重要因素。有学者认为，当股权激励水平较高时，随着股票期权等待期和限制性股票锁定期的终止，管理层将出售手中持有的股票以分散投资风险，在此过程中，出于抬高股票价格以最大化自身利益的盈余管理行为在所难免，股权激励正是基于未来交易而诱发的盈余管理行为。高管在行权之前或行权期间会提高会计盈余，从而提高股价；持有大量股权或期权的高管会进行盈余管理，以使盈余达到或超过预测，而在此后抛售大量股票，企业在股权激励过程中存在利己行为选择。

从我国上市公司实施股权激励制度的特殊性来看，不同于美国等发达国家"随着时间流逝自然行权"的传统型股权激励，我国上市公司实施的股权激励计划是业绩型股权激励，这意味着，激励对象不仅要满足考核时间的要求而且要达到或超过事先设定的业绩标准（即行权业绩条件）才能获得授权或行权。因此，这种业绩型股权激励可能比传统型股权激励具有更强的激励效应，但也可能因此而诱发更为严重的管理层的盈余管理行为。另一方面，考虑到股权激励因分期匀速行权而具有一定的有效期，为了最大化私人收益，管理层不仅关心当期可行权的股权激励所能带来的收益，而且也关心后续可行权的股权激励所带来的收益，尤其是在股权激励水平相对较高时更是如此。因此，管理层会因为股权激励的有效期和较高的股权激励水平而更加注重盈余管理的可持续性问题，当股权激励水平超过一定区间范围后，随着股权激励水平的继续提高，其在当期诱发的管理层的盈余管理行为反而开始下降。

1.4 股权激励的风险

一般来说，股权激励是与战略周期一致的长期激励，能够引导管理层对企业整体业绩和长期发展的关注，而且是增值和利润基础上的分享，企业不需要直接支付现金。但是，与其他激励机制一样，股权激励也是一把双刃剑，有些时候用不到位等于没激励。因此，公司在实施股权激励的过程中要特别注意下述风险。

1.4.1 诱发道德风险

股权激励要解决的一大问题是使管理层与所有者的利益在较长时期内尽量保持一致。然而，在很多情况下管理层往往既是激励计划的制订和实施者，又是受益者。如果不加以约束，激励对象有可能会为了自身利益操控财务指标和股价、从事风险更大的投资活动等，甚至有些高管为了规避对在职高管行权期的约束，为巨额套现而放弃企业，从而损害公司及股东利益。为此，在激励计划制订和实施过程中可以引入独立董事，在董事会下设立更为独立的薪酬管理委员会。行权的周期应适当延长，行权条件宜采用更为综合的指标，增加股权回购或剥夺期权等约束性条款，以增强激励计划的灵活性。

1.4.2　引发不公平感

股权激励不是人人享有的福利，有时候，一点小差异可能会让员工质疑公司的公正性，由此打击员工的积极性，引发不必要的矛盾。在创业公司里，曾出现过这样的例子：有的员工自认为干得不错，但是给了股份之后，员工觉得股份太少，算一算，没有竞争对手给的钱多，所以就选择了辞职。因此，股权激励最好有想象空间，没有想象空间的股权激励会适得其反。此外，股权激励的"仪式感"也很重要，管理考核体系要完备，实施程序要透明，采用一定的公示、反馈流程，让员工在整个过程中感受到尊重和平等。

1.4.3　增加财务成本

如果短期内激励幅度过大，会加剧资金紧张，显著降低当期的公司财务收益，导致公司业绩下滑甚至亏损，这对计划或正处在融资阶段的企业而言是非常不利的。另外，通常行权价格波动不大，而公允价值会随公司价值的增长而显著上升，这意味着越在后期行权，公司所负担的成本将越高。因此制订股权激励计划时，要考虑到激励成本对公司利润的影响。此外，以股票市价为参照的激励措施，股价受不可控外部因素影响，很可能反映不了真实的企业业绩。

1.4.4　激励效果不佳

有些时候，激励模式选用错误或额度分配不均，可能导致前文中提到的辞职的情形；因此，我们在制订股权激励计划时，一定要考虑市场中人力资本价值及竞争对手的状况。所有的"金手铐"都是有期限的，过了一定阶段就会失去作用，所以还是需要在不同阶段使用不同的激励方案，以免使股权激励沦为"错误的金手铐"。此外，日常激励和长期激励应形成组合。日常激励每年都能拿到，长期激励要过很长时间才能拿到，而且拿到是有条件的。

1.5　股权激励的模式及分类

我国上市公司的股权激励制度大致可分为两个阶段，表 7-1 列示了早期我国股权激励模式的分类及其主要内容。

表 7-1　早期有关股权激励模式的分类及主要内容

激励模式	主要内容
1. 业绩股票 （performance shares）	在年初确定合理的业绩目标的基础上，如果在年末达到预定目标，则公司授予激励对象一定数量的股票或提取一定的奖励基金购买公司股票
2. 虚拟股票 （phantom stocks）	公司授予激励对象一定数量的虚拟股票，并据此享受相应的分红权和股价升值带来的收益，但没有所有权和表决权，不能转让和出售，在离开公司时自动失效
3. 股票增值权 （stock appreciation rights）	激励对象可在规定时间内获得规定数量的股价升值带来的收益，但并不实际拥有股票，也不拥有表决权、配股权和分红权，可以避免激励对象避险行为的发生
4. 限制性股票 （restricted stock）	上市公司按照预先确定的条件授予激励对象一定数量的本公司股票，激励对象只有在工作年限或业绩目标符合相应条件时，才可以出售限制性股票并从中获益
5. 管理层股票期权 （executive stock options）	授予激励对象在未来一定时期内以事先确定的价格和条件购买本公司一定数量股票的权利，也可以放弃该权利。这也是国际上最经典、使用最广泛的激励模式
6. 员工持股计划 （employee stock ownership plans）	员工通过购买公司部分股票或股权而拥有公司部分产权，使其成为公司的股东，是企业所有者与经营者/员工分享企业所有权和未来收益的一种制度安排
7. 延期支付计划 （deferred compensation plan）	公司将激励对象的部分薪酬以当时股价折算成一定数量的股票并存入延期支付帐户，在一定期限或激励对象退休后再以股票形式或按当时股价以现金方式支付给激励对象，激励对象只有通过提升公司业绩，推动股价上升以避免遭受损失
8. 管理层收购 （management buy-outs）	公司管理层利用所融资本或股权交易购买本公司股份，以实现公司所有权结构、控制权结构和资产结构的改变，实现企业管理者与所有者身份合一的收购行为

2006 年之前，有关股权激励方式的研究几乎包含了所有的股权激励方式，如业绩股票（performance shares）、虚拟股票（phantom stocks）、股票增值权（stock appreciation rights，SARs）、员工持股计划（employee stock ownership plans，ESOP）、延期支付计划（deferred compensation plan）、限制性股票（restricted stock）、管理层股票期权（executive stock options，ESO）以及管理层收购（management buy-outs，MBO）等，具体内容如表 7-1 所示。直到 2006 年证监会颁布了《管理办法》并指出上市公司实施的股权激励计划主要包括限制性股票（restricted stock）、股票期权（stock option）以及法律、行政法规允许的其他方式。具体有关股票期权与限制性股票两种激励模式的对比分析如表 7-2 所示。

表 7-2 股票期权与限制性股票两种激励模式的对比分析

对比项目	股票期权	限制性股票
基本权利义务不同	属于期权性质的激励方式，获得一种选择权，且基本权利与义务不对称，也不具有惩罚性	属于期股性质的激励方式，直接获得股票，基本权利与义务对称，具有惩罚性
等待与锁定期不同	在一定的等待期后即进入可行权期。侧重于在授予和行权环节进行限制，不在股票出售环节进行限制	存在一定时期的禁售期和解锁期，且解锁条件严格，侧重于在股票出售环节进行限制
行权价和授予价格	行权价一般高于或等于激励计划草案公布时的市场价格	授予价格一般低于股权激励计划草案公布时的市场价格
收益及获得条件	行权日股价－行权价 行权日股价>行权价	股票价格－授予价格 满足公司在期限和业绩方面的要求
价值估值方式不同	股票期权一般按照期权定价模型（如B-S模型或者二叉树定价模型）进行估值，而作为股权激励方式的股票期权与普通金融工具的期权存在一定差异	限制性股票的价值为授予日的股票市场价格与授予价格之差，而没有等待价值
会计处理方式不同	在等待期内每个资产负债表日对可行权的期权数量进行估计，按照授予日确定的公允价值将当期取得的服务计入当期的成本费用和资本公积	若采用大股东支付或定向增发，则没有影响；若公司用激励基金从二级市场回购股票赠送或折价转让，则成本费用由公司承担
税收方面	授予时不需要征税。行权时按行权价与股票当日收盘价的差额征收个人所得税，具有延税和避税效应	授予时即按授予价格和当时股票公允价值的差额征收个人所得税，无法延税或避税

第二节 上市公司股权激励

2.1 上市公司股权激励的简介

2.1.1 股权激励的原则

关于对哪些人进行股权激励的问题，由于不存在明确的操作标准，所以通常就成为公司在确认进行股权激励后所要考虑的首要问题。一般而言，激励对象的选择既要考虑公司当前及未来的组织架构，又要与公司未来的发展战略相契合。激励对象的选择需要遵循如下原则。

（1）公平原则。股权激励的核心在于激发员工的工作积极性，将员工的利益

与公司的发展切实结合起来。《论语》里说："有国有家者，不患寡而患不均"，公平原则在公司中同样适用。任何一种政策的实施都必须以公平性为前提，股权激励也不例外。股权激励政策公平、合理、透明，员工才会有干劲，否则，效果可能适得其反。举个例子，如果区别对待同样职位的员工，令一些员工享受激励政策，而另一些则被政策屏蔽。根据社会比较理论，被屏蔽的员工将与同伴相比，于是产生不公平感，不仅提不起干劲，还可能故意消极怠工。因此，股权激励政策一定要做到内容公平。另外，股权激励政策最好公示，公开透明，大家才会心知肚明，而且，政策公示一定程度上也更有利于激励政策的推行。

（2）重点原则。公司实施股权激励方案，既忌讳不公平又忌讳对所有人都实施。原因有两方面：一方面，大股东利益可能会因为被过度瓜分而遭受损害；另一方面，对所有人都实施股权激励会令激励政策演变为一种福利政策而失去激励效用。所以，股权激励的对象必须是有选择性的，重点激励对象是具有不可替代性的人力资源，比如核心的技术团队及管理团队成员，而对于随时可招用且上岗任职的普通员工则无需使用股权激励。

（3）权变原则。股权激励的对象并非是一成不变的。一方面，随着公司的不断发展壮大，会陆续引进新的人才，应根据实际情况对部分新人进行激励，这也是企业保持发展势头的需要；另一方面，对于已经选定的股权激励对象并非不再变动，而是应根据公司发展、激励效果及工作业绩等适时作出调整，这也是公司进行股权激励时应该重视的。

2.1.2　股权激励的对象

1. 激励对象

《上市公司股权激励管理办法（2018 年修订）》第八条规定："激励对象可以包括上市公司的董事、高级管理人员、核心技术人员或者核心业务人员，以及公司认为应当激励的对公司经营业绩和未来发展有直接影响的其他员工，但不应当包括独立董事和监事。在境内工作的外籍员工任职上市公司董事、高级管理人员、核心技术人员或者核心业务人员的，可以成为激励对象。单独或合计持有上市公司 5% 以上股份的股东或实际控制人及其配偶、父母、子女，不得成为激励对象。下列人员也不得成为激励对象：

（1）最近 12 个月内被证券交易所认定为不适当人选；

（2）最近 12 个月内被中国证监会及其派出机构认定为不适当人选；

（3）最近 12 个月内因重大违法违规行为被中国证监会及其派出机构行政处罚或者采取市场禁入措施；

（4）具有《公司法》规定的不得担任公司董事、高级管理人员情形的；

QIYE XINCHOU XITONG SHEJI YU ZHIDING

（5）法律法规规定不得参与上市公司股权激励的；

（6）中国证监会认定的其他情形。

股权激励具有提高员工工作积极性的作用，但是股权激励一定不能"雨露均沾"，要定好合适的激励对象。在实践中，公司股权激励的对象一般是具有战略价值的核心人才，包括掌握关键管理技能的人力资本所有者——高管团队，掌握核心技术的人力资本所有者——核心技术人员和能够有效构建企业内部合作理念的人力资本所有者——组织中的领头人。

若无特殊情况，应该对董事、高级管理人员、核心技术人员及组织中的领头人进行股权激励。高管团队作为公司掌舵人，掌控公司的战略决策和发展方向，很大程度上影响公司运营的好坏。核心技术人员具有非常强的专有技能，在团队内部和团队外部都具有很强的不可替代性。而组织中的领头人扮演着团队成员中的关键角色，如果这些"领头人"能够建立一种崇尚付出、相互协作的共同信念，将会有助于团队绩效的提高。因此，应该对这三类核心人才进行股权激励。

值得注意的是，对高管团队进行股权激励是一把双刃剑。我国知名学者吕长江等（2009）对高管股权激励正、反两方面的文献都做了比较详细的回顾和总结：从正面的角度来看，股权激励可以解决高成长公司和会计信息噪音较大公司中由于信息不对称而导致的公司高管行为与股东利益不一致问题，有利于筛选出胜任能力较强的高管，缓解临近退休高管的视野短期化问题等。从反面的角度来看，股权激励有时会导致高管的短期化行为和机会主义行为、并为其自身谋取福利，而且很多股权激励可能还存在着缓解现金流动性约束、减少高管税负、降低财务报告成本等非激励原因。此时，值得我们思考的一个问题就是，股票期权激励到底是一种股东主导下的最优契约，还是一种管理层主导下的自定薪酬、自谋福利？显然，对这一问题的回答永远没有标准答案，受制于很多具体因素，进而体现出明显的状态依存特征和复杂性特征。这些因素可能包括：公司的经营业绩与高管的努力程度是否高度相关？股票市场的有效性如何？内部的公司治理结构是否完善？外部的公司治理环境是否配套等。

2. 非激励对象

在选择激励对象时，有两种人员比较特殊，即公司的监事和独立董事。公司监事是公司监察机关的成员，负责监察公司的财务情况，以及公司高级管理人员的职务执行情况的这样一种职位。公司监事作为公司的监察机构，获得股权激励成为公司股东，会影响他作为监事的独立性，影响他的监督作用。同样地，独立董事作为独立于公司内部的人员，其主要职责也是对公司事务进行独立判断发表意见，若其获得激励股权成为公司股东，势必与其职责身份相悖。

根据《上市公司股权激励管理办法（2018年修订）》第八条规定："激励对象可以包括上市公司的董事、高级管理人员、核心技术人员或者核心业务人员……但不应当包括独立董事和监事……"。此外，《上市公司股权激励管理办法（2018年修订）》同时规定上市公司应当在董事会审议通过股权激励计划草案后，及时公告董事会决议、股权激励计划草案、独立董事意见及监事会意见。独立董事及监事会应当就股权激励计划草案是否有利于上市公司的持续发展，是否存在明显损害上市公司及全体股东利益的情形发表意见。

综上所述，法律规定上市公司不能对独立董事和公司监事进行股权激励（此处的上市公司不包括新三板挂牌公司）。因为公司设立独立董事和监事目的就是为了保持独立、客观的态度对公司的事务进行监督，但是如果作为股权激励的对象就会影响他们的独立判断，这样就违背了设立的初衷。

2.1.3　激励方案是否公开

是否要公开股权激励方案，这是一把双刃剑，也是令许多公司头痛的难题。有的专家主张不公开股权激励方案，应当对股权分配额度保密。理由是：股权是公司的，公司想给谁多少是公司个人的事，没有义务告诉激励对象；若公开激励方案，容易引起员工间的相互比较，他们经常会高估自己的能力和贡献，因而感觉自己分配的额度太少，容易产生不公平的感觉。

还有一些专家认为应当公开股权激励方案及分配额度，理由是：可以让更多员工了解公司股权激励的政策，这样就能激励全体员工努力工作，让所有员工都看到希望；而不公开则会让员工间相互猜忌，导致小道消息到处飞，激励对象心理没底，也容易产生不公平的感觉。

其实不管公开还是不公开，最核心的是消除员工的不公平感。公司可能觉得自己做得很公正、很公平，但激励对象感知到的公平却是另一回事。在大多数情况下，由于员工对自己的贡献有过高的评价，这种认知偏误会导致感知到不公平感。因此，对公司而言，必须将员工的关注焦点转移到可以客观考核的规则上，弱化他们对公平的挑剔。如果公司严格地贯彻股权激励相关的规章制度，员工一般会产生公司办事公正、很公平的感觉。

2.2　上市公司股权激励的程序

2.2.1　实施流程

我国上市公司股权激励的实施，必须按证监会规定的流程执行。国有控股上市公司在满足证监会流程规则的同时，还必须遵守国资委的有关规定。证监会的流程依次如下：①上市公司董事会下设的薪酬与考核委员会负责拟订股权激励计划草案并提交董事会审议。②董事会应当依法对股权激励计划草案作出决议并于2个交易日内公告。③独立董事及监事会应当就股权激励计划草案发表相关意见。（若有需要还需聘请独立财务顾问发表专业意见）。④监事会应当对股权激励公示名单进行审核，并应当在股东大会前5日披露监事会对激励名单审核及公示情况的说明。公示期不少于10日。⑤股东大会应当依法对股权激励计划草案作出决议，并经出席会议的股东所持表决权的2/3以上通过。

2.2.2　信息披露

1. 股权激励方案的披露

公司董事会审议通过股权激励计划的实施方案后，应及时履行信息披露义务，披露内容至少包括：股份来源、股份数量、股份状态、激励的对象等等。如激励对象是董事、监事、高级管理人员，要求披露其各自可以获授的权益数量、占股权激励计划所有拟授予权益总量的百分比；其他类别的激励对象（各自或按适当分类）可以获授的权益数量及其占股权激励计划所有拟授予权益总量的百分比等。

公司做该信息披露时，需要提交如下材料：①上市公司董事会关于股权激励计划的实施申请，其内容至少包括：激励方案已经履行的审批程序，触及激励条件的情况，股权激励计划实施的具体方案。②上市公司董事会关于实施股权激励计划的决议。③主管部门的审批文件（如适用）。④如股权激励计划的实施涉及认购资金的，上市公司董事会还应出具相关股份已收取足额认购资金的证明。

2. 股份过户的披露

上市公司董事会应当在激励股份过户完成后的两个交易日内披露相关过户情况。

3. 股份出售的披露

上市公司董事、监事、高级管理人员所持股份解除锁定后，在上市交易、信息披露等过程中应遵守《公司法》《证券法》《上市公司股权分置改革管理办法》《深圳证券交易所上市规则》《上市公司收购管理办法》等相关规定，同时应当在定期报告中履行信息披露义务。

2.2.3　股权激励授予方式

要求公司在股权激励计划中明确说明股票期权或者限制性股票的具体授予日期、授予日的确定方式、等待期或锁定期的起止日等等。一般来说，股权激励是在有效期内分批授予，以充分体现长期激励的效应。关于国有控股公司，《国有控股上市公司（境内）实施股权激励试行办法》还作了专门规定，要求其在股权激励计划的有效期内，采取分次实施的方式，而且每期股权授予方案的间隔期应

在一个完整的会计年度以上。

2.2.4 行权申请、股票的锁定和解锁

激励对象对股票期权的行权受到各个方面的限制。

（1）如用于激励的股份性质为有限售条件的流通股，股份过户完成后，获得股份的激励对象应继续履行原股东所做出的承诺，包括但不限于：对股份持有期限的承诺、最低减持价格承诺等。该部分股份解除限售的程序按证券交易所有关规定办理。

（2）激励对象为上市公司董事、监事、高级管理人员的，应当在办理股权过户手续的同时申请股份锁定。

（3）上市公司董事、监事、高级管理人员所持股份的解锁，按证券交易所有关规定办理。

2.3 《上市公司股权激励管理办法》新规的实施效果

自《上市公司股权激励管理办法（试行）》于 2006 年 1 月 1 日起实施至 2016 年，股权激励市场经过 10 年时间探索及发展，中国证券监督管理委员会于 2016 年 7 月 13 日公告股权激励新政——《上市公司股权激励管理办法》，并于同年 8 月 13 日起正式实施。自新政正式推行以来，上市公司股权激励业务已从试点发展成为建立企业长效激励机制和现代化公司治理的主流。新的管理办法中强化了信息监管、完善了股权激励的实施条件、加大了公司自治和灵活的决策空间、也强化了内部监督与市场约束。对比 2016 年《上市公司股权激励管理办法》与 2005 年《上市公司股权激励管理办法（试行）》及备忘录，有助于推动股权激励市场发展的重要政策变化具体如下：

在信息披露方面，管理办法中明确规定股权激励计划可以与公司重大事项同时进行；

在程序方面，未过股东大会前，可以变更股权激励计划（经董事会审议通过），便于股价出现较大波动时应对；

激励计划要素方面，对于定价，对授予/行权价格不作强制性规定，仅作原则性要求，给予公司更多灵活空间；

激励计划要素方面，对于业绩考核，放宽了绩效考核指标等授权条件、行权条件要求。《股权激励有关事项备忘录 3 号》中明确指出"上市公司股权激励计划应明确，股票期权等待期或限制性股票锁定期内，各年度归属于上市公司股东的净利润及归属于上市公司股东的扣除非经常性损益的净利润均不得低于授予日前最近三个会计年度的平均水平且不得为负"。新的管理办法中取消了公司业绩指标不低于公司历史水平且不得为负的强制性要求，原则性规定相关指标应客观公开，符合公司的实际情况，有利于体现公司竞争力的提升。

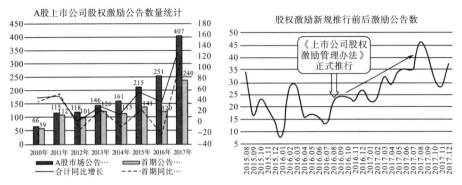

图 7-1 《上市公司股权激励管理办法》新规的实施效果

在新的管理办法的推动下，A 股上市公司股权激励业务得以在 2017 年度蓬勃发展，截至 2017 年 12 月底，总计公告 407 个计划，同比 2016 年增加 156 个计划，市场规模增长超过 60%。纵观历年 A 股上市公司股权激励业务数据，2017 年是首个增长规模超过 100 个计划的年度，和往年增长的量级不可同日而语。此外，对比 2016 年 8 月《上市公司股权激励管理办法》正式推行前后各月份上市公司公告股权激励计划的数量，也发现在管理办法正式推行以后股权激励市场规模得以明显提升，见图 7-1。

2.4 A 股上市公司股权激励的现状

2.4.1 股权激励的数量快速增长

从 A 股市场整体公告数量上看，2017 年度 A 股市场披露股权激励计划的上市公司数量呈快速增长态势。2017 年全国共有 407 个上市公司股权激励计划公告，同比 2016 年增长 62.15%，按月度计算，平均每月上市公司就会推出 34 个股权激励计划。纵观 2006~2017 年历年数据，A 股市场股权激励公告数量以年均增加 32 个计划的速度增长，年均增长率接近 30%。股权激励业务的发展大体可分为三个发展阶段：2006~2010 年处于股权激励业务发展初期，整体年均公告数量有限，年均仅有 40 个上市公司股权激励计划公告；2010~2014 年处于稳步增长期，年均 121 个上市公司股权激励计划公告，且每年以 28.88% 的增速增长；2014~2017 年则处于快速发展期，年均 258 个上市公司股权激励计划公告，年均增长率达到 37.27%，见图 7-2。

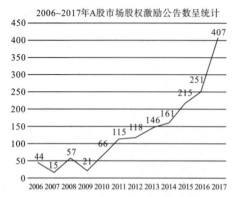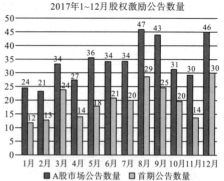

图 7-2　A 股市场股权激励公告

从 2017 年的月度统计图来看，2017 年度各月份的公告数量略有起伏，月均在 33 个计划左右。1 月份至 8 月份稳步增长，在 8 月份达到峰值 47 个计划；自 8 月份以后有所回落，但起伏并不明显，12 月份公告数量又达到 46 个。从资本市场各板块的角度来看，各板块上市公司在 2017 年度公告股权激励计划的数量和占比都较为平衡。其中主板在 2017 年度公告数量最多，总计 155 个计划，市场占比达到 38.08%；创业板公告 139 个计划，市场占比 34.15%；中小板公告 113 个计划，占比 27.76%。当前上市公司对拥有科学技术和管理技术的专业人员的需求越来越大，各板块的上市公司普遍都希望能够建立长期有效的激励机制，推行股权激励计划。

2.4.2　不同所有制下股权激励现状

若仅从民营上市公司和国有控股上市公司的维度来划分，截至 2017 年 12 月，民营上市公司公告股权激励计划 380 个，占比 93.37%，几乎占据整个 A 股市场；而国有控股上市公司仅仅公告 27 个，占比仅为 6.63%。从整体层面来看，国有企业股权激励的推进速度正在加快，但相对于民营企业股权激励计划的自主性而言，其整体速度仍缓于民营上市公司。国有企业股权激励的推进较民营企业而言主要有三方面的影响：

第一，国有企业业绩要求较高。对于国有企业而言，能够审批通过实施股权激励的上市公司，必须是在同行业或者同市场内业绩水平稳定在均值水平以上甚至行业龙头的上市公司。而业绩水平的评价体系，必须是多指标、多维度的综合考评体系且有一定硬性要求。这一点对于本身业绩状况不甚理想、正在寻求企业转型或正在转型之路的国有上市公司而言，是一个极大的挑战。

第二，国有企业审批环节繁多。较民营企业仅需通过股东大会审议，国有企业在股权激励的实施过程中面临更多实际监管程序、审批环节，如各级国有控股股东、实际控制人、国资委、省政府、市政府等。

第三，国有企业股权激励政策更新缓慢。自国资委 2008 年推出国有股权激励配套政策后，至今国资委方面并未推出新的激励政策。而与此同时，证监会方面已就上市公司股权激励相关政策对 2006 年的"试行"办法进行了修正，并于 2017 年 7 月 13 日公告，同年 8 月 13 日实施。现有国有企业股权激励政策不能完全满足当下市场新的需求。

2.4.3　股权激励市场区域分布

随着产权制度改革的深入推进，股权分置改革的逐步完成和经济的快速发展，为我国股权激励的发展和应用打下了经济基础，股权激励是经济发展到一定阶段的产物，股权激励的施行需要以较好的经济基础，对于实现经济的新发展以及随之而来的激励改善有较为强烈的动机。自我国加入后，我国企业面临许多新的发展机遇，但是竞争更加激烈，也面临着严峻的挑战，无论国有企业还是民营企业，都必须提高自身的竞争力和实力，不能再靠着国家控股的垄断地位或国家的市场保护政策而生存，在这中间人才的竞争十分突出，人才流动率又非常高，需要股权激励这种制度，以吸引和留住人才，有效的激励人才，从而提高企业竞争力。而我国地大物博，不同地域的经济基础差异很大，因此不同地域对股权激励的需求也会显示出差异。

从地区分布来看，沿海开放城市、华东及华南地区实施股权激励计划的数量要远大于西南和东北部地区。广东省在 2017 年上市公司公告股权激励计划数量最多，达 103 个计划，占比 25.31%；浙江省紧随其后，公告 49 个计划，占比 12.04%；其次是江苏省，公告 48 个计划，占比 11.79%；上海市公告 38 个计划，占比 9.34%；北京市公告 36 个计划，占比 8.85%。其他沿海地区包括山东省和福建省公告计划数量各为 21 个和 19 个。内陆地区除四川省、湖北省、安徽省、湖南省、河南省和江西省外，其他地区公告数量均没有超过 5 个计划，个别省份在 2017 年甚至没有一家上市公司推行股权激励计划。

2.4.4　股权激励市场行业分布

从国外实践来看，人力资本密集型企业更加青睐于股权激励，股权激励公司具有一定的产业特征。从我国的实践情况来看，企业的股权激励制度不能简单地说成是一种解决委托代理问题的工具，实际上它是对自身生产经营结构和人际关系结构上各种因素考虑权衡后的一种制度安排，当企业的生产经营结构和人际关系结构发生改变时，其股权激励制度的安排也会随之发生变化。

从行业分布来看，制造业在 2017 年上市公司公告股权激励计划数量最多，

达 262 个计划，市场占比 64.86％；信息技术服务业仅次于制造业，公告 62 个计划，占比 15.23％；其次是零售业和纺织服装、服饰业，各公告 9 个计划，市场占比均在 2.21％。制造业作为推动股权激励业务最广泛的行业，一方面是因为这行业本身上市公司体量最大，另一方面也是因为中国传统制造业正在面临现代工业的转型升级过程中对核心人才的需求日益攀升。而信息技术服务业作为仅次于制造业，成为第二大推动股权激励业务的行业，得益于互联网产业的发展以及信息化资源的普及，见图 7-3。

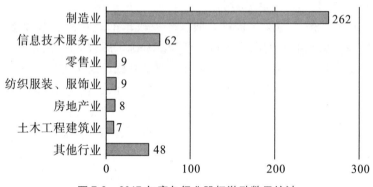

图 7-3　2017 年度各行业股权激励数量统计

从制造业各细分市场角度看，计算机、通信设备制造业在 2017 年度公告数量最多，达到 49 个计划，在制造业股权激励市场占比 18.56％；其次是电气机械及器材制造业，公告 35 个计划，占比 13.26％；此外专用设备制造业也公告了 28 个计划，占比 10.61％。其他细分行业公告量均低于 25 个计划，见图 7-4。

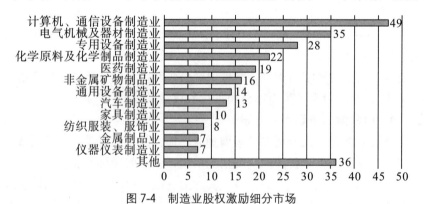

图 7-4　制造业股权激励细分市场

2.4.5　股权激励工具选择

在 2017 年度 A 股市场股权激励计划激励工具选择上，上市公司普遍倾向于限制性股票作为激励工具。在公告的 407 个股权激励计划中，有 312 个计划选择限制性股票，占比达到 76.66％；57 个计划选择股权期权，占比 14.00％；38 个计划选择复合工具，占比 9.34％。从数据统计来看，当前上市公司在建立中长期激励机制上有着比较高的积极性，且倾向于激励性和约束性较强的激励工具，见图 7-5。

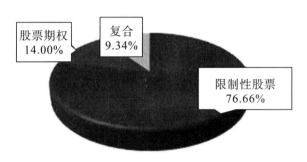

图 7-5　股权激励工具选择

2.4.6　股权激励对象选择

从 A 股上市公司股权激励计划定人的角度来看，2017 年度激励对象人数占上市公司总人数的比重平均在 12.59％左右；其 25 分位值在 4.12％左右；50 分位值在 9.31％左右；75 分位值在 17.08％左右，相比于近十年的历史平均数据都有所提高。其中，25 分位值提高 0.51 个百分点；50 分位值提高 0.58 个百分点；75 分位值提高 0.46 个百分点，这也说明 2017 年度的股权激励计划在激励人数上有所提高的，见图 7-6。

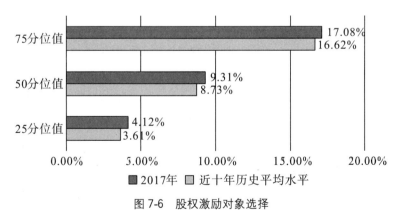

图 7-6　股权激励对象选择

2.4.7　股权激励授予数量选择

从股权激励计划定量的角度看，2017 年度授予权益数量占激励计划公告时

总股本的比重平均在 2.79％左右；其 25 分位值在 1.59％左右；50 分位值在 2.38％左右；75 分位值在 3.50％左右。相比于近十年的历史平均数据都有所下降。其中，25 分位值下降 0.16 个百分点；50 分位值也下降 0.16 个百分点；75 分位值下降 0.31 个百分点。权益授予数量的下降主要有两方面的原因：首先，证监会发布的《上市公司股权激励管理办法》第 12 条规定："上市公司全部有效的股权激励计划所涉及的标的股票总数累计不得超过公司股本总额的 10％。"对于单个激励对象来说，证监会的《上市公司股权激励管理办法》规定："非经股东大会特别决议批准，任何一名激励对象通过全部有效的股权激励计划获授的本公司股票累计不得超过公司股本总额的 1％。所称股本总额是指股东大会批准最近一次股权激励计划时公司已发行的股本总额。"可以看出，此政策对实施了多期激励计划的上市公司在定量方面会有所限制。此外，2017 年度 77.78％的上市公司采用限制性股票作为激励工具，但限制性股票对激励对象的资金压力较大，因此也会限制权益的授予数量，见图 7-7。

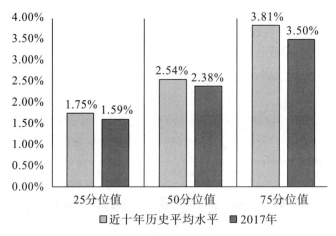

图 7-7 股权激励数量选择

2.4.8 股权激励定价方式选择

目前常见的股权激励方案中，限制性股票允许激励对象用一定的低价（不得低于公司股票的购买价），激励对象在禁售期之后，就可以在市场上出售其持有的股票，激励对象的实际收益取决于禁售期后股票的市场价格，与激励方案的公告时间无关。

但是，股票期权与限制股票不一样，根据《上市公司股权激励管理办法》，上市公司在授予激励对象股票期权时，应当确定行权价格或者行权价格的确定方法。股票期权的行权价格和限制性股票的授予价格均不得低于股票票面金额，且原则上股票期权的行权价格不得低于股权激励计划草案公布前1个交易日的公司股票交易均价和前20个交易日、60个交易日或者120个交易日的公司股票交易均价之一的较高者；限制性股票的授予价格原则上不得低于股权激励计划草案公布前1个交易日的公司股票交易均价的50％和前20个交易日、60个交易日或者120个交易日的公司股票交易均价之一的50％的较高者。上市公司采用其他方法确定价格的，应当在股权激励计划中对定价依据及定价方式作出说明。

对股票期权来说，股权激励预案公告日的选择就非常重要，因为公司管理层行权价与预案公告日的市价密切相关，这也是导致下述现象产生的主要原因：大盘越高，而股权激励越少；大盘越低，而股权激励越多的情况。从2017年度市场数据统计来看，采用股票期权作为激励工具的上市公司均按《管理办法》原则要求定价；采用限制性股票作为激励工具的上市公司几乎也是按照《管理办法》原则要求定价，且授予价格的折扣几乎均在50％。但市场上也有个别上市公司采取其他方式进行自主定价，如苏泊尔（002032.SZ）和用友网络（600588.SH）。

2.4.9 股权激励时间模式选择

从2017年度上市公司股权激励计划时间模式选择上来看，71.91％的上市公司选择"1+3"的时间模式，以4年作为股权激励计划有效期，其中1年为等待期/限售期，分3年行权/解除限售；选择"1+2"、"1+4"以及"2+3"时间模式的上市公司均在8％左右；剩余不到5％的上市公司在时间模式选择上更为自主，根据公司激励计划的特定需要而设计，见图7-8。

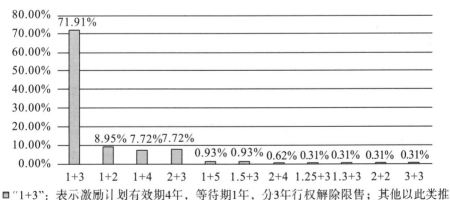

■ "1+3"：表示激励计划有效期4年，等待期1年，分3年行权解除限售；其他以此类推

图7-8　2017年度股权激励时间模式选择

2.4.10 股权激励股份来源

一般而言，股权激励需解决股票来源问题，以便为激励对象提供股份。由于美国的公司法允许企业的发行在外股数低于注册股数，这样剩余的未发行股份就

可以用来进行股权激励，股票来源的问题并不突出。

关于股权激励的股票来源问题，中国证监会在《上市公司股权激励管理办法试行》中作出了明确规定："拟实行股权激励计划的上市公司，可以根据本公司实际情况，通过以下方式解决标的股票来源：（一）向激励对象发行股份；（二）回购本公司股份；（三）法律、行政法规允许的其他方式。"所以，我国上市公司股权激励中股票的合法来源主要有三种，一是上市公司向激励对象定向发行股票；二是非流通股股东（大股东）转让股票给激励对象；三是上市公司回购流通股。

第二种股票来源"非流通股股东（大股东）转让股票给激励对象"是大股东的个人行为，仅仅是在股东登记簿上将股东名称从原大股东更换为激励对象，与上市公司无关，上市公司没有发生实质性的薪酬支付，不属于严格意义上的股权激励。为了形式上满足股权激励的要求，同时也可以很好地防范大股东避让上市公司进行股权转让的操作，中国证监会在《股权激励有关事项备忘录号》规定："股东不得直接向激励对象赠予（或转让）股份。股东拟提供股份的，应当先将股份赠予（或转让）上市公司，并视为上市公司以零价格（或特定价格）向这部分股东定向回购股份。然后，按照经我会备案无异议的股权激励计划，由上市公司将股份授予激励对象。上市公司对回购股份的授予应符合《公司法》第一百四十三条规定，即必须在一年内将回购股份授予激励对象。"也就是说，大股东转让股票给激励对象，分两步走：第一步是大股东将股份赠予（或转让）上市公司；第二步是公司将股份作为薪酬发放给激励对象。所以，从这个意义上说，"大股东转让给上市公司"也是股权激励中的股票来源之一。

从 2017 年度上市公司股权激励计划中采用股票期权的计划全部选择在未来定向增发公司股票；采用限制性股票的计划中，有 344 个计划选择定向增发公司股票，占比达到 98.29％；6 个计划选择从二级市场回购公司股票用于其股权激励计划，占比 1.71％。选择定向增发的主要原因是不构成对公司本身的资金压力，保证公司现金流充裕。而选择二级市场回购则主要出于两方面的考虑：首先是因为公司现金流充裕，回购股份不对公司运营造成太大影响，且公司回购也能在一定程度上提升资本市场和投资者对公司的信心；其次是股份回购不会对大股东或实际控制人的股份造成稀释，不会影响到大股东或实际控制人对公司的控制。

2.4.11 多期股权激励计划成常态

随着股权激励的整体发展趋势，越来越多的上市公司逐步认识到制定长期激励机制的必要性。在推出首期激励计划之后，更多的公司逐步推行多期股权激励计划。截至 2020 年 12 月 31 日，A 股市场共有 632 家上市公司公告了第二期股权激励计划；219 家上市公司公告了第三期股权激励计划；71 家公司公告了第四期股权激励计划；26 家上市公司公告了第五期股权激励计划；8 家上市公司公告了第六期股权激励计划；5 家上市公司公告了第七期股权激励计划，2 家上市公司公告了第八期股权激励报告计划。见图 7-9。

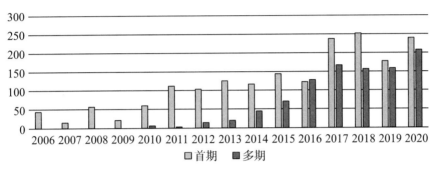

图 7-9　2006—2020 年多期股权激励计划推进情况

根据 2010～2017 年的数据统计，多期股权激励计划公告期数的年均增长率超过 50％。从多期股权激励计划的市场比重来看，其公告期数从 2010 年的 9.23％增长至 2016 年的 51.02％，多期激励计划的市场覆盖面以年均同比上一年度 80.55％的速度增长。2017 年多期激励计划的市场占有率回落到 41.26％，主要原因是这段时期上市公司推行一期股权激励计划的力度也很大，首期激励计划公告数量达到 240 家，这也说明越来越多未推行过激励计划的上市公司正在纷纷涌入市场，见图 7-10。

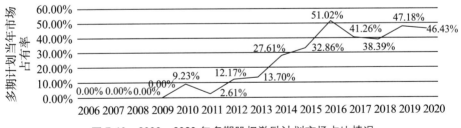

图 7-10　2006—2020 年多期股权激励计划市场占比情况

第三节 非上市公司股权激励

3.1 非上市公司股权激励的模式

3.1.1 虚拟股票

是指公司采用发行股票的方式，将公司的净资产分割成若干相同价值的股份，而形成的一种"账面"上的股票。

激励对象可以据此享受一定数量的分红权和股价升值收益，但没有所有权和表决权，不能转让和出售，在离开企业时自动失效。实行虚拟股票的公司每年聘请一次薪酬方面的咨询专家，结合自己的经营目标，选择一定的标准对虚拟股票进行定价，目的是模拟市场，使虚拟股票的价值能够反映公司的真实业绩。

虚拟股权的获授对象并不真正掌握公司股权，甚至无权直接以其所持虚拟股权请求公司分配红利，其实质是大股东将其所持股权权益部分让渡于激励对象，是大股东与激励对象之间的一种契约关系。公司授予激励对象虚拟股权，不改变公司的股权结构，也不会给员工增加额外负担，虽然该模式员工不能获得真正的股权，但是也经常被企业所采用。公司会因为虚拟股权而发生现金支出，有时可能面临现金支出风险，因此一般会为虚拟股票计划设立专门的基金。

3.1.2 账面价值增值权

具体分为购买型和虚拟型两种。购买型是指在期初激励对象按每股净资产值购买一定数量的股份，在期末再按每股净资产期末值回售给公司。虚拟型是指激励对象在期初不需支出资金，公司授予激励对象一定数量的名义股份，在期末根据公司每股净资产的增量和名义股份的数量来计算激励对象的收益。

实施账面价值增值权的好处是激励效果不受外界资本市场异常波动的影响，激励对象无需现金付出。但缺点是采用这种方式要求企业财务状况较好，现金流量充足。

3.1.3 绩效单位

公司预先设定某一个或数个合理的年度业绩指标（如资产收益率等），并规定在一个较长的时间（绩效期）内，如果激励对象经过努力后实现了股东预定的年度目标，那么绩效期满后，则根据该年度的净利润提取一定比例的激励基金进行奖励。

这部分奖励往往不是直接发给激励对象的，而是转化成风险抵押金。风险抵押金在一定年限后，经过对激励对象的行为和业绩进行考核后可以获准兑现。如果激励对象未能通过年度考核，出现有损公司利益的行为或非正常离任，激励对象将受到没收风险抵押金的惩罚。在该计划中，经理人员的收入取决于他预先获得的绩效单位的价值和数量。

3.1.4　股份期权

股份期权是非上市公司运用股票期权激励理论的一种模式。管理人员经业绩考核和资格审查后可获得一种权利，即在将来特定时期，以目前评估的每股净资产价格购买一定数量的公司股份。届时如果每股净资产已经升值，则股份期权持有人获得潜在的收益，反之以风险抵押金补入差价。激励对象购买公司股份后在正常离开时由公司根据当时的评估价格回购。如果非正常离开，则所持股份由公司以购买价格和现时评估价格中较低的一种回购。

上述适用于非上市公司股权激励的工具各有利弊，都有其适用条件。公司需要根据激励目的、行业特征以及企业客观情况灵活选择适合的股权激励工具或激励工具组合。

3.1.5　限制性股权

指公司按照预先确定的条件授予激励对象一定数量的本公司股权，激励对象只有工作年限或业绩目标符合股权激励计划规定条件的，才可处置该股权的激励方式。

对于符合激励条件的对象，在此模式下可实际获得限制性股权。但是，该限制性股权通常设置了锁定期，只有在激励对象达到激励方案的条件，方可解锁转让。锁定期在实务中又常常被划分为禁售期与限售期两个阶段，禁售期内激励对象只享有分红、表决等部分股东权利，但不得对外转让；限售期内可根据激励目标的完成情况，分批次对限制性股权进行解锁转让。

参照《上市公司股权激励管理办法》第 24、25、26 条之规定，在设计非上市公司股权激励方案时，限制性股权授予日与解锁日间隔可不少于 12 个月，分期解锁的，每期不少于 12 个月，各期解锁比例不超过激励对象获授股权总额的50%。解锁条件不成立的，公司负责回购尚未解锁部分的股权。

3.2　非上市公司股权激励的股权来源

上市公司股权激励方案中向激励对象授予的股票，《上市公司股权激励管理办法》第 12 条规定来源于：①向激励对象发行股份；②回购本公司股份；③法律、行政法规允许的其他方式。非上市公司则可参考财政部、科技部关于印发《中关村国家自主创新示范区企业股权和分红激励实施办法》的通知（财企

〔2010〕8号）第16条的规定，通过以下三种方式解决标的股权来源：①向激励对象增发股份；②向现有股东回购股份；③现有股东依法向激励对象转让其持有的股份。

3.2.1　向激励对象增发

公司向激励对象增发股权，在《公司法》层面不存在法律障碍，《公司法》第34条规定，公司新增资本时，股东有权优先按照实缴的出资比例认缴出资。但是，全体股东约定不按照出资比例分取红利或者不按照出资比例优先认缴出资的除外。对于股份公司，《公司法》对新增资本原股东是否具有优先认购权未做规定，第178条仅规定"股份有限公司为增加注册资本发行新股时，股东认购新股，依照本法设立股份有限公司缴纳股款的有关规定执行"。

3.2.2　大股东转让

公司控股股东或大股东向激励对象转让股权，《公司法》第71条规定，有限责任公司股东向股东以外的人转让股权，应当经其他股东过半数同意，不同意的应予购买，同意转让的股权，原股东具有优先购买权。

对于股份公司，大股东转让股权存在一个时间障碍，即《公司法》第141条"发起人持有的本公司股份，自公司成立之日起一年内不得转让"。

3.2.3　公司回购

对于股份公司，《公司法》对公司回购股份的资金、回购比例、留存期等问题均有明确规定。具体见《公司法》第142条，公司存在"将股份奖励给本公司职工"的情形时，可以收购本公司股份，但应当经股东大会决议，且收购的股份不得超过公司已发行股份总额的5%，用于收购的资金应当从公司税后利润支出，所收购股份应当在一年内转让给职工。

值得一提的是，财政部对于该等股份回购的财务处理，2006年还专门出台了《关于〈公司法〉施行后有关企业财务处理问题的通知》（财企〔2006〕67号），要求：①公司回购的股份在注销或转让前，作为库存股管理，回购股份的全部支出转作库存股成本；②回购资金应控制在当期可供分配的利润数额之内；③公司在通过激励办法时应将回购支出在当期利润中作出预留，不得分配；④库存股不得参与利润分配，应作为所有者权益的备抵项目反映。

关于有限责任公司向股东回购股权问题，从《公司法》第74条可以找到"间接证据"。第74条规定"有下列情形之一的，对股东会该项决议投反对票的股东可以请求公司按照合理的价格收购其股权：①公司连续五年不向股东分配利润，而公司该五年连续盈利，并且符合本法规定的分配利润条件的；②公司合并、分立、转让主要财产的；③公司章程规定的营业期限届满或者章程规定的其他解散事由出现，股东会会议通过决议修改章程使公司存续的"。除此之外，有限责任公司是否可回购股东股权，《公司法》虽无明确条款予以确认，但亦无禁止性规定。

3.3　非上市公司的员工持股平台

3.3.1　持股平台的功能

企业采取员工持股平台的方式进行股权激励有三个便利之处，其一可突破《公司法》对股东人数的限制，《公司法》第 24 条、78 条，有限责任公司股东人数不超过 50 人，非上市股份有限公司人数不超过 200 人；其二可避免因激励对象离职所产生的繁琐的股权变更手续；其三部分行业（如保险）不允许员工个人直接持股。

持股平台实务中以有限合伙形式存在居多，激励对象在合伙企业作为有限合伙人，其离职后仅在有限合伙企业层面进行变动，不涉及实施股权激励公司的股东变更手续。而且，根据《合伙企业法》第 45 条之规定，合伙人的退伙完全可由合伙协议进行约定，比《公司法》更为灵活。《合伙企业法》第 45 条设定的退伙事由包括：①合伙协议约定的事由出现；②经全体合伙人一致同意；③发生合伙人难以继续参加合伙的事由；④其他合伙人严重违反合伙协议约定的义务。

3.3.2　新三板挂牌对持股平台的影响

对于拟挂牌新三板的企业，在以员工持股平台方式实施股权激励计划时，若挂牌后股权激励尚未完成的，则面临终止实施的风险。

依据 2015 年 11 月 24 日《非上市公众公司监管问答——定向发行（二）》（以下简称"定向发行（二）"），单纯以认购股份为目的而设立的公司法人、合伙企业等持股平台，不具有实际经营业务，不符合投资者适当性管理要求，不得参与非上市公众公司的股份发行。即挂牌公司不得向该等持股平台发行股份，意味着限制性股权或股权期权均无法实施。

2015 年 12 月 17 日，全国中小企业股份转让系统有限公司《关于〈非上市公众公司监管问答——定向发行（二）〉适用有关问题的通知》进一步明确：发行后股东人数不超过 200 人的股票发行，发行对象涉及持股平台，如果在《定向发行（二）》发布前发行方案已经过股东大会审议通过的，可继续按照原有的规定发行，但发行方案中没有确定发行对象的，则发行对象不应当为持股平台；如果在《定向发行（二）》发布前发行方案尚未经过股东大会审议通过的，应当按照《定向发行（二）》的规定发行。

简单来说，对于拟实施股权激励的公司挂牌后，除非在《定向发行（二）》

发布前发行方案已经股东大会审议通过，否则一律不得向单纯的持股平台发行股份。

3.4 股权激励对公司上市的影响

3.4.1 股利支付对盈利指标的影响

公司申请上市的门槛中，盈利是必备条件之一。其中，主板要求最近三个会计年度净利润均为正且累计超过 3000 万元；创业板则要求两年连续盈利，最近两年净利润累计不少于 1000 万元或最近一年盈利，最近一年营业收入不少于 5000 万元等。

在股权激励实施过程中，以限制性股权为例，激励对象购买的限制性股权往往并非是股权的公允价格，此时，公司就可能构成《企业会计准则第 11 号——股份支付》中所称的"股份支付"。股份支付是指企业为获取职工或其他方提供服务而授予权益工具或承担以权益工具为基础确定的负债的交易。而根据《会计准则 11 号》第 5 条，授予后立即可行权的换取职工服务的以权益结算的股份支付，应当在授予日按照权益工具的公允价值计入相关成本或费用，并相应增加资本公积。第 6 条，完成等待期内的服务或达到规定业绩条件才可行权的换取职工服务的以权益结算的股份支付，在等待期内的每个资产负债表日，应当以对可行权权益工具数量的最佳估计为基础，按照权益工具授予日的公允价值，将当期取得的服务计入相关成本或费用和资本公积。

举例来说，若公司在申请主板上市的报告期内三年分别实现盈利为 500 万、1000 万与 2500 万元，但第一年因实施股权激励产生的成本为 600 万元。若该股权激励被认定构成股份支付，则其报告期内第一年的盈利将调整为负数，不满足《首次公开发行股票并上市管理办法》第 26 条的业绩要求。因此，对于有上市安排的公司，应提前筹划激励计划的实施时间，否则可能会因公司盈利不达标对上市计划造成拖延。

3.4.2 股权激励对股权结构的影响

《首次公开发行股票并上市管理办法》第 13 条与《首次公开发行股票并在创业板上市管理办法》第 15 条，对于拟上市公司的股权问题都明确要求：发行人的股权清晰，控股股东和受控股股东、实际控制人支配的股东持有的发行人股份不存在重大权属纠纷。

2013 年 12 月 26 日证监会发布《非上市公众公司监管指引第 4 号——股东人数超过 200 人的未上市股份有限公司申请行政许可有关问题的审核指引》（以下简称"监管指引第 4 号"）表示，所谓股权清晰是指股权形成真实、有效，权属清晰及股权结构清晰。具体包括：①股权权属明确；②股东与公司之间、股东之间、股东与第三方之间不存在重大股份权属争议、纠纷或潜在纠纷；③股东出资行为真实，不存在重大法律瑕疵或相关行为已有效规范，不存在风险隐患。

非上市公司股权激励计划的实施，可能会在以下两个方面对其股权结构造成影响，进而阻碍公司的上市进程。

（1）激励计划中存在职工持股等间接持股情形的，会被监管机构作为股权权属不明确的证据。《监管指引第4号》规定，股份公司股权结构中存在工会代持、职工持股会代持、委托持股或信托持股等股份代持关系，或通过持股平台间接持股的安排以致实际股东超过200人的，应当将代持股份还原至实际股东、将间接持股转为直接持股。但对以私募股权基金、资产管理计划或其他金融计划进行持股，该金融计划依据法律法规设立并规范运作，且已经接受证券监督管理机构监管的，可以不进行股份还原或转为直接持股。

（2）股权激励方案中设置的考核条件对激励对象是否能获得股权、公司是否可能回购股份、以及股份的转让限制等问题均可能导致股权不清晰、稳定。因此，监管机构一般要求拟上市公司的股权激励方案在上市前应实施完毕或终止实施。但对于创业板而言，根据《公开发行证券的公司信息披露内容与格式准则第28号——创业板公司招股说明书（2015年修订）》第37条，其仅要求发行人对激励方案予以披露，并未强制要求激励方案实施完毕或终止实施。即：发行人应披露正在执行的对其董事、监事、高级管理人员、其他核心人员、员工实行的股权激励（如员工持股计划、限制性股票、股票期权）及其他制度安排和执行情况。

而在《公开发行证券的公司信息披露内容与格式准则第1号——招股说明书（2015年修订）》及《首次公开发行股票并上市管理办法》中，对股权激励问题都没有类似规定。

3.5　非上市公司实施股权激励的障碍

3.5.1　股权的定价问题

上市公司股权激励计划在行权价格的确定方面是以股票市场价格作为定价基础。而在中国以每股净资产作为行权价格的做法过于简单，以股票价值作价更是价值失真，其客观性、公正性与准确性都存在着严重问题。

3.5.2　员工进退机制的问题

随着公司的发展，公司经营管理者及其他员工将不断发生变化，有的员工会离开公司，有的新员工进入公司。根据员工持有股份的初衷，离开公司的员工就

QIYE XINCHOU XITONG SHEJI YU ZHIDING

要退出股份，新进员工应持有股份，不过由于是非上市公司，股东的进退机制很难理顺，同时由于公司性质的不同，股东的进入与退出受到的限制相对小很多，因此，非上市公司的进入和退出，操作起来比上市公司复杂的多。

3.5.3 购买股权的资金问题

现实情况是，我国企业的员工通常不具备大额股权的行权支付能力，因此有必要提供一定的财务支持，或容许以非现金的形式完成行权，不过在涉及含国有股权的公司，如果采取非现金行权，容易涉嫌私分国有资产，尤其是公司成立之初，股权激励计划很难通过，所以更多是通过借款融资的方式解决购买股权的资金问题。根据《担保法》第78条上市公司是比较容易进行质押贷款的。但非上市公司股权质押的，必须经该公司全体股东半数同意，而银行也不接受非证券登记机构登记的股权做质押贷款，这样，员工购买股权的资金比较难解决，影响公司股权激励计划的顺利实施。

3.5.4 公司价值的评价问题

如同商品的价值一样，公司的价值只有投入市场才能通过价格表现出来，在有效的资本市场中公司股票的价格就是公司的长期价值；然而，非上市公司要评估其价值却要难的多，目前大多以公司的净资产作为评价标准，但公司净资产随着会计处理的不同差异会很大，不能真实的反映公司的长期价值，这也就很难对经营者的业绩做出合理的评价。

本章小结

本章重点介绍了股权激励的概念、理论基础，股权激励的起源与发展，股权激励的功能，股权激励的风险，股权激励的模式及分类。以上市公司为主体，探讨股权激励的一般概念、操作程序、政策实施效果、股权激励现状等问题。以非上市公司为主体，探讨非上市公司股权激励的一系列问题。

学习重点：
股权激励的起源与发展、股权激励的模式及分类、上市公司股权激励。

参考文献与网络链接：
中华人民共和国人力资源和社会保障部：http://www.mohrss.gov.cn/
中国人力资源管理网：http://www.chhr.net/index.aspx

中国企业人力资源网：http://www.ehrd.org/

中国人力资源网：http://www.hr.com.cn/

HRoot 领先的人力资源管理：http://www.hroot.com/

HR 人力资源管理案例网：http://www.hrsee.com/

Bennett B，Bettis J C，Gopalan R，et al. "Compensation goals and firm performance" [J]. Journal of Financial Economics，2017，124（2）.

Nazir T，Shah S F H，Zaman K. "Literature review on total rewards：An international perspective" [J]. African Journal of Business Management，2012，6（8）.

WorldatWork. The WorldatWork Handbook of Compensation，Benefits & Total Rewards. 2016.

徐宁：《上市公司股权激励方式及其倾向性选择——基于中国上市公司的实证研究》，《山西财经大学学报》，2010，32（3）：81－87.

李连伟：《上市公司股权激励效应及作用路径研究》，吉林大学，2017。

孔畅：《华为公司股权激励制度研究》，2017。

刘昕：《福利是否需要全部货币化》，《中国人力资源开发》，2001（1）：18－19.

付维宁：《绩效与薪酬管理》，清华大学出版社，2016。

李新建、孟繁强、张立富：《企业薪酬管理概论》，中国人民大学出版社，2006。

李永周：《薪酬管理：理论、制度与方法》，北京大学出版社，2013。

刘昕：《薪酬管理》，中国人民大学出版社第3版，2011。

文跃然：《薪酬管理原理》，复旦大学出版社第2版，2013。

盛明泉、张春强、王烨：《高管股权激励与资本结构动态调整》，《会计研究》，2016（2）：44－50.

陈艳艳：《员工股权激励的实施动机与经济后果研究》，《管理评论》，2015，27（9）：163－176.

吕长江、郑慧莲、严明珠等：《上市公司股权激励制度设计：是激励还是福利?》，《管理世界》，2009（9）：133－147.

吕长江、严明珠、郑慧莲等：《为什么上市公司选择股权激励计划?》，《会计研究》，2011（1）：68－75.

吕长江、张海平：《上市公司股权激励计划对股利分配政策的影响》，《管理世界》，2012，230（11）：133－143.

肖淑芳、石琦、王婷等：《上市公司股权激励方式选择偏好——基于激励对象视角的研究》，《会计研究》，2016（6）：55-62.

上海荣正咨询：《2017 年度 A 股上市公司股权激励统计与分析报告》，https：//www.sohu.com/a/225348004_99963168.

思考题：

1. 股权激励的内涵是什么？
2. 股权激励有哪些功能？
3. 股权激励有哪些风险？
4. 上市公司股权激励的程序有哪些？
5. 上市公司股权激励的现状如何？
6. 非上市公司股权激励有哪些模式？
7. 非上市公司股权激励对公司上市有哪些影响？
8. 非上市公司股权激励存在哪些障碍？

 **股票期权——高科技公司**

　　某公司是一家在境外注册的从事网络通信产品研究、设计、生产、销售及服务的高科技企业，在注册时就预留了一定数量的股票计划用于股票期权激励。公司预计 2006 年在境外上市。目前公司处于发展时期，但面临着现金比较紧张的问题，公司能拿出的现金奖励很少，连续几个月没有发放奖金，公司面临人才流失的危机。在这样的背景下，经邦咨询为该公司设计了一套面向公司所有员工实施的股票期权计划。

　　主要内容：

　　（1）授予对象：这次股票期权计划首次授权的对象为 2003 年 6 月 30 日前入职满一年的员工。

　　（2）授予价格：首次授予期权的行权价格为 0.01 美元，被激励员工在行权时只是象征性出资。以后每年授予的价格根据参照每股资产净值确定。

　　（3）授予数量：拟定股票期权发行最大限额为 1 460 500 股，首次发行730 250 股。期权的授予数额根据公司相关分配方案进行，每年可授予一次。首次授予数额不高于最大限额的 50%；第二年授予数额不高于最大限额的 30%；第三年授予数额不高于最大限额的 20%。

　　（4）行权条件：员工获授期权满一年进入行权期，每年的行权许可比例是：

第一年可行权授予总额的 25％，以后每年最多可行权授予总额的 25％。公司在上市前，暂不能变现出售股票，但员工可在公司股票拟上市而未上市期间内保留或积累期权的行权额度，待公司股票上市之后，即可以变现出售。如果公司 3 年之后不上市，则要求变现的股票由公司按照行权时的出资额加上以银行贷款利率计算的利息回购。

问题：

1. 高科技企业的激励对象应该是哪些？
2. 股票期权计划的激励机制是什么？

案例 2　员工持股——院所下属企业

某科研院所下属企业于 2000 年由研究所出资成立，是一个以冶金及重型机械行业非标设备设计成套及技术贸易为主业的科技型企业，在编人员 80％ 以上为具有中高级职称的工程技术人员。公司成立以来，国家没有实质性投入，只是投入品牌和少量资金；通过管理层与员工的不懈努力，公司资产飞速增值。为了解决公司员工的创业贡献与公司目前股权结构不相符合的问题，该公司决定进行股份制改造。该公司先请某机构设计了一份股份制改造方案。该方案依据资本存量改造的思路设计。由于该方案未能解决无形资产估价问题，被该公司的上级主管部门否决。该公司再邀请经邦重新设计股份制改造方案。经邦力求多赢，依据存量不动，增量改制的思路重新设计股份制改造方案。在新方案中，该公司的注册资本拟由原来 50 万元增加至 500 万元；在增资扩股中引入员工持股计划，即其中 40％ 的股份将通过实施员工持股计划由高管层和员工持有，另 60％ 的股份仍由研究所持有。该方案已获上级主管部门批准，目前激励效果初步显现。

主要内容：

（1）授予对象：包括公司董事在内的所有在职员工。

（2）持股形式：员工持股计划拟在 3 年内完成，由公司担保从银行贷款给员工持股会，员工持股会用于购买本公司 40％ 的股份后再分配给员工，其中的 10％ 由员工直接出资购买，另外 30％ 由日后每年公司分红归还本息。然后根据当年归还本息的数额按照员工的持股比例将股份再转给员工。

（3）授予数量：员工持股会的股份分配在全员范围内分 3 层次进行：第一层次为核心层（董事、总经理），占员工持股会持股总数的 50％，其中最高 20.44 万，最低 13.26 万；第二层次为技术骨干层，占员工持股会持股总数 30％，主

要为工龄较长的且具有高级职称者，包括重要部门的部门经理，其中最高 9.75 万，最低 7.42 万；第三层次为员工层，占员工持股会持股总数的 20%，包括工龄较短或具有中级职称的部门经理、各部门业务员，其中最高 4.48 万，最低 0.63 万。

问题：

1. 该企业员工持股能起到哪些激励作用？

第八章
福　利　管　理

【开篇案例】

2017 年 10 月，星巴克（中国）获得全球咨询机构美世（Mercer）颁发的"最佳福利创新奖"。那么星巴克（中国）在员工福利上究竟有什么样的创新能获此殊荣呢？

谈到福利创新，必须结合中国国情来谈一谈。要知道，星巴克进入中国已有 20 多个年头了，虽然是外企，虽然生意火爆，虽然星巴克把员工当伙伴，虽然星巴克为员工提供了严密而充分的培训计划，虽然……还有许多虽然，可是星巴克创始人霍华·舒兹还是大吐苦水：星巴克（中国）前 9 年在中国市场一直亏损，华尔街各市场分析机构都劝他撤离中国。星巴克在中国表现不佳的原因是一直得不到别人的认可，尤其是员工父母的认同。星巴克在中国地区的员工大约有 87％是大学毕业生。对这些大学生的父母来说，在星巴克工作有点"不务正业"。中国父母觉得他们耗费了大量的人力、物力、财力和精力，好不容易培养出一个大学生，结果却是去"卖咖啡"，真是"得不偿失"，他们的孩子应该去那些更"正规"的名企，比如微软、Google、华为等。

为了赢得中国父母的心，同时解决星巴克"伙伴"的后顾之忧，星巴克推出"星巴克中国父母关爱计划"（Starbucks China Parent Care Program），即自 2017 年 6 月 1 日起，所有在星巴克（中国）自营市场工作满两年且父母年龄低于 75 周岁的全职伙伴（员工）都将享受到一项全新的"父母关爱计划"——由公司全资提供的父母重疾保险。舒兹（Schultz）表示："我们存在的核心宗旨和理由一直受浸润于人文关怀中的一系列信仰驱动。我为能够通过'父母关爱计划'支持我们的中国伙伴及其父母感到非常自豪。为年迈的父母提供重大疾病保险表明，我们履行星巴克作为全球上市公司的责任，并向深深植根于中国文化的家庭价值观致敬。"

讨论题：

星巴克（中国）的这项福利创新体现在哪里？

<h1 style="text-align:center">第一节 员工福利的定义和功能</h1>

1.1 员工福利的定义

提起福利，人们也许会想到养老、医疗等基本社会保险，也许还会想到各种如住房、交通等补贴，以及带薪假期、集体旅游等。那么究竟什么是福利？

1.1.1 西方国家关于员工福利的定义

西方国家主要从福利计划的角度给员工福利下定义，具有代表性的如美国商会和美国社会保障署对员工福利计划的定义，以及美国学者对于员工福利的界定。

1. 美国商会的定义

美国商会对员工福利计划（employee benefit plan，EBP）采用广义解释，它认为员工福利计划是相对于直接津贴（direct wages）以外的任何形态津贴而言。美国商会把 EBP 的内容分成五大类：

第一类，对员工经济安全所需的法定给付，包括老年、遗属、工作能力丧失的收入和健康保险、失业保险，强制性的短期工作能力丧失收入保险和针对于铁路劳工的特殊退休、工作能力丧失收入补偿和失业津贴。

第二类，养老金和其他承诺的给付，包括养老金、人寿保险和其他的死亡给付，非盈利机构所提供的医疗服务和其他医疗费用给付、工作能力丧失收入保险和其他工作能力丧失时的给付，但带薪病假、私营失业补助金和遣散费除外。此外还包括一些其他承诺的福利，例如员工购买商品的折扣、免费进餐、员工认股、员工子女学费补助等。

第三类，上班中非生产时间的给付，包括在休息时间、午餐时间、洗涤时间、外出时间、更衣时间、准备时间和工作时间中类似小憩时间的照付工资。

第四类，未工作时间的给付，包括带薪休假和放弃休假的特别奖金，假日照付工资，带薪病假、陪审等公假照付的工资。

第五类，其他福利，即除了薪金以外而未包括于上述四类之中的所有福利。

2. 美国社会保障署的定义

美国社会保障署则采用狭义的认识来定义 EBP。它认为员工福利计划是由雇主和员工单方面或共同赞助创立的任何形态的给付措施，必须有雇佣关系，并且不是由政府直接承保和给付。

美国社会保障署对于员工福利计划的内容只限于对死亡、意外、疾病、退休或失业所提供的经济安全保障，而带薪假日、员工折扣优惠、工作期间的休息、免费进餐等项目则不属于此，同时也不包括国家的老年和遗属保险、工作能力丧失的收入（工伤保险）、健康保险和失业保险等。

3. 美国学者的定义

加里·德斯勒认为，员工福利包括健康和人寿保险、休假和保育设施，具体可以归纳为四类：一是补充性工资；二是保险福利；三是退休福利；四是员工服务福利。约翰·E·特鲁普曼在他所提出的由十种薪酬成分组合而成的整体薪酬中，认为"……间接工资，即通常所说的福利工资。福利工资有别于以单位工作时间计算的薪酬方式，该费用由雇主全部或主要承担，我们可以把它看作是整体薪酬方案的一部分"。乔冶·T·科尔科维奇在《薪酬管理》一书中界定"员工福利是总报酬的一部分，它不是按工作时间给付的，是支付给全体或部分员工的报酬（如寿险、养老金、工伤保险、休假）"。

1.1.2　我国关于员工福利的定义

在我国，员工福利又被称为职工福利或机构福利，对于其内涵的界定存在着不同角度和方式。具体而言，主要有以下两种。

1. 从广泛意义上的"福利"角度而界定的职工福利

李怀康等认为，用以改善人民物质、文化生活的公益性事业和所采取的一切措施均可称为福利……从享受的范围、水平和举办者的地位来分，福利事业可以划分为三个层次，最高层次是在全国范围内以全体居民为对象而举办的福利事业，称作国家福利；第二层次是在一定行政区域或地域内以该地区居民为对象而举办的福利事业，一般是由当地政府举办，称作地方福利；而职工福利则属于第三层次的福利事业，它是各企业、事业、国家机关等单位通过建立集体生活设施和服务设施以及补贴制度等方式贴补本单位（或本系统）职工在物质文化生活方面的集体消费以及共同性需要或特殊生活困难而举办的公益性事业。

2. 从福利受益者——雇员的角度而界定的雇员福利

李新建认为，对雇员而言，福利有广义和狭义之分。广义的福利包括三个层次。首先，作为一个合法的国家公民，有权享受政府提供的文化、教育、卫生、社会保障等公共福利和公共服务；其次，作为企业的成员，可以享受企业兴办的各种集体福利；最后，还可以享受到工资收入以外的、企业为雇员个人及其家庭所提供的实物和服务等福利形式。狭义的雇员福利又称职业福利或劳动福利，它

是企业为满足雇员的生活需要，在其工资收入以外，向雇员本人及其家庭提供的货币、实物及一些服务形式。

刘昕认为，狭义的福利可以定义为"在相对稳定的货币工资以外，企业为改善企业员工及其家庭生活水平，增强员工对于企业的忠诚感、激发工作积极性等为目的而支付的辅助性货币、实物或服务等分配形式"。

1.1.3　本书关于员工福利的定义

综合上述中西方对于员工福利的界定，就其内涵总结出以下几点：

（1）员工福利是基于广义的福利与企业所支付的整体报酬的交叉概念。从广义福利的角度而言，员工福利是由企业专门面向其内部成员所提供的，用以改善员工及其家庭生活水平的一种辅助性措施和公益性事业。在此须指出的一点是，在我国处于计划经济体制的特殊历史时期，由于企业隶属于政府，堪称"准政府"组织，因此混淆了社会福利、社会保险和员工福利三者之间的区别。由国家通过企业提供了许多本应由国家所承担的福利，如教育等，而形成了中国特有的"低工资、高福利"的分配体制。在从广义的福利角度理解员工福利时，应将这三者明确地区分开来。

从整体报酬的角度而言，员工福利是企业向员工支付的，不以员工向企业提供的工作时间为单位来计算，有别于工资、奖金的间接性薪酬支付，是全部报酬的一部分。

（2）员工福利的给付形式多样，包括现金、实物、带薪假期以及各种服务，而且可以采用多种组合方式，要比其他形式的报酬更为复杂，更加难以计算和衡量。

（3）员工福利中某些项目的提供要受到国家法律的强制性约束，如基本的社会保险、法定休假等，而企业所自行举办的其他一些福利也由于要获得政府最为优惠的税收待遇，而必须满足某些条件或受到一些重要规章制度的制约，如各项企业补充保险等。

（4）无论企业的规模、性质如何，总会为员工提供一些福利，福利已经成为了某些制度化的东西。

由此可以看出，员工福利是一个综合性的概念，可将其界定为：员工福利是企业基于雇佣关系，依据国家的强制性法令及相关规定，以企业自身的支付能力为依托，向员工所提供的、用以改善其本人和家庭生活质量的各种以非货币工资和延期支付形式为主的补充性报酬与服务。

对企业员工而言，福利包括两个层次：一部分是政府通过立法形式，要求企业必须提供给员工的福利和待遇，称之为法定福利；另外一部分是企业提供给本企业员工的福利，称之为企业福利。企业福利还可分为两种形式，一种是由企业兴办的各种集体福利；另一种是企业为员工及其家庭所提供的实物和服务等福利待遇。

1.2　员工福利的特点

按照传统的员工福利管理模式，补偿性、均等性和集体性是员工福利的三个主要特点。

（1）补偿性。员工福利是对劳动者为企业提供劳动的一种物质补偿，也是员工薪酬收入的补充分配形式。一些劳动报酬，不宜以货币的形式支付，可以非货币的形式支付；不宜以个体的形式支付，可以集体的形式支付。

（2）均等性。员工福利的均等性是指履行了劳动义务的本企业员工，均有享受各种企业福利的平等权利。由于劳动能力、个人贡献及家庭人口等因素的不同，造成了员工之间在薪酬收入上的差距，差距过大会对员工的积极性和企业的凝聚力产生不利的影响。员工福利的均等性特征，在一定程度上起着平衡劳动者收入差距的作用。均等性是就企业一般性福利而言的，但是对一些高层次福利，许多企业也采取了差别对待的方式。例如，对企业的高级经理和有突出贡献员工，企业提供住宅、专车、旅游、度假等高档福利待遇，以此作为一种激励手段。

（3）集体性。兴办集体福利事业，员工集体消费或共同使用公共物品等是员工福利的主体形式，因此集体性是员工福利的另一个重要特征。集体性消费除了可以满足员工的某些物质性需求之外，还有一个重要特点是可以强化员工的团队意识和对企业的归属感。例如，集体旅游、娱乐、健康项目的实施等，都可以起到这种作用。因此，许多企业文化都是以企业福利项目为载体的。

1.3　员工福利的功能

良好的福利对企业发展的意义非常重大，一方面可以吸引外部的优秀人才，另一方面可增加企业凝聚力，提高员工士气。许多企业越来越清晰地认识到，良好的福利有时比高工资更能激励员工。为员工提供良好的福利津贴是企业以人为本经营思想的重要体现，也是政府一直所大力提倡的。福利的主要功能如下。

（1）吸引人才。福利是吸引人和留住人的一项措施，很多员工在选择企业的时候，都会考虑它的福利状况。良好的福利计划，可以显示一个企业的资金实力、薪酬管理水平和对员工的关心程度。所以现代企业为了增强自己的吸引力，赢得人才竞争中的优势，越来越重视自身的福利制度。

（2）节约成本。因为福利中的很多项目是免税或是税收递延的，所以企业可以通过发放福利达到合理避税，而员工的总薪酬水平不受影响。国外有的公司实行员工持股制，就是把这种形式当做了福利，目的是享受政府巨额的免税优惠。

（3）提升企业形象。公司通过提供各种福利和保险取得政府的支持和信任，提高社会声望。

1.4　员工福利的分类

福利从员工属性上可分为集体福利和个人福利两种；从性质上分为强制性福利和非强制性福利两种。

（1）集体福利。集体福利是企业举办或者通过社会服务机构举办的，供员工集体享用的福利性设施和服务，这是员工的主要福利形式，如住宅、集体生活设施和服务、带薪休假、免费旅游等。

（2）个人福利。员工个人福利是指由员工福利基金开支的，以货币形式直接支付给员工个人的福利补贴，它是员工福利的非主要形式。其内容包括：两地分居的员工享受探亲假期、工资补贴和旅费补贴待遇；上下班交通费补贴；冬季生活取暖补贴；生活困难补助；生活消费品价格补贴；婚丧假和年休假工资等。

①强制性个人福利。强制性个人福利又称法定福利，是指国家法律法规明确规定的各种福利，包括养老保险、失业保险、医疗保险和工伤保险等。

②非强制性个人福利。非强制性个人福利又称企业补充福利，是企业为充分调动员工的积极性而主动设置的一些激励项目。企业向员工提供个人福利与员工的层级和职位有关，但大多数员工都享有其中一项或多项，这些项目包括住房津贴、交通津贴、电话津贴、人寿保险、餐费津贴和各种节假日的过节费等。

集体福利和个人福利的内容丰富，各企业规定不尽统一。一般来讲，大型企业或效益较好的企业比较重视员工的福利待遇，福利费用支出比例高；小型企业或效益欠佳企业，员工福利待遇相对差。

第二节　法定福利

政府通过立法形式，要求企业必须提供给员工的福利和待遇，被称为员工的法定福利，主要包括员工的社会保障体系、社会保险项目以及各类休假制度。

2.1　社会保障体系

2.1.1　主要内容

社会保障概念起源于 20 世纪 30 年代。1935 年美国最先建立了社会保障制度，颁布了第一部《社会保障法》。早期的社会保障与社会保险在概念和内涵上区分不很严谨，通常用社会保险代替社会保障。这是由于最初的社会保障具有社会救济的性质，救济对象主要是一些贫困者和失业者。随着社会保险制度的发展，社会保障与社会保险近乎同义。后来，西方一些福利国家实行多方位的社会福利政策，社会保障体系日益庞大，福利色彩浓厚。国家社会保险的范围和水平与国家经济实力和政府福利政策密切相关。从发展趋势看，尽管发达国家的社会保障水平都明显高于发展中国家，但是淡化高福利色彩、减轻政府开支、强化企业和个人保险意识是各国社会保障系统共同的改革目标和发展方向。

国际劳工组织（International Labour Organization，ILO）1989 年对社会保障的定义为："社会通过一系列公共措施向其成员提供的用以抵御因疾病、生育、工伤、失业、伤残、年老、死亡而丧失收入或收入锐减引起的经济和社会灾难的保护、医疗保险的保护以及对家庭的补贴。"各国对社会保障的定义与国际劳工组织的定义大体相同，一般都认为社会保障是一种公共福利事业和社会救助体系，其目的是保障社会成员在遇到风险和灾难之时，可以通过国家和社会的力量为其提供基本的物质保障。

社会保险是社会保障制度的核心，目的是使劳动者在因为年老、患病、生育、伤残、死亡等原因暂时或者永久丧失劳动能力时，或因失去工作岗位而中断劳动时，能够从社会获得物质帮助和福利保护。它的运作方式是国家通过立法形式，采取强制手段，对国民收入进行分配和再分配，形成专门的消费基金，当劳动者遇到风险时，提供基本生活保障。社会保险与社会保障的主要区别是社会保险不包括社会救济和社会优抚，而一些社会保障项目则带有福利和救济的性质。

2017 年 11 月 29 日，ILO 发布了《2017 全球社会保障报告》。报告指出，尽管全球许多地区在扩大社会保障方面取得了重大进展，但仍有 40 亿人没有得到任何社会保障。2017 年，全球 29％的人口享有全面的社会保障，比 2014～2015 年的 27％略有增长。国际劳工组织总干事盖伊·莱德表示，缺乏社会保障使人们容易受到疾病、贫穷和不平等的影响，是经济和社会发展的重大障碍。各国需要增加公共支出以扩大社会保障覆盖面，特别是在社会保障投资严重不足的非洲、亚洲以及阿拉伯国家。各国政府应积极探索融资方案，通过提供就业和社会保障来促进可持续发展目标的实现。

2.1.2 体系结构

企业员工作为社会劳动者的主要构成部分，是社会主要的保障对象，也是社会保险的主体，享受社会保险待遇是企业员工的基本权利。目前各国的社会保障体系不同，我国现行的社会保障系统如图8-1所示。

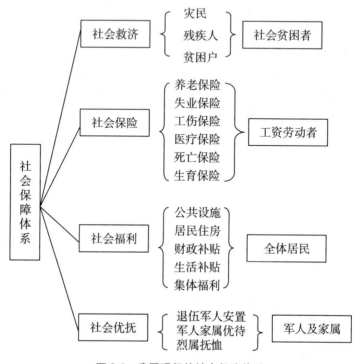

图 8-1 我国现行的社会保障体系

根据图8-1，社会保障体系包括社会救济、社会保险、社会福利和社会优抚等社会保障系统，各系统又包括不同的保障项目。其中社会保险是社会保障的核心，社会保险本身又是一个由功能各异的险种或项目结合而成的保险体系。

社会保障是国家在风险管理领域的基础性制度安排，旨在为社会成员提供稳定的预期，以达到国家长治久安之目的。这样的制度，需要以国民的基本风险保障权益为基础。尽管我国的社会保障实践有数千年的历史，但是把社会保障作为国民的基本权益则是建国后的事情。我国的社会保障制度在建国以后逐步形成，并对社会保障的各个方面进行了统一规定和制度化管理。主要建立了社会福利、社会救济、优抚工作和员工保险等几大系统，并统一于社会保障概念之中。

20世纪80年代中期，我国开始了社会保险制度的改革，养老保险、失业保险、医疗保险等相继改革，新的适应市场经济需要的社会保险体系逐步建立。在此基础上，以社会保险为主体，与社会福利、社会救济和社会优抚有机结合的社会保障体系，也日臻完善。20世纪90年代初，国家提出的社会保障事业发展方针是"广覆盖、低水平、多层次"。21世纪初，这一方针的表述变更为"广覆盖、保基本、多层次、可持续"。2012年，党的十八大则将这一表述修改为"全覆盖、保基本、多层次、可持续"。从"广覆盖"到"全覆盖"，虽然仅一字之差，但后者意味着社会保障被确立为全体国民的一项基本权益。2012年，我国历史上的第一个国家基本公共服务规划将社会保障各项目全部纳入基本公共服务范畴，作为政府的基本职责。2013年，提出建立更加公平可持续的社会保障制度，强调社会保险要遵循精算平衡的原则。近年来，进一步提出以标准化促进基本公共服务均等化的思路。2018年，实行了社会保险费征缴体制改革，明确由税务部门负责征收社会保障费。社会保障各相关部门注重便民、快捷、高效的原则，不断改进和完善社会保障服务流程，推广"最多跑一次"。同时，利用大数据、云计算等各种现代化技术手段，以提高服务质量和监督管理水平。

2.2　社会保险项目

社会保险是社会保障体系的核心内容，但二者不仅在范围和形式上，而且在性质和运作机制上都存在着显著的区别，它们是两种不同的经济行为，这些可以通过社会保险的特点体现出来。

2.2.1　主要特点

社会保险是企业员工主要的社会保障待遇，员工因为面临的劳动风险不同，所以享受到的保险待遇也有所不同。鉴于各国的发展水平和社会保险制度的完善程度不同，所提供的社会保险项目不完全一致。

社会保险有五大特点，这些特点通过保障项目和险种体现出来。

（1）强制性。社会保险是通过国家立法强制实施的，在法律规定的范围内，企业或用人单位都必须依法参加社会保险，按规定缴纳保险费，国家对无故迟缴或拒缴社会保险费的企业要征收滞纳金或者追究其法律责任。在各险种中，工伤保险的强制性特征最为明显。

（2）保障性。社会保险的主要目的是为失去生活来源的劳动者提供基本的生活保障，符合国家法律规定的劳动者均可享受到国家所提供的各种社会保险待遇。社会保险的保障范围与社会保障不同，受经济发展水平所限，在一定时期内，只在法律规定的范围内实施。例如，我国目前享受社会保险的基本上是国家机关、全民所有制企业、事业单位及一部分民营企业员工，主要以劳动者为保障

对象。而社会保障则是在全社会范围内实施的，经济发展水平只决定保障水平，不影响保障范围。

（3）互济性。社会保险是政府运用统筹调剂的办法，集中筹集和使用资金，以防范或解决不同层次、行业、职业劳动者由于各种劳动风险造成的生活困难。互济性与社会保险的社会性有密切的关系，是运用社会力量进行风险分摊和损失补偿。由于各种劳动风险涉及的劳动群体不同，也由于受国家统筹能力的限制，所以在一定时期内，只能对一些劳动风险进行一定程度和水平的防范和补偿。换言之，社会保险的互济性和社会性具有相对意义，它主要是补偿劳动风险对劳动者造成的直接收入损失，是维持劳动力再生产的特定手段。例如，工伤、失业、医疗和养老保险等险种社会统筹的范围较大，互济性也较强，而生育保险相对较弱。这一特点与社会保障有所区别，社会保障不仅要承担所有国民可能遇到的一切风险，而且还要承担社会发展方面的责任，例如义务教育、公共卫生和社会安全等。

（4）差别性。社会保险具有一定的福利性，但在享受保险待遇上也体现一定的差别性。当劳动者同样遇到年老、患病、死亡、失业、生育等风险时，由于个人的工龄、工资和缴纳的保险费用不同，其享受的保险待遇也会有差别。例如，一些国家企业员工的养老保险待遇，与企业和个人保险金缴纳数额有直接的关系。为了保证员工年老时的生活水平和生活质量，要大力发展多层次的社会养老保险制度，即鼓励企业兴办补偿养老保险和个人储蓄养老保险，作为社会养老保险制度的补充。

（5）防范性。由政府征集、由企业和个人缴纳的各种社会保险基金是为防范风险所用，是为了在劳动者遇到劳动风险时，有足够的物质基础来提供资助，防范性是社会保险的一个基本特征。总体而言，各种社会保险基金都有防范风险的作用。对一些险种，例如工伤保险、生育保险，其风险概率基本稳定，采取"以支定收，收支平衡"的原则。但是对于一些风险周期长、风险概率不稳定，或者风险群体变化较大的险种，也会选择"积累式"等保险基金的筹集方式，以加大社会防范风险的能力。社会保险的防范性是与投保人的权利、义务相联系的，投保人的给付水平与投保金额直接相关，只是在一定条件下根据保障对象的情况进行统筹。而社会保障分配一般不强调权利与义务的对应关系，多数情况下是国家、社会对保障者的单方援助，以保障其基本生活需要为目的。

2.2.2　主要内容

社会保险是企业员工主要的社会保障待遇，员工因为面临的劳动风险不同，所以享受到的保险待遇也有所不同。由于各国的发展水平和社会保险制度的完善

程度不同，所提供的求保项目不完全一致。我国目前已经提供或者正在建立的企业员工社会保险项目包括以下内容：

1. 养老保险

养老保险制度是国家为劳动者或全体社会成员依法建立的老年收入保障制度，是当劳动者或社会成员达到法定退休年龄时，由社会提供养老金，保障其基本生活的社会保险制度。年老丧失劳动能力是每一个企业员工面临的风险，养老保险是我国目前覆盖面最宽、社会化程度最高的社会保险形式。养老保险是社会保险的一个重要险种，也是企业员工的一项基本福利。

根据统计，到 1999 年，世界上已经有 167 个国家和地区建立了不同模式的养老保险制度，我国的养老保险制度正处在改革和发展的过程中。到 2016 年底，中国养老金保险制度实际覆盖 8.88 亿人。

目前各国的养老保险制度大体可以分为以下三种：普遍保障模式、收入关联模式和强制储蓄模式。

普遍养老金保障计划，也叫全民平均津贴。这是在英国、北欧国家及一些英联邦国家普遍使用的养老金计划。其特点：一是无论个人的收入和工作经历有什么差别，达到法定退休年龄后均可领到相同的养老金；二是它的覆盖面通常十分广泛，既包括本国全体公民，有时也包括居住在本国一定年限的外侨；三是养老保险金主要来源于国家的税收，尽管在少数国家，政府要求公民缴纳少量的社会保险费或税金（如英国）。普遍养老金保障制度更加关注养老金的公平机制。

收入关联养老金计划，也叫社会保险计划。在这种养老金计划下，保险费的缴纳和养老金的多少与个人的工资水平直接相关。德国、法国和美国是推行这种模式的主要代表。养老保险费由雇主和雇员共同承担，一般缴费比例为雇员和雇主各占一半。当实际支付超过预测时，政府给予财政补贴。收入关联养老金的给付通常是根据劳动者的工资收入水平、就业年限、缴费期限、收入替代率及调节系数等基本要素共同确定的，侧重于体现收入关联和收入再分配的特征。

强制储蓄养老金计划，是通过建立个人退休金账户的方式，逐渐积累养老保险基金。当劳动者达到退休年龄时，将个人账户储存的基金、利息和其他投资收入发还给个人账户作为养老金。这种模式以新加坡的中央公积金制和智利的市场经营的个人账户制为代表。新加坡的公积金制度，由雇主和雇员按照雇员工资的一定比例按月分别缴纳保险费，并全部记入雇员的个人账户；个人账户的资金由中央公积金局管理和运作；雇员的退休金就是个人账户积累的保险金。智利也实行个人账户制度，但与新加坡不同的是，智利是完全由个人缴费建立个人账户，雇主不缴费；另外，个人账户的资金由相互竞争的基金公司负责管理和运作，通

过基金的投资营运来保值增值。个人账户制度强调个人保障，注重养老金的效率和激励机制。

我国政府在新中国成立后的 1951 年颁布了《中华人民共和国劳动保险条例》（简称《劳保条例》），这是我国第一部社会保障法律，为在全国建立统一的劳动保险制度确立了法律依据。根据《劳保条例》，职工个人不缴纳任何保险费，社会保险费全部由企业负担，缴费率为企业工资总额的 3%。在这部分基金中，30% 上缴中华全国总工会，作为社会保险统筹基金，70% 存于企业工会基层委员会。企业工会留用的资金，用于退休金、医疗保险、工伤保险救济金、丧葬补助等开支，资金不足支付时向上级工会组织申请弥补。关于养老保险待遇，根据《劳保条例》规定，退休条件是：男年满 60 岁，女年满 50 岁；本企业工龄 10 年，一般工龄男 25 年，女 20 年。退休金：每月用保险金按本人工资的 35%～60% 支付。

1953 年，中国的经济状况有了根本好转，为了适应大规模经济建设的需要，劳动部对《劳保条例》作了修改，于 1953 年 1 月 26 日颁布《劳动保险条例实施细则修正案》。这次修订的主要内容是扩大了实施范围和提高了待遇标准。至 1956 年，全国实行《劳保条例》的职工达到 1600 万人，比 1953 年增加了 4 倍，《劳保条例》已覆盖全体职工的 94%。修订后的《劳保条例》规定，退休条件是：男年满 60 岁，女年满 50 岁；本企业工龄 5 年，一般工龄男 25 年，女 20 年；从事井下、有毒有害工作的，男年满 55 岁，女年满 45 岁；退休金每月由保险金按本人工资的 50%～70% 支付。

随着我国经济体制的转轨和现代企业制度的建立，《劳保条例》的制度已经不适应新形势发展的需要。经过多年的改革实践，终于形成了新型的社会养老保险制度。现行制度是根据 1997 年国务院颁发的《国务院关于建立统一的企业职工基本养老保险制度的决定》建立起来的。2005 年 12 月 3 日，国务院又发布了《国务院关于完善企业职工基本养老保险制度的决定》，包括完善企业职工基本养老保险制度的指导思想和主要任务等十一条内容。该决定按照社会统筹与个人账户相结合的原则，从三个方面统一了企业职工基本养老保险制度。

一是统一企业和职工个人的缴费比例。企业缴费比例一般不得超过企业工资总额的 20%，具体比例由各省、自治区、直辖市人民政府确定；个人缴费比例不低于本人缴费工资的 4%，以后每两年提高 1 个百分点，最终达到 8%。

二是统一个人账户的规模。按本人缴费工资的 11% 为每个职工建立基本养老保险个人账户，个人缴费全部记入个人账户，其余部分从企业缴费中划入。随着个人缴费比例的提高，企业划入的部分应降至 3%。

三是统一基本养老金计发办法。基本养老金包括基础养老金和个人账户养老金两部分。

2014 年 2 月，国务院发布实施了《国务院关于建立统一的城乡居民基本养老保险制度的意见》，第一次将新农保和城居保两项制度合并实施，在全国范围内建立统一的城乡居民基本养老保险制度。

2. 失业保险

由于社会、企业或者个人的原因，员工也会面临着失业、短期失去工作机会的风险，企业必须为员工支付失业保险费，以备失业后生活必需和接受再就业训练之用。失业保险是国家以立法形式，集中建立失业保险基金，对因失业而暂时中断收入的劳动者在一定期间提供基本生活保障的社会保险制度。

失业是市场经济不可避免的现象，已经成为世界性的问题。但世界上实施失业保险制度的国家并不多，远远少于实施养老保险、医疗保险和工伤保险的国家。到 1997 年，世界上只有 68 个国家建立了形式不同的失业保险制度，发达的市场经济国家基本上都有失业保险制度。我国在计划经济时期，由于意识形态上否认社会主义国家存在失业现象，所以一直没有失业保险制度。随着经济体制改革的深化，大批国有企业职工下岗或失业，客观上要求我国应该建立保护劳动者权益的失业保险制度。1999 年国务院颁布了《失业保险条例》，是我国目前执行的失业保险制度的法律依据。

《失业保险条例》的主要内容包括：①失业保险覆盖的范围是所有城镇企业、事业单位的失业职工，即包括国有企业、城镇集体企业、外商投资企业、城镇私营企业以及其他城镇企业的职工。②失业保险基金由单位和职工共同缴纳。单位按照本单位工资总额的 2％缴纳失业保险费，职工按照本人工资的 1％缴纳失业保险费。③失业保险基金的支出范围包括：失业保险金，领取失业保险金期间的医疗补助金，丧葬补助金和抚恤金，接受职业培训和职业介绍的补贴等。④享受失业保险待遇的条件为：参加失业保险，单位和本人已按规定缴费满 1 年的；非自愿性失业的；已办理失业登记，并有求职要求的。⑤领取失业保险金的期限：根据缴费时间长短来确定，最长为 24 个月，最短为 12 个月。⑥失业保险金的标准：按照低于当地最低工资标准、高于城市居民最低生活保障标准的水平，由各省、自治区、直辖市人民政府确定。⑦由各地劳动保障行政部门负责失业保险的管理工作。

3. 工伤保险

工伤保险是国家立法建立的，对在经济活动中因工伤致残，或因从事有损健康的工作患职业病而丧失劳动能力的劳动者，以及对职工因工伤死亡后无生活来

源的遗属提供物质帮助的社会保险制度。在世界范围内，工伤保险是产生最早、实施国家最多、制度设计最严密的社会保险制度，这是因为工伤保险关系到职工的生命安全和家庭的生活幸福。

在现代工伤保险制度中，普遍实行"补偿不究过失原则"或"无责任补偿原则"。根据该原则，劳动者在负伤后，不管过失在谁，均可获得收入补偿。另外，与养老保险、医疗保险、失业保险不同的是，工伤保险费只由企业或雇主缴纳，雇员个人不缴纳。

工伤保险制度由基金运行制度、待遇给付制度和工伤认定制度三个部分构成（参见图8-2）。

图 8-2　工伤保险制度体系

我国最初的工伤保险制度是按照劳动部1996年颁发的《企业职工工伤保险试行办法》实施的，后被2004年1月1日起施行的《工伤保险条例》替代，而2010年12月8日国务院第136次常务会议通过《国务院关于修改〈工伤保险条例〉的决定》（中华人民共和国国务院令第586号），再次取代了原《工伤保险条例》，并于2011年1月1日起施行。包括总则、工伤范围及其认定、劳动鉴定和工伤评残、工伤保险待遇、工伤保险基金、工伤预防和职业康复、管理与监督检查、企业和职工责任、争议处理、附则10个部分。其中与受伤工人关系比较密切的规定有：由企业缴纳工伤保险费，建立工伤保险统筹基金。个人不缴纳；工伤保险适用于所有企业的职工；工伤保险待遇包括10个项目：①工伤医疗待遇。就医的一切费用，包括挂号费和就医路费都给予报销，由社会统筹基金支付。②工伤津贴待遇。在工伤医疗期内按月发给工伤津贴。工伤津贴相当于本人受伤前12个月内平均月工资的收入，医疗期满后或评残后停发，改为享受伤残待遇或上班领取工资。医疗期一般为1~24个月，最多不超过36个月。此项待遇的费用由企业支付。③工伤护理费。根据评残确定伤残的护理等级，1级伤残每月发给当地职工平均工资的50%，2级发给40%，3级发给30%。由统筹基金支付。④残疾辅助器具费。伤残人员配备的辅助器具，按国内普通型标准由统筹基金报销。⑤因工伤残抚恤金。根据伤残等级，由统筹基金发给70%~90%的工资。⑥一次性伤残补助金。依伤残等级，由统筹基金一次性发给受伤职工6~24个月的本人工资。⑦异地安家补助费。对于迁移的受伤职工，企业按当地职工6个月的平均工资标准一次性发放安家费。⑧丧葬补助金。统筹基金一次性发给因工伤死亡职工遗属当地职工 6 个月的平均工资。⑨供养亲属抚恤金。统筹基金按月发给工亡者生前供养的亲属补助金：配偶为当地职工平均工资的 40%，子女和其他亲属为 30%。⑩工亡补助金。一次性发给工亡者亲属补助金，标准为当地职工 48～60 个月的平均工资，由统筹基金支付。

4. 医疗和死亡保险

医疗保险制度是解决员工非因工生病之后的治疗和生活保障；死亡保险是解决企业员工死亡之后，遗属的生活保障问题。医疗保险是为了分担疾病风险带来的经济损失而设立的一项社会保险制度。具体来说，医疗保险是由国家立法，按照强制性社会保险原则，由国家、用人单位和个人集资（缴保险费）建立医疗保险基金，当个人因病接受了医疗服务时，由社会医疗保险机构提供医疗费用补偿的社会保险制度。狭义的医疗保险只负担医疗费用的补偿。广义的医疗保险，则除了补偿医疗费用以外，还包括补偿因疾病引起的误工工资；对分娩、残疾及死亡给予经济补偿；还包括用于预防和维持健康的费用。目前我国的医疗保险制度属于狭义的概念，即只按规定负责补偿医疗费用的开支。

根据《中华人民共和国劳动保险条例》的规定，我国在 20 世纪 50 年代初建立了企业职工的劳保医疗制度。享受对象为全民所有制企业的正式职工及其直系亲属，城镇集体企业参照执行。劳保医疗的经费来源于企业的福利基金。与此同时，按照国务院《关于全国各级人民政府、党派、团体及所属事业单位国家工作人员实行公费医疗预算措施的指示》，建立起国家机关和事业单位工作人员的公费医疗制度。享受对象为机关事业单位职工、在校大学生。公费医疗的经费来自各级财政拨款。

原有医疗保险制度的弊病有：公费和劳保医疗制度对医患双方缺乏有效的制约机制，致使医疗费用增长过快，超出了国家和企业的承受能力；原有制度只覆盖了体制内的职工，不能适应多种所有制经济发展的客观需要；企业负责职工的医疗保险，筹资来源不稳定，企业间的负担也不均衡，使不少企业职工得不到医疗保障。

针对上述问题，自 20 世纪 80 年代中期起，各地就开始探索医保制度的改革。经过 10 多年的改革实践，国务院于 1998 年颁布《关于建立城镇职工基本医疗保险制度的决定》（简称《决定》），形成了新时期职工医疗保险制度的基本构架。新制度中与企业有关的基本内容可以概括如下。

第一，确立了城镇职工基本医疗保险制度的基本原则。即基本医疗保险坚持"低水平，广覆盖"；基本医疗保险费由用人单位和职工双方共同分担；基本医疗

保险基金实行社会统筹与个人账户相结合。

第二，确定了基本医疗保险的覆盖范围、统筹层次和缴费比例。基本医疗保险适用于一切城镇用人单位和职工；基本医疗保险原则上以地市级为统筹层次，确有困难的也可以县为统筹单位；缴费比例的分配：用人单位缴费率为职工工资总额的 6％左右，职工缴费率为本人工资收入的 2％。

第三，明确了基本医疗保险统筹基金和个人账户基金的各自来源和使用范围。基本医疗保险基金由统筹基金和个人账户构成。职工个人缴纳的保险费全部计入个人账户；用人单位缴纳的保险费一部分用于建立统筹基金，一部分划入个人账户。统筹基金和个人账户的支付范围要分别核算，不能相互挤占。同时《决定》还规定了统筹基金的起付标准和最高支付限额：起付标准原则上控制在当地职工年平均工资的 10％左右，最高支付限额原则上控制在当地职工平均工资的 4 倍左右。起付标准以下的医疗费用，从个人账户支付或个人自付。在统筹基金支付的范围内（起付标准以上，最高支付限额以下），个人也还要负担一定的费用比例。

中国近年来在扩大社保覆盖范围方面取得了巨大成绩，为世界五分之一的人口建立了较为全面的社会保障体系，并实现了养老金和医疗保险制度的全覆盖。到 2016 年底，养老金保险制度实际覆盖 8.88 亿人；而基本医疗保险已覆盖 13 亿人，占总人口的 95％。

"中国的经验说明增长和发展必须让人民去公平分享社会生产力的果实，经济转型和创新必须使贫困人群获益"，国际劳动组织社会保障专家努诺·昆拉指出，"新的全球社会保护报告介绍了中国经验，中国是通过把缴费和非缴费型制度结合起来实现养老和医疗保险快速扩面的最成功国家之一。"医疗保险制度的推行，有效地保障了这些处于企业改革和结构调整中的职工的利益。

5. 生育保险

生育保险是为企业女员工设置的专门保险项目，用于解决妇女生育期间的生活保障，体现妇女和儿童的特殊权益。生育保险是国家通过立法，筹集保险基金，对生育子女期间暂时丧失劳动能力的职业妇女给予一定的经济补偿、医疗服务和生育休假福利的社会保险制度。生育保险的内容一般包括：①产假。给予生育女职工不在工作岗位的时间期限，通常是产前和分娩后的一段时间。②生育津贴。在法定的生育休假（产假）期间，对生育者的工资收入损失给予一定的经济补偿。③生育医疗服务。生育保险承担与生育有关的医疗服务费用，从女职工怀孕到产后享受一系列的医疗保健和治疗服务，如产前检查、新生儿保健、产褥期保健等。

我国早在 1951 年《中华人民共和国劳动保险条例》中就制定了有关生育保险的实施办法，后 1953 年进行了部分修正。当时规定，生育保险费包括在劳动保险费之中，实行全国统筹和企业留存相结合的基金管理制度。女职工生育，产前产后共给假 56 日，产假期间，工资照发。对生育女职工给予生育补助费，其数额为"五市尺红布"，后变为现金 4 元。女职工怀孕期间的身体检查和分娩的费用由企业承担。

1988 年，国务院颁布《女职工劳动保护规定》，女职工产假由原来的 56 天增加至 90 天（其中产前 15 天）。1994 年劳动部发布《企业职工生育保险试行办法》，是与中国经济体制转型相适应的一个部颁生育保险规章。新办法规定：①生育保险的实施范围是所有城镇企业及其职工。②生育保险实行社会统筹。参加统筹的企业，按照规定的比例缴纳生育保险费，职工个人不缴纳。具体缴费比例由地方政府确定，但最高不超过企业职工工资总额的 1%。③参保职工享受生育津贴和生育医疗服务。生育津贴按照本企业上年度职工月平均工资计发，以《女职工劳动保护规定》订立的产假时间为期限。生育医疗待遇包括妊娠、分娩全过程。女职工生育期间的检查费、接生费、手术费、住院费和药费均由生育保险基金支付。

人社部《生育保险办法（征求意见稿）》从 2012 年 11 月 20 日起面向社会公开征求意见。意见稿明确，生育险待遇将不再限户籍，单位不缴生育险须掏生育费。2016 年 5 月 1 日起，各地要继续贯彻落实国务院 2015 年关于降低工伤保险平均费率 0.25 个百分点和生育保险费率 0.5 个百分点的决定和有关政策规定，确保政策实施到位。

目前国家立法和制定办法，强制企业参加的职工的社会保险制度主要是以上介绍的养老保险、医疗保险、失业保险、工伤保险和生育保险。社会保险是职工享受的社会福利，也是职工应有的权益，受到《宪法》和《劳动法》的保护。在中国经济转型时期，社会保险制度对保障职工的切身利益具有十分重要的作用。但同时，对于企业来说，5 个保险都要求企业缴纳保险费，总体约占企业职工工资总额的 30%，也是一笔不小的成本。但无论怎样，企业都不能拒绝参加社会保险，因为社会保险是企业的法定福利。

2.2.3　社会保险基金

社会保险基金是国家强制征收的用于抵御劳动风险的一项基金。筹集对象包括政府、集体和个人，基金来源包括企业和投保人依法缴纳的社会保险费和社会滞纳金、社会保险基金的增值性收入、政府投入资金以及各种捐赠收入等。

1. 统筹范围

社会保险基金采取统筹方式。所谓统筹，就是在社会范围内对社会保险基金的来源和用途作出统一的规定、计划和安排，以发挥社会保险的功能，促进保险基金保值和增值的一种基金管理制度或基金管理方式。统筹范围表明社会保险的社会化程度和保障水平，它可以从以下四个角度衡量。

第一，企业或用人单位。考虑是将全部企业，还是部分企业纳入统筹范围。我国传统的社会保险主要是国有和城镇集体企业，目前逐步扩大到所有企业。

第二，劳动者范围。考虑是将全部劳动者，还是部分劳动者纳入统筹范围。与投保企业相对应，我国纳入社会统筹范围的劳动者也逐步扩大，由原来的国有和城镇集体企业扩大到所有工资收入者。

第三，保险种类和保险项目。一般而言，养老、失业、工伤、医疗和生育保险是社会保险的基本险种，也是现代企业员工基本的福利待遇，特别是养老和医疗保险，各国都强制性地实行社会统筹。社会保险项目视国家经济发展水平和企业缴费能力有所不同。经济实力强的国家和企业，保险种类和保险项目相对宽泛，保障水平相对高；反之，则只能保障员工的基本需要。

第四，地域范围，即考虑在哪一级的行政区域内统筹。例如，养老保险和医疗保险，目前在我国已经开始实行省一级的社会统筹。

按照统筹的原则，社会保险费用由不同的主体承担。例如，在我国目前由财政拨款的单位，养老、失业、医疗保险费用由国家负担大部分，个人承担小部分，工伤和生育保险费用由国家承担。非财政拨款的企业，养老、失业和医疗保险费用由企业和劳动者共同承担，企业一般承担大部分；工伤和生育保险费用由企业全部承担。实行差额财政拨款的企业，企业部分承担社会保险费用，具体比例由地区政府规定。

2. 统筹方式

社会保险的统筹方式有三种。

第一，现收现付式，又称统筹分摊式或年度评估式。它是指先对近期（1年或几年）社会保险基金需求量进行预测，按照以收定支的原则，将基金按比例分摊给企业和劳动者。按照这种方式，所筹集的基金与同期的保险金支出基本平衡。

第二，半积累式，又称部分基金式或混合式。它是指在现收现付式的基础上，按"收大于支，略有节余"的原则，按比例征收企业的投保费用。其收大于支的部分基金用于转投经营，用于保值和增值。这是目前采用较多的一种筹资方式。

第三，完全积累式，又称全基金式。它是指对被保险群体的生命过程和劳动风险及其影响因素进行远期预测，在此基础上计算出被保险人在保险期内所需保险金开支的总和，然后按一定比率分摊到就业期的每个年度，投保人按比例逐月缴纳保险费，同时将积累的保险基金有计划地转投经营，使其增值保值。

2.3 法定假期

法定假期指企业职工依法享有的休息时间。在法定休息时间内，职工仍可获得与工作时间相同的工资报酬。我国《劳动法》规定的职工享受的休息休假待遇包括六个基本方面：①劳动者每日休息时间；②每个工作日内的劳动者的工间、用膳时间、休息时间；③每周休息时间；④法定节假日放假时间；⑤带薪年休假休息；⑥特殊情况下的休息，如探亲假、病假休息等。

1. 法定节假日

法定节假日，又称为法定休假日，是国家依法统一规定的休息时间。根据2014年1月1日施行的《国务院关于修改〈全国年节及纪念日放假办法〉的决定》，法定节假日共分为三类。

第一类。根据《全国年节及纪念日放假办法》第二条中规定（一）元旦，放假1天（每年1月1日）；（二）春节，放假3天（农历正月初一、初二、初三）；（三）清明节，放假1天（农历清明当日）；（四）劳动节，放假1天；（五）端午节，放假1天；（六）中秋节，放假1天；（七）国庆节，放假3天（10月1日、2日、3日）。

中秋节与春节、清明节、端午节并称为中国的四大传统节日。自2008年起，中秋节被列为国家法定节假日，2007年12月14日新修订的《全国年节及纪念日放假办法》将清明节、端午节和中秋节三大传统节日正式列入全民法定公休节日。自2008年开始，共有七大全民法定公休节日，分别为元旦节、春节、清明节、端午节、劳动节、中秋节和国庆节，全民公休节日的假期通过调整双休日来集中休假，休假时段每年由国务院发布。地方性节日、少数民族传统节日、其他特定群体的节日限于特定群体或局部地区。

第二类。除了全体公民放假的节日外，还有部分公民放假的节日及纪念日，包括：妇女节（3月8日妇女放假半天）、青年节（5月4日14周岁以上28周岁以下的青年放假半天）、儿童节（6月1日14周岁以下的少年儿童放假1天）、中国人民解放军建军纪念日（8月1日现役军人放假半天）。

第三类。此类是少数民族习惯的节日，具体节日由各少数民族聚居地区的地方人民政府，按照各该民族习惯，规定放假日期。用人单位在除了全体公民放假

QIYE XINCHOU XITONG SHEJI YU ZHIDING

的节日外的其他休假节日，也应当安排劳动者休假。

法定节假日是带薪休假。在法定节假日，劳动者有权享受休息，工资照发。按《劳动法》规定，如果在法定节假日安排劳动者工作，应支付不低于 300％的劳动报酬。（新的法定节假日规定已颁布并执行，请参阅）

2．公休假日

公休假日是劳动者工作满一个工作周后的休息时间。按《劳动法》第三十八条的规定，用人单位应当保证劳动者每周至少休息一天。根据国务院 1995 年发布的《国务院关于职工工作时间的规定》，每周休假日为星期六和星期天。

3．带薪年休假

带薪年休假又叫探亲假，是职工同分居两地又不能在公休日团聚的配偶或父母团聚的带薪假期。我国《劳动法》第四十五条规定，国家实行带薪年休假制度。劳动者连续工作 1 年以上的，可享受带薪年休假。《国务院关于职工探亲待遇的规定》（1981）第 3 条规定了职工探亲假期：①职工探望配偶的，每年给予一方探亲假 1 次，假期为 30 天。②未婚职工探望父母的，原则上每年给假 1 次，假期为 20 天。③已婚职工探望父母的，每 4 年给假一次，假期为 20 天。

第三节　企业补充福利

3.1　企业补充福利的动机

目前一些现代大企业越来越重视企业福利在激励员工方面所起到的重要作用。在当今的人才市场竞争中，提供高质量的企业福利是必不可少的"秘密武器"。企业为什么除了货币工资之外，还要为员工提供各种形式的福利待遇呢？根据一些企业的经验，其原因可以概括为以下几点。

1．规避政府监督

一些发达国家的企业，都经历过战争和经济衰退时期，政府为了维持国家经济的运转，对工资和物价实行了严格的控制。同时，战争年代因为扩军的需要，造成劳动力短缺。企业为了争夺稀缺的劳动力，纷纷向职工提供优厚的福利待遇，作为规避对工资和物价冻结的一种手段。因为对福利成本的监督难于对工资成本的监督，所以政府在福利问题上不得不采取较为宽容的态度。例如美国，在朝鲜战争期间，企业福利开支大幅度增加，由战争前几乎不提供福利发展到战争后各企业的福利开支占到劳动力成本开支的 17％。目前，许多国家为了缓和劳

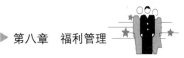

资冲突，改善劳动者的生活质量，仍然对员工实施减免税收、提供优惠服务等福利项目。

2. 工会的认同

工会工资谈判的力量取决于两大因素，一是工会力量是否强大；二是劳动力市场的供求状况。在劳动力短缺的情况下，工会集体谈判的力量就会加大，雇主在薪资水平的确定上就会做出一些让步。但是近些年来，各国工会组织的力量都趋于减弱，一些工会考虑政府工资政策调节的影响和协调与雇主的关系，也同意企业以提高福利待遇的方式提高工人的劳动报酬。

3. 企业利益需要

以更多的福利形式替代货币薪资，对企业有如下益处：①减少员工中对货币工资的攀比；②使企业具有更大的灵活性；③使员工感受到企业的关怀；④使员工的身体和身心健康受益。

这些益处产生的原因在于，随着工业化和劳动复杂程度的提高，不仅使工人遭受工伤事故的风险加大，而且也加大了工人的脑力劳动量，因此，对福利项目的需求加强。同时，现代化的生产经营使得员工工作监督的成本也在加大，单纯依靠外部控制的手段逐渐失效，更多的是需要依靠内部的激励来提高员工的工作积极性。这些因素也促使企业希望通过提高企业福利来缓解员工的工作压力和生活困难，增强员工和企业的凝聚力。

4. 规模效益与降低成本

福利的支出也有一个规模效益问题，一些福利项目如果由员工单独购买，成本会高，服务质量难以保证；如果由企业集体购买，就会降低成本，提高管理质量。不仅如此，在许多国家，福利是不纳税的，所以不直接进入员工的工资收入。因此，由企业代替员工管理福利，又是一种双赢战略。

5. 政府的鼓励

企业福利是社会福利的一个重要组成部分。许多应该政府做的事情，由企业协助做了，这是政府何乐而不为之事，因为企业为职工提供各方面的福利最终都有助于保证员工的家庭和个人的生活质量，因此，政府没有理由不采取支持的态度。所以，政府在税收方面给企业福利提供优惠。这样做的好处有两点，一是约束企业对劳动力过度使用、不积极保护的行为；二是约束某些员工家庭生活不合理的安排、计划，或者对家庭和子女不负责任的行为。因此，政府支持企业在员工健康和家庭生活方面提供各种有益的设施和服务，是提高社会保障水平、促进社会福利的重要途径。

战后发达国家的企业员工福利进入了快速增长时期，福利项目不断增多，福

利质量也不断提高，企业福利目前已经成为企业薪酬的一个重要组成部分。美国企业员工 1995 年福利收入的比例已经占到员工总收入的 41%，而在 1961 年，该比例只有 25.5%。每个员工的平均福利收入制造业为 15839 美元，非制造业为 14476 美元，每小时折合为 7 美元。其中，带薪休假和病假占 10% 以上；医疗及相关的福利占 11%；社会保险占 9%。此外，还有企业兴办的各种养老、住房和教育计划等。我国的许多企业也越来越重视福利项目的开发，福利已经成为企业吸引和激励员工的一个重要手段。据报道，2015 年中国社会福利占 GDP 的 8%，而 2005 年仅占 5%。

3.2　企业补充福利的内容与类别

企业自行规定和提供的福利和服务在许多企业中统称为福利性薪酬，包括带薪休假、人寿保险、教育计划、医疗保险和服务、儿童福利以及员工的一些生活娱乐服务等。这些福利待遇具有间接性收入的性质，因此是货币薪酬的一种补充形式。目前，企业员工的福利项目日益呈现多样化的形式，主要有以下几种类型。

3.2.1　健康保险计划

企业之所以致力于制定健康保险计划，主要基于三个原因：

（1）伴随着企业健康福利成本的不断上升，需要寻找新的途径控制医疗成本，统筹员工的医疗费开支。造成福利健康保障成本上升的原因主要有三个，一是项目不断增加，一些发达国家，健康保护除了日常的疾病治疗以外，还包括健康护理、牙科及视力保健等众多项目，造成医疗费用上升；二是管理体制造成浪费低效，如医疗部门收费标准不断提高，员工过度消费是发达国家企业面临的共同问题；三是随着人口的老龄化，企业劳动力也在逐步老龄化。这些因素都造成企业医疗保健费用呈上升趋势。

（2）企业对人力资本投入的增加。健康投资也属于人力资本投资。伴随着竞争的加剧，企业逐步认识到员工身体和心理健康是人力资源开发管理的一个重要方面。以往企业健康保健的重点是员工的生理疾病治疗，不注重心理和精神健康方面的保健。随着人们对心理健康的重视，企业的投入也在增加。此外近年来，酗酒、吸毒、艾滋病等成为发达国家的严重社会问题，也极大地影响了企业的效率和企业形象，迫使企业对有这些不良行为的员工进行生理和心理方面的治疗。

（3）员工对健康需求的增加。随着生活水平和教育水平的提高，员工的健康保险意识越来越强烈，对保健的需求日益增大。企业为了迎合这些需求，加大了对健康保险的投入。

QIYE XINCHOU XITONG SHEJI YU ZHIDING

　　健康保险项目的实施方式多样。一般来讲，为了提高健康保健项目的实施效益，都采取企业和员工共同投资、共同受益的管理方式。但是在投入比例分担上，效益好、福利待遇高的企业，企业的投入可能多一些；反之，员工的投入多一些。但是，也不排除一些企业将健康福利计划作为吸引人才的一种手段和对员工的一种承诺。在兴办保健福利项目的同时，通过一些措施严格控制保健福利开支，如兴办员工合作医疗，弥补健康保险的不足；通过其他的福利计划诱导员工降低对健康保险的兴趣；通过增大企业对门诊治疗费用的支付比重，降低员工的住院费用比例等。

3.2.2　年金计划

　　年金计划即企业养老金计划。传统的年金计划只是为那些在企业服务多年后退休的老员工设立的，以便在他们工作到一定的年限退休之后，可以按月从企业得到养老金。目前，企业的年金计划主要分为三个层次，一是国家法定的养老金；二是企业为员工制定的养老金计划，也称企业补充养老保险计划；三是员工个人参加的商业性养老保险项目。

　　与企业关系密切的是企业补充性养老保险计划。它的基本特点是将各种养老保障方式有机组合在一起，相互补充，以实现老年经济保障目标。这是一种在发达国家产生和发展的较高层次的养老保险制度。企业补充养老保险之所以称为补充性保险，是就三层次保险制度之间的关系而言的。社会基本养老保险是以收入再分配为特征的养老保险制度，是多层次养老保险的基础。它最能体现社会保险中的公平和救济原则，为那些无法通过自我积累（企业和个人）实现养老保险目标的低收入劳动者提供最低收入保障，覆盖面宽，但收入保障水平低。企业补充养老保险因为强调与就业相关联，并且能够提供补充退休收入保障，因此是社会基本养老保险制度的重要补充。

　　企业补充养老保险是由企业设立的一种商业保险形式。其主要标志是它采取基金制的管理，而保险基金的管理和运作则走向市场化、社会化，进入资本市场，这是与基本保险的主要区别之一。企业补充养老保险由企业委托专门的经营机构从事基金运营，使其以投资形式进入资本市场。因此，它可以有效避免行政管理的种种弊端，减少管理成本，为投保人带来较丰厚的利润。

　　补充养老金的来源有的是企业一方缴纳，有的是企业和员工双方缴纳，但企业是主要的出资人。保险金的运营与企业的效益直接相关。从性质上讲，补充养老金是职工未来收入的一部分，但是企业能否为职工提供未来养老保险，取决于企业当前的经营效益和未来的预期效益。

　　企业补充养老保险分为两种基本形式：其一，纳费型。纳费型补充养老保险

是通过企业建立养老保险账户的方式，由企业和职工（多为企业）定期按一定比例缴纳保险费，职工退休时的补充养老保险的水平取决于资金积累规模及其投资收益。其二，给付型，也称待遇型补充养老保险形式。这种形式带有企业福利和奖励的性质，通常是企业按照职工的经验、资历和其他条件为职工缴付的养老金。它一般取决于职工特定的收入水平和劳动就业年限两个基本因素，例如退休前收入水平的某一百分比与劳动年限之积，构成补充养老保险的给付水准。

3.2.3　住房计划

住房计划是许多企业激励和留住员工，解决员工特别是青年和新加入员工的重要手段。许多企业制定和实施了住房计划，例如，目前我国的大部分外资和合资企业都实施了员工住房计划，82％的企业建立了住房公积金。其他解决员工住房的途径依次为：企业把住房货币化，包含在工资中；企业自建或购买商品房，按房管部门的成本价售给员工，员工享有部分产权；企业按期发放一定数额的住房补贴，不解决住房；企业将自建或购买的产权属于企业的商品房，无偿或低租分配给员工居住，员工离开企业时要求退还等。

3.2.4　教育培训计划

近些年来，随着企业对人才培养和使用的重视，企业纷纷加大对员工培训费用的投入。许多企业为员工设计了与员工职业开发相对应的培训计划，并采取多种手段激励员工进行知识和技能的更新。员工教育培训计划具有多重性质，福利性虽然不是主流，但是它可以在两个方面发挥独特的作用：一是改变企业福利单纯提供生活服务的功能，很好地将企业福利与企业人力资源开发战略结合起来；二是可以迎合员工个人对自我高层次开发的需求，很好地将企业开发与员工自我开发结合起来。许多著名大型企业在实施员工教育计划方面很有成效。我国的许多企业也开始重视员工教育计划的实施，如目前我国有75％的外企每年的培训费占销售收入的比例在5％左右，其中企业内培训预算每人平均为1636元/年，时间为8.2天/年；企业外培训预算每人平均为3384元/年，时间为5.5天/年。

3.2.5　员工服务计划

除了上述福利以外，企业还为员工或员工家庭提供旨在帮助员工克服生活困难和支持员工事业发展的直接服务的福利。

1．员工援助计划

员工援助计划（employee assistance program，EAP）一种治疗性福利项目，是针对员工酗酒、赌博、吸毒、家庭暴力或其他疾病造成的心理压抑等问题提供咨询和帮助的服务计划。据统计，在美国有10％～15％的员工会遇到影响企业绩效的困难。因此，很多企业都建立了员工援助计划。在世界500强中，有

90％以上建立了 EAP。美国有将近四分之一企业的员工享受 EAP 服务。经过几十年发展，EAP 的服务模式和内容包含：工作压力、心理健康、灾难事件、职业生涯困扰、婚姻家庭问题、健康生活方式、法律纠纷、理财问题、减肥和饮食紊乱等，全方位帮助员工解决个人问题。

在该计划的组织和操作方式上，有以下三种形式：一是由内部工作人员在本企业进行的援助活动；二是企业通过与其他专业机构签订合同来提供服务；三是多个企业集中资源，共同制定一个援助计划。

2. 员工咨询计划

这类似于员工援助计划。企业从一个组织中为其员工购买一揽子咨询服务，可由员工匿名使用。在那里可以得到的服务范围包括：夫妇和家庭冲突问题的解决、毒瘾的戒除、丧亲之痛的缓解、职业生涯咨询、再就业咨询、法律咨询以及退休咨询等。其中再就业帮助计划是针对失业和被解雇了的员工提供技术和精神支持，帮助员工寻找新的工作。具体服务包括：职业评估、求职方法培训、简历和求职信的写作、面试技巧以及基本技能的培训等。这些服务是作为员工福利来提供的，目的是使员工在其个人或家庭生活出现问题时，可以将工作状态保持在一个可接受的水平上。

3. 家庭援助计划

这是企业向员工提供的照顾家庭成员的福利，主要是照顾老人和儿童。由于老龄化和双职工、单亲家庭的增加，员工照顾年迈父母和年幼子女的负担加重了。因此，为了使员工安心工作，企业向员工提供家庭援助福利，主要有老人照顾服务和儿童看护服务。企业提供的老人照顾服务包括：①弹性工作时间和请假制度。弹性工作时间是允许压缩每周的工作日（每天工作 10 小时或 12 小时），这样就可以每周多出 1 天到 1 天半的时间用于照顾家庭。请假制度是允许员工在上班时间请假去照顾亲属或处理突发紧急事件。此外，有些企业还允许员工延长法定福利规定的请事假时间。②向员工提供老人照顾方面的信息，推荐老人护理中心等。③企业对有老人住养老机构的员工出资进行经济补偿，或直接资助养老机构。

4. 家庭生活安排计划

企业安排专门部门帮助员工料理生活中的各种琐事、杂物，类似于后勤服务。据报道，在中国微软全球技术中心，有专门的部门——行政部负责料理员工的生活事务，承担"保姆"的职责。其工作包括：帮员工缴水电费、接外地来的亲友、找房租房、为信用卡充值、房屋按揭月缴款、私人物件快递等，只要是能叫人代办的私事，微软员工都可以请行政部安排人员去办。实行这项一揽子福利

计划的目的，就是尽量减少员工不必要的麻烦，让他们更好地工作和休息。

除了上述福利计划外，企业还为员工提供交通服务、健康服务、旅游服务和餐饮服务等福利项目。一些企业为员工上下班提供交通费补贴，如公交车、地铁和火车的月票费用，有的企业还提供上下班的班车接送服务。在不少企业，企业为员工提供健身房和各种健身器械，还为员工举办健康教育讲座，目的是改善和维持员工身体和心理健康。组织员工春秋两个季节外出旅游，或为员工提供旅游假期并报销旅游费用。此外，企业还为员工提供餐饮服务，在公司内部建立的食堂，一般是非营利性的，以低于成本的价格为员工服务，有些食堂甚至是免费就餐。对于没有食堂的公司，往往也会统一安排员工的工作餐，比如通过外卖的方式定购。提供饮水或自动售货机服务就更加普遍了。

以上所论述的福利计划都属于全员性的福利计划，即所有员工都可以平等享受的福利。事实上，企业还为不同职位和不同需求的员工提供特种福利和特困福利。前者是指针对企业中的高级人才设计的，如高层经营管理人员或具有专门技能的高级专业人员等，这种福利的依据实际上是贡献率，是对这类人员的特殊贡献的回报。常见的特种福利有：高档轿车服务、出差时乘飞机、住星级宾馆待遇以及股票优惠购买权、高级住宅津贴等。后者是为特别困难的员工及其家庭提供的，如工伤残疾、重病员工的生活补助等，主要以员工的需要为基础进行分配。

3.3　员工福利项目的设计与实施原则

企业向员工提供什么形式的福利计划，是由多种因素决定的。只有充分考虑这些因素，才能提高福利实施的效力，即内部激励效力、外部竞争效力和福利政策的连贯性。

就增强内部激励效力而言，企业应该确定以哪些员工作为福利的主要受益对象，是全体员工，还是部分员工；如果是部分员工，哪些员工的需要应该优先得到满足，如何满足。目前许多企业提供的福利，不单纯具有普遍福利的性质，而更多的是作为一种激励手段，所以能否起到内部激励作用，是福利计划制定的一个先决条件。

就增强企业外部竞争力而言，还需要了解其他企业都为员工提供了什么形式的福利项目，通过什么形式提供的，效果如何；本企业准备向员工提供什么样的福利，提供多少，选择什么样的提供方式。提高福利的外部竞争力是企业福利制度的一个重要原则。

体现内部公平的原则。企业福利是企业向员工提供的一种利益分享计划，它与其他收入一样，也具有刚性特征。一项福利措施实施之后，如果没有特殊情况，不能轻易取消，否则会失信于民，打击员工的积极性。所以，在福利项目选择上，在制定福利计划时，一定要慎重，要体现公平的原则。公平性体现在两个方面，一是企业与员工之间的利益公平，企业效益增长，要通过提供福利体现出来；二是员工群体之间也要公平，不能为了满足一部分员工的利益而损害另一部分员工的利益。因此，福利计划如同工资计划一样，也是一项政策性非常强的工作。

此外，如何降低企业福利成本，增加效益，也是一个非常重要的问题。有些企业福利不一定采取企业完全包下来的做法，有些福利项目更不要"人人有份儿，人人等份儿"。企业可以考虑采用企业和员工共同投资、共同受益的办法，例如针对养老保险和员工保健项目，商定一个企业和员工各出多少的比例，并体现多出多受益的原则。

第四节　福利管理

4.1　福利管理的原则

（1）平等性。员工福利管理平等性的含义：一是强调所有员工都应享有员工福利；二是所有员工享受的员工福利水平应差别不大，有差别也在很小的范围内。平等性主要强调的是"同"，员工拥有同样的权利、接受同样的管理方式和模式，不会因级别的差别和所在部门的差异有太大的区别。强调员工福利的平等性，也是福利管理有别于工资或奖金管理的地方。

（2）激励性。员工福利管理的平等性与员工福利管理的激励性并不矛盾。通过设置符合员工需要的福利项目、改进员工福利管理的方式方法、改善员工福利的效果及增加员工对员工福利的满意度等，一样可以达到激励员工的效果。因此，员工福利管理过程中，要重视和强化管理的激励功能。

（3）经济性。企业作为一个经济组织，追求利润最大化是其根本目标，应该每分钱都花在"刀刃"上。企业在强调竞争力和激励性的同时也要重视经济性，而尽量降低员工福利的管理成本、提高管理效率则是经济性原则在员工福利管理中的具体体现。

（4）透明性。员工福利具有福利性和普遍性的特点，它同工资、奖金一样虽同属薪酬系统，但又有所区别。区别之一就是它们的机密程度不同，许多企业将工资、奖金列为商业秘密范畴，而对员工福利都一致采取透明化的原则。这样设

置一是为了让员工全面了解福利体系，以便从中获益；二是为了更大范围地听取员工的意见，以改进员工福利的管理工作。

（5）先进性。先进性是对员工福利管理的方法和手段的技术要求，是指员工福利管理的方法和手段应采用科学技术的最新成果，体现时代特征，及时更新管理方法和手段，尽可能提高员工福利的管理效率。

（6）动态性。为了更好地实现福利目标，以适应现实经济环境的变化，必须实施员工福利的动态管理，尤其是适应劳动力结构以及员工生活方式的变化等。员工福利管理的动态性一方面体现在员工福利计划必须是动态的：从广义上讲，劳动者年龄和性别等基本人口结构要素对员工所希望得到的福利类型有非常重要的影响。比如，一支年龄偏大的员工队伍可能会对医疗保险覆盖范围、人寿保险以及养老金等福利更关注；而对年轻的未婚员工而言，则对上述的福利项目不感兴趣，他们期望的是更高的工资和奖金。同时员工的福利需求决定了某些福利项目的设置。反过来，福利项目及组合也对员工队伍的构成产生重要影响。如果某企业实现了非常有利的医疗保健福利，那么就会吸引和保留一些本身具有较高保健成本的人。因此，企业需要考虑福利组合所发出去的信号是什么，以及这种信号对于劳动力队伍的构成会产生一种怎样的潜在影响。员工福利管理的动态性另一方面体现在管理理念、方法和手段的创新性、时代性和现代化方面，要在了解最新管理理念的基础上，结合具体情况灵活使用，并最大限度地享受科学技术进步带来的成果，提高管理效率。

4.2 福利管理的目标

目前，企业福利在激励员工方面所起到的重要作用已经越来越被现代企业重视。在当今的人才市场竞争中，提供高质量的福利是很多企业必不可少的"秘密武器"。员工福利的目标主要体现在以下几点。

（1）吸引优秀人才的加盟。优秀员工是企业发展的顶梁柱，现代的企业光靠高工资是不完美的，良好的福利的吸引力有时不一定比高工资差。

（2）提升员工的士气。良好的福利使员工工作无后顾之忧，使员工有与企业共荣共患难之感，士气必然大增。

（3）降低流动率。流动率过高必然会使企业的工作受到一定损害，而良好的福利会使许多可能流动的员工取消轻易流动的念头，对企业的稳定非常重要。

（4）激励员工。良好的福利会使员工产生由衷的工作满意感，进而激发员工自觉结合自身目标，更进一步为企业目标而奋斗的动力。

（5）增强企业凝聚力。企业的凝聚力由许多因素构成，而其中良好的福利体现了企业的高层经营者重视人才、以人为本的经营思想，员工感觉受到重视，必然可以增强企业的凝聚力。

（6）更好地利用资金。良好的福利一方面可以使员工得到更多的实惠，另一方面用在员工身上的投资会产生更多的直接或间接的回报。

4.3　福利的成本控制

4.3.1　福利成本控制的含义

所谓控制，是指为确保既定方案顺利落实而采取的种种相关措施。在企业的实际经营中，正式的控制过程往往包括下面几步：①确定相关标准以及若干衡量指标；②将实际结果和既定标准进行比较；③如果二者之间存在差距，明确并落实补救性措施。具体到福利方面，我们可以这样认为：企业通过福利预算，对本企业在福利方面的具体标准和衡量指标有了比较清晰的认识，而福利成本控制的主要功用就在于确保这些预定标准的顺利实现。福利预算和福利控制应当被看成一个不可分割的整体：企业的福利预算需要通过福利控制来加以实现，福利控制过程中对福利预算的修改则意味着新一轮的福利预算的产生。它们是持续不断地贯穿于福利管理的整个过程的。企业在福利投资时，应进行成本核算，必须考虑以下几个主要因素：首先，一种福利项目的成本越高，则节约福利成本的机会就越大；其次，福利项目的增长趋势非常重要，即某些福利项目成本在当前是可以接受的，但其增长率可能导致企业在未来承受巨大的成本。最后，只有当企业在选择将多少钱投入某种福利项目有非常大的自由度时，遏制福利成本才会有作用。企业可以通过其销量或利润估算出最高的、可能支出的总福利费用，以及年福利成本占工资总额的百分比，确定主要福利项目的成本，确定每一年的福利项目成本，制定相应的福利项目成本计划。

4.3.2　福利成本控制的途径

我们主要可以通过以下几个方面来关注企业里的福利控制：第一，通过控制雇用人数来控制福利；第二，通过有目的地设计企业的福利计划以及对平均薪酬水平的调整来达到控制福利的目的。

通过雇用人数进行福利控制。为了更好地管理企业的劳动力成本，许多企业会选择和不同的员工团体之间建立不同性质的关系：与核心员工之间的关系一般是长期取向的，而且彼此之间有很强的承诺；与非核心员工之间的关系则以短期取向居多，只局限于指定的时间段内。同时，非核心员工与核心员工相比，其劳动力成本相对较低，而流动性却更强一些。因此，采用了这种方式之后，企业可以在不触及核心员工利益的前提下，通过扩张或收缩非核心员工的规模来保持灵

活性并达到控制劳动力成本的目的。

通过有目的地设计福利计划以及对平均薪酬水平的调整来进行福利控制。我们可以把企业的福利支出分为两类：与基本薪酬相联系的福利以及与基本薪酬没有什么联系的福利。前者多是像人寿保险和补充养老保险这样比较重要的福利内容，它们本身变动幅度一般不大，但是由于与基本薪酬相联系，因而会随着基本薪酬的变化而变化，对这部分福利就应当采用调整平均薪酬水平的方法来达到福利控制的目的；而后者主要是一些短期福利项目，例如健康保险、工伤补偿计划等，对这部分福利就应当通过有目的地设计福利计划来达到福利控制的目的。对于不同的人员，根据他们的需要制订不同的福利计划，一来更好地满足了员工的需求，二来免去提供不恰当福利的成本，否则不仅没有达到激励员工的效果，还浪费了成本。

福利支出的成本还应该考虑到有关管理费用的问题。举例来说，当组织内部实施的保险并非为自保险制度时，企业就必须向保险商交纳一定的管理费用，这也应该被考虑在福利预算和控制的范围之内。

4.4　福利沟通

员工福利要对员工的行为和绩效产生影响，就必须使员工认为福利是全面薪酬的一部分。但是很多企业的经验显示，就是企业做出了很多努力为员工提供福利，员工们都没有意识到组织到底提供了什么福利，或者是根本没有意识到组织为此付出了多么高额的代价成本。此外，虽然员工非常看重既得的福利，但是这并不意味着他们对企业所提供的每项福利计划都很满意。这两个问题表明，企业有必要设计一种完善的福利沟通模式，一方面告诉员工们都享受哪些福利待遇；另一方面，告诉员工们所享受的福利待遇的市场价值是多少。

福利沟通比直接薪酬信息沟通要困难一些。在很多时候，在每一个带薪工作日，员工都有可能会得到直接薪酬方面的信息反馈，换句话说，每工作一天，员工都知道今天自己能够赚得多少钱。然而，对大多数员工而言，福利在很长一段时间内可能都是看不到的。退休福利就是一个很好的例子。年轻人很少考虑有关退休金的问题，所以他们也很少意识到企业提供了退休福利待遇。此外，在福利计划本身比较复杂的情况下，企业也很难对员工进行详尽的解释，退休金计划就是其中的一个例子，保险领域的专业术语和复杂的退休金计划使得员工即使对此感兴趣，也很难搞懂究竟是怎么回事。

然而，无论如何，企业都应该采取一些有计划的、持续的方式与员工进行福利信息的沟通，让员工对他们正在享有的福利待遇有一定程度的了解。下面是一些有关福利沟通方面的建议。

第一，编写福利手册，解释企业提供给员工的各项福利计划。这些手册可以包含一本总册和一系列的分册。在福利手册中应当尽量少用福利专业术语，力求让普通员工都能理解其内容。

第二，定期向员工公布有关福利的信息，包括福利计划的使用范围和福利水平；对具体的员工来说，这些福利计划的内容是什么以及组织提供这些福利的成本。

第三，在小规模的员工群体中作福利报告。这一工作可由福利管理人员或者部门经理来完成。

第四，建立福利问题咨询办公室或咨询热线。这既有利于员工了解公司的福利政策和福利成本开支情况，同时也是一种表明组织希望员工关心自己的福利待遇的一种信号。

第五，建立网络化的福利管理系统。在公司组建的内部局域网上发布福利信息，也可以开辟专门的福利板块，与员工进行有关福利问题的双向交流，从而减少因沟通不畅所导致的种种福利纠纷或不满。

4.5 福利调查

企业要想吸引和留住员工，保持在劳动力市场上的竞争力，就必须了解其他组织所提供的福利水平。福利调查和薪酬调查的目的是一样的，就是获取劳动力市场信息。事实上在很多时候，薪酬调查本身就包括对福利种类以及福利水平的调查，这是因为福利本身就是一种薪酬，不过是一种间接的薪酬。因此，政府相关机构以及行业协会或者咨询公司所主持的市场薪酬调查中往往都可以找到福利方面的一些数据资料。一般的福利调查所要得到的是市场上普遍存在的福利项目的形式、内容以及覆盖范围方面的信息。

在薪酬调查中所了解到的直接薪酬的信息和福利的信息会有所不同，这是因为，通过对直接薪酬的调查，企业可以了解到自己的薪酬成本达到一个什么样的水平是合理的，但是福利调查所能够提供的仅仅是其他企业所采取的福利实践的状况，至多能够了解到竞争者总福利成本是多少。至于单个福利计划的成本，不同的企业之间存在很大的差异。这些差异来源于不同企业的劳动力队伍构成差异以及对福利的不同看法。比如，在一些企业中被看做是福利的项目，在另外一些企业很可能不被看做是福利。因此，在进行福利决策时，企业应该计算其他企业所提供的福利在本企业运行时所可能导致的成本，并和员工偏好结合起来作出决策。

QIYE XINCHOU XITONG SHEJI YU ZHIDING

4.6 福利实施

目前比较流行的企业福利项目管理方式有：

（1）"一揽子"薪酬福利计划。许多企业不再将薪酬与福利管理分成互不搭界的两项管理工作，而是作为一个有机的组成部分。两种手段互相配合，共同围绕企业目标运转。例如，一些工作适宜货币工资的，就采用货币支付的方式；反之就采用非货币。对一些奖励性报酬，可以采取货币与福利并用的方式。

（2）"自助餐"式的福利管理方式。员工可以在多种福利项目中根据自己的需要进行选择。例如，单身汉不选择儿童保健，但可选择附加养老金福利；夫妻双方可以选择不同的家庭福利项目，比如一方选择子女保健，另一方选择住房或休假。这种"自助餐"式的福利也可以分成两种类型，一种是基本保障型，人人都拥有，如一些法律规定的福利必须执行；另一种是各取所需型。

（3）"低成本，高收益"的福利项目。为了提高福利服务效率，减少浪费，许多企业积极推广一些投入低、质量高的福利项目，并注意在实施中严格进行成本控制。

（4）企业和员工"双受惠"的福利项目。例如，员工在职学习的学费资助，是许多企业提供的一项员工福利，对促进员工人力资本投资很有益处。但一些员工不甚了解，也不去关心，只有少数员工充分利用，多数员工不闻不问。对此，一些企业进行有意识的引导，鼓励员工享受这些福利，起到满足员工高层次需求和企业人力资源开发的双重效果。

本章小结

本章介绍了员工福利的概念，主要分为法定福利和企业补充福利两部分。法定福利包括社会保障体系和社会保险项目两部分。企业补充福利包括健康保险计划、年金计划、住房计划和教育培训计划等。福利的管理中包括设定福利的目标、福利的沟通、调查和实施等。许多企业实施"一揽子"福利计划和"自助餐"式的福利计划等福利项目管理方式，来更好地控制福利的成本，以及更好地满足企业员工不同的需求，以达到吸引人才、留住人才、激励人才的目的。

学习重点：

掌握员工福利的概念、社会保障体系、社会保险项目、企业补充福利、福利管理。

参考文献与网络链接：

中华人民共和国人力资源和社会保障部：http://www.mohrss.gov.cn/

中国人力资源管理网：http://www.chhr.net/index.aspx

中国企业人力资源网：http://www.ehrd.org

中国人力资源网：http://www.hr.com.cn/

HRoot 领先的人力资源管理：http://www.hroot.com/

HR 人力资源管理案例网：http://www.hrsee.com/

Compensation goals and firm performanceThe WorldatWork Handbook of Compensation，Benefits & Total RewardsBennett B，Bettis J C，Gopalan R，et al. "Compensation goals and firm performance" [J]. *Journal of Financial Economics*，2017，124（2）.

Nazir T，Shah S F H，Zaman K. "Literature review on total rewards：An international perspective" [J]. *African Journal of Business Management*，2012，6（8）.

WorldatWork. *The WorldatWork Handbook of Compensation*，Benefits & Total Rewards. 2016.

付维宁：《绩效与薪酬管理》，清华大学出版社，2016。

国际劳工组织：《国际劳工组织世界社会保障报告（2017—2019)》。

黄宇虹、弋代春、揭梦吟：《中国小微企业员工流动现状、作用及其影响因素分析》，《管理世界》，2016。

李怀康：《社会保险和职工福利概论》，北京经济学院出版社，1990。

李新建：《企业雇员薪酬福利》，经理管理出版社，1999。

李永周：《薪酬管理：理论、制度与方法》，北京大学出版社，2013。

刘昕：《薪酬管理》，中国人民大学出版社第 3 版，2011。

任晓红：《弹性福利计划在我国企业的应用》，山西财经大学学报，2015。

文跃然：《薪酬管理原理》，复旦大学出版社第 2 版，2013。

张玉梅：《企业薪酬福利对员工的激励作用探究》，《东方企业文化》，2014。

思考题：

1. 如何理解企业福利管理也是企业薪酬管理的一个重要方面？

2. 企业员工福利由哪些部分组成？各部分之间有什么关系？

3. 简述法定福利对企业员工的重要性。

4. 法定福利与企业补充福利的主要区别是什么？

5. 如何设计和实施一个好的员工福利项目？

6. 你认为当前企业福利创新的重点和难点是什么？

7. 社会保障体系和社会保险有何区别和联系？

8. 你认为员工福利未来的发展趋势如何？

天下没有无缘无故的公司福利

谷歌（Google）向来重视员工福利，总部里餐厅、美容院、牙科诊所、加油站，甚至按摩店应有尽有，俨然形同一个自给自足的独立王国。免费美食、24小时开放的健身房、瑜伽课、演讲、医疗服务、营养师、干衣机、按摩服务、私人教练、游泳池、温泉水疗（Spa）、以生物柴油为燃料的班车、学习多种外语……这些丰富而具有吸引力的福利会让人义无反顾地选择 Google。

Google 餐厅不是五星级饭店，却拥有丰富的菜肴及多样选择，包括生鱼片寿司、手工制甜薯面条、香肠，还有健康的绿色食品等。不过，在这里有钱却不见得能吃到，只有 Google 硅谷总部员工才能享受这样的优待，而且还是免费！Google 总部有 11 家不同风格的自助餐厅，每天向每位员工提供三顿免费用餐服务。另外，每个 Google 员工都可以随时享受餐后休息，在公司提供的员工餐厅里，员工可以品尝到各类小吃、水果等饭后甜点，甚至可以用专用机器自制卡布奇诺咖啡和苏打水，免费的新鲜果汁饮品可以随时满足客人或员工的需要。

餐厅从早餐开始供应，除了提供比萨和意大利面之外，这里还设有查理的餐厅（巴基斯坦菜）、太平洋餐厅（亚洲菜）以及查尔斯顿餐厅（美式餐），此外，还有提供热食及三明治的餐厅。Google 甚至有一条不成文的规定：员工不能离食物超过 30 米远，这也是为什么 Google 总部随处可见免费的零食屋。

Google 通过各种努力丰富员工的文化娱乐活动。为了使超过 6000 名公司员工观看电影的首映式，Google 会把整个电影院全天都包下来。热门大片《指环王》和《变形金刚》都让 Google 员工大饱眼福。作为额外福利，每个人还能带上一位客人。

除了饮食、娱乐，Google 还非常关心员工及员工子女的健康。Google 在2012 年免费为员工提供了总计 10 万小时的按摩服务，又新建了 3 个保健中心，一个占地 7 英亩的综合运动馆，内设一个曲棍球场，若干篮球场、室外地滚球场、沙壶球场以及掷马蹄游戏沙坑等。谷歌男性员工在子女出生时可以享受 18个星期的产假，而且产假期间依旧可以享受股权激励。

除了上述福利，Google 员工还可以享受各种补贴（Google 每年向每位员工提供 8000 美元继续深造的补助，条件是在各项课程中至少拿到 B；员工购买混合动力汽车，Google 将给予 5000 美元的补贴；员工生孩子，可以获得 500 美元的补助；如果员工领养了一个孩子，Google 会帮员工支付 5000 美元的法律和收养费用。

Google 在 2014 年推出了一项新的福利政策，如果员工不幸去世，其配偶可在未来 10 年内获得去世员工的 50％薪酬。他们的未成年子女每月还可收到 1000 美元的生活费，直至 19 岁成年。此外，配偶还能获得去世员工的股权。谷歌发言人证实了这一福利，这项福利没有工作期限限制，全球 3.4 万名员工均可享受。

Google 的丰厚福利使之能够达到几大目标：吸引最优秀的人才；让员工在公司享用美食和处理私人事务，可以延长加班时间；告诉员工公司看重他们的价值；使员工在今后许多年一直使用 Google 提供的服务。人力资源管理专业人士认为，Google 为员工提供诱人的福利是用最少的投资获得最大的收益，既吸引人才又促进公司发展，可谓"一举多得"。沃顿商学院的研究人员指出，有人不一定会喜欢 Google 的慷慨福利，因为他们或许觉得 Google 这样做是在侵犯他们的私人空间。但多数人都认为 Google 在员工福利方面的慷慨做法不论对公司还是员工都有益。

问题：

1. 谷歌福利管理的目的是什么？
2. 谷歌福利管理的成功之处是什么？

第九章

薪酬系统的实施

【开篇案例】

格力公司加薪

    2019 年还没过几天，格力电器就下发通知：经公司研究决定，自 2019 年元月起，根据不同岗位给予薪资调整，总共增加薪酬在 10 亿元以内。按照格力员工人数来算，平均加薪超过 1000 元。董明珠有一个观点：不要等员工要求涨工资，要主动加工资，超越员工的期望。2016 年涨了，2018 年涨了，2019 年再涨就是三连击！

    不过这次，格力加薪在具体执行方案上有了一些变化。针对不同类型的岗位，格力采取加薪的标准还不一样。比如，技术岗位按照等级评定结果来加薪；管理岗位按照绩效和工作表现来加薪等等。这意味着虽然加薪总额是 10 亿元，平均每人 1000，但是实际上每个人加的幅度都不一样，是有区别的。所以，我们看到这里就明白了企业加薪也不能搞平均主义，实施普惠制，否则就失去了激励的效果。当然，每个人加多少，一定要有比较公平、公开、公正的标准，否则很难服众，甚至还会引起员工的抱怨和不满。就像《论语》中所说的"不患寡而患不均"。

讨论题：

    格力公司的加薪将会对公司和行业产生哪些利弊？

第一节　薪酬系统的实施

1.1　薪酬系统的运作

合理的薪酬管理，可以使企业员工获得满意的收入，满足其生存和发展的需要，同时也可以实现员工的自我价值，并且促进企业目标的实现，因此薪酬管理成为人力资源管理的重要组成部分。在管理实践中，管理者普遍使用了货币薪酬和非货币薪酬对员工进行激励。这两种形态的薪酬形式，在不同的时期、不同的阶段及不同的背景下，会形成有效互补，能充分发挥其对员工的激励作用。

1.1.1　薪酬形式及其激励作用分析

薪酬是员工因被雇用而获得的各种形式的收入及奖励。随着人们对薪酬本质理解的加深，薪酬的概念早已超越了传统的工资、奖金、佣金等货币薪酬的范围。薪酬是一个复杂的体系，在薪酬体系中，货币薪酬是其最基本的组成部分。它包括属于短期激励薪酬的基本工资、奖金；长期激励薪酬的股票期权；失业保险金、医疗保险等货币性的福利；公司支付的其他各种货币性的开支，如住房津贴、娱乐设施、低价餐饮、公司配车等间接报酬，也是货币薪酬的重要组成部分。除了货币薪酬外，薪酬还包括非货币形式的报酬，如对工作的满意度、工作保障、培训学习、良好的工作环境、企业文化、工作的成就感、自我价值的实现等精神心理的满足。非货币薪酬是全面薪酬战略不可或缺的内容，尽管货币形态的薪酬和非货币形态的薪酬在形式上表现迥异，但它们在吸引员工、激励员工等方面都起到了至关重要的作用。企业为受聘者提供的可量化的货币性价值为外在薪酬激励，而那些给员工提供的不能以量化的货币形式表现的各种奖励价值为内在薪酬激励。外在薪酬激励与内在薪酬激励各自具有不同的功能，它们相互补充，缺一不可。首先，生存是人们的基本需求，在生存需求满足的基础上才会追求更高的需求，而货币薪酬是满足人们生存需求的唯一条件，因此货币薪酬对员工的激励是无法替代的。其次，一个人在不同的时期会有不同的需求，当员工的生存需求得到满足后，会追求精神发展方面的需要。随着社会的进步、企业的发展、员工收入的增加及员工素质的提高，内在薪酬激励的重要性日益凸显出来，但其前提是生存需求的满足，所以在现实社会中，科学地把握全面薪酬战略的两个方面，使它们有效地配合起来，根据组织特点、员工特点，动态设计薪酬体系，是保证薪酬战略发挥作用的重要内容。

1.1.2 薪酬管理实践中存在的偏差

（1）钱是万能的。许多企业管理人员往往根据"经济人"假定，制定薪酬激励制度，认为推动人的行为的直接动因是物质利益。因此，在实践中，他们往往对员工的激励偏重于给予丰厚的物质报酬，利用高工资、高福利、高提成、高奖金激励员工工作，利用扣发工资、奖金惩罚员工。这种胡萝卜加大棒的政策强调钱的作用，忽视非货币薪酬的作用。即使承认非货币薪酬的内在激励作用，也始终认为没有员工会为工作而不图物质回报，因此钱是万能的，它可以吸引员工，留住人才，可以激发员工的工作热情和积极性，可以解决工作中的所有问题。不可否认，由于我国经济发展的不均衡及员工个体的差异，经济人的假定仍然存在。无论过去、现在还是将来，货币薪酬都是企业及员工关注的焦点，而且外在的物质激励不能被其他方式所取代。但随着市场经济的发展，随着全球竞争形态下对人力资源价值的重新认识，随着知识型员工在员工中的比重逐渐增加，片面强调货币薪酬而忽视人的精神心理需求造成的人才流失等问题将会越来越多。现代社会，更多的员工已不再仅仅是"经济人"，而是"社会人"、"复杂人"和"自我实现人"。每个人都有自己的情感尊严、人格追求，企业只有以人为本，尊重人、理解人、发展人，才能最大限度发挥员工工作积极性。所以钱不是万能的，不能解决所有的问题。

（2）工作的报酬就是工作本身。许多管理学家指出，员工都有自我激励的本能。企业管理者的任务，是爱护和开发员工自我激励的能动性，甚至不需花费分文。这种观点的理论基础是基于这样一个事实，即每个人都对归属感、自尊心、成就感及驾驭工作的权力感充满渴望。恰当地满足员工的这些需要，就会激发其旺盛的自我激励行为，因此更多地强调员工的自我管理。在管理实践中，这种倾向的管理者忽视了经济发展阶段背景、企业的成长阶段、行业及员工个体的差异，认为环境、文化包治百病，强调把企业文化建设作为启动企业内部精神的发动机，甚至认为金钱是被夸大效果的花费昂贵的效果最差的激励工具。这种偏差的错误在于忽视内在激励的前提是外在激励的满足，货币薪酬首先能够吸引留住员工，这本身就是激励。同时非货币薪酬并非对所有员工都产生相同的激励作用。不是每一名员工都会因工作的自主性、专注感、工作成就及价值认同而受到激励，它只对于成就需要者具有很强的吸引力和激励作用。对现阶段国内企业基层及操作人员或更多的人来说，货币薪酬比非货币薪酬的精神心理层面更直接、更有形、更现实，也更迅速而有效。

基于货币薪酬和非货币薪酬在激励中的功能及作用，在市场经济条件下，强调金钱作用而忽视精神方面的激励或只强调精神作用而忽视物质报酬，同样都会伤害员工的积极性。所以应制定全面薪酬战略，使货币薪酬和非货币薪酬有效配合使用，以适应不同员工的不同需求。比如劳动密集型企业，较好的工资及福利等货币薪酬会提高员工的忠诚度及积极性；而如果企业中知识型员工比重较大，这些员工大多拥有较多的知识资本，具有增值意识和创新能力，追求高层次的需要和价值，具有社会责任感强、蔑视权威等特点，对于这样的员工群体，薪酬的满意度尤其是公平感、目标的设定、决策参与、能力的施展及个人的发展空间等更能充分发挥激励的作用。

1.1.3　对我国企业薪酬管理实践的启示

（1）制定全面薪酬战略并保持其动态性。全面薪酬战略综合了具有外在激励和内在激励功能的货币薪酬和非货币薪酬两种形态的互补，并且将内在薪酬的构成外在化，制定更完整立体的薪酬体系，这也是目前发达国家普遍推行的一种薪酬支付方式。它根据组织的经营战略和组织文化制定全方位薪酬战略，着眼于可能影响企业绩效薪酬的方方面面，最大限度地发挥薪酬对于组织的支持功能。全面薪酬战略要求管理者用整体的观念来指导实践，不能顾此失彼，同时要兼顾系统的灵活性和系统性。在实际操作中要注意不同的薪酬形态及要素对不同特点员工具有不同的激励作用，企业所处的行业、企业的规模、性质及发展阶段等都会影响全面薪酬组合，因此薪酬体系应该既是全面的，又是动态的、发展的。

（2）认清个体差异。组织的每一个员工都是一个独特的不同于他人的个体，他们的需要、态度、个性、能力以及其他重要的个体变量各不相同。需要的层次、需要的满足程度、目标及目标的可实现性等差异较大，不论是货币薪酬的外在激励还是非货币薪酬的内在激励，都必须认清个体的差异，运用能够支配的奖励措施包括加薪、晋升、授权、参与决策等实现个性化的激励。

（3）保证薪酬给付的公平性。在薪酬管理中最重要的议题之一即是公平性。企业薪酬设计的目的是吸引、保留人才和激励员工达成目标，公平感具有重要的意义。根据亚当斯的公平理论，人们会以自己的所得与投入的比率与他人的所得与投入的比率相比较，以判断是否被公平地对待，因此相对值比某些绝对的标准更重要。就比较的对象而言，首先员工会与其他企业担任和自己相似工作的员工的薪酬作比较，这类比较不但会影响员工的工作动机，甚至会影响离职率。另外一种不公平来自组织内的比较，即薪酬水平能否反映职位之间的差异，如技能、贡献、工作环境等。一个良好的薪酬制度必须使企业内部的员工都能被公平对待，能够使薪酬在市场上具有竞争性。除此之外，薪酬给付还存在程序性公平的问题。有证据表明，过程公平相对结果公平来讲，更容易影响员工的组织承诺度、对管理者的信任和流动意图，一旦员工产生了不公平感，就会士气低落，效

率低下，甚至抵触工作，离开不公平的环境。长期以来，企业管理者通常根据薪酬制度能否提高员工的工作绩效和企业的经营业绩，来评估薪酬制度的实施效果，他们往往忽视员工对薪酬的满意感和公平感，也会极大地影响其工作态度和工作行为，进而影响企业的经营业绩。因此，在坚持绩效导向的前提下，建立有效的绩效考评体系，并检查公平性系统，及时、准确地为员工提供薪酬信息，这些都是提高员工薪酬满意感的重要措施。

（4）不能忽视金钱的因素。金钱在激励理论的需要层次理论、激励-保健理论、公平理论及期望理论中都发挥着应有的作用。当企业专注于考虑目标设定、创造工作的趣味性、挑战性及提供参与决策的机会等因素时，很容易忘记金钱是大多数人从事工作的主要原因。尤其是在我国目前整体收入水平还较低的情况下，货币薪酬仍然是最直接而有效的激励方式。借用一句俗话，"钱不是万能的，但没有钱是万万不能的"。在激励的理论及实务中，金钱的因素不能被忽视和替代。

（5）薪酬体系的实施要循序渐进。虽然几乎所有企业都有薪酬架构的制定与薪酬管理的相关办法或作业准则，但是对于很多企业来说，薪酬管理在现实的实践中还是会碰到无法用"道理"来管理的地方，有时候老板的决定又会大于一切。在这样的组织文化中，企业如果要导入正常的薪酬管理流程与作业标准，首先应该先确定薪酬管理者在这一过程中的角色，并且以此为基础来和老板及其他单位主管或员工沟通。

1.1.4 我国企业在薪酬体系的实施过程中应注意的问题

（1）企业的决策者必须从战略的高度来认真对待薪酬体系的建立和实施。因此在组织设立上，必须由企业主要领导亲自挂帅，党政主要领导必须同时是成员（因为关系到他们主抓的部门），各部门领导也必须是成员。人事部门是这个组织中的常务办公和技术服务机构。

（2）做好"战前"辅导。辅导不仅要在实施前进行，辅导还应贯穿薪酬分配的全过程。从前面的薪酬体系设计过程就不难看出，在基准的最初订立阶段，人事部门就已经肩负起了技术上的支持，实际上在讲解技术工具的同时，辅导已经贯穿于实践之中。

（3）要保证薪酬实施的连续性和完整性。薪酬体系在实施过程中，难免会出现各种问题，有的可能是设计上的，有的可能是操作上的，无论出现什么问题和困难，都要保证薪酬实施的连续性和完整性。一般来讲，当出现小范围、小影响的问题时，要在不影响体系完整的前提下，迅速地予以纠正解决。对于影响范围相对较大的问题，最主要的不是马上改正，而是检查一下是否体系本身存在问题。

（4）要正确处理好两个关系。一是眼前与长远的关系。通常，为了使企业在短期内取得良好的经济效益，企业往往会以多发奖金来刺激员工们的积极性，但是这样做的结果必然会忽视一些重要的、不会当期见效的工作，如市场的开拓、管理的创新等。如果过分地强调当期的业绩，企业的繁荣只能是昙花一现。所以，我们必须使薪酬分配制度改革符合企业长远的发展规划，有利于企业可持续发展。二是年轻员工与老员工之间的关系。既要考虑老员工的历史贡献和当期所表现出来的工作能力，同时又要注重年轻员工的工作热情和工作地位。只有两者兼顾，才能使老员工安心，年轻员工顺心，进而不断地吸纳优秀人才，达到拴心留人的目的。

薪酬分配制度改革是一项长期而又复杂的工作，是三项制度改革的焦点和难点，只要积极稳妥地推进薪酬分配制度改革，企业的核心竞争能力就会大大增强，企业就会焕发出勃勃生机。

1.2　薪酬系统的变革

薪酬体系变革是企业最大的政治行为。众所周知，薪酬变革一定会涉及每个人的利益，感觉不公平的人就会不满。同时，薪酬体系变革的坏处是立竿见影的，而好处却很难在短期内显现。因此，企业在变革薪酬制度时都会自觉不自觉地提出一个问题——我们为什么要变革？

1.2.1　变革的目标

首先，薪酬体系变革应该使大部分员工满意，否则就会产生两种结果：第一，可能过分关注奖金但忽视基本工资对员工的激励作用。员工，尤其是拖家带口的人，可能会很恼火，因为基本收入的变动，使他们没有安全感。第二，因为没有安全感，所以虽然企业向员工支付了很多工资，但他们还是不满意。第三，员工的不满会带到工作中，这就可能导致客户也不满意，从而没有满意的经营业绩。

其次，常识告诉我们，没有核心员工，一个企业就不会有持久的竞争力。因此，薪酬体系变革一定要达成核心员工的吸纳、保留和激励。

再者，薪酬变革要达成经营目标。就是说把工资支付出去以后，一定要产生经济收益，即达成某个销售额或利润。

在此基础上，还要对这三个目标予以数字化。用数字表达其薪酬变革的目标，薪酬变革工作就会归结到一个精准的目标体系中。这样，对任何人就都可以讲清楚薪酬体系变革有什么作用。同时，也比较容易衡量变革是否取得了成绩。员工满意是从员工角度出发的，核心员工的吸纳、保留和激励以及经营目标达成

是从企业的角度考虑的。如果三个目标都达成了，企业的薪酬变革就达到了双赢。而我们以往变革薪酬体系，常常只从企业的角度来考虑，忽略了员工的要求。

1.2.2　渐进性变革

薪酬制度同其他制度一样，需要逐步的适应接受过程，要保持一定的稳定与变动性，在推行过程中保持持续的调整。各种因素，包括企业内部经营状态的变化以及社会经营、货币等运行状态的变化都会对薪酬制度产生影响。一般说来，薪酬制度需要在以下几个方面保持持续的调整。

（1）奖励性调整。它又称为功劳性调整，使用的时机一般是在员工做出了突出的成绩或重大的贡献之后。目的是使这些员工保持这种良好的工作状态，并激励其他员工一起努力，向他们学习。奖励的方法形式多种多样，有货币性的，也有非货币性的；有立即发放的，也有将来兑现的；有一次性支付的，也有分批享用的。

（2）生活指数调整。这是为了补偿物价上涨对员工造成的物质损失。企业要根据一定的物价指标，建立薪酬与物价挂钩的指标体系。在保持指标体系数值稳定的同时，实现薪酬对物价的补偿。但是，在设置指标时，要注意指标的时滞性问题，即指标总是跟在通货膨胀后面跑的，所以它们之间总会有一定的差距，指标体系设置的好坏，决定了差距大小。

（3）工龄调整。这是薪酬结构比较稳定，特别是薪酬体系中包含了年功工资的企业所采取的提薪方式。它的激励原理是，把资历和经验当作一种能力和效率，并予以奖励。因此，随着时间的推移和员工在本企业连续工龄的增加就要对他们进行提薪奖励。这也是促使员工对企业长期忠诚的措施之一。

（4）效益调整。就是企业效益上升时对全体员工给予等比例的奖励，类似于不成文的利润分享制度。但是，它对员工的激励作用是有限的，特别是为企业发展作出巨大贡献的关键员工，他们的积极性会因为这种平均化的分配而大大受挫。

1.2.3　革命性变革

薪酬制度的革命性变革主要指对原有的薪酬制度进行强制的大幅度改革，或采用全新的一套薪酬制度。这对原有的经营、体制、文化理念、员工的工作等各方面会产生非常大的冲击，一般不主张企业采用革命性的薪酬变革，处理不当很容易导致企业波动太大，员工对企业不满，危机重重，甚至会导致企业一蹶不振。

企业的危机来自何处？一种危机是来自企业的外部，是市场风险，是竞争带来的；一种危机是企业内部的机制退化，是管理失误带来的。国有企业改制后，如果仍然沿袭过去的薪酬管理模式，即混合工资体系——岗位技能工资制，必然会影响员工的工作积极性，长此以往，最终会导致企业失去竞争力。因此，在改制后，摆在所有企业高级管理层面前的一个严峻问题是，如何强化危机意识，在危机尚未出现时，把薪酬制度变革放在重要议事日程上，作为重要研究课题之举。那么，如何结合企业的具体情况，重新设计薪酬体系，确定薪酬变革方案呢？现结合 J 公司的实践，就这一问题作一具体探讨。

J 公司，是由一家大型国企于 2013 年 4 月整体改制而成的有限责任公司。公司采用直线职能制组织结构，下设 7 处 1 室、6 个车间、2 个分公司和 1 个参股公司，总股本为 3300 万股。公司股本：国有股 50.48%，公司管理层持股 11.88%，职工持股 37.64%（员工参股率为 87.05%）。

1. 薪酬制度变革的思路

变革需要恰当的时机。成功的变革是在恰当的时间做恰当的事情。J 公司企业改制后，对员工的薪酬满意度作了一次调查，其中有高达 70% 的员工认为不合理，23% 的员工认为说不清楚，5.5% 的员工从没考虑过，只有 1.5% 的员工认为是合理的。可以看出，该公司员工要求进行薪酬变革的呼声很高，再不改革将会失去民心。

变革思路之一：重新设计薪酬体系，坚持三个原则。一是坚持以提高经济效益为中心的原则；二是坚持按劳分配与其他分配方式相结合的原则；三是坚持效率优先兼顾公平的原则，确保薪酬变革更好地发挥薪酬的激励和导向功能。

变革思路之二：实行"三定"，即定编、定岗、定薪。

（1）定编：根据企业 3~5 年内，"成本导向精细化管理"的战略定位和"生产经营、改革发展双轮驱动"的工作目标，进一步深化企业内部改革，进行组织结构调整，采用直线职能制。

（2）定岗：根据流程型企业的特点采用基于任务的岗位设置法，将明确的任务目标按照工作流程的特点层层分解，并用一定形式的岗位进行落实。全公司分为管理岗位和非管理岗位两大系列，通过流程优化、撤岗、并岗的办法，共设置 95 个管理岗位和 184 个非管理岗位。

（3）定薪：在岗位评价的基础上，采用岗位层级系数制合理拉开分配档次，建立科学的激励机制，进一步发挥薪酬的激励和导向功能。

变革思路之三：高层人员薪资实行年薪制。年薪由三部分构成：基本年薪、绩效年薪和股份收益。这样，把企业经营者的劳动收入以年薪的形式发放，是对特殊性质的劳动力支出的一种回报形式。它不仅可以保护出资者的利益，而且可

以保证企业家队伍的形成。

2. 薪酬变革方案

（1）方案设计出发点。针对原薪酬结构存在的"各层员工差距太小、薪酬结构不合理、工资与工作表现和贡献严重脱钩"等不足，新的薪酬管理制度将以按劳分配、同工同酬为指导，坚持工效挂钩的原则。通过建立结构合理、岗薪明确、责权利相结合的分配机制，使员工的收入与企业经济效益挂钩、与个人业绩相联系，从而激发员工的主人翁意识和积极主动性，并为企业的长期生存和可持续发展铺平道路。

（2）薪酬决策。薪资水平：总体薪资水平要在行业中保持较强的竞争力，与同行业中的先进企业保持相当的薪资水平；在当地处于中等稍偏上水平。

薪资确定：主要考虑所担当的职务和所承担的责任（即任职角色），包括职务的难易度，责任大小与责任后果的影响范围，职务工作的业绩、能力、态度以及实际贡献。主要实行岗位等级薪资制，努力在统一的架构下，依靠公正与合理的价值体系，对各层各类人员的任职角色、绩效和素质给以客观公正的评价，给贡献者以合理的回报。

薪资调整：要将报酬与绩效密切结合，要依据考核结果，进行工资调整。

薪资结构：通过建立的薪资等级结构，增加薪酬升降的步骤，强化薪酬的激励机制。

薪资差距：薪资的水平要拉开差距，要有利于稳定核心层、中坚层、骨干层队伍。薪资报酬要向关键职位、核心人才倾斜。条件成熟时层级系数逐步拉大。

薪资弹性：在保持政策稳定性的同时，增强薪资的灵活性与可调整性，以适应企业变革与发展的需要。薪资总额由当地工资政策和企业效益等综合因素共同确定。

（3）变革后的薪酬方案。首先，高管人员薪资实行年薪制，其年薪构成分三部分——基本年薪、绩效年薪和股份收益。

年薪的确定：基本年薪的总额由董事会讨论决定，原则上每年调整一次。

年薪的计算：绩效年薪＝基本年薪×绩效考核系数。

考核系数的大小根据考核结果而定，考核结果分为 5 个等级，一个等级对应一个系数，等级越高系数越大，具体参考表 9-1。

表 9-1　个人考核系数表

等级	优秀	良好	一般	不足	差
考核系数	1.5	1.3	1	0.7	0.5

其次，员工实行岗位等级薪资制。

薪酬组成有：岗位津贴、绩效工资、效益工资、加班工资、津贴、综合补贴、股份红利等。其中，津贴有：中夜班津贴、环境津贴、工龄津贴、职称津贴、技能津贴、总经理津贴等。

关于岗位工资和绩效工资的确定。

采用岗位价值评估法，即从岗位所需技能、岗位工作难易程度、岗位工作的重要程度三个维度来衡量岗位的价值，并且对各个维度进行扩展。岗位所需技能主要从专业技能、管理技能、沟通协调能力来衡量；岗位工作难易程度主要从工作复杂程度、工作环境变化程度来衡量；岗位工作的重要程度主要从决策责任和工作失误后果来衡量。根据各影响因素的重要程度，给每一因素赋予权重，权重越大，影响程度越大；每一因素的状态分为 5 个等级，评分标准见表 9-2。

表 9-2 岗位价值评估表

项目	因素	权重	1分	2分	3分	4分	5分
1	专业技能	2	基本的业务技能	高等的业务技能	基本的专业技能	熟练的专业技能	精通的专业技能
2	管理技能	3	基本的管理技能	专门、熟练的管理技能	专门、精通的管理技能	较全面和熟练的管理技能	全面、精通的管理技能
3	沟通协调能力	2	基本的沟通协调能力	良好的沟通协调能力，对工作起到基本的作用	良好的沟通协调能力。对工作起到重要的作用	优秀的沟通协调能力，对工作起到重要的作用	非常优秀的沟通协调能力，对工作起到关键作用
4	工作复杂程度	3	从事固定、单一或重复的工作	从事一般标准化的简单工作，工作有一定的技能要求，可能是某一项复杂流程的中间环节	从事的各项工作有一定的复杂性，有时需要和一定的岗位进行联系或协调	工作涉及多方面的问题并具有相当的复杂性，需要经常和不同部门和岗位进行协作沟通	所从事的多种职能有广泛的不同，职责相当复杂，具有开创性、战略性和决策性
5	工作环境变化程度	2	常规，基本无变化	变化较少，且有一定的规律	变化较多，但有一定的规律	有一定的变化，但无规律	高度变化，且无一定的规律

续表

项目	因素	权重	1分	2分	3分	4分	5分
6	决策责任	4	基本上没有决策权利	在工作范围内可作一般工作的简单决策，以达成既定工作目标和效果，但通常需要上级参与和指导	在既定的职责权限范围内，在一般被认为的工作范围内可作重要决策，但一般要通报上级	遵循既定的管理原则，在多个领域内作出有广泛而重大影响的决策，在决策之前有时需要征求公司其他高层的意见，但个人仍需要负全责	在既定战略目标的范围内，独立作出重大决策，所作决策在中长期内对公司的未来发展及经营有广泛的影响
7	工作失误后果	4	后果影响甚小	对部门的职能有一定的影响，一般会导致工作延误、效率降低和成本增加	通常会影响到多个部门的工作，对公司整体目标可能会有影响	影响部门内部和不同部门之间的业务结果和利润，对公司业务和声誉可能有严重的影响，需要公司管理层采取行动纠正错误	对公司主要部门以及当前和未来的状况产生严重影响，包括严重影响公司的声誉及总体经营业绩

在岗位描述的基础上，通过岗位价值评估确定岗位相对价值，进而确定岗位应属的等级。将公司职位序列划分为9个级别，具体的划分依据见表9-3。再根据人力资源市场薪资水平和公司收入的实际情况相对合理地确定员工的薪酬结构和水平。

表9-3　层级划分表

序号	1	2	3	4	5	6	7	8	9
评估分	大于等于85	75～85	70～75	60～69	54～59	45～53	35～44	20～34	小于20
层级	A	B	C	D	E	F	G	H	I

每个级别（除A、B、I类）分为4档，同在一个岗位上表现好可以得到工资等级的上调，而且对于表现突出的员工加大工资层次上调的空间，在原层次的基础上增加1层上升区间，最高级的工资和上一级别的4档持平，充分调动员工的积极性和主动性。对于表现不好的员工加大考核的力度，在原等级的基础上下设1层下降区间。

关于岗位工资和标准绩效工资的总额确定。

岗位工资和标准绩效工资的总额由员工担任职务和工作的价值大小决定。层级系数详见表9-4。

表9-4　层级系数表

层级	层级系数	C类员工薪酬	D类员工薪酬	E类员工薪酬	F类员工薪酬	G类员工薪酬	H类员工薪酬	I类员工薪酬
A1	4.075							
A2	3.875							
B1	3.675							
B2	3.50							
B3	3.25							
C1	3.15	3.15K						
C2	3.00	3.00K						
C3	2.85	2.85K						
D1	2.55	2.55K	2.66K					
D2	2.425		2.425K					
D3	2.30		2.30K					
D4	2.175		2.175K	2.175K				
E1	2.05		2.05K	2.05K				
E2	1.95			1.95K				
E3	1.85			1.85K				
E4	1.75			1.75K	1.75K			
F1	1.65			1.65K	1.65K			
F2	1.575				1.575K			
F3	1.50				1.50			
F4	1.425				1.425K	1.425K		
G1	1.35				1.35K	1.35K		
G2	1.30					1.30K		
G3	1.25					1.25K		
G4	1.20					1.20K	1.20K	

续表

层级	层级系数	C类员工薪酬	D类员工薪酬	E类员工薪酬	F类员工薪酬	G类员工薪酬	H类员工薪酬	I类员工薪酬
H1	1.15					$1.15K$	$1.15K$	
H2	1.10						$1.10K$	
H3	1.05						$1.05K$	
H4	1.00						$1.00K$	$1.00K$
I1	0.975						$0.975K$	$0.975K$
I2	0.95							$0.95K$
I3	0.925							$0.925K$

层级系数和 K 值的乘积就是岗位工资和标准绩效工资的总额。岗位工资和标准绩效工资的比例根据职务等级和所处部门有所区别，职务越高，绩效工资所占的比例越大；营销部门员工的绩效工资比例要大于其他职能部门。详见表9-5。

表9-5　岗位工资和绩效工资分配比例表

薪酬等级	非销售系统	销售系统
B，C，D类	50；50	50；50
E，F，G类	60；40	50；50
H，I类	70；30	50；50

岗位工资是固定工资，每月发放一次。

标准绩效工资是计算绩效工资的基数，每月绩效工资＝标准绩效工资×个人考核系数。

关于效益工资的确定。

效益工资是根据企业的盈利状况不定期给员工提供的奖励，对部门的考核由成本考核委员会负责。计算方法：

部门效益工资＝考核期公司利润×效益工资提成比例×部门修正效益系数

个人效益奖金＝部门效益奖金×个人修正人数/部门修正总人数

效益工资提成比例由董事会讨论决定；部门修正效益系数依据成本考核委员会对部门的考核情况确定；修正人数是考虑到部门员工的职务和贡献大小的不同，基层员工的修正人数为1，管理员工的修正人数大于1。

根据季度对部门的考核，把部门考核成绩分为5档。详见表9-6。

表 9-6　部门考核系数表

等级	优秀	良好	一般	不足	差
考核系数	1.5	1.3	1	0.7	0.5

部门修正效益系数 ＝（部门考核系数 × 部门修正人数)/$\sum$（部门考核系数 × 部门修正人数）

职务高，对部门、公司作出的贡献大，给予的奖励就多。

分配效益工资计算人数时采用修正人数制。详见表 9-7。

表 9-7　职务修正人数表

职务等级	C 类	D 类	E 类	F、G 类	H、I 类
考核系数	3.0	2.5	2.0	1.5	1

关于加班工资的确定。

加班工资是指由于工作需要，员工在法定节假日、公休假日和标准工作日，延长工作时间进行工作，公司为此付出的工资形式。管理人员和销售人员不计加班工资。

关于津贴的确定。

津贴是公司对员工的特殊技能和在特殊劳动条件或工作环境下的特殊劳动报酬消耗额外给予的合理补偿。工龄津贴、职称津贴和技能津贴均纳入考核。

环境津贴：分甲、乙、丙三个等级。

技能津贴：根据职工意见新增加的津贴，是给予非管理岗位上具有一定特殊技能的技术工人（含通用技术工种、专业技术工种）的津贴。

职称津贴：给予管理岗位上具有助理以上专业技术职称员工的津贴，标准为：助理级 50 元，中级 100 元，高级 200 元。

工龄津贴：以员工的连续工龄为依据，工龄满 5 年 30 元，以后每年加 3 元，不封顶。

总经理津贴：由总经理决定对企业生产经营、科技进步、管理提升等方面作出贡献的员工发放的一种特殊津贴。

诚然，就薪酬而言，薪酬的公平性比其绝对值更重要，如企业内部，员工的薪资是否公平；与同行企业相比，本企业的工资水平是否公平；与去年相比，企业业绩增长了，员工工资是否随之增长，增长率是否公平等。公平才能稳定地留住人，才能激发出员工创造性的劳动，企业才能获得投资的最大回报。

第二节　薪酬满意度调查

聘用合适的员工并激励他们的工作热情是企业发挥潜力的基本因素，员工的素质决定了企业的发展能力，员工的工作态度直接影响着生产经营的成效，而员工的薪酬满意度又直接影响着他们的工作态度。设计与管理薪酬制度是一项最困难的管理任务。如果建立了有效的薪酬制度，企事业组织就会进入良性循环；相反，则是员工的积极性发挥不出来。薪酬设计的目的，就是在保障员工基本生活的同时，充分激励、发挥员工的能力，从而提高企业的经济效益和市场竞争力。

可是，通过对各种类型企业的调查，我们发现在薪酬管理的具体工作中，经常会发生一些不和谐的现象。比如，一些经济效益较好、薪酬水平远高于同行业平均水平的企业，员工对薪酬的意见甚至比一般企业员工的意见更大；有些重要岗位的员工的薪酬收入与其他普通岗位相比已经比较高了，可他们仍然觉得受到不公平待遇。尽管企业管理部门在薪酬总额的确定上付出了很大的努力，但员工的薪酬满意度仍然不高。

2.1　薪酬满意度模型

薪酬满意度是指人才在工作中所感受到的满意程度，是取决于人才从特定工作环境中实际所获得的报酬与其所预期应得价值间的差距。差距越小，满意程度越大；差距越大，满意程度越小。而人们对于差距大小的判断则是建立在以某一参照点为基准而对自身需求满足状态的评价基础上的，即所谓的公平性：横向比较和纵向比较。

尽管公平理论的基本观点是普遍存在的，但是在实际运用中很难把握。员工薪酬满意度的大小受参照点选择的影响，而参照点的选择是一个客观与主观相互参与的选择过程，人们在评价比较时选择参照点会存在各种各样的心理偏好，参照点的选择会受到相似度（两个比较物的相似程度）、邻近度（两个比较物在时空上的距离远近）、信息量（评价者对被比较物所含的信息量的知晓程度）以及价值观（评价者的价值观）等的影响。如一些员工为了加薪可能会以薪金待遇好的企业为参照；而有些员工为了求得自己心理上的满足而会以比自己差的员工为参照。

设，x_{ij1}，x_{ij2}……为员工 i 在 j 企业中薪酬的 n 个方面（指标）所得到的需求满意状态，则员工 i 在 p 企业中获得的相对于企业 r 的满意度 Y_{ipr} 为：

$$Y_{ipr} = \sum R_{ik} f(X_{ipk} - X_{irk})$$

其中，f（x）为员工的薪酬满意度函数，Rik 为权重系数。

若 x≥0，则 f（x）≥0；

x<0，则 f（x）<0；

0≤Rik≤1，且∑Rik＝1

薪酬满意度 Yipr 是一个综合指标，员工对于每个需求指标的重视度是不同的，Rik 是因人而异的。Rik 的取值受到与员工相关的文化因素（如价值观、道德观等）、社会因素（员工所处的正式组织与非正式组织包括家庭的影响）、个人因素（如职业、经济状况、生活方式、个性以及自我观念、知识、阅历、年龄等）及心理等因素的影响。如有些人看重物质上的满足，而有些人在精神上有更高的追求，这些都会反映在 Rik 的取值上。实际工作中，影响 xij1，xij2······的因素是多元的。

2.2 薪酬满意度调查设计与实施

为了了解企业的人力资源管理现状，了解目前在岗位职责、业绩考核、工资支付方式、团队写作、工作晋升等方面的现状以及存在的问题，了解员工的薪酬满意度，应对员工目前对企业的敬业度和离职倾向进行调查和分析，从而为今后改善企业的人力资源水平提供决策依据。

2.2.1 如何编制薪酬满意度量表

1. 了解企业现状

薪酬满意度衡量的是员工对薪酬的期望与企业给付的回报之间的差距。主要是指工资、奖金、福利等物质手段以及工作认可等。每个企业发展的情况不同，有的处于创业期，有的已经到了成熟期。员工薪酬满意度调查要适合企业的文化特点。这样，在编制员工薪酬满意度量表时，才能做到有的放矢。那么，如何来了解企业的现状呢？

焦点组访谈法：从不同的部门、年龄、性别分层选取一些员工进行座谈，会议主持人事先把问题标准化或列出提纲，然后有序地按这些问题来讨论。主要目的是获取与满意度调查内容有关的企业信息。问题可以涉及"你觉得薪酬哪些方面令你们满意或不满意"，"你有什么建设性的意见可以提供给企业"等等。最好有一个记录员将他们的回答记录下来，以便日后整理。

文案调查：对企业的内容资料进行搜集与归纳，包括企业业务经营部门、计划统计部门和档案部门的记录等。从这些以往的资料分析中，能对企业的现有经营环境和人员的状况有一定的了解。

2. 确定员工薪酬满意度调查的维度和题目

员工薪酬满意度的维度就是调查题目背后抽取的因素。它是题目编制的依据。薪酬满意度的维度调查框架一般包括：工作职责、组织结构和岗位设置、工资支付、奖金分配和福利部分等。

3. 对薪酬满意度量表进行施测

薪酬满意度量表的取样人群视企业的规模大小而定。在几十人的小企业中，取样对象一般是企业中的所有员工。而在人数相对较多的大企业中，可以随机对每个部门的员工进行取样，并对问卷的有效回收率进行统计。在施测前，一项重要的工作是对满意度量表进行宣传，让员工意识到它的重要性，而不仅仅是一项常规的"书面作业"。测试时，往往是分部门进行，由人力资源部门的人员仔细讲解问卷的指导语和填写规则，最后统一收卷。详见表9-8。

表9-8　员工薪酬满意度调查表列举

工作职责部分
1. 我清楚了解我的岗位职责和工作标准。
(a) 绝对同意　(b) 比较同意　(c) 不清楚　(d) 比较不同意　(e) 绝对不同意
2. 我的工作内容是有趣的而且具有挑战性。
(a) 绝对同意　(b) 比较同意　(c) 不清楚　(d) 比较不同意　(e) 绝对不同意
3. 完成本岗位的工作是在我的能力范围之内。
(a) 绝对同意　(b) 比较同意　(c) 不清楚　(d) 比较不同意　(e) 绝对不同意
4. 公司的大多数岗位职责是饱和的。
(a) 绝对同意　(b) 比较同意　(c) 不清楚　(d) 比较不同意　(e) 绝对不同意
5. 我对所从事的工作非常满意。
(a) 绝对同意　(b) 比较同意　(c) 不清楚　(d) 比较不同意　(e) 绝对不同意

组织结构和岗位设置部分
1. 公司现在的部门设置是合理的，没有重复的或缺少的部门。
(a) 绝对同意　(b) 比较同意　(c) 不清楚　(d) 比较不同意　(e) 绝对不同意
2. 我认为对现在的组织结构进行调整，能够改变公司的整体效率。
(a) 绝对同意　(b) 比较同意　(c) 不清楚　(d) 比较不同意　(e) 绝对不同意
3. 部门内部不同员工的分工是合理的，不存在有人干得多，有人干得少的问题。
(a) 绝对同意　(b) 比较同意　(c) 不清楚　(d) 比较不同意　(e) 绝对不同意
4. 我的工作职责不会因为与其他工作岗位重叠交叉而产生冲突，影响效率。
(a) 绝对同意　(b) 比较同意　(c) 不清楚　(d) 比较不同意　(e) 绝对不同意
5. 公司现在的汇报关系是清晰的。
(a) 绝对同意　(b) 比较同意　(c) 不清楚　(d) 比较不同意　(e) 绝对不同意

工资支付的合理性
1. 与其他部门相应的职位相比，我感到自己的报酬是合理的。
(a) 绝对同意　(b) 比较同意　(c) 不清楚　(d) 比较不同意　(e) 绝对不同意

续表

2. 与从事相同工作的同行业相比，我感到自己的报酬是合理的。
(a) 绝对同意　　(b) 比较同意　　(c) 不清楚　　(d) 比较不同意　　(e) 绝对不同意
3. 对现任的工作所付出的劳动与待遇而言，我感到工资水平是合理的。
(a) 绝对同意　　(b) 比较同意　　(c) 不清楚　　(d) 比较不同意　　(e) 绝对不同意
4. 我对得到的报酬是满意的。
(a) 绝对同意　　(b) 比较同意　　(c) 不清楚　　(d) 比较不同意　　(e) 绝对不同意
5. 公司以前进行的提薪是公平的。
(a) 绝对同意　　(b) 比较同意　　(c) 不清楚　　(d) 比较不同意　　(e) 绝对不同意

奖金分配部分
1. 公司目前的奖金支付完全由业绩考核的结果决定。
(a) 绝对同意　　(b) 比较同意　　(c) 不清楚　　(d) 比较不同意　　(e) 绝对不同意
2. 公司目前的奖金支付达到了激励员工的效果。
(a) 绝对同意　　(b) 比较同意　　(c) 不清楚　　(d) 比较不同意　　(e) 绝对不同意
3. 公司有明确的奖金发放制度和政策。
(a) 绝对同意　　(b) 比较同意　　(c) 不清楚　　(d) 比较不同意　　(e) 绝对不同意
4. 我很清楚奖金发放的标准。
(a) 绝对同意　　(b) 比较同意　　(c) 不清楚　　(d) 比较不同意　　(e) 绝对不同意
5. 公司目前的奖金分配是公平的。
(a) 绝对同意　　(b) 比较同意　　(c) 不清楚　　(d) 比较不同意　　(e) 绝对不同意

福利部分
1. 我很清楚公司的福利制度和政策。
(a) 绝对同意　　(b) 比较同意　　(c) 不清楚　　(d) 比较不同意　　(e) 绝对不同意
2. 我认为公司的福利制度是合理的。
(a) 绝对同意　　(b) 比较同意　　(c) 不清楚　　(d) 比较不同意　　(e) 绝对不同意

4. 对调查结果进行描述

对薪酬满意度量表调查结果进行合理的统计，是有效运用薪酬满意度量表的前提。

（1）总的维度小结。这一部分是对所有测量维度进行统计，每个维度的得分是代表该维度的所有问题的平均得分。量表的选项是：a 表示绝对同意，b 表示比较同意，c 表示不清楚，d 表示比较不同意，e 表示绝对不同意。每个问题的得分就是选择同意（a+b）的人数占总人数的百分比，简称赞成率。根据每个维度的赞成率和往年薪酬满意度调查的结果，再加上企业的实际情况，确定一绝对标准，如 60% 赞成率的，被定为优势项目，低于 40% 的，被定为劣势项目。

（2）得分最高的和最低的 3 个维度。这一部分是由每个维度的得分，排出分数最高的 3 个维度与分数最低的 3 个维度。这样，就能够一目了然显示出企业的薪酬哪些方面是这一年做得最好，深受员工欢迎的，哪些是欠缺的地方，需要引起重视。

QIYE XINCHOU SHEJI YU ZHIDING

2.2.2　薪酬调查结果分析

从各种薪酬调查的结果来看，大多数企业的人力资源的薪酬管理面临着一些令人尴尬的局面。那么，应该如何对待员工的薪酬满意度呢？员工满意度下降的原因又是什么呢？

1．影响员工薪酬满意度的主要因素

企业薪酬水平的确定与企业自身经营情况、企业外部环境及员工个人素质等多方面有关。管理者在制定薪酬政策时，必须考虑处理好"三个公平"即外部公平、内部公平和个人公平的问题。

外部公平是指企业员工所获得的劳动报酬与劳动力市场价格水平相当。如果企业的薪酬水平低于外部劳动力市场的平均水平，企业的薪酬就没有市场竞争力，就会产生外部不公平，企业可能面临着人才流失的风险。

内部公平是指在企业内部依照员工所从事工作的相对价值来支付薪酬。与对外部公平的关注相比，员工更关注内部的相对公平；员工在关心自己收入的同时，也在和周围的同事进行着比较。当员工感觉到自己没有得到公平待遇时，其薪酬满意度就会降低。

个人公平是指员工个人对自己的资历、能力和对企业所作贡献的评价。薪酬支付的基本原则之一是效率优先，即按照员工的岗位和对企业的贡献大小付酬。要实现个人公平，首先是要把员工安排到最适合的岗位，并为他们的职业发展创造机会。

国外有一个民意调查组织在研究以往二十年的薪酬满意度数据后发现：在所有的工作分类中，员工们都将工资与收益视为最重要或次重要的指标。工资能极大地影响员工行为——在何处工作及是否好好干。

因此，如何让员工从薪酬上得到最大的满意，成为现代企业组织应当努力把握的课题。应该从以下方面把握：

（1）为员工提供有竞争力的薪酬，使他们一进入企业便珍惜这份工作，竭尽全力，把自己的本领都使出来。支付最高工资的企业最能吸引并且留住人才，尤其是那些出类拔萃的员工。这对于行业内的领先企业，尤其必要。较高的薪酬会带来较高的满意度，与之俱来的还有较低的离职率。一个结构合理、管理良好的绩效付酬制度，应能留住优秀的员工，淘汰表现较差的员工。

（2）重视内在薪酬。内在薪酬是和外在薪酬相对而言的，它是基于工作任务本身的报酬，如对工作的胜任感、成就感、责任感、受重视、有影响力、个人成长和富有价值的贡献等。事实上，对于知识型的员工，内在薪酬和员工的工作满意度有相当大的关系。因此，企业组织可以通过工作制度、员工影响力、人力资

本流动政策来执行内在薪酬，让员工从工作本身得到最大的满足。

（3）把收入和技能挂钩，建立个人技能评估制度，以员工的能力为基础确定其薪水，工资标准由技能最低直到最高划分出不同级别。基于技能的薪酬制度能在调换岗位和引入新技术方面带来较大的灵活性，当员工证明自己能够胜任更高一级工作时，他们所获的薪酬也会顺理成章地提高。此外，基于技能的薪酬制度还改变了管理的导向，实行按技能付酬后，管理的重点不再是限制任务指派使其与岗位级别一致，相反，最大限度地利用员工已有技能将成为新的着重点。这种评估制度最大的好处是能传递信息使员工关注自身的发展。

（4）增强沟通交流。现在许多公司采用秘密工资制，提薪或奖金发放不公开，使得员工很难判断在薪酬与绩效之间是否存在着联系。人们既看不到别人的薪酬，也不了解自己对公司贡献价值的倾向，这样自然会削弱制度的激励和满足功能，一种封闭式制度会伤害人们平等的感觉。而平等是实现薪酬制度满足与激励机制的重要成分之一。

（5）参与薪酬制度的设计与管理。国外企业在这方面的实践结果表明：与没有员工参加的绩效薪酬制度相比，让员工参与薪酬制度的设计与管理常令人满意且能长期有效。让员工更多地参与薪酬制度的设计与管理，无疑有助于一个更适合员工需要和更符合实际的薪酬制度的形成。在参与制度设计的过程中，针对薪酬政策及目的进行沟通、促进管理者与员工之间的相互信任，能使带有缺陷的薪酬系统变得更加有效。

2. 提高员工薪酬满意度，关键是要完善、创新企业薪酬制度

加强企业的制度化建设，制定科学、合理的企业薪酬制度，建立起内外部相对公平的薪酬体系，可以在薪酬总额一定的前提下，最大幅度地提高员工的满意度，并激发员工的工作积极性。

（1）要进行岗位分析和岗位评估，这也是企业制定薪酬制度的基础和前提。根据企业的发展战略，结合企业经营目标，设计企业的组织结构，确定每个岗位的岗位职责。通过岗位分析和岗位评估，比较不同岗位在企业中的相对位置，获得岗位的相对重要程度，并作为此后确定各岗位薪酬相对水平的依据。岗位评估是对"岗位"进行的价值判断，而不是针对实际从事这些工作的员工。我们应明确进行岗位评估是评价某岗位应该承担的职责，而不是该岗位员工现实实际行使的职能。因此，一定要将对岗位的评估和对员工的评价区分开来。

（2）要设计出合理的薪酬体系和相应的配套制度，使企业有统一的薪酬制度，理顺企业的分配关系，使内部分配朝着有利于关键、重要岗位的方向发展。实行岗位薪酬制度的企业，在目前缺少其他激励方式的情况下，绩效薪酬应当成

为激励员工的主要方式，以区别在相同岗位上工作的人对企业的不同贡献。在绩效薪酬的管理中，对员工的绩效评估主要是通过对员工行为测评和业绩测评来实现的。绩效薪酬是对员工完成业绩目标而进行的奖励，即薪酬必须与员工为企业所创造的价值相联系。这就要求企业建立完整的业绩评价体系，以保证绩效薪酬能够起到对员工的激励作用，达到激励的目的。

（3）在人才逐步市场化的情况下，企业制定薪酬制度和确定薪酬水平，还需要参考当地劳动力市场的供求状况和薪酬水平。解决外部公平的主要手段是进行社会平均薪酬水平的调查，并参照社会平均工资水平确定企业的薪酬水平。一个企业在薪酬水平的确定上可以采取与社会平均水平持平、略高于社会平均水平、略低于社会平均水平等几种方式。企业薪酬水平的确定一方面要考虑企业的经济效益情况和薪酬的支付能力，要考虑企业未来发展的需要，要与企业各项制度整体配合；另一方面要考虑不同岗位人员的社会供求关系。对于企业的不同岗位应有所侧重，区别对待。对于社会需求大于供给的紧缺型人才，企业应制定略高于社会平均水平的薪酬政策，从而留住人才；对于社会供求基本平衡或供大于求的人员，企业可以采取与社会平均水平持平的薪酬政策。

（4）为保证薪酬制度长期、有效实施，根据市场的变化和生产管理的实际需要，定期或不定期地对薪酬体系和薪酬水平进行调整是十分必要的。加薪应向企业的重要岗位和一线员工倾斜，引导员工行为向企业期望的方向发展。同时，通过向重点岗位倾斜，企业才能吸引和留住优秀员工，企业才能实现可持续发展。

3. 提升员工薪酬满意度时要注意的几个问题

（1）世界上没有绝对公平的薪酬制度。我们关注职工对薪酬的满意度，并不等同于单纯致力于员工满意度的提高。处在激烈市场竞争中的企业应该以利润最大化为目标，这就要求我们要考虑企业成本的支付能力，防止人力成本的过度增加。作为企业来说，总希望人工成本下降；而作为员工来说，总希望薪酬越多越好，这永远是一对矛盾。

同时，薪酬的满意度受员工主观判断的影响很大，对于同样的薪酬制度，不同的员工也会作出不同的评价。无论在国内还是国外企业，也不管是年薪百万的职业经理人还是普通的低级职员，薪酬的满意度都不高，这是一个世界公认的事实。企业永远解决不了员工的绝对满意，而只能降低员工的相对不满意。因此，确定一个让全体员工和企业都非常满意的薪酬方案是很困难的，也是没有效率的。世界上不存在绝对公平的薪酬方案，只存在相对合理的薪酬制度。

（2）薪酬激励制度应与其他制度相互补充。并非只有加薪才能提高员工满意度。根据马斯洛的需求层次理论，不同的人有不同层次的需求。对高层次人才，薪酬较高但如果缺少培训和发展机会，仍然缺乏吸引力。通过内部调查，发现员工的关注点，有针对性地进行激励，效果应该会更好，如良好的福利、职业生涯设计、带薪休假制度、股票期权乃至良好的培训机会等，都有可能吸引员工更加努力地工作。因此，企业要根据员工意愿，对不同的情况采用不同的激励措施，灵活运用其他制度，才能让员工最大限度地满意。

适当调整常规奖励的时间间隔，保持激励的及时性，有助于取得最佳激励效果。频繁的小规模的奖励会比大规模的奖励更为有效。减少常规定期的奖励，增加不定期的奖励，让员工有更多意外的惊喜，也能增强激励效果。

（3）重视企业文化导向的作用。任何制度设计都离不开企业的文化导向，企业关注什么，价值观是什么，在绩效考核、职位评估等制度上都会突出体现，薪酬设计也不例外。企业文化能为公司薪酬体系顺利实施提供"人尽其才"的软性环境，在企业内部形成"能者上庸者下"的良好氛围。

员工对于薪酬的不满意或对薪酬现状的不满足感，从某种意义上来说，这是一种动力。正是因为有不满足感的存在，只要是通过他们自身努力可以改变的，他们才会主动寻求改变。我们可以充分利用各种方式介绍企业薪酬确定的依据，宣传薪酬制度改革的重要性，甚至让员工参与薪酬设计，统一员工的认识，使员工能够信任企业，相信企业对付出者的劳动创造有相应的回报，使员工明白薪酬是自己争取的，只要干得好，为企业创造价值，薪酬水平就能越来越高。这样，员工的愿望和企业的目标就能达成一致，也使企业能够选择真正的优秀者进行奖励，使薪酬的激励作用得到进一步的体现。

第三节　薪酬系统的成本控制

薪酬是企业的一种重要成本要素。企业为谋求发展和追求利润最大化，当然要控制员工薪酬成本，而不允许员工的薪酬成本无节制地上升。但市场经济激烈竞争对人才资源的争夺又必须以付出较高的薪酬成本为代价，因此，薪酬成本投入的合理动态控制是一个既要实现企业最大利润和持久发展又要留住人才、争夺人才、减少裁员的复杂的科学难题。

企业通过薪酬预算，一般已经对自己在薪酬方面的具体标准和衡量指标有了比较清晰的认识，而薪酬控制的主要功能则在于确保这些预定标准的顺利实现。薪酬预算与薪酬控制是一个不可分割的整体，企业的薪酬预算需要通过薪酬控制来加以实现，薪酬控制过程中对薪酬预算的修改则意味着新一轮的薪酬预算的产

生。在任何情况下，薪酬预算和薪酬控制都不能被简单看成企业一年一度的例行公事，它们是持续不断地贯穿于薪酬管理的整个过程的。

3.1 薪酬成本的界定与核算

3.1.1 企业薪酬成本的界定

站在企业的角度来看，组织在提供产品或服务的过程中，使用劳动力而支付的所有直接费用和间接费用的总和就是企业的人工成本。薪酬总额狭义上指企业支付给员工的实物和现金报酬，以及代员工支付的社会保障项目、私人抚恤项目、人身保险及其他类似项目，是企业人工成本的主要组成部分。人工成本的其他组成部分包括企业为员工支付的职业技术培训费、福利服务费用、其他人工成本以及被认为是人工成本的税收。一般来说，不同类型、不同规模的企业人工成本与薪酬总额的比例是不一样的。如一般商业企业的人工成本约为薪酬总额的1.5~1.7倍。而广义的薪酬总额即指企业的全部人工成本费用，是一定时期内（通常一年）企业在生产经营活动中因使用劳动力而支付的所有费用。它包括企业产生的直接费用和间接费用。直接费用包括工资总额和社会保险费用，间接费用包括员工招聘、员工培养等有关费用以及职工福利费用、员工教育经费、劳动保护费用、住房费用、工会经费和其他人工成本支出等方面的费用。

3.1.2 企业薪酬成本的核算

根据财政部1993年颁布的《企业财务通则》《企业会计准则》的规定，我国企业薪酬成本的构成范围，以公式表示为：薪酬成本＝员工工资总额＋社会保险费用＋其他人工成本。

1. 员工工资总额

员工工资总额是指企业在一定时期内支付给本企业员工的全部劳动报酬总和，包括工资、奖金、津贴补贴等所有货币形式的收入。

2. 社会保险费用

社会保险费用是为了解决员工生、老、病、死、伤残、失业时获得物质帮助问题，企业和员工法定必须缴纳的费用。目前，普遍实施的社会保险有养老保险、工伤保险、失业保险、医疗保险和生育保险，其中养老保险、医疗保险、失业保险由单位和个人共同缴纳，而工伤保险和生育保险由单位缴纳。

社会保险缴纳基数根据员工个人上一年度月均税前收入确定（各地方规定了最高、最低限额），不同区域各项保险缴纳比例稍有不同，由当地人力资源和社会保障部门制定。

3. 其他人工成本

（1）职工福利费用。职工福利费用主要用于职工的医药费、医护人员工资、职工探亲假路费、生活补助费、医疗补助费、独生子女费、托儿所补贴以及上下班交通费补贴等。

（2）职工教育经费。职工教育经费是指企业为员工学习先进技术和提高文化水平而支付的费用。

（3）劳动保护费用。劳动保护费用是指企业购买劳动防护用品的费用，如工作服、手套等劳保用品费用。

（4）职工住房费用。职工住房费用是指为改善职工住房条件而支付的费用，主要用于缴纳住房公积金、提供住房补贴、职工宿舍维护费用等。

（5）工会经费。工会经费是为工会活动而支付的费用。根据最新税法，纳税人支付给员工的工资是全额扣除的（当然需缴纳个人所得税），在这种背景下，某些科目的设置已经没有意义。根据 2008 年《中华人民共和国企业所得税法实施条例》第八条规定：企业实际发生的与取得收入有关的、合理的支出，包括成本、费用、税金、损失和其他支出，准予在计算应纳税所得额时扣除。

除此之外，第三十四条规定：企业发生的合理的工资薪金支出，准予扣除。前款所称工资薪金，是指企业每一纳税年度支付给在本企业任职或者受雇的员工的所有现金形式或者非现金形式的劳动报酬，包括基本工资、奖金、津贴、补贴、年终加薪、加班工资，以及与员工任职或者受雇有关的其他支出。

第四十条规定：企业发生的职工福利费支出，不超过工资薪金总额 14％ 的部分，准予扣除。

第四十一条规定：企业拨缴的工会经费，不超过工资薪金总额 2％ 的部分，准予扣除。

第四十二条规定：除国务院财政、税务主管部门另有规定外，企业发生的职工教育经费支出，不超过工资薪金总额 2.5％ 的部分，准予扣除；超过部分，准予在以后纳税年度结转扣除。

3.2 薪酬成本的控制

3.2.1 薪酬成本合理动态控制

企业薪酬成本合理动态控制的实质是如何预算薪酬成本与如何合理、动态地确定薪酬总额。

薪酬成本预算方法有两种：

（1）自下而上薪酬成本预算法。"下"指员工，"上"指各级部门以至企业整

体。自下而上法是从企业的第一位员工在未来一年薪酬的预算估计数字开始，计算整个部门所需的薪酬支出，然后汇总所有部门的预算数字，编制整体的薪酬成本预算。一般来说，自下而上的方法操作比较简单，比较贴近实际。

（2）自上而下薪酬成本预算法。自上而下法是先由企业的高层主管决定企业的整体薪酬预算额和增薪的数额，然后将预算数目分配到每一个部门。各部门按照所分配的预算数额，根据本部门内部的实际情况，将数额分配到每一位员工。自上而下法中的预算额是每一个部门所能分配的薪酬总额，也是该部门所有员工薪资数额的最高限额。

一般讲，自下而上法不易控制总体的人工成本；而自上而下法可以有效地控制企业的整体薪酬水平，但由于总额已定，然后层层分配，容易使整个预算丧失灵活性，而且确定薪酬总额时主观色彩较浓。这两种方法对于薪酬成本的合理动态控制各有利弊，因此，较好的办法是同时采用这两种方法预算，然后综合考虑确定，以达到合理动态控制薪酬成本的目的。但不管采用何种方法，薪酬预算得出的只是企业薪酬的绝对数额，并不能从中了解目前企业薪酬水平所处的标准，也不能了解离企业承受能力的薪酬水平还有多大的差异，企业的薪酬成本是否过高，以及下月公司的增薪幅度是多少。因此还必须对企业的实际薪酬相对数和增薪相对数进行衡量，以衡量目前的薪酬水平所处的实际标准情况，指导薪酬成本的控制。

薪酬对企业而言是一种成本要素，企业为谋求发展与实现利润最大化，当然不能允许人工成本无限上升。但是在市场经济的激烈竞争中，对人力资源尤其是高级管理与技术人才的争夺日益激烈，企业间以高薪战略争夺人才的现象普遍存在，而企业为了留住人才，阻止过于频繁的人事流动，也不得不支付较高的人工成本。那么如何确定一个较为合理的薪酬总额以实现薪酬成本合理动态控制呢？分析表明，需主要考虑以下三个因素：

（1）企业的支付能力是薪酬成本控制的上限。一般来说，合理的薪酬成本控制是指人工费用控制在企业所能负担费用的合理范围内，也可指在企业支付能力限度内的用人数。倘若超出这一范围与限度，企业就可能无法经营下去。因此企业支付能力是薪酬总额确定的最主要因素，基本上是薪酬成本控制的上限。

（2）员工的基本生活费用是薪酬成本控制的底线。员工的基本生活费的支出是企业必须支付的人工成本。如果企业的薪酬水平很低，以致无法满足员工基本生活方面的支出，那么企业也将无法生存。因此薪酬水平起码应该高出员工用于基本生活的支出，这是薪酬成本控制的底线。

（3）劳动力市场的薪酬行情是薪酬成本动态控制以确定薪酬总额的主要依

据。由于人才与劳动者不是仅有一家企业可以就业，因此，如果企业的支付能力低于其他同类企业，则有才能的管理与技术人才必然会纷纷流失，进入薪酬水平高的企业。这样，企业就不可能正常发展，不但生产效率会大大降低，甚至可能连必要的劳动力也留不住。长此以往，企业必然在竞争中衰败甚至倒闭。因此，在确定企业薪酬总额时，要实现动态控制，详细了解市场人才与劳动力的供求状况，采用合理的高于当地通行的薪酬水平以及高于自己竞争对手的薪酬水平来动态地确定薪酬总额，以争夺有利于企业发展的人才资源。

薪酬总额的确定首先要按企业经营的实际情况确定薪酬总额的基数，然后依据以上三因素合理动态确定薪酬总额的实际值。确定企业薪酬总额基数的方法有三种：一是直接根据往年的薪酬比率推算薪酬总额；二是先根据企业盈亏平衡点推算出适当的薪酬比率，然后推算薪酬总额；三是根据劳动分配率推算合理的薪酬总额。

企业的生存与发展是最基本的，因此提高企业实力是企业能提高薪酬成本合理动态控制能力之根本，而实现了薪酬成本合理动态控制之后又会极大地促进和提高企业的实力，实现最优化的良性循环。

3.2.2　常用的薪酬成本控制方法

在企业经营过程中，薪酬控制在很大程度上指对于劳动力人工成本的控制，大多数企业里也都存在正式的薪酬控制体系。一般情况下，企业的劳动力成本可以用下式表示：

劳动力成本＝雇用量×（平均薪酬水平＋平均福利成本）

劳动力成本主要取决于企业的雇用量以及在员工基本薪酬、绩效薪酬与间接薪酬（福利与服务）三方面的支出，自然就成了薪酬控制的主要着眼点。同时，企业所采用的薪酬技术，如工作分析和工作评价、技能薪酬计划、薪酬等级和薪酬宽带、收益分享等，也能发挥控制薪酬成本的作用。

因此，可以从以下三个方面进行薪酬成本控制：①通过控制雇用量来控制薪酬；②通过对平均薪酬水平、薪酬体系的构成的调整以及有目的地设计企业的福利计划来控制薪酬；③利用一些薪酬技术对薪酬进行潜在的控制。

1. 通过雇用量进行薪酬控制

企业中的员工人数和工作时数决定企业的雇用量，可通过这两个变量来控制劳动力成本。在支付的薪酬水平一定的情况下，企业里的员工越少，企业的经济压力也就相应减少。如果薪酬水平能够保持不变，而能够延长每一位员工的工作时间，则企业就更有利可图。

控制工作时数。由于和变动员工的人数相比，变动员工的工作时数往往来得

更加方便，在企业中用得比较普遍。当一个国家的劳动法管辖效力不高的时候，许多企业都会通过变相增加员工的工作时数的做法来达到降低自己的劳动力成本的目的。

控制员工人数。一般企业通过裁员方式来控制工人数量。但如果方式不当，会导致熟练优秀工人流失，影响企业的人力资本的储备。所以为了更好管理企业的劳动力成本，企业会选择和不同员工团体之间建立不同性质的关系。与核心员工之间的关系一般是长期取向的，而且彼此之间有很强的承诺；与非核心员工之间的关系则是以短期取向居多，仅限于特定的时间。同时，非核心员工与核心员工相比，其成本相对较低，而流动性却更强一些。因此，采用这种方式后，企业可以在不触及核心员工利益的前提下，通过扩张或收缩非核心员工的规模来保持灵活性并达到控制劳动力成本的目的。

2. 通过薪酬结构和薪酬水平进行控制

对薪酬的控制，主要还是通过对薪酬水平和薪酬结构的调整来实现。薪酬水平主要是指企业总体上的平均薪酬水平，薪酬结构主要涉及基本薪酬、绩效薪酬和福利支出等的构成及比重。不同薪酬要素水平不同和结构比重不同，对企业薪酬成本的影响是不同的。

基本薪酬。基本薪酬对于薪酬预算与控制的最主要影响体现在加薪方面，一般有三种原因促使企业在原有的薪酬水平上加薪：原有薪酬低于合理的水平；根据劳动力市场供求状况进行调节；更好实现内部公平性。而任何一次加薪能够发挥的效用直接取决于加薪的规模、加薪的时间和加薪的员工参与率等。

由于原有薪酬低于合理水平、对企业的正常运营及人力资源的储备产生不利影响而导致的加薪，意味着要把基本薪酬整体提高到其应处薪酬等级的最低水平上，这种做法的成本会和以下几种因素有关：基本薪酬所得存在不足的员工的数量；理应加薪的次数；实际加薪的规模。

绩效薪酬。越来越多的企业开始在组织内部使用不同的绩效薪酬，其支付形式包括：利润分享、团队奖励、部门奖金、收益分享等，不一而足。在提高薪酬水平给企业的薪酬控制带来的影响方面，绩效薪酬与基本薪酬既有相同点，又有不同点。绩效薪酬所能发挥的影响同样取决于加薪的规模、加薪的时间以及加薪的员工参与率；而且，由于大多数绩效薪酬方案都是一年一度的，通常是在每个财务年度的年底进行支付，因此对组织的影响只是一次性的，并不会作用于随后的年份。

从劳动力成本看，绩效薪酬相对于基本薪酬所占的比例越高，企业劳动力成本的变化空间越大，管理者可以控制的预算开支的空间也越大。

　　福利支出及其他。根据对薪酬预算与控制的作用大小，可以把企业的福利支出分成：与基本薪酬相联系的福利以及与基本薪酬没有什么联系的福利。前者如人寿保险和补充养老保险等，其本身变动幅度不大，但是由于与基本薪酬相联系，因而会随着基本薪酬的变化而变化；同时由于它们在组织整体支出中所占份额较大，因而会对薪酬预算与薪酬控制发生较大的影响。而后者则主要是一些短期福利项目，如健康保险、工伤补偿计划等，它们对企业的薪酬状况所能发挥的作用要相对小得多。

　　（3）利用薪酬技术进行潜在的薪酬控制

　　薪酬比较比率。在薪酬控制过程中，一项经常会被用到的统计指标是薪酬比较比率。这一指标告诉管理者特定薪酬等级的薪酬水平中值，以及该等级内部职位或员工薪酬的大致分布状况。该指标的表达公式可以写成：

　　薪酬比较比率＝实际支付的平均薪酬/某一薪酬等级的中值

　　因此，当薪酬比较比率为1时，表示等级内员工的平均薪酬水平和薪酬中值正好相等。薪酬中值是绩效表现居中的员工理应得到的薪酬水平，在理想情况下，企业支付薪酬的平均水平应该等于薪酬中值。因此，当薪酬比较比率大于1时，就说明存在某些原因使企业支付员工的薪酬水平偏高。可能是因为人工成本控制不当，也可能是多数员工的绩效表现确实突出，或者是因为其他原因。当该值小于1时，薪酬支付不足的情况就更明显可见。

　　最高薪酬水平和最低薪酬水平。一般而言，每一薪酬等级都会具体规定出该级别内的最高薪酬水平和最低薪酬水平。其中，最高薪酬水平对于企业薪酬控制的意义是比较大的，因为它规定出特定职位能提供的产出在组织里的最高价值。一旦由于特殊情况而导致员工所得高于这一限额，就会使企业不得不支付"赤字薪酬"，而当这种情况在组织里很普遍时，对薪酬等级和职位说明书进行调整就很有必要。由于最低薪酬水平代表企业中的职位能够创造出来的最低价值，因而它一般会支付给那些尚处于培训期的员工。

　　成本分析。量化的说服力是最强的，在决定一次新的加薪之前，企业一般都会对加薪所带来的经济影响进行深入和透彻的分析，以期了解事情的全貌。同样，企业在制定销售人员奖励计划薪酬方案时，也可以通过对该计划的成本测算来达到合理控制成本的目的。

本章小结

本章主要介绍薪酬体系的实施应注意的方面，在渐进性变革、革命性变革方式中采取的方式也不同；影响员工的薪酬满意度的因素以及提升员工薪酬满意度应考虑的因素；对薪酬成本主要通过员工雇用量、薪酬结构、薪酬水平以及薪酬技术等手段来控制。

学习重点：

重点掌握薪酬体系实施注意的要点，薪酬成本的控制方式。

参考文献与网络链接：

中华人民共和国人力资源和社会保障部：http://www.mohrss.gov.cn/

中国人力资源管理网：http://www.chhr.net/index.aspx

中国企业人力资源网：http://www.ehrd.org/

中国人力资源网：http://www.hr.com.cn/

HRoot 领先的人力资源管理：http://www.hroot.com/

HR 人力资源管理案例网：http://www.hrsee.com/

Bennett B，Bettis J C，Gopalan R，et al. "Compensation goals and firm performance" [J]. Journal of Financial Economics，2017，124 (2).

Giancola F L. "Is Total Rewards a Passing Fad?" [J]. Compensation & Benefits Review，2009，41 (4).

Gilley J，Eggland S，Gilley A M，et al. Principles of human resource development [M]. Addison-Wesley，2002.

Knight P，Yorke M. Employability through the Curriculum，Skills Plus Project，2001.

Nazir T，Shah S F H，Zaman K. "Literature review on total rewards: An international perspective" [J]. African Journal of Business Management，2012，6 (8).

Rothwell W，Sredl H，The ASTD Guide to Professional Human Resource Development Roles and Competencies [M]，2nd Edition，HRD Press，1992.

Thierry H. "Payment: Which meanings are rewarding?" [J]. American behavioral scientist，1992，35（6）.

WorldatWork. The WorldatWork Handbook of Compensation，Benefits & Total Rewards. 2016.

柴才、黄世忠、叶钦华：《竞争战略、高管薪酬激励与公司业绩——基于三种薪酬激励视角下的经验研究》，《会计研究》，2017。

付维宁：《绩效与薪酬管理》，清华大学出版社，2016。

李永周：《薪酬管理：理论、制度与方法》，北京大学出版社，2013。

刘昕：《薪酬管理》，中国人民大学出版社第 3 版，2011。

王玉：《民办高校教师宽带薪酬制度设计及其实施要点探究》，《人力资源管理》，2017（11）：268−269.

韦志林、芮明杰：《薪酬心理折扣、薪酬公平感和工作绩效》，《经济与管理研究》，2016。

文跃然：《让薪酬变革走向成功》，《人力资源》，2006（4）：44−46.

文跃然：《薪酬管理原理》，复旦大学出版社第 2 版，2013。

杨东进、冯超阳：《保健因素主导、激励因素缺失：现象、成因及启示——基于"80 后"员工组织激励的实证研究》，《管理工程学报》，2016。

思考题：

1. 薪酬体系的实施应该注意哪些事项？

2. 薪酬体系实施中会遇到哪些问题？

3. 薪酬变革有哪些？

4. 薪酬满意度模型是什么？

5. 影响薪酬满意度的因素有哪些？

6. 如何设计薪酬满意度的调查问卷？

7. 如何提高薪酬的满意度？

8. 如何对薪酬成本与人工成本进行核算？

9. 薪酬成本的控制方法有哪些？

腾讯的薪酬设计与实施

腾讯被人们戏称为鹅厂的同时，它也是国内互联网界公认的高福利、好待遇的榜样。在 BAT 三家中比较起来，腾讯在福利待遇方面也属于佼佼者。这样的政策和制度也曾经让腾讯员工满意度不断攀升，在公司内外也是有口皆碑。马化

腾曾经说过：我们根据员工岗位性质为员工提供业内富有竞争力的固定工资，并且每年我们均会对绩效表现优秀的员工进行薪酬调整。那么腾讯在薪酬设计与实施上是怎么做的呢？

一、薪酬哲学

腾讯试图通过薪酬管理在企业内部建立起一套有效促进公司战略和目标实现的激励体系，通过该体系能明确反应出个人贡献和公司战略目标之间的紧密联系；在分配哲学上，腾讯打造以绩效为导向的分配理念，让员工逐步接受并且产生认同感；同时，腾讯在管理效率优先的基础上，在统一的平台上体现业务族群特点和绩效差异，这样的薪酬哲学有利于团队和个人的发展与激励，在确保外部竞争力的前提下体现内部公平有利于优秀人才的招聘、保留和吸引，回报高绩效员工。

二、薪酬体系设计原则

腾讯在薪酬体系设计时考虑了四个维度，分别是：

（1）市场：公司选取了外部标杆公司作为公司现金薪酬外部比对市场，以保证公司薪酬水平的外部竞争性；

（2）岗位：薪酬体系同员工职业发展通道体系相结合，体现不同职位价值和级别对应的薪酬水平；

（3）任职资格：员工固定工资体现员工职位性质与任职能力，同一职位的员工因为能力和经验的不同在固定工资上有一定的差异；

（4）绩效：绩效奖金体现员工绩效和贡献，体现薪酬激励的绩效导向。

三、薪酬构成

腾讯的薪酬管理构成包括：为了吸引、激励和保留优秀人才以帮助公司达成战略目标，腾讯在兼顾市场竞争力和内部公平性的基础上，为员工提供全面的、富有竞争力的报酬体系，包括固定工资、年终服务奖金、绩效奖金、专项奖励、股票期权、全薪病假、年休假、社会保险、商业保险、免费夜宵/班车、婚育礼金、年度健康体检、员工救助计划等。

（1）固定工资：腾讯根据员工岗位性质以及所负责任为员工提供业内富有竞争力的固定工资，并且每年均会对绩效表现优秀的员工进行薪酬审阅。员工工资包括职位工资和固定津贴两部分。职位工资：主要指公司每月根据员工的职位性质和职位职责提供的保障性现金报酬。固定津贴：主要指公司对全体员工每月提供的固定津贴，包括住房补贴、保密津贴、竞业限制津贴、知识产权转让费等专项津贴。

（2）绩效奖金：年度结束后，腾讯会根据员工绩效表现为员工提供年度绩效

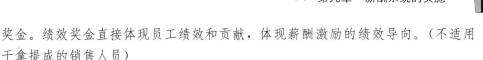

奖金。绩效奖金直接体现员工绩效和贡献，体现薪酬激励的绩效导向。（不适用于拿提成的销售人员）

（3）股票期权：腾讯为有志于在公司长期发展、且绩效表现持续优秀的骨干员工提供公司股票期权，旨在让员工能分享公司业绩增长，使员工个人利益与公司发展的长远利益紧密结合在一起。

（4）奖金：奖金包括年度服务奖、年度绩效奖金。年度服务奖：指公司在年末向在当年在职员工提供的特别奖金。年度服务奖金一般标准为员工一个月工资。年度绩效奖金（不适用于拿提成的销售人员）：年度绩效奖金指公司在达成总体绩效目标的基础上，公司对员工在该年度完成或超额完成个人绩效目标的现金奖励。

（5）福利：除了法定、必备的福利项目，作为腾讯员工中的一份子，感到最为舒心的就是腾讯名目繁多，花样倍出的各式福利计划了。

四、职级体系

职级是薪酬体系的基础，介绍腾讯的职级体系，并非它的职级体系有什么独创特色，事实上，职级体系、职业通道的设计在人力资源领域有相对成熟的方法论，但腾讯可以算是宽带薪酬体系这方面的典型代表。

腾讯的职级体系分6级，最低1级，最高6级，每一级之间又分为3个子等。同时按照岗位又划分为四大通道，内部也叫"族"，比如：产品/项目通道，简称P族；技术通道，简称T族；市场通道，简称M族；职能通道，简称S族。以T族为例，分别为T1：助理工程师（一般为校招新人）；T2：工程师；T3：高级工程师；T4：专家工程师；T5：科学家；T6：首席科学家。

根据职级标准，级别越高基本的薪酬也越高。为什么说腾讯是宽带薪酬的典范，3万员工才六级的职级体系设计，既考虑了员工的职业发展通道，又用宽带薪酬适应激烈的人才市场竞争。与高振幅的宽带薪酬相比，腾讯的年终奖金相对显得刚性一些，它的年终奖金根据个人绩效发放，一般为个人工资的数倍，相对于腾讯比较高的基薪，个体奖金之间的差距并不大。但是除了年终奖金，腾讯内部还有大大小小的项目型的奖金，不同业务间的差异就比较大了。

所以总体而言，腾讯更主张将蛋糕做大的群体奋斗，同一群体内个体的奖金相对差距不大，这有点像早期多数外企的做法，绩效会更偏晋升方面的应用，在短期激励上是更偏精神层面上的意义。但不同业务群之间的中短期激励差距明显，鼓励各业务创新、超越，丛林法则主要在群体而非个体之间展开。

五、福利项目

由于腾讯员工以年轻人为主，聚集了大量的80后、90后。腾讯高层和人力

资源管理部门为了能让员工满意，不断地去满足他们的各种需求，往往花样百出地去"讨好"员工。腾讯的薪酬在业内颇具竞争力，福利也相当丰厚，用产品的思维做福利创新在人力资源界更是几乎尽人皆知。下面仅仅罗列出有限的项目：

（1）员工保障计划：腾讯为员工提供完善的保障计划，包括国家规定的养老保险、医疗保险、工伤保险、失业保险，生育保险及根据政府政策缴纳住房公积金。

（2）员工假期：法定假期方面，公司提供：年休假、带薪病假、双休日/法定公众假期、婚假、丧假、产假、陪产假、哺乳假等相关假期。

（3）员工关怀与救助计划：腾讯为员工提供多种福利计划，旨在为员工创建舒适的工作环境，并实现工作生活的平衡。例如，马化腾亲自为员工挑选了一款价值3000元的根据人体工程学设计的桌椅，几万名员工每人一把。

（4）暑期实习：对于暑期实习生，若实习期间工作所在地与其家庭或学校所在地非同一城市，将享有公司提供的交通补贴和住宿补贴。

（5）健康福利：健康加油站项目包括：1. 健康咨询、周年健康体检、健康热线；2. 心理专家、一对一心理辅导、保护隐私；3. 重大疾病、商业保险、重疾贷款、重疾就医协助。

（6）财富福利：1. 为员工涨薪；2. 股权激励、住房公积金或者住房补贴。2016年11月11日，马化腾向员工授予每人300股腾讯股票，作为公司成立18周年的特别纪念。按照腾讯11日当天200港元的股价计算，腾讯每位员工可以获得6万港元，本次授予股票总价值约达17亿港元（约15亿人民币）；3. 最高30万安居借款，劲爆免息；4. 腾讯离职员工还时不时可以收到188-1888的现金红包。

（7）生活乐趣：1. 方便快捷的班车服务。腾讯在深圳运营370条班车线路，覆盖全市1000多个站点，早上6点到9点、晚上6点到10点持续运营，每天接送约1.3万人次上下班，规模相当于一个一般城市的公交系统；2. 全天候的食堂美食。食堂提供各色美味佳肴，而且早餐免费，加班送免费夜宵券，打车报销；3. 丰富多彩的节日礼包；4. 一年一度的公司旅游；5. 圣诞晚会等大型公司活动；6. 腾讯员工的孩子一生下来，就获赠生日QQ号，附带18年的会员服务。

可以说上述的这些高福利，好待遇确实给人留下了深刻印象，不光是在职员工感到非常满意和舒心，而且也吸引更多的人才加盟腾讯。同时，值得一提的是，腾讯高层和人力资源部门设计这些福利项目之前都会进行相应的调研，把员工当作用户来对待，来提升他们的用户体验。但是，上述政策随着时间的不断推移，其弊病也开始显露出来。

按理说，这么好的福利待遇，不应该会有员工离职跳槽，但是还有不少的腾讯员工离开了。他们来到了新的企业，新的环境之后，才发现原来腾讯的福利太好了，以前在的时候却一直不觉得，这真是典型的身在福中不知福。员工开始出现抱怨和吐槽。以前的高福利，好待遇给员工造成一种依赖，一旦福利水平下降或者不如自己的意，就开始表现出不满，以前的较高的满意度瞬间就化为乌有。因此，企业薪酬制度在设计和实施的时候，不仅要尽可能让员工满意，还要避免员工滋生贪图安逸、享乐的想法。

问题：

1. 腾讯薪酬体系的特别之处在哪里？

2. 为什么好福利有时候适得其反？

3. 薪酬体系在实施的时候，需要综合考虑哪些因素？

▶▶ 第十章
薪 酬 制 度

【开篇案例】

薪酬改革：提高员工的满意度

某广告公司有员工 40 多人，规模虽然不大，但在本地的同行中也算得上是一个佼佼者了。公司老板洪小姐是个开朗而有个性的女孩，为人真诚友善，喜欢创新。经过几年的努力拼搏，该广告公司凭借创意独特、文案水平较高、服务耐心周到等优点在业界有了良好的声望，客户的数量在不断地增加，并接下了几家称得上是国内知名品牌企业的广告代理或设计业务，生意不错。在为生存而紧张忙碌的同时，洪小姐也比较注意公司的管理，逐步把公司的管理体系搭建起来了，有客户部、策划部、设计部、媒体部、行政人事部等部门，也制定了必要的规章制度，执行得基本到位。

2018 年底，公司的业务和事务性工作比平时增加了很多，洪小姐突然有些力不从心，感到公司大大小小的事都要自己来决定，实在是太麻烦了，效率也低。尤其是各部门之间的工作协调，甚至是员工之间的工作协调，几乎占据了洪小姐近一半的工作时间，导致她整天忙忙碌碌，想多抽点时间来走访几个大客户都很难。更令她头疼的是员工之间明争暗斗的现象屡禁不止，各部门之间协作不顺畅的现象也让洪小姐感到心烦，甚至经常出现部门经理与下属为客户信息而争斗的事，这与她向往并倡导的和谐的团队氛围有较大的差距。洪小姐不是那种喜欢大权独揽的人，她希望事业成功的同时，自己也不要太辛苦，公司的效率还能高一些。因此，各部门经理都是有相应的权力的，为什么还是这样呢？

春节期间，洪小姐与朋友王先生在交流中谈到了自己的烦恼，王先生在一家知名企业做人力资源部经理。听了洪小姐的话后，他很认真也很专业地对洪小姐说："你公司的薪酬激励制度可能有问题，薪酬制度对下属和员工的工作重心和行为有很大影响，你应该去检查一下，看看要不要调整。"洪小姐感到这句话很有道理，也有所感悟。回来后认真想了想，觉得自己公司的薪酬制度与多数同行们基本一样，与业绩有关的部门就是以业绩指标为标准，基本工资加提成，部门经理也是如此；与业绩没有直接关系的部门就是往同行平均水平上靠，根据经理和老板的影响决定奖金的多少，大家都看中上司的评价，也都乐意在老板面前显示自己的努力和辛苦。所以造成内部不协作、明争暗斗、遇到麻烦就找老板的工作氛围。清楚了问题的根源，洪小姐决定春节过后要进行一次薪酬制度的调整，要通过制度的调整来改变员工的工作状态、提高公司的团队协作精神。

为了搞好公司的薪酬制度调整，洪小姐请王先生做自己的顾问，帮助该公司制定新的薪酬激励制度。王先生没有辜负洪小姐的信任，利用近一个月的业余时间认真考察和分析了该广告公司的业务运作模式、公司结构、部门功能、岗位职责等因素，根据洪小姐提出的"维持现有水平、提高运作效率、促进团队协作"的原则和目标，帮该公司制定出了一套新的薪酬激励制度，同时还帮洪小姐对关键岗位的岗位职责进行了完善。新的制度与原有制度最大的不同之处，就是对岗位职责进行综合考核，而不仅仅是业绩和工作量。其中，团队协作意识和行为、为企业整体效率和效益作出的贡献等成为考核的重要内容；而对部门经理的考核则强调部门的整体工作质量和下属的行为质量，而不是单纯看经理个人的工作业绩。此外，考核的权力不仅仅为部门负责人和总经理所有，每个员工对其他人的工作质量和绩效都有一定的评判权，可以对同事进行打分，从而影响他的薪酬。洪小姐对这套制度还是比较满意的，相信只要执行得当，就能促进员工之间和部门之间的协作，也能促进公司的整体运作效率和效益。为了不影响下属和员工的正常工作，减少担心和疑问，洪小姐只让行政人事部经理知道并参与，在确定之前没有把薪酬制度调整的计划向其他下属和员工通报，准备在4月初公布并执行。

一切都在按计划进行。4月初，在公司的管理工作例会上，洪小姐公布了公司的薪酬制度调整方案，并介绍了薪酬制度调整的目的。大家虽然感觉到近期公司可能会有所调整，但没想到是最敏感的薪酬制度。部门经理们在会议上没有提出反对意见，也没有表现出热烈的态度，似乎不清楚该针对这次变革做些什么。洪小姐觉得这套新的薪酬激励制度结构合理，考核范围适度，能减少一些不良行为和现象，对表现好的下属和员工只有好处而没有损失，执行起来也不难，应该没什么问题，所以也没有就这次变革多说什么。会后安排行政人事部将公司的决定和新的薪酬制度公布出来，要求出纳从4月份开始根据新的制度和考核结果确定和下发员工的工资。员工们看到张贴出来的通知和制度，都只是认真地看看，

有的人还在本子上记下了制度的要点，然后就回到正常的工作轨迹上了，也没有出现什么特别的现象。

然而，就在一如往常的表象下，令人吃惊的变局陆续出现，而且出现在公司的核心部门。员工们开始拿新的薪酬制度来估算自己的收入，普遍感到要比原来的少，少的幅度有高有低，原因是不知道别人怎么给自己打分。客户部的业务人员及设计部的设计师的担心最大，因为他们的收入不再是以自己的业绩或工作量为主要基准，而是看整体工作质量和表现，而这些又要由别人打分来决定，心里很别扭。关系好的员工之间也在私下议论和分析，这些议论和分析又在不断地推波助澜，公司的工作氛围也变得有些怪，员工们在工作过程中开始经常半开玩笑半认真地说"请多关照""请多包涵"之类的话。4月20日前后，客户部陆续有几个业务人员提出了辞职，接着是设计部有几个设计人员开始经常请假外出，名义上是有事，实际上是去别的公司求职，为辞职做准备，并有两人在4月底提出了辞职申请。更让洪小姐感到意外的是，她所信任的客户部经理也提交了辞职报告，原因是"自己的管理能力不足，难以胜任公司客户部经理的职责。"这突如其来的变故显然与薪酬激励制度的变革有关，洪小姐对此很清楚，可也很迷茫，为什么会这样？根据新制度，表现良好的员工的收入不会有降低，而是会有适当的提升，只有那些只顾及自己的业绩而不顾全公司整体利益的员工才会受到处罚和薪酬下降的威胁，为什么员工们不能接受呢？

带着这个疑问，洪小姐专门约见了几个老员工，把自己进行薪酬变革的原因和制定新制度的原则告诉了他们，并询问他们对新制度的看法和意见。这些员工也没有说出对新制度有什么意见，只是眼睛里不时流露出一些疑虑和担心。最后，有一个自洪小姐创业就一直跟着她的员工单独地对洪小姐说："大家看了公布的新制度后也在一起议论过，都有一种担心，觉得公司好起来了，洪姐开始看我们不顺眼了。我们跑业务的已习惯了广告公司的基本工资加提成的工资结构，您这种新的工资结构让我们一会儿担心这个同事不满意要影响收入，一会儿担心那个部门不满意会影响考核，工作中总有点不舒服的感觉。又担心在这里做不下去，所以要准备另谋出路了。"再问客户部经理小张到底有什么想法和担心，这位张经理也只是诚恳地表示："我做惯了业务，做业务有信心，您要我主要去管理下属，我怕做不好。而且我的收入也不是根据自己的业绩来提成，我也担心会下降。"

了解到了下属和员工们的担心，洪小姐觉得需要认真地向公司员工宣传薪酬制度变革的意义，不能让积极的薪酬制度变革反而引起公司的混乱和人才的流失。因此，在"五一"长假前，贴出了一份通知，内容是4月份的工资基本不低于 3 月份的工资，五一节后召开一次全体员工会议，介绍新的薪酬制度及考核要点，消除员工们因误解带来的疑虑和担心。

会议如期于 5 月上旬举行，洪小姐认真地向公司全体员工介绍了薪酬制度变革的原因、目的和制定新制度的原则，介绍了新制度的考核要素，要大家正确认识，对工作和同事不要草木皆兵。这次会议确实起到了明显的效果，员工们对薪酬制度的变革有了比较清楚的认识，工作中也没有提心吊胆的感觉了。除了三个员工去意已定外，多数员工还是逐渐安定下来了。

5 月和 6 月，其运作基本稳定，为了防止员工情绪再次出现大的波动，洪小姐虽然以新的薪酬制度为标准来考核和发放员工工资，但基本与变革前保持平衡，部分考核项目也成了形式主义。虽然公司运作和员工情绪还稳定，同事配合与部门协作效果有所进步，但洪小姐希望通过薪酬制度变革形成的那种充满活力、积极友善的工作氛围还是没有形成，相反，自己在管理中却有一种如履薄冰的感觉，总担心自己的言行会触动员工们敏感的神经，弄得自己压力倍增。怎么会弄成这样的局面呢？近期洪小姐总是在思考这个问题。对薪酬制度的变革，洪小姐认为是必须的，只是不知道这次薪酬制度变革的时机是否恰当、什么地方出了问题、下一步该怎么走等等。

讨论题：

1. 薪酬改革如何处理好与员工的关系？
2. 如何提高薪酬满意度？

第一节　企业薪酬制度诊断与分析

企业的薪酬制度是企业的一项基本制度，是企业人力资源管理体系的重要组成部分，有其制定和实施的基础和根据。对企业薪酬制度进行诊断，就是要了解和分析企业在薪酬体系方面存在的问题，并针对这些问题提出有效的解决办法，改进不足并恢复和改进薪酬体系的功能与效能，这是企业的薪酬制度能否行之有效的一个重要条件。

1.1　对企业薪酬制度进行诊断的必要性

以激励为导向的薪酬体系具有这样几个特征：①打破了传统薪酬结构所维护和强化的等级观念（用"层"代替"等"），减少了工作之间的等级差异，有利于

企业提高效率以及创造学习型的组织文化，同时有助于企业保持自身组织结构的灵活性和有效地适应外部环境的能力。②引导员工重视个人技能的增长和能力的提高，激励其树立自我学习、自我提高的意识，这样员工不会为了薪酬的增长而去斤斤计较职位晋升等方面的问题，而只要注意不断地提高自身的能力就可以获得相应的报酬。③有利于增强企业的核心竞争优势和企业的整体绩效。在以激励为导向的宽带薪酬体系中，上级对下级的薪酬有更大的决定权，这样会增强组织的灵活性和创新性思想的出现，有利于提高企业适应外部环境的能力。（参见图10-1）

为了充分发挥薪酬体系的激励作用，必须对薪酬体系进行诊断。企业管理诊断是运用科学的管理方法，对经营管理中存在的问题进行定性和定量分析，提出改善方案的过程。将其应用于薪酬管理的诊断，相当于对企业所设计的薪酬模式结果的反馈和调整。该调整过程能够使企业及时发现并解决薪酬设计方面的问题，从而及时纠错并结合企业战略目标作调整。

薪酬诊断的内容：薪酬体系是否符合经营战略；薪酬模式是否适合企业类型；薪酬模式是否依据内外部平衡而设计；标准是否明确而规范化。

比如在华为公司设计的薪酬体系中，将薪酬结构需要考虑的要素归结为：基本薪酬政策，决定具有竞争性的标准工资；薪酬构成是否合理（基本薪资、绩效薪资、保险福利、加班薪资等各成分所占比重是否合理），是否与企业发展阶段相适应；是否有科学的薪酬成本控制和薪酬调整措施；薪酬体系对公司业绩的影响（客户满意度、赢利、外部形象等）。

设计科学合理的薪酬模式要涉及诸多理论和操作细节，在一定程度上有助于提高员工的忠诚度和积极性，从而为企业创造更多业绩。

企业要获得持久的竞争优势，使员工认可企业的理念，营造良好的工作氛围，薪酬制度的合理与否非常重要。因此，需要对薪酬制度进行诊断，主要有以下三方面的原因。

（1）先进的薪酬管理理念对现存的薪酬理念体系的冲击。对于任何一个现存的企业而言，一般都有一套薪酬制度在支撑其日常运作。受到多种多样先进的薪酬理念的影响，企业会考虑现有的薪酬制度是否切实有效？是否需要进行改革？是否需要建立一套新的薪酬制度？

（2）如果企业员工工作热情不高，没有能够全心全意投入工作而只是在应付差事时，原因可能很多，可能是企业对员工的激励不足，工作没有激情；可能是企业的激励系统、薪酬制度不合理。那么，对企业的薪酬制度进行诊断也就势在必行了。

（3）企业的薪酬制度固有的稳定性，使其适应变化时有很大的惯性。薪酬制度在相当长的时间里，稳定、切实有效地加以执行。但随着时间的推移、外部环境的变化、企业内部因素的改变，企业所面临的内外环境包括企业自身都有可能发生巨大的变化，原有的薪酬制度在新的形势下可能就变得不合时宜。那么，企业的薪酬制度是否需要进行相应的变革和调整呢？这同样需要通过对企业的薪酬体系进行诊断来判断。

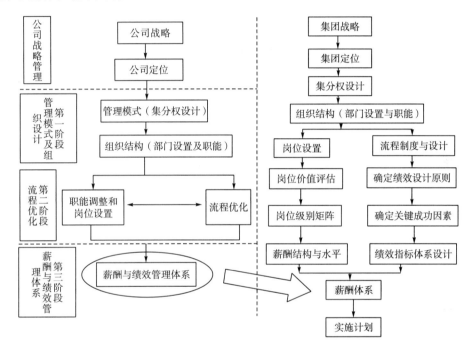

图 10-1　薪酬体系与组织结构

1.2　企业薪酬制度的诊断方式

对企业的薪酬制度进行诊断，就如同对一个人进行体检。

制度应当是对理性思考的一种结果，是理性思考的形式表现，任何一种制度都应富有理性的过程。因此，掌握理性的方法是制度的建立和诊断的前提。其次，有效的沟通促使制度效用发挥最大化。只有进行充分的沟通才能充分理解制度中所包含的理性和思想，才可能使制度执行者真正地、从内心去遵从和执行制度。对企业薪酬制度进行诊断是企业面临的一个实际问题，也是对薪酬制度进行理性思考的过程。在薪酬制度健康合理的基础上才可能与员工进行充分沟通。企

QIYE XINCHOU XITONG SHEJI YU ZHIDING

业的薪酬诊断方式主要有：①薪酬体系的自我诊断。薪酬体系的自我诊断是针对企业薪酬体系存在的问题，通过调查分析，找出原因，提出可改进的方案。②薪酬满意度调查。首先要确定调查对象，薪酬满意度调查的对象是企业内部所有员工。然后确定调查方式，常用的方式是发放调查表。最后确定调查内容，包括员工对薪酬福利水平、薪酬福利结构比例、薪酬福利差距、薪酬福利的决定因素、薪酬福利的调整、薪酬福利的发放方式等的满意度。收回的调查问卷要进行统计分析，了解员工的有关期望和看法。

1.2.1 对企业薪酬体系整体的诊断

在企业的薪酬体系中，主要由基本薪酬、奖金和福利共同组成。对企业薪酬体系的诊断必然涉及这三个组成部分的诊断。

1. 企业的薪酬制度是否符合企业的战略需要

企业战略是企业经营方向与目标的决策过程与活动。也就是，它将决定企业向何处去，是企业总的指导方针。企业的人力资源制度、薪酬制度都是为实现企业战略而服务的，企业战略决定了企业人力资源的结构与规模，从而决定了企业薪酬支付的结构与规模。因此，企业的薪酬制度应该与企业的战略相一致、相匹配，如图10-2所示。

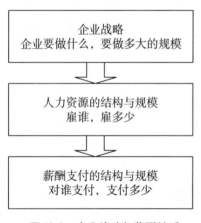

图 10-2　企业战略与薪酬关系

企业的薪酬体系与企业战略是否匹配，主要应从以下方面进行检验：

（1）支付对象是否与企业战略要求一致；

（2）支付规模是否与企业战略要求一致；

（3）对战略层级的支付是否与企业战略要求一致；

（4）薪酬战略是否与企业战略匹配。

2. 企业的薪酬制度是否具有内部公平性

企业的员工在比较自己的薪酬水平时，一般首先是和本企业、本部门，相同资历、经验、知识水平的人进行比较，也就是比较薪酬内部公平性如何。对企业薪酬制度内部公平性进行诊断，就是要检查一个企业在以职位价值作为基本的工资支付基础时，职位价值的评估是否准确、公平，从而判别企业的薪酬制度是否具有内部公平性。

在选择评估方法时应考虑以下因素：

（1）组织规模。规模大的组织宜选择相对复杂的评估方法，规模小的组织宜选择相对简单的评估方法。

（2）职位的数量与差异。若职位多、职位间的差异大，宜选择相对复杂的评估方法。

（3）组织构架。结构偏平、灵活、松散的组织，宜选择相对简单、具有灵活性的评估方法。

（4）商业周期阶段。商业周期处于不景气、萧条阶段，宜选择具有灵活性的评估方法。

（5）行业特点。高科技企业宜选择相对简单、具有灵活性的评估方法。

（6）战略计划。主要对要素选择产生影响。

（7）价值和文化。价值观倾向于拉开收入差距的企业，宜选择相对复杂的评估方法。

（8）管理风格。管理风格民主，宜选择偏平、灵活的评估方法。

（9）推行和维护一个系统的内部资源。

关注两方面的资源 { 人力资源：人力资源部是否有能力完成；
资本资源：企业是否有资金完成。

企业应根据自身的特点选用正确的评估方法。

基本原则是：一个组织应该选择那些组织价值和组织需要给予鼓励的要素。具体来说，有以下三个原则。

（1）工作相关。评估要素必须来自实际从事的工作。

（2）业务相关。所选择的评估要素应该来自组织文化与业务方向。

（3）为大多数人所接受。

评估要素的权重由以下三个方面来决定：企业的需要、行业的特点和企业自身的特殊情况。

对评估要素的权重有以下两种确定方法。

（1）平均法。即平均分配各评估要素的权重。

（2）非平均法。即视企业的侧重点来确定评估要素的权重，如高科技企业中学历的权重要重一些。

企业的职位越多，对评估要素的分级就要越细。要素的每一级都应该有自己独立的意义。如果采用点数法，则还要看评估要素的每一级所分配的分数是否正确。

3. 企业的薪酬制度是否具有外部公平性

对外部公平性的诊断可以通过薪酬调查来进行，在正确的薪酬调查数据的基础上，将企业的薪酬水平与市场工资率进行比较。主要包括：企业工资率的数据

是否准确，企业的工资政策与市场工资率数据的关系如何。

通过对企业现有的薪酬政策与市场工资率的比较，可以判断企业的薪酬制度是否具有外部公平性。

要得到正确的薪酬调查数据，要点有两个：

（1）企业在做薪酬调查时，是否对企业应该调查的主要方面进行了调查，并且获得了正确的信息，根据薪酬调查的结果得出市场供求率。

（2）企业的薪酬政策是否建立在市场供求率的基础上。

4. 工资差别是否合理

判断一个企业的工资差别是否合理，就是看企业的工资主要有哪些差别，工资等级的重叠是否合理等。具体来说包括：

（1）企业的收入等级（pay grade）的数量是否恰当；

（2）企业的收入级差（pay range）是否合理；

（3）相邻的两个收入等之间重叠的部分是否合理。

对企业的基本薪酬体系进行诊断可以参见图 10-3。

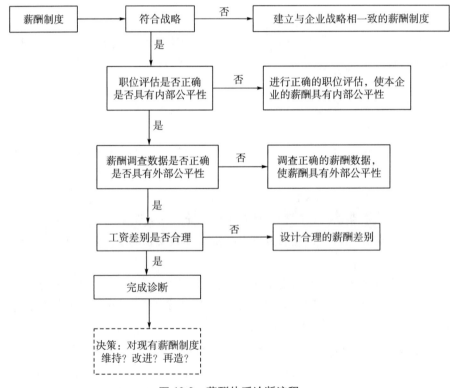

图 10-3　薪酬体系诊断流程

对企业薪酬制度合理性的诊断可以参见表 10-1。

表 10-1 薪酬制度合理性诊断表

原因	诊断方法	改进方法	备注
1. 企业的薪酬制度配合企业的战略吗？			
2. 企业的薪酬制度具备外部公平性吗？			
3. 企业的薪酬制度具备外部竞争性吗？			
4. 企业的薪酬制度具有内部公平性吗？			
5. 企业的薪酬制度使成本节省吗？			
6. 企业的薪酬制度有效率吗？			

1.2.2 对企业奖金制度的诊断

一般而言，对奖金制度合理性的诊断，主要考虑以下几点。

（1）员工的努力程度是否与奖金有直接的关系。一套奖金计划能否成功的要素之一便是使员工相信经过自己的努力可以获得相应的奖金。所以，奖金计划的奖励标准必须根据员工的实际生产状况来制定，并且制定的标准应当是合理的，是一般员工都可以完成的。如果针对团体实行奖金计划，其努力程度与报酬的关联程度不如个人奖金计划清楚，最好使用后者较为有效。

（2）奖金对员工是否具有吸引力。由于个性需求的不同，必然导致不同的薪酬制度对不同的员工具有不同的吸引力。为此，企业必须对员工的需求状况进行调查，有针对性地实行奖励。比如知识型员工，对成就感、认同感的期望更大，仅靠金钱的支付对其工作绩效的提高作用不明显。

（3）获得奖金所必需的工作量是否是员工通过努力可以达到的。员工的工作努力程度与奖金直接相关，所以获得奖金所需要完成的工作量必须是员工通过个人努力可以达到的。这个量的标准应该建立在严格的工时研究上，通常需要工业工程人员、工时工效研究专家以及其他方面的管理专家共同参与，从而制定客观公正的、标准的工时定额。也就是说，员工对于整个工作过程应该是自己可以控制的，自己的努力程度越高，工作绩效也相应提高，这样员工才能通过自己的努力来获得相应的报酬。如果员工不管怎样努力，但要想达到所规定的任务量是不可能的，那么这一奖金标准对于员工来说没有任何意义；相反，员工还可能有受欺骗的感觉而对企业产生不满。

（4）奖金计划是否明了、易于计算。奖金计划明了且易于计算对于员工的激励作用也就更为直接和有效。对于一个企业里的工人来说，一天生产了多少产

品，他马上可以计算出会得到多少奖金，如果已经超过了定额，他会马上加快进度，提高效率，以便拿到更多的奖金。

（5）奖金的标准是否是固定的。奖金计划所依据的标准必须固定，要规定什么情况下这样的标准有效；奖金标准还必须明确，而且不能含糊；奖金标准还必须周密，不可只重视数量而忽视质量。

1.2.3　对企业福利制度的诊断

企业中的福利制度一般包括法定福利和企业补充福利两部分。对企业福利是否健康的判断分为以下两个部分。

（1）企业现有的福利制度是否符合国家法定福利的要求；

（2）企业的补充福利部分是否切实有效，成本是否是可控制的。

1.3　什么样的薪酬制度才是健康的？

简而言之，一个健康有效的薪酬制度应该满足以下四点要求。

（1）符合企业战略需要。一个设计良好的薪酬体系直接与组织的战略规划相联系，从而使员工能够把他们的努力和行为集中到帮助组织在市场中竞争和生存的方向上。企业的薪酬制度不仅能起到对员工的激励和促进作用，还能够补充和增强其他人力资源管理系统的作用，如人员选拔、培训和绩效评价等。

（2）兼具内外公平性。在一个设计良好的薪酬体系中，员工会感觉到，相对于同一组织中从事相同工作的其他员工，相对于同一组织中从事不同工作的其他员工，相对于其他组织中从事类似工作的人而言，自己的工作获得了适当的薪酬。比如，一个书记员会将自己的薪资与行政助理、会计等同一组织中的其他工作的薪资进行比较。如果他认为相对于组织中其他的工作，自己的工作获得了公平的薪酬（即对组织越重要的工作获得的报酬越多，对组织越不重要的工作获得的报酬越少），他就感到了内部公平性。他也可能将自己的报酬与其他组织中的书记员相比较。如果他认为相对于其他组织中的类似工作而言，自己的薪酬也是公平的话，他就感到了外部公平性。他还有可能将自己的报酬与同一组织中的其他书记员进行比较。如果他认为相对于组织中的其他书记员，自己的薪酬也是合理的，那么，他就感到了个体之间的差异是合理的。一个组织越是能够建立起面向员工的内部公平性、外部公平性的条件，它就越是能够有效吸引、激励和保留它所需要的员工，来实现组织的目标。

（3）成本节省，富有效率。薪酬是企业吸引和激励人才最直接、最普遍的方式。高薪对于优秀人才当然具有不可替代的吸引力，因此企业在市场上提出较高的薪酬水平会大大增加对人才的吸引力。但是，企业的薪酬标准在市场上应该处于一个什么位置要视企业的财力、所需要人才的可获得性等具体条件而定，而不能一味提供高薪。从本质上讲，薪酬其实是员工与企业之间的一种交易或交换，是员工在向企业让渡其劳动或劳务使用权后获得的报酬。在这个交换关系中，企业所支付的薪酬就是企业所花费的成本，如何用最小的成本获得最大的利益是经济实体所应该考虑的问题。所以，薪酬制度还应该能够在吸引人才、留住人才的同时能够节省成本。如果能够以同样的成本创造出更大的价值，这就意味着它是富有效率的。

（4）特殊行业的薪酬制度还应考虑国家政策和制度的限制。如烟草行业就应考虑到国家对其工资总额的限制。

具体来说，健康的薪酬体系能够配合企业战略和组织目标，在保持内外公平性的基础上，具有内部公平和外部竞争力，同时能够节省成本，提高效率。详见图 10-4。

健康工资体系
- 配合组织战略和目标
- 外部公平性
- 外部竞争力
- 内部公理
- 内部公平性
- 成本节省
- 效率更高

图 10-4　健康薪酬体系标准

（1）根据企业战略和组织目标，对达到目标的行为要有奖励，且应就此有详细的规定；

（2）凡与外部相比，相同价值的职位未得到相同薪酬的称为外部不公平，外部不公平易导致怠工或离职；

（3）为了吸引、保留人才，尤其是知识型人才，薪酬需要具有外部竞争性；

（4）内部公理是指工资制度的道理；

（5）企业的薪酬成本是可控制的，有利于企业的成本节省，防止浪费；

（6）企业以同样的成本创造了更大的价值，这是效率更高的表现。

1.4　诊断工具 Compa

Compa 是一个通用的、有效的指标，用来审核和评估薪酬体系。它是一个相对的指标，表示薪酬数值与工资范围中点的关系程度，其基本计算公式如下：

Compa=实际支付的平均工资率/工资范围的中点值

如果计算个体员工的 Compa，它表示的是单个员工的工资相对工资范围中点值的比例，在这种情况下，分子就是个体员工实际的工资率。Compa 同样适用于整个组织和组织中的一个单位群体。

当 Compa 为 1.0 时，表明总体员工获得等于他们工资范围中点值的工资，经过培训的和成熟的员工应该被支付相当于中点值的工资。当 Conpa 小于 1.0 时，则说明员工的工资偏低（如果他们是足够熟练），这将意味着需要有改正措施。然而，Compa 小于 1.0 也可能说明有相对较多的新进员工，如果是这种情况，Compa 小于 1.0 是正常的（因为大量员工没有经过完全的培训），无须任何改正措施。

当 Compa 大于 1.0 时，情况可能是：①这一工资等级中存在大量高资历的员工；②意味着较低的人员周转率；③员工绩效大幅上升，同时企业用工资等级的提升来肯定其成绩；④通过工资等级提升引起生活成本的上升；⑤工资结构没有根据市场需求进行改进。

因为这些解释都可能是合理的原因，薪酬决策者需要进一步调查，排除那些小概率的因素，保留高概率的解释，保持 Compa 的价值。

Compa 可以应用于衡量薪酬体系的各个方面：外部竞争性、内部一致性和个体公平性。它是薪酬决策者一个有力的计划和控制工具。

（1）工资等级内的分析：Compa 可以用来检查工资等级中在职者工作的分布情况，进而 Compa 可以用来检查在职者工资率的分布情况，分析角度有工作、性别和种族等，可以说 Compa 是能有效判断工资歧视的指标。

（2）部门分析：部门之间的工资分布比较可以通过略微修改 Compa 的公式来获得，然后再计算部门 Compa，实际是部门内所有个体 Compa 的平均，这种分析有助于保证部门间的待遇公平，同时应该有差别的就体现差别。

（3）将绩效评估与工资调整联系起来：一些指导表的方法在分配奖金、决定奖金的上升幅度时，除了依据个体的绩效状况外，还依据员工在工资等级中的位置（相等于 Compa），用这种方式使用 Compa，可以将薪酬决定推进到个人。

（4）奖金预算决策：Compa 和它的倒数可以用来平衡部门间的预算，这时 Compa 既是一种诊断方式也是一种努力的目标。

（5）工资结构分析：组织公布的工资相对于市场工资水平是否有竞争力，同样可以通过对 Compa 公式的微调来衡量，用市场工资数（平均值或中点值）除以相关工资等级的中点值。

第二节 薪酬制度化建设的基本原则及基本程式

任何一个企业只有通过具体的、切实可行的薪酬制度才能落实其先进的薪酬管理理念核心战略。如何将薪酬制度化，也就是如何设计企业的薪酬制度是企业面临的一个具体的操作性问题。

2.1 薪酬制度设计的基本原则及基本程式

企业的薪酬制度需要按照科学的程序进行设计，科学的薪酬制度设计是保证薪酬公平性的基础。薪酬制度设计的科学性主要体现在薪酬制度设计与企业的发展战略相结合上，这样可以使收入分配向对企业的战略发展作出突出贡献的员工倾斜，以达成企业的战略目标。举个很简单的例子，如果对于一家企业来说，其战略目标是要使本企业成为业内技术实力第一强，为了实现这一战略目标，它的收入分配就必须对研发部门的员工倾斜，以期培养先进的技术人才。

企业在设计薪酬制度时，一定要注意以下三点：

一是薪酬制度要以明确一致的原则作指导，并有统一的、可以说明的规范作依据；

二是薪酬体系的制定要有民主性、参与性和透明性；

三是管理者要为员工创造机会均等、公平竞争的条件，并引导员工把注意力从结果均等转到机会均等上来。

另外，企业在设计薪酬制度的时候，通常存在以职位、能力或技能中的一项作为主要依据的现象。所以应该根据员工的工作性质来确定其薪酬制定的基本标准。对于生产、管理以及事务类员工的薪酬可以主要依据职位来制定；对于专业技术或研发类员工的薪酬依据员工的技能水平制定；而对企业的市场营销人员则依据员工开拓市场的能力来制定薪酬。

2.1.1 基本原则细化

1. 公平原则

员工对公平的感受通常包括五个方面的内容：第一是与外部其他类似企业（或类似岗位）比较所产生的感受；第二是员工对本企业薪酬体系分配机制和人才价值取向的感受；第三是将个人薪酬与本企业其他类似职位（或类似工作量的人）的薪酬相比较所产生的感受；第四是对企业薪酬体系执行过程中的严格性、公正性和公开性所产生的感受；第五是对最终获得薪酬多少的感受。

当员工对薪酬体系感觉公平时会得到良好的激励并保持旺盛的斗志和工作的积极性；当员工对薪酬体系感觉不公平时则可能会采取一些类似降低责任心、辞职等消极的应对措施，不再珍惜这份工作，对企业的亲和力降低，寻找低层次的比较对象以求暂时的心理平衡。因此，在进行企业薪酬设计之前应对企业各岗位的职责以及市场上相应职位的薪酬水平有比较充分的了解，并在此基础上依照公平原则来进行薪酬体系的设计。

公平不是绝对、单一的平等，即结果公平，而是具有丰富意义，与绩效挂钩的公平，即过程（机会）公平。首先，公平是企业之间的薪酬公平，又称外部公平。其次，公平是企业内员工之间的薪酬公平，又称内部公平。最后，公平是同种工作岗位上的薪酬公平，即个人公平。由于不同员工的绩效、技能、资历等存在差异，在此原则下，同种工作岗位上的不同员工，所获得的公平的报酬在数量上是有差异的。

2. 竞争原则

高薪对优秀人才具有不可替代的吸引力，因此企业在市场上提出较高的薪酬水平，无疑会增加企业对人才的吸引力和竞争力。竞争原则就是指企业的薪酬标准在人才市场上，甚至全社会中，要有吸引力，以战胜竞争对手，招聘到宝贵的人才，并长久地留住他们。但是，企业的薪酬标准在整个市场中处于一个什么位置，要视该企业的财力、所需要人才的可获得性等具体条件而定。一般说来，对于企业关键人才的薪酬标准，至少要等于甚至高于市场行情。但有的企业凭借良好的声誉和社会形象、较高的社会地位，有可能仅凭市场的同等工资水平甚至低于市场的工资水平也可以吸引到人才。

3. 激励原则

如果说外部公平是与薪酬的竞争原则相对应的，则内部公平是和激励原则相对应的。每个人的能力不同，对企业的贡献也不同。如果贡献大者和贡献小者得到的报酬一样，这种绝对的公平就是实质上的不公平。因此，激励原则就是根据员工的能力和贡献大小，根据企业内部各类、各级职务的不同，将企业的薪酬标准适当拉开距离，防止"大锅饭"之类的绝对平均化，充分利用薪酬的激励效果，调动员工的工作积极性。

4. 经济原则

经济原则在表面上与竞争原则和激励原则是相互对立和矛盾的。竞争原则和激励原则提倡较高的薪酬水平，而经济原则则提倡较低的薪酬水平，但实际上三者并不对立也不矛盾，而是统一的。当三个原则同时作用于企业的薪酬系统时，竞争原则和激励原则就受到经济原则的制约。这时企业管理者所考虑的因素就不

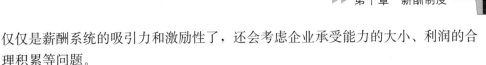

仅仅是薪酬系统的吸引力和激励性了，还会考虑企业承受能力的大小、利润的合理积累等问题。

经济原则的另一方面是要合理配置劳动力资源，劳动力资源数量过剩或配置过高，都会导致企业薪酬的浪费。只有企业劳动力资源的数量需求与数量配置保持一致，学历、技能等的要求与其配置大体相当时，资源利用才具有经济性。

高标准的薪酬水平自认会提高企业薪酬的竞争性和激励性，但对企业来说成本也不可避免地要提高，因此在设计薪酬制度时，既要考虑薪酬的对外竞争性和对内激励性，又要考虑企业财力的大小，找到其间最佳的平衡点。

5. 战略原则

薪酬关系到组织目标和个体目标的实现及其统一性，加之企业将大量的资金用于薪酬及其有关的事项，因此，企业必须也应该首先从战略的角度来看待它。一方面，对最高管理层和人力资源主管而言，当他们在进行薪酬决策，确立指导性原则进而制定薪酬计划时，必须使这一计划从"战略上"适应企业的目标，使之方向准确且明确，这一点对企业来说是至关重要的；另一方面，在进行薪酬制度具体设计之前，也十分有必要从战略的层面展开分析和思考，这样才能保证在企业战略指导下设计出来的薪酬制度适合本企业。

近年来，企业的战略在薪酬设计方面的重要性越来越受到人们的重视。在进行薪酬设计过程中，一方面要时刻关注企业的战略需求，要通过薪酬设计反映企业的战略，反映企业提倡什么、鼓励什么、肯定什么和支持什么；另一方面要把企业战略转化为对员工的期望和要求，并进一步转化为对员工的薪酬激励。

2.1.2　基本程式

如何设计一套好的薪酬制度，答案并不是唯一的。不同的企业，自身的情况不同，可进行设计操作的角度也是多种多样的。企业应根据自身的规模、人力、财力选择适合自己的角度将薪酬制度制度化。以下是薪酬制度设计的一些基本程式。

基于薪酬支付基础：

（1）依据什么向员工支付基本薪酬？

通过职位评价确定内部支付依据；通过薪酬调查确定外部支付依据。

（2）确定收入结构，即确定企业内的收入差别。

（3）将薪酬制度化。

（4）实施与调整。

基于企业战略支付：

（1）理解企业战略。

企业战略决定了企业人力资源的结构与规模，从而决定了企业工资支付的结构与规模；

企业战略决定了不同层次员工的收入来源（层级越高、报酬与战略相关的程度就越高）；

企业战略对企业薪酬水平战略产生决定性的影响（影响薪酬水平战略的因素包括：支付能力、发展阶段、行业性质、企业战略）。

（2）职位评价。

（3）薪酬调查。

（4）确定收入结构。

（5）制度化。

（6）实施与调整。

基于市场工资率支付：

根据市场工资率与职位价值排序，得出企业的收入政策曲线。

（1）职位价值排序由职位评价作出。

（2）市场工资率由薪酬调查作出。

（3）收入政策曲线取决于市场工资率和企业支付战略。

这些不同的角度是我们能够较为清晰了解企业所需要的关于薪酬制度的基本信息。将这些信息综合来看，在设计薪酬制度时一般可以按照以下的基本程式进行：首先按照薪酬管理的基本问题进行分析诊断与梳理，然后以基本的制度化流程进行设计，如图 10-5 所示。

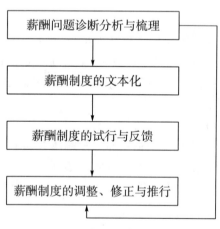

图 10-5　薪酬制度设计流程

2.2 企业薪酬制度的基本构成及其基本内容

从目前来看，企业的薪酬制度可以分为五种类型：

（1）基于工作的薪酬制度。它是根据某一工作岗位（职位）的重要程度来确定处于这个岗位的员工的工资，工资根据工作岗位而定。

（2）基于能力的薪酬制度。它提出了能力的概念，以劳动者所拥有的能力大小来决定劳动者工资的多少，而能力一般被认为是以知识、技能和绩效等共同表现出来的。

（3）基于绩效的薪酬制度。它是以劳动者最终完成的工作结构来决定劳动者工资的多少，工资根据绩效而定。

（4）基于市场的薪酬制度。它是根据市场价格确定企业薪酬水平，根据地区及行业人才市场的薪酬调查结果，来确定岗位的具体薪酬水平。

（5）基于年功的薪酬制度。在基于年功的薪酬模式下，员工的工资和职位主要是随年龄和工龄的增长而提高。

此外，还包括另一种组合薪酬制度，是对上述五种类型的薪酬制度的组合，兼有五种薪酬制度的特征。

2.2.1 基于工作的薪酬制度

基于工作的薪酬制度是指以员工担任的工作（职务、岗位）所要求的劳动责任、劳动强度、劳动条件等评价要素所确定的岗位（职位）系数为支付工资报酬的依据，工资多少以岗位（职位）为转移，岗位（职位）成为发放工资的唯一或主要标准的一种工资支付制度。

基于工作的薪酬制度具体形式有岗位薪酬制和职务薪酬制。

1. 岗位薪酬制

岗位薪酬制是在工作岗位分析和时间研究的基础上，按照员工在生产中工作岗位的劳动责任、劳动强度、劳动条件等评价要素，确定薪酬等级和薪酬标准的一种薪酬制度。其主要特点是对岗不对人。

在现实中，岗位薪酬制演变出许多形式，主要有岗位等级薪酬制、岗位薪点薪酬制、岗位效益薪酬制。但只要是岗位薪酬制，其岗位薪酬的比重都占整个薪酬收入的60%以上。

（1）岗位等级薪酬制。岗位等级薪酬制是指将岗位按重要程度划分类别和级别，再进行排序，最终确定薪酬等级的薪酬制度。

岗位等级薪酬制的具体形式如下：

一岗一薪：一个岗位只有一个薪酬标准，岗内不升级，同岗同资。新员工上

岗采取"试用期"制，试用期满即可执行岗位薪酬标准。其优点在于简便易行，缺点是岗内又难以体现差别，缺乏激励。它适用于专业化、自动化程度高，流水作业或工作技术单一，工作物比较固定的工种。

一岗数薪制：一个岗位内设置几个薪酬标准，以反映岗位内部不同员工之间的劳动差别。岗内级别是根据不同工作的技术复杂程度、劳动强度、责任大小等因素确定的，薪酬的确定同样是依据岗位要求而定的。实行一岗数薪制，员工在本岗位内可以小步考核升级，直至达到本岗位最高薪酬标准。优点在于员工的薪酬增长渠道和机会增多，不晋升、不变换工作岗位也可以增加薪酬；在企业处于困难时期需要缩减人工成本的情况下，员工的薪酬增长速度和水平又可以灵活控制。它适用于岗位划分较粗、岗位内部技术有些差异，同时岗位上晋升和提薪机会都比较少的工种或岗位。

（2）岗位薪点薪酬制。岗位薪点薪酬制是岗位薪酬制的另一种形式，是一种通过比较科学合理的薪点因素分析法，按员工岗位的岗位因素测定每个岗位的薪点数，按员工绩效确定的薪点值，员工按岗位获得报酬的薪酬制度。岗位薪点薪酬制比较适合于岗位比较固定、以重复劳动为主的岗位。

2．职务薪酬制

职务薪酬制是按照员工担任的职务规定薪酬标准，不同职务有不同的薪酬标准，在同一职务内又划分为若干等级，每个员工都在本人的职务规定的薪酬等级范围内评定薪酬的制度，适用于企业中担任管理职务和专业技术职务的人员。

职务等级薪酬制特点是"一职数薪"，每个职务内再划分若干等级，规定不同的薪酬标准，以反映同一职务内各个职务劳动熟练程度的差异。员工只能在职务薪酬规定的范围内升级，调任新职即领取新的职务薪酬，不考虑员工本人原有的薪酬水平和资历。

职务薪酬制的实现形式从横向看有两种：一种是"豆腐干"式的职务薪酬制，即按职务和工作单位分类，再分别规定不同的薪酬标准；另一种是"一条龙"式，即按工作性质对各种职务进行归类，工作性质相同的各个职务采用同一个职务等级薪酬标准表。从纵向看，有单一型和并存型两种形式。

（1）单一型职务薪酬制。单一型职务薪酬制度是一种根据工作的难易程度来支付薪酬的制度，其中职务薪酬一般要占到全部薪酬的80%～90%。

单一型职务薪酬制在实际执行过程中往往将职务没有变动时的薪酬调整也考虑在内，即这种薪酬制度除了以职务为根本的薪酬确定要素外，还在同一职务范围内将工龄和资历也作为薪酬调整的考虑因素。

（2）并存型职务薪酬制。并存型职务薪酬制是一种把基本薪酬分解成职务薪

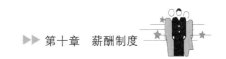

酬和年资薪酬的薪酬制度。这种薪酬制度的特点是在依据职务确定薪酬的同时，对员工设置年资薪酬，从而照顾到了员工的基本生活费和年龄因素。

2.2.2　基于能力的薪酬制度

基于能力的薪酬制度具体包括三种形式：一是技能薪酬制，它是按员工达到的技术能力来规定薪酬标准的制度；二是职能薪酬制，也就是根据员工履行职务能力的差别来规定薪酬标准的制度；三是知识资格制，即根据员工获得的知识能力资格确定薪酬标准的制度。下面主要介绍技能薪酬制，其他两种能力薪酬制度与之类似。

技能薪酬制是按照员工所达到的技术等级来确定薪酬等级，并按照确定的薪酬等级标准来支付薪酬的一种基本薪酬制度。它适用于技术复杂程度比较高、劳动差别较大、分工较粗及工作物不固定的工种。

技术等级薪酬制通常由薪酬标准、薪酬等级表和技术等级标准构成。

薪酬标准即薪酬率，是按单位时间规定的薪酬数额，表示某一等级在单位时间内的货币薪酬水平。按照规定的薪酬标准支付的薪酬，是员工完成规定的工作时间或劳动定额后所得的薪酬，称为标准薪酬。在薪酬总额已经确定的情况下，它的高低决定了各等级员工之间的薪酬级别是否合理。

薪酬等级表是用来规定员工的薪酬等级数目以及各薪酬等级之间差别的一览表，表示不同的劳动熟练程度和不同工种之间薪酬标准的关系，一般由薪酬等级数目、薪酬等级差和工种等级线构成。薪酬等级数目及薪酬等级的多少，是根据生产技术的复杂程度、繁重程度规定的。凡是生产技术比较复杂的产业和工种，薪酬等级数目就应该规定得多一些；反之则应少一些。

薪酬等级差又称级差，是相邻两个等级的薪酬标准相关的幅度。级差有两种表示方法：一种用绝对金额表示，另一种用薪酬等级系数表示。薪酬等级系数是某一等级的薪酬标准同最低等级薪酬标准的对比关系，它通过某等级员工的薪酬是最低等级员工薪酬的多少倍来说明某一等级的工作比最低等级的工作复杂多少倍。薪酬等级系数在形式上往往包括累进系数、累退系数、等差系数和不规则系数等四种形式。

工种等级线是指各工种的起点等级和最高等级的界限。起点等级是熟练工、学徒工转正定级后的最低薪酬。最高等级是该工种在一般情况下不能突破的上限。凡技术复杂程度高、责任大、掌握技术所需要的理论知识水平较高的工种，等级的起点就高，等级线就较长；反之，则起点低，等级线较短。一些技术简单而又繁重的普通工种，由于体力消耗大，其等级起点较高，但等级线不宜过长。

技术等级标准及技术标准，是按照技术工人所在的各种生产岗位或工种，分

别对应其劳动能力所作的统一规定，是划分工作等级、评定员工任职能力和薪酬等级的基础，一般包括"应知"、"应会"和"工作实例"三项内容。技术等级标准的确定一般需要三个步骤：首先，根据劳动的复杂程度、繁重程度、精确程度等因素划分工作等级；其次，确定最高等级和最低等级薪酬的倍数以及各薪酬等级间的薪酬级差；最后确定各等级的薪酬标准。

2.2.3　基于绩效的薪酬制度

绩效工资主要是根据员工的第三种劳动即凝固劳动来支付工资，是典型的以劳动论英雄、以实际的最终劳动成果来确定员工薪酬的工资制度。主要有计件薪酬制、佣金制等。

绩效工资从本义上说是根据工作成绩而支付的工资，工资支付的唯一依据或主要依据是工作成绩和劳动效率。但是在实践中，由于绩效的定量比较不易操作，所以除了计件工资和佣金外，更多是依据员工的人均绩效而增发的奖励性工资。

1. 计件薪酬制

计件薪酬制是一种将员工的收入与员工的个人产量直接挂钩的薪酬形式，是最古老的激励形式，也是使用最广泛的薪酬形式。它便于计算，易于为员工所理解，计量原则公平，报酬直接同工作量挂钩，有利于提高产量。在个人产品数量不易计算的情况下，也可以实施集体计件薪酬制。

实施计件薪酬制需要三个条件，即工作物等级、劳动定额和计件单价。工作物等级是根据各种工作的技术复杂程度及设备状况等，按照技术等级要求，确定从事该项工作的工人应该达到的技术等级；劳动定额，是指在一定生产技术条件下，工人应该完成的合格产品的数量或完成某一些产品的必要劳动时间的消耗标准，它是合理组织劳动和制定计件单价的基础；计件单价是以工作物等级和劳动定额为基础计算出来的单位产品的工资。

2. 佣金制（提成制）

佣金制是直接按销售额的一定比例确定销售人员的报酬，它是根据绩效确定报酬的一种典型形式，是主要用于销售人员的工资支付制度。佣金制的优点是报酬明确地同绩效挂钩，因此，销售人员为得到更多的工资报酬，会努力扩大销售额，促进企业市场份额的迅速扩大；另外，佣金制计算简单，易于为销售人员理解，所以管理和监督成本也比较低。

多数企业对销售人员实施基本工资加销售提成的方式，但是具体做法并不一样。有的是80％的基本工资加20％的奖金，也有的是"倒二八"，即20％的基本工资加80％的奖金。

佣金制的缺点在于，它往往会引致销售人员只注重销售额的扩大而忽视企业

长期顾客的培养，并且不愿推销难以出售的产品。

2.2.4 基于市场的薪酬制度

基于市场的薪酬制度是指参照同等岗位的劳动力市场价格来确定薪酬待遇。该制度立足于人才市场的供需平衡原理，具有较强的市场竞争力和外部公平性。可以将企业内部同外部劳动力市场进行及时的有机互联，防止因为人才外流而削弱企业的竞争力。薪酬作为一种"产品"，其价格高低同样受到市场供需关系的影响。如果一个企业在同地区、同行业中其他条件差不多的情况下，比相似企业的薪酬定价要低，则该企业很可能面临人才流失的危险。

不过，能够完全进行市场对标的企业多发生在充分竞争的企业或者行业之间，这种模式受到前提假设的严重限定，再则，过分同外部市场挂钩将加重企业自身的支付压力，不利于内部公平，其不足之处也显而易见。

2.2.5 基于年功的薪酬制度

基于年功的薪酬制度，即年龄越大，工龄越长，工资也越高的工资制度。

其实施的依据是：员工的工龄越长，熟练程度越高，贡献也越大。所以这种工资制度不是依据工人劳动的工种或工作种类，而是依据工人所具备的广泛的完成工作的能力制定的。工资标准不是按行业或产业决定，而是按企业决定，基本工资按年龄、企业工龄和学历等因素决定。总的来看，基于年功的薪酬制度中，工资与劳动的质量和数量是一种间接关系。起薪低，工资差别大，随着企业工龄的增长，每年定期增薪。

其具体操作时，一般将基本工资分成20级，每级又分5档。员工毕业被企业录用以后，依据定期提薪制度，员工的工资通常每年按一定数额或一定比例有所增加。毕业生初次就业的工资明显要受劳动力市场供求关系的影响。一般来说，这种毕业生的初次薪金在企业之间和员工之间并不存在多大的差别。但是，根据每年一次的定期提薪而增加的工资数额要受到每个企业的经营状况和每个员工能力提高程度的影响。因此，提薪数额存在相当大的差距。其结果，相同年龄的员工在不同企业的工资差距可能很大。

基本工资一般由以下一项或几项构成：

（1）由员工的年龄、连续工龄、学历等个人属性因素决定的工资，包括：①年龄薪金：以年龄为标准决定的工资；②工龄薪金：以连续工龄为标准决定的工资；③学历薪金：以学历为标准决定的工资。

（2）根据职务或执行职务能力等职务因素决定的工资，包括：①职务薪金：根据员工从事的职务的价值决定的工资；②职能薪金：依据履行职务的能力决定的工资。

第三节 薪酬制度的文本化

3.1 薪酬制度文本化的含义与作用

薪酬制度文本化即薪酬制度的文本写作过程。通过这一过程，把与薪酬有关的各方面用条文的形式体现出来，将企业的薪酬理念、薪酬结构系统化、规范化，进而转化为具体的、可执行的薪酬制度。制度文本化是制度化管理的基础。

制度文本化的操作是十分必要的。从历史角度看，我国是有着数千年专制传统的国家，专制和官本位的意识或多或少影响着我国企业管理者的管理思维。在一些人眼里，领导就是法，领导的喜好远比制度重要。由此，出口成规的非制度化管理依然顽固地存在于我国企业中，导致了决策和规章制定的随意性。另一方面，从企业规模和发展来看，在小规模的企业中，卓越的企业管理可能只需要一两个管理精英的口头指挥便可以完成；而当企业发展到一定阶段，企业规模逐渐扩大时，单靠一两个管理精英是无法完成全部管理工作的，管理效率必然受到影响。基于以上两个理由，制定制度并将制度文本化是十分重要的步骤和举措。制度文本化有效避免了朝令夕改的管理困境，规范了管理程序，明确了职权责的分配，是现代企业管理制度的一个重要组成部分。

3.2 薪酬制度文本化的基本操作程式

3.2.1 谁来制作薪酬制度文本

薪酬制度文本可以由企业内部人员来拟订，也可以请外部专家来拟订。两种形式各有利弊。由企业内部人员拟订文本的优点是能够节约成本，并且内部人员对本企业的情况更为了解，草拟文本时针对性较强。由于薪酬制度的文本涵盖了企业中与薪酬有关的方方面面，所以这种方式要求拟订文本的工作人员具有与薪酬有关的较完备的专业知识，这样在理解和表达上都会更加准确。外部专家通常来说具备相关专业知识的优势，制作的文本专业化程度可能会更高，但企业将为之付出相对较高的成本，而更为重要的是，薪酬制度的保密性可能因此大大降低。

当然，企业也可以采取以上两种方式相结合的办法来拟订薪酬制度文本。具体如何操作还需要企业根据自己所拥有的专业素质高低以及支付能力的大小等来确定，没有固定的模式，不可一概而论。

3.2.2　文本拟订过程的民主化

文本拟订的过程必须是民主的，如果民主程序缺位，很容易造成员工的不满，得不到员工的认同。这种民主程序也应当作为一种制度确定下来，因为如果把薪酬制度化仅仅理解成薪酬制度文本化是狭隘的，它还包括一种制度化的管理，而民主制度是极其重要的一个方面。

制度的制定最终是为了实施。这就要求制度符合企业的实际，反映员工的要求。为此，在薪酬制度文本拟订的过程中应该与各层次员工充分沟通，征求其建议，或直接选出员工代表加入文本拟订小组，全程参与拟订工作。文本拟订过程的民主化程序会使薪酬制度更容易获得企业内部的合法性，减少制度执行的障碍，是薪酬制度化的必要环节。

3.2.3　制度文本的结构

企业的薪酬制度应该如何撰写并没有一定的规定。不过，一般来说，企业的薪酬制度文本应当包括以下几个部分。

（1）总则：表明企业薪酬制度的指导思想、制定原则、制度依据等。

（2）薪酬构成：表明企业发放的薪酬主要包括哪些部分。总的来说，企业的薪酬是由基本工资、奖金和福利三部分构成的，企业也可以对每个部分进一步细分。如将基本工资细分为：技能工资＋岗位工资，将奖金细分为任务奖＋超额奖＋出勤奖＋……

（3）基本工资的支付标准、支付范围、支付时间（周期）、支付方式。

（4）奖金的奖励标准、奖励范围，奖金发放的时间（周期）、发放方式。

（5）福利的发放标准、发放范围，福利发放的时间（周期）、发放方式。

（6）附则：其他应说明的问题。

第四节　薪酬制度的实施与反馈

4.1　薪酬制度的实施

首先要保证薪酬体系程序上的公开、公平。因为从公平理论的角度看，员工最重视的是薪酬管理程序上的公平，其次才是组织提供的具体分配报酬的公平。程序的公平是结果公平的有力保障。要做到薪酬管理程序上的公平，必须要做到薪酬体系对员工来说是透明的，透明性不一定表现在薪水的具体数值在员工之间是公开的，但薪酬发放的标准是必须要让员工做到心中有数，这样员工就明确知

道自己应该做什么、不应该做什么。薪酬制度的透明性主要表现在两点上：一是让员工有机会参与薪酬体系的制定。每个员工都希望自己的工作能被他人承认，在设定薪酬体系的时候有员工的参与，可以把薪酬支付与员工的工作目标有机地结合起来，使员工工作的努力方向更加明确。二是薪酬支付的明细单应该对员工透明。很多企业的员工对薪酬不满意的一个原因就是没有工资明细单，不清楚自己工作中的哪些行为能够得到奖励，哪些行为受到了处罚。这样下去的结果是让员工无所适从，不清楚在工作中应该把主要精力放在什么地方。所以，下达工资明细单确实是重要的，并且是必需的。

薪酬制度在实施前一般要经过试行，需要在企业内选择试行的试点、时间安排以及推进的组织。如果企业规模很大，可以选择某个部门或事业部实施，避免贸然全面推行新制度引起员工的不适和不满。采用试点方式可以规避风险，将可能出现的损失降到最低限度，并且有效控制试行成本。同时试行时间的安排也要合理，过长或过短都达不到预期效果，过长会增加试行的成本，过短可能导致员工无法深入了解体会，达不到找错、纠错的效果。同时企业可以成立一个临时的试行委员会，其成员可以来自各部门、各层级。试行委员会的职责主要是解释沟通、监督等。

经过试行、反馈调整，制度基本成熟，人员也基本了解接受后，就可以正式公布推出了。企业的薪酬制度一般可以由主管人力资源的企业高层来主导推出，人力资源部门为最主要的主导实施部门。

新的薪酬制度在实施过程中要注意强制性与灵活性相结合的原则。所谓强制性，是指薪酬制度的实施方案一经确定，任何部门或个人未经制度实施负责人同意，不得擅自更改内容或产生抵触行为，以多方面的协调一致保证新制度的落实及对战略支撑这个目标的实现。所谓灵活性，是指在全面推行薪酬制度的过程中，要及时根据战略的调整、环境的变迁对薪酬制度进行灵活的变革。

薪酬制度的实施主要包括以下几个方面的内容。

（1）薪酬制度实施的组织和人员落实。任何制度最终都要通过人去实施，因此确定制度实施的组织和人员是制度实施的基础。薪酬制度历来敏感，它的实施需要得到最高级领导的充分认同和部门领导的强力支持。在这中间，薪酬项目专家组、人力资源部门与财务部门要做好充分的沟通，成为专门的制度实施团队。

（2）物资统筹。任何一项制度的推行实施，无论规模大小、内容多少、时间长短，都必须有一定的经费和物资作保证，否则便无法进行。在薪酬制度的实施过程中，诸如工资档案的改版、聘请专家对员工进行制度诠释、财务部与各部门的联络、文本印刷、工作人员的工资补贴及各种公关费用等，都是需要一定的开

支的，因此要有一定的经费保证。

（3）思想宣传。要成功实施新制度，必须以舆论为先导，即要向员工讲清新制度实施的道理所在，让员工明白新制度的合理性，以求得共识与支持。新的薪酬制度出台后，对于涨薪的员工自然是一件好事，但保持原薪资水平的员工、甚至降薪的员工，就可能产生抵触情绪。如果不能很好地化解员工的抵触情绪，薪酬制度的实施在员工心中就会变质，最终使本来很好的制度以失败告终。

（4）实施过程的监控。在制度实施过程中，制度实施负责人和制度制定者要对实施过程进行监控，以发现制度实施过程中出现的偏差与问题，以便及时采取措施纠正出现的偏差或解决问题于萌芽之中，从而防患于未然。实施过程中监控主要针对信息的沟通、协调，也就是在制度实施中，不同的利益相关者会出现利益上的矛盾，良好的信息沟通以及适当的引导、协调，可以形成制度实施的良好氛围，帮助员工澄清思想、明确方向和目标，并对制度实施过程以及结果进行控制，包括控制制度实施的进度、工作质量、实施方向、实施手段等。

4.2 薪酬制度的反馈

薪酬制度的反馈主要是对反馈信息的收集整理，一般而言，反馈信息主要有外部反馈信息和内部反馈信息。

企业外部反馈主要指社会各方面及法律政策对新制度试行的反应。要关注新制度执行时是否符合法律，是否符合国家政策，社会上有哪些对该制度的评价。企业内部反馈是指新制度执行后在企业内产生的效应，这个效应可能是正面的，也可能是负面的，主要从员工个人和企业整体两个层面来考虑。

员工层面上的反馈主要是指员工对新制度是否感觉公平，满意度是否提高。满意度是否提高是一个纵向对比的过程，可以通过员工满意度调查来操作。当然也有很多其他获得反馈的方式，如可以通过员工申诉程序来获得信息，建立一个网络平台及时与员工进行互动式交流也是方式之一。无论采用哪种方式，反馈渠道的开辟都要本着便于员工发言的原则来进行，只有员工敢于、乐于给予反馈，这些反馈渠道的设置才是有意义的。

企业层面上的反馈主要考虑成本和效率两因素。要达到有效控制工资成本，留住关键员工，激励员工等目的。

通过多方面反馈信息的收集、分析整理，基本能够掌握新的薪酬制度试行效果，找出对薪酬制度的调整和修正的关键点。

本章小结

　　本章首先讨论如何判断企业现行的薪酬制度是否合理，分为三个方面：对企业薪酬制度的整体诊断、对企业奖金制度的诊断、对企业福利制度的诊断。在薪酬制度化的建设中，首先要遵循五大基本原则，即公平、竞争、激励、经济、战略原则。企业薪酬制度的基本程式是指薪酬问题诊断分析、制度文本化、制度试行、修正调整等循环完善的过程。企业薪酬制度有四类，分别是基于人的薪酬制度、基于工作的薪酬制度、基于绩效的薪酬制度、基于能力的薪酬制度，并进一步展开了讨论。在薪酬制度文本化中，关注由谁制作、拟订过程的民主化以及文本的结构等。最后，讨论了薪酬制度的实施与反馈。

　　学习重点：

　　掌握企业薪酬制度诊断的流程及判断的标准，运用 Compa 工具；薪酬制度化建设的基本程式，薪酬制度构成及内容；薪酬制度文本化应注意的问题；薪酬制度的实施与反馈要点。

　　参考文献与网络链接：

中华人民共和国人力资源和社会保障部：http://www. mohrss. gov. cn/

中国人力资源管理网：http://www. chhr. net/index. aspx

中国企业人力资源网：http://www. ehrd. org/

中国人力资源网：http://www. hr. com. cn/

HRoot 领先的人力资源管理：http://www. hroot. com/

HR 人力资源管理案例网：http://www. hrsee. com/

Bennett B，Bettis J C，Gopalan R，et al. "Compensation goals and firm performance" [J]. *Journal of Financial Economics*，2017，124 (2).

Giancola F L. "Is Total Rewards a Passing Fad?" [J]. *Compensation & Benefits Review*，2009，41 (4).

Gilley J，Eggland S，Gilley A M，et al. *Principles of human resource development* [M]. Addison-Wesley，2002.

Knight P，Yorke M. *Employability through the Curriculum*，Skills Plus Project，2001.

Nazir T，Shah S F H，Zaman K."Literature review on total rewards：An international perspective"［J］. *African Journal of Business Management*，2012，6（8）.

Rothwell W，Sredl H，*The ASTD Guide to Professional Human Resource Development Roles and Competencies*［M］，2nd Edition，HRD Press，1992.

Thierry H."Payment：Which meanings are rewarding?"［J］. *American behavioral scientist*，1992，35（6）.

WorldatWork. *The WorldatWork Handbook of Compensation*，Benefits & Total Rewards. 2016.

柴才、黄世忠、叶钦华：《竞争战略、高管薪酬激励与公司业绩——基于三种薪酬激励视角下的经验研究》，《会计研究》，2017。

付维宁：《绩效与薪酬管理》，清华大学出版社，2016。

李永周：《薪酬管理：理论、制度与方法》，北京大学出版社，2013。

刘昕：《薪酬管理》，中国人民大学出版社第3版，2011。

王玉：《民办高校教师宽带薪酬制度设计及其实施要点探究》，《人力资源管理》，2017（11）：268－269.

韦志林、芮明杰：《薪酬心理折扣、薪酬公平感和工作绩效》，《经济与管理研究》，2016。

文跃然：《让薪酬变革走向成功》，《人力资源》，2006（4）：44－46.

文跃然：《薪酬管理原理》，复旦大学出版社第2版，2013。

杨东进、冯超阳：《保健因素主导、激励因素缺失：现象、成因及启示——基于"80后"员工组织激励的实证研究》，《管理工程学报》，2016。

姚凯、韩英：《胜任力与薪酬管理》，《新资本》，2006年第4期。

思考题：

1. 为什么要对薪酬体系进行诊断？
2. 什么样的薪酬制度是健康的？
3. 薪酬诊断方式有哪些？
4. 如何对企业的薪酬制度进行诊断？
5. 如何运用诊断工具Compa？
6. 企业基于人的薪酬制度有哪些？
7. 基于工作的薪酬制度有哪些？
8. 基于绩效的薪酬制度有哪些？

9. 薪酬制度文本化的原则有哪些？

10. 薪酬制度在实施与反馈中应注意什么？

企业薪酬制度的四种模式

一、项目工薪制

实行单位：北京城建集团第一分公司

项目工薪制是以单位工程项目为计薪对象，以全面履行建设单位和承包施工单位法人之间签订施工承包合同所约定的内容为目标，以加强项目全面管理为手段，以提高经济效益为核心，依据承包工程的最终管理成果确定工薪的一种分配制度。简要地说，项目工薪制是把工程项目中部分或全部管理人员的个人收入与项目管理全过程活动（最终经济效益）挂钩的办法。

项目工薪包括月度基本工薪和效益工薪两部分。

（1）基本工薪：能保证职工正常生活的一定标准的基本生活费。

项目经理部月度基本工薪总额＝基本生活费标准×定编人数

（2）效益工薪：项目管理终结考核、一次性奖励额。

项目工薪额的测定：

项目工薪总额＝项目最终上交公司降低成本额×降低成本额工薪比

降低成本额工薪比＝计划降低成本额/〔项目定编人员×本项目人员平均工资水平×计划工期（月）〕

本项目人员月平均工资水平＝上年度人员月平均工资水平×〔1＋项目工期内月工资增长幅度（％）〕

计划工期＝定额工期×（30％～60％）

效益工薪＝项目工薪总额－月度基本工薪总额

项目工薪在工程成本中支出，支付工薪后成本应不亏损。

二、动态结构工资制

实行单位：大连商业大厦

动态结构工资制由岗位工资单元、年功工资单元、效益工资单元和特殊工资单元四部分组成。以前各种津贴、补贴、浮动工资以及工龄工资全部归入各工资单元中去，不再单独设项。即员工的工资总额＝岗位工资单元＋年功工资单元＋效益工资单元＋特殊工资单元。它们的大体比例为 38：5：55：2。

（1）岗位工资单元。它是根据员工所在的岗位、担任的职务及实际具备的技术水平而确立的工资单元。其特点是：以岗定薪，一职一薪，薪随岗动，变岗变薪。岗位工资的确定，管理技术人员按其受聘的职务确定为9档：办事员、见习科员、科员、副主任科员、经理助理（主任科员）、副经理（副处长）、商场经理（党支部书记、处长）、副总经理、总经理。营业员及其他工种员工根据其取得的技术等级确定为8档：见习、初级、中三、加四、高级、助师、技师、高级技师。两大系列相互联系，相互对应，如高级工人技师与商场的经理助理岗位工资是等同的。

（2）年功工资单元。它是随着员工工作年限增长而逐年递增的工资，是对员工工作经验和劳动贡献的积累所给予的承认和补偿，是调整新老员工工资矛盾的重要途径。年功工资按工龄分段计发，即每五年为一个工龄段，按不同工龄段的不同调整数累计发放。

（3）效益工资单元（即奖金）。它是员工收入中与企业或二级核算单位经济效益及员工个人工作效率、工作成果直接挂钩的部分。其发放原则为：以利润进度定分配总量，以综合考核定扣罚分值，以个人劳效定收入金额，激励员工促销增效，多作贡献。

（4）特殊工资单元。它是为了照顾到部分员工的特殊情况而设置的。主要包括少数民族补贴，教护龄津贴及特殊工作的岗位。

三、岗位职务浮动工资制

实行单位：华中航运集团有限公司

岗位职务浮动工资制就是对从业人员所从事的工作岗位或担任的职务进行评估，并确定与之相适应的工资标准；同时辅以考核和管理办法，依员工的劳动实绩给予相应报酬的一种工资制度。

对原有的140余个工种，按照两个"简化"的原则及思路进行了归并简化，即区别企业内各个工作岗位的技术复杂程度、劳动强度、劳动环境优劣、责任风险大小等因素，将各个行业的工种岗位归并简化为不超过8个岗次；同时按照"简便操作、强化激励、同工同酬"的原则，只设立了一个工资单元，以达到简化岗位职务工资标准、拉开工资分配差距的目的。具体办法是：

（1）区分不同行业在企业中所处的主次地位，分类确定其工种岗位的岗次设置，相应拉开不同行业的工资差距。如按船舶运输、港口装卸、工业制造、多种经营、后勤服务顺序分类。

（2）区分同行业中同名称工种在其行业中所发挥作用的大小及承担风险的不同，设置不同的岗次及工资标准。如按运输船、工程船、港作船、辅助交通供应船、趸船的分类和分组设置不同的工资标准。

（3）区分不同行业中同名称工种劳动要素的区别，确定不同的岗次和工资标

准。如工业行业的车、钳、刨、焊工与后勤服务行业中的同类工种的差别。

（4）归并简化岗次设置，以利拉开工资档次。通过岗位测评，公司各类员工的岗次设置均不超过八岗，少的只有两个岗次。如此，有效地拉开了岗次级差，一般达到50元。

（5）归并简化工资标准，实行一个工资单元。这样，既有效地克服了原等级工资制的种种弊端，也简化了工资管理。实施中，员工的原标准工资、浮升工资、浮标工资，以及15种津补贴均合并为档案工资管理。此外，为了照应员工积累劳动的贡献和技能高低，在普通船员和陆上工人、职员中实行一岗三档三薪。

建立正常的工资增减机制，使岗位职务工资制在浮动中运作。

（1）实行"双挂钩"浮动。即集团公司与直属单位实行"工效挂钩"浮动，各单位在完成集团公司下达的考核指标任务后，才能实行工效工资，否则下浮。直属各单位则将员工岗位职务工资的20%～30%与生产任务挂钩浮动，完成定额任务，工资全发，否则下浮。当然，为了鼓励各单位和员工超额完成生产任务，也作出了工资上浮，核发效益工资的规定。

（2）实行岗位浮动。即岗上人员实行岗位工资，待岗人员实行待岗生活费，各类下岗人员实行不同的下岗工资，试岗人员实行试岗工资。

（3）实行岗位异动，职务升降，工资浮动。由于岗位职务工资实行一岗一薪，因此，员工工种岗位发生变动或职务升降时，则随时进行工资异动，做到岗变薪变，在什么岗位拿什么工资。

（4）岗位职务工资标准的调整，不再采用升级的方式，而是随企业的经济效益和物价指数作相应调整。

四、岗效薪级工资制

实行单位：宝钢

岗效薪级工资制由岗位薪级工资、年功工资、业绩工资（即奖金）三个工资单元构成。各个工资单元既有其独立职能，又相互联系、互为补充，发挥整体效能。

（1）岗位薪级工资：是体现岗位劳动差异的工资，岗位薪级工资实行"一岗一薪"和"一岗多薪"兼用的原则。一岗一薪适用于操作技术简单、劳动负荷均衡的普通工岗位，以及岗位职责和能力要求明确恒定的管理岗位。一岗多薪适用于技术要求复杂的岗位。

岗位薪级工资设置25级标准，对应全公司所有岗位，岗位薪级工资标准＝制度工资基额×工资系数。制度工资基额水平的高低取决于在一定条件下大体维持职工本人基本生活所需费用（最低生活水平）及公司的经济效益状况；工资系数的高低主要取决于岗位四大劳动要素的测评结果。工资系数在 1~4.8 范围内，分别对应 25 个岗级，反映岗位归级不同工资也不同的分配关系。

（2）年功工资：是专门反映职工劳动积累贡献的工资。每年职工工龄增加，逐年积累，体现职工工作年限不同、积累贡献不同，得益也不同的合理差别。同时保留原效益工资。这样做的好处是：缓解新老职工的工资矛盾，增强企业整体凝聚力。

（3）业绩工资：是直接体现职工超额劳动成果和"双增双节"成果的奖励性工资，旨在运用比较灵活的分配手段，体现职工超额劳动贡献大小，拉开收入差距，用以增强工资分配的竞争激励作用，是一种调节、补充职工利益分配的形式。

问题：

1. 分析这四种企业薪酬模式，各有什么特点？
2. 你还了解其他哪些薪酬模式？举例说明。

第十一章
典型行业的企业薪酬管理特点及案例

第一节　制造行业薪酬管理特点及典型企业案例

1.1　制造行业的行业特点

1.1.1　离散型制造企业的特点

离散制造：产品的生产过程通常被分解成很多加工任务来完成。每项任务仅使用企业的一小部分生产能力和资源。企业一般将功能类似的设备按照空间和行政管理建成一些生产组织（部门、工段或小组）。在每个部门，工件从一个工作中心到另外一个工作中心进行不同类型的工序加工。企业常常按照主要的工艺流程安排生产设备的位置，以使物料的传输距离最小。另外其加工的工艺路线和设备的使用也是非常灵活的，在产品设计、处理需求和订货数量方面变动较多。

离散型制造企业的生产特征是：

（1）生产计划。影响计划的因素较多，生产计划的制订非常复杂；生产设备的能力需求是根据每个产品混合建立，并且很难预测。

（2）生产过程控制。生产任务多，生产过程控制非常困难；生产数多，且数据的收集、维护和检索工作量大；工作流根据特定产品的不同经过不同的加工车间。因每个生产任务对同一车间能力的需求不同，因此工作流经常出现不平衡；因产品的种类变化较多，非标准产品多，设备和工人必须有足够灵活的适应能力。通常情况下，一个产品的加工周期较长，每项工作在工作中心前的排队时间很长，引起加工时间的延迟和在制品库存的增加。

（3）成本管理。原材料、半成品、产成品、废品频繁出入库、成本计算复杂，需要针对成本对象并随着生产过程进行成本的归集和分配；使用标准成本法进行成本核算；注重实际成本和标准成本的差异比较和不同角度的成本分析。

在我国，离散型制造企业分布的行业较广，主要包括：机械加工、电子元器件制造、汽车、服装、家具、五金、医疗设备、玩具生产等。

1.1.2 流程型制造企业的特点

流程制造包括重复生产和连续生产两种类型。重复生产又叫大批量生产，与连续生产有很多相同之处，区别仅在于生产的产品是否可分离。重复生产的产品通常可一个个分开，它是由离散制造的高度标准化后，为批量生产而形成的一种方式；连续生产的产品是连续不断地经过加工设备，一批产品通常不可分开。

其中重复生产企业的生产特征是：

（1）生产计划。计划制订简单，常以日产量的方式下达计划，计划也相对稳定；生产设备的能力固定。

（2）生产过程控制。工艺固定，工作中心的安排符合工艺路线；通过各个工作中心的时间接近相同，工作中心是专门生产有限的相似的产品，工具和设备为专门的产品而设计；物料从一个工作点到另外一个工作点使用机器传动，有一些在制品库存；生产过程主要专注于物料的数量、质量和工艺参数的控制；因为工作流程是自动的，实施和控制相对简单；生产领料常以倒冲的方式进行。

在我国重复生产的行业主要有：电子装配、家电产品、各种电器等，常常表现为流水线的方式；连续生产的行业主要有：化工、食品、饮料、制药、烟草等。

1.2 制造行业薪酬管理特点

从已有的数据看，制造行业的总经理等管理层的年薪收入高于医药、化工行业的平均水平。目前多数企业的高层管理者已采用年薪制，但普遍存在与经营业绩不挂钩的做法，不利于对高层管理者的激励。

据统计，对我国制造行业整体而言，平均薪酬级差为 $16\%\sim20\%$，即薪酬级别每增加一个，薪酬额度在上一级别的基础上增长 $16\%\sim20\%$。行业内部薪酬差距平均值达到 12 倍，但从行业整体来看，薪酬并未拉开差距。企业之间薪酬差距最小为 5 倍，87% 参与调查的企业薪酬差距在 10 倍以下。相比其他行业，机械制造行业的薪酬差距相对较小，这样的薪酬体系并不利于调动员工的积极性。

这类企业在不同部门同级别职位的横向薪酬差距并不明显。很多企业对于岗位名称在同一级别上的员工采取同等待遇，如各个部门的"经理级""主管级"

QIYE XINCHOU XITONG SHEJI YU ZHIDING

员工。在采购、人力资源、财务、市场、制造、质量控制、研发等七个部门中，部门经理的年度总现金收入基本持平，其中研发部与生产部的水平略高，质量控制部年薪最低，但也仅相差 5 万元左右。这既没有体现出不同职位的人员价值差异，也没有体现出不同部门的岗位价值差异。

在行业不断向前发展的前提下，领导层和高级人才的薪金水平还有上升空间，制造行业的薪酬管理还需进一步提升与改进。目前，行业的企业各部门之间无论分工轻重，工资待遇几乎一样，这很不利于调动员工特别是有能力人才的积极性，更无法吸引高水平人才。总体而言，制造行业薪酬状况不容乐观。

1.3　典型企业薪酬系统案例

1.3.1　通用电气公司的薪酬激励五准则

通用电气公司的薪金和奖励制度使员工们工作得更有效率，也更出色。其秘诀是：只奖励那些完成了高难度工作指标的员工。对做出了成绩的人，公司一般采取发奖金或者授予股权的方法，以示表彰。然而，奖励的真正目的应该是鼓励他们在以后更加努力地工作。研究表明，要让奖金真正地发挥激励作用，那么公司提供的金额至少要高于被奖励者基本工资的 10%。实际上，通用电气公司支付的奖金金额远远低于这个比例。各种奖励，包括奖金、认股权、利润分成等，加起来平均只有被奖励者基本工资的 7.5%。因此，公司薪酬制度的一个关键原则是，把薪酬中的一大部分与工作表现直接挂钩。公司根据以下几项准则，按实际绩效付酬。

准则一：不要把报酬和权力绑在一起。如果把报酬与职位挂钩，就会建立起一支牢骚满腹的队伍，专家们把这些人称作"POPOS"，意思是"被忽略的和被激怒的人（passed over and pissd off）"。不把报酬和权力绑在一起可以给员工们更多的机会，在不晋升的情况下提高工资级别。公司还大幅度地增加了可以获得认股权奖励的员工名额，并在尝试实施一项奖励管理人员的计划，鼓励他们更多地了解情况，而不是根据他们管理多少员工或者工作时间有多久发奖金。

准则二：让员工们更清楚地理解薪酬制度。公司给工人们讲的如果都是深奥费解或者模棱两可的语言，工人们根本弄不清楚他们的福利待遇的真正价值。公司应当简明易懂地解释各种额外收入。

准则三：大张旗鼓地宣传。当为一位应当受到奖励的人颁奖时，尽可能广泛地传播这个消息。在一些公司，奖金已经成为一项固定收入，员工们把奖金当成另一名目的工资，就像另外应得的权利一样，奖励就失去了它应有的作用。

准则四：不能想给什么就给什么。不妨也试一试不用金钱的激励方法。金钱，只要用得适当，是最好的激励手段，而不用金钱的奖励办法则有着一些行之有效的优点：可以留有回旋余地。撤销把某一位员工的基本工资提高 6％ 的决定，要比收回给他的授权或者不再给他参与理想的大项目的机会困难得多。采取非金钱的奖励办法，就没有这样的限制。

准则五：不要凡事都予以奖赏。更多地实行绩效挂钩付酬制度。

1.3.2　海尔集团的薪酬管理与变革

海尔曾经是工业时代规模管理的忠实践行者，如今在互联网带来的冲击前，海尔是所有家电企业中转型最激进的一家，它正在推进的这场变革将颠覆其原有的全部组织结构。近来被业界高度关注的"海尔大裁员"的背后，正是海尔的这场小微运动。2013 年初，海尔的小微模式从各地的工贸公司开始试水。海尔的工贸公司成立于 2007 年，主要负责在境内销售海尔及控股子公司生产的相关产品。如今，海尔全国 42 家工贸公司已经全部转型"商圈小微"；小微模式开始在制造、设计、财务等海尔其他部门全面推进。随着海尔集团上述"激进"的管理改革与创新，势必要在薪酬管理体系上建立起一套与之匹配的模式。下面就从薪酬战略、薪酬结构和薪酬制度三个层面来对海尔集团的薪酬管理进行简单的分析。

1. 薪酬战略

海尔的"商圈小微"旨在将公司打造为平台化的生态系统，成为可实现各方利益最大化的利益共同体。自主经营体强调员工和经营者同一立场和合作，奉行全员参与经营，员工不再是被动的执行者而是身处其中的主动的创业者，但这一模式潜藏着消极怠工的风险。为消除该风险，海尔在薪酬战略的四大目标中选择偏向于雇员贡献方面，并以"三公原则"（即公平、公正、公开）作为指导思想。海尔的公平体现在对所有员工都实行统一的可量化考核标准；公正是指设立严格与工作成果挂钩的员工升迁制度，根据绩效高低将员工在优秀、合格、试用三个等级内进行动态转换；公开则指考核方式、考核结果和所得薪酬向所有员工的公开和透明。这一薪酬战略较好地解决了潜在的委托代理问题，并激励员工主动工作和构建利益共同体。

2. 薪酬结构

海尔在推行自主经营体时，重金聘请 IBM 设计了宽带薪酬结构，即一种等级少，等级区间内浮动范围大的薪酬结构。研究表明，宽带薪酬等级少且富有弹性，能够较好地淡化等级观念，消除官僚作风，起到支持和维护扁平化组织结构的作用。

3. 薪酬制度

在海尔的组织变革过程中，合适的薪酬制度应当起到激励和筛选的杠杆作用：一方面增强现有员工对自主经营体模式的认同；另一方面吸引适合自主经营体模式的员工，从而促成公司与员工的匹配，推动企业变革。对此，海尔推行了人单合一机制下的"超利分享酬"，激励员工先为客户创造价值，在扣除企业常规利润和市场费用后，就可与企业共享剩下的超额利润。海尔基于为用户创造的价值把薪酬基数分为五类，依次为分享、提成、达标、保本和亏损。员工的绩效达到提成或者分享水平就可参与对所创造价值的分享，即员工在向市场"挣工资"，而非等企业"发工资"。这种高度参与式的利润分享意味着客户价值的最大化就是员工收益的最大化，能够激发员工为客户创造价值的积极性，实现员工利益与企业利益的一致性。海尔还采用了"创客薪酬"推动自主经营体的发展。在这一制度下，员工与公司先达成一致的目标，再落实到具体的年月日，根据达到的目标获取"四阶"薪酬，即创业阶段的生活费、分享阶段的拐点酬、跟投阶段的利润分享和风投配股阶段的股权红利。其中蕴含的激励层次也从"生存权利""利益分享"上升到了"事业成就"。员工实质上是创业者，可以利用公司的平台和资源进行自主经营，初创时得到扶持，壮大时共享收益。

具体做法是：

（1）最初的创业时期，小微成员只拿生活费，生活费采取小微账户预支或者小微主自筹方式。

（2）当按照预单和预案的目标，实现价值创造拐点的时候，小微成员可以分享不同拐点的薪酬。

（3）当价值创造引爆了用户需求，在行业中发展势头迅猛，实现价值创造的超额利润水平时，小微成员可以进行超值利润分享，并且可以进行投资拥有小微的虚拟股份，成为该项事业的主人。

（4）当小微价值创造实现行业的引领，并吸引到外部资本风险投资时，海尔可以根据对小微的贡献，为小微成员配股，小微可以脱离海尔，成为独立公司并实现上市。持股数量和股票价值增长将成为小微成员的重要收入，员工实现从做事到做事业的彻底转变。

上述的薪酬管理措施，给海尔所带来的影响可以总结为以下三条：

1. 树立"挣工资"理念

海尔强调的不是企业"发工资"，而是市场"挣工资"的理念。这不仅改变了员工被动地听从组织安排，服从领导安排，打破了组织内部与市场的绝缘状态，更重要的是能充分激发员工的创造性，所有员工面向市场，积极寻找自身价值释放的空间，为用户创造价值，价值创造得越多，报酬越高。

现在海尔人有一个常用的词汇——"放养野生"，就是形象地比喻每个人都要面对市场，没有保障，不能创造用户价值就没有收入。而从具体实施上看，海尔所有项目从孵化伊始，小微主就自筹小微成员的月度生活费，但是自筹月度生活费有一定的时间期限，到期还难以实现最初设定的拐点目标时，小微就要考虑退出或者重启竞单和官兵互选程序。当小微项目进入市场达到一定用户量和财务目标后，才能享受相应的拐点酬。

2. 建立利益共同体

利益相关者理论认为，任何一个公司的发展都离不开各利益相关者的投入或参与，企业追求的是利益相关者的整体利益，而不仅仅是组织主体的利益。海尔实行与小微共享超利润、与合作方利润共享，小微内部也实行共享利润，股权共赢激励，整个利益共同体实现利润共享，真正实现利益最大化。

海尔与小微的对赌，在不同的节点设定了超利润分享的利润率。比如，假如小微的预期利润为1000万元，超过预期利润的0～200万元，小微享受的超利润分享可能会是30％；200万～500万元，超利润分享可能会设定为40％；500万～1000万元可能会设定为50％。按照此种原理，薪酬收入与价值创造非线性联系，从而激励小微不断创造更高的价值。这种基于利益共同体的利益最大化机制，也改变了传统的价值分配制度下，价值创造与价值分配之间割裂的局面，使得价值创造与价值分享紧密联系在一起，激发各方实现价值创造最大化。

3. 让员工经营属于自己的事业

海尔的管理层一直在思考这样的问题：只有让员工经营真正属于自己的事业，才能最大化地激活个人活力。实施以"小微"为基本运作单元的平台型组织，企业与员工不再是劳动雇用关系，而成为市场化的资源对赌关系。

所有人都可以在海尔平台上创新创业，成立小微公司，小微与海尔签订对赌协议，海尔对小微进行投资，而且提供对赌酬，只有小微的业绩到达协议标准，小微才会有相应的薪酬。从一定意义上讲，海尔对小微的对赌使得小微能够把工作当成自己的事业来做，也就是所谓的"自己的店当然自己最上心"。

第二节 IT 行业薪酬管理特点及典型企业案例

2.1 IT 行业的行业特点

IT 行业具有下述特点：IT 行业的高新技术不断地发展，促使 IT 产品生命周期正在进一步缩短，加速了 IT 产品的更新换代。

IT 产品生产过程有围绕产品结构组织生产的，也有按专业化特点组织生产的，其生产形式既有装配生产、多品种小批量生产、批量生产，又有连续生产、混合式生产、大批量生产。IT 产品的特点是：产品属于知识、技术密集型产品，科技含量高；一般为自动化生产线生产，自动化生产水平高；产品零部件品种、型号复杂，自制与外协并重；产品竞争激烈，升级换代迅速，产品研发投入大；产品注重节能和环保以及与国际标准的接轨。

随着经济的全球化、市场的国际化，客户需求的多元化与个性化越来越强烈，整个 IT 行业的企业与 IT 工业供应链正在高速地发展。但是，由于高新技术不断创新，产品更新换代越来越快，为了适应市场与客户的需求，企业迫切需要改变那种受限于过去的管理模式，建立新的竞争优势，主要针对以下方面。

（1）市场与客户的需求要求快速响应。企业销售跟不上市场，主要原因在于缺少一种有效的竞争手段。企业希望建立起一种快速向客户提供商业咨询、产品技术介绍、客户需求询价与报价和快速处理订单的机制。而客户提出的个性化产品需求，能在短时间内进行产品技术配置，报价和交货期明确，让客户满意后迅速达成交易订单。

（2）客户要求的产品交货期越来越短。由于高新技术的不断创新，促使 IT 产品更新换代快。企业生产跟不上客户需求，这将严重地影响对客户的交货承诺。因此，企业希望有一种全面的计划指导生产，达到按需制造准时交货，满足市场与客户需求。

（3）市场与客户需求快速多变。竞争市场中客户需求多变，而且常常在瞬间完成，这是必然的，也是正常的。企业要适应这种多变的环境，只有建立起一种具有快速响应市场多变的能力的机制与管理手段。

（4）客户要求低于竞争对手的同类产品价格。客户提出的产品降价问题，是一个合理的要求。由于企业管理基础与管理数据完整与统一性尚存在一定问题，而对产品制造、采购、配套、外协等成本核算大多沿用传统的会计核算，缺少一种有效的实时控制成本手段，使企业难于掌握产品的降价空间。

（5）客户的售后服务要求快速响应。产品销售后，企业面临着售后服务的问题。售后服务在制造企业中大多数由一个专业部门沿用传统的方式承担维修、处理和各类维修服务请求，难以赢得客户满意，且售后服务与销售分离。当客户提出售后服务问题，销售部门只能以事先约定的售后服务条款答复客户，缺乏售前售后的一体化服务，这是一种被动服务。因此，企业非常希望有一种有效的售后服务管理系统。

（6）由于 IT 行业生产所涉及的物料非常多，物料需求计划也将是管理的重点。企业需要解决库存资金积压的问题，加快资金周转。企业为了满足市场与客户的需求，生产上往往采用加大库存投资，增大库存量来调节生产，有时还扩大批量生产，所以造成库存资金大量积压，资金周转天数增大。企业需要有一种全面的物料管理手段来解决库存问题。

（7）要求快速的成本反应。企业需要降低产品成本。IT 产品的特点决定了其较高的科技和研究开发的投入，这就要求有相应的高产出。但是 IT 行业企业效率不高，这就要求变革企业的流程，提高整体效率，降低产品成本。

（8）企业非常需要对产品进行市场分析。在激烈的市场竞争中，企业非常需要对产品销售进行市场走向分析，面对市场机遇，迅速作出制造、供应、交货能力等方面的可行方案，辅助决策。但是，往往由于信息的不统一、信息传递的渠道不畅顺，信息又不共享，因此，信息综合不起来，无从掌握。企业希望有一种方法能将企业所有信息集成，帮助决策。

2.2　IT 行业的薪酬管理特点

目前，我国的很多 IT 企业依然采用带有大量等级结构的垂直型薪酬结构。很显然，这种传统的薪酬结构不适合应用在 IT 企业。建议采用宽带型薪酬结构，也就是对多个薪酬等级以及薪酬变动范围进行重新组合，从而变成只有相对较少的薪酬等级以及相对较宽薪酬变动范围。一般来说，每个薪酬等级的最高值与最低值之间的区间变动比率要达到 100％或 100％以上。典型的宽带型薪酬结构可能只有不超过 4 个等级的薪酬级别。每个薪酬等级的最高值与最低值之间的区间变动比率可能达到200％～300％。而在传统薪酬结构中，这种薪酬的区间变动比率通常只有40％～50％。宽带型薪酬结构的引入，一方面有利于 IT 企业实行扁平型的组织结构；另一方面，员工不需要为薪酬的增长而斤斤计较职位晋升等方面的问题，而只需要将注意力集中于提高企业所需要的那些技术和能力，做好公司着重强调的有价值的事情（比如满足客户需要、以市场为导向、注重效率等）即可。

我国 IT 企业确定员工基础薪酬的依据是工作岗位。岗位越高，基础薪酬就越高。很明显，这种薪酬的设计鼓励员工尽可能地获得管理职位，尽管他们还不具备必要的管理能力。长此以往，组织就可能形成"官本位"的企业文化。因此，在确定员工的基础薪酬时，有必要考虑员工所掌握的与工作相关的知识和技能，这样能够激励员工掌握额外的知识和技能。一方面将员工的职业发展与薪酬很好地结合起来，可以提高员工的个人满意度；另一方面，也能带给企业更大的价值，比如提高企业对市场反应的速度。

我国大多数 IT 企业的激励手段过于单一，常以金钱激励为主，少有其他一些精神方面的鼓励。按照马斯洛的需求层次理论，IT 企业员工的生存和安全需求已经得到满足，在这种情况下，他们会追求更高层次的需求，如尊重的需求以及自我实现的需求。因此，他们期望通过创造性或挑战性的工作来体现自身的价值，通过自己的工作业绩来获得他人和社会的认同、尊重。在设计激励薪酬时，应推行股票期权制，逐渐完善长期激励机制。由于我国的 IT 企业多是非上市公司，因此在股票期权的实行上有一定困难。可以实行如下措施：首先对公司资本实行虚拟化，然后让员工们以较低的价格买入一定数量（建议总额以公司虚拟股的 20％为上限）虚拟股。在其工作期间内，员工按所持虚拟股份额进行分红，当其离职后公司按一定价格购回，购回价＝原出售价×公司现有净资产/公司原有净资产。这在很大程度上能激发员工的创造性、积极性。

此外，在当今的社会，技术和产品更新不太可能由单个的研究人员所完成。为了增强企业新产品、新技术的开发能力，应加强团队合作建设，建议将个人奖金和团队奖金一起纳入员工的激励薪酬设计之中。

2.3 典型企业薪酬系统案例

2.3.1 IBM 公司的薪酬管理

1. IBM 公司的工资与福利制度

IBM 公司的工资与福利是由现金工资与众多的福利项目组合而成的。通过系统化的设计，配合公司内部的各种管理制度，以及公司为员工提供的多种事业发展计划，达到吸引、保留优秀人才，减少人员流失，激励员工更大地发挥潜能，为公司及个人的发展多作贡献的宗旨。

2. IBM 公司的工资与福利项目

基本月薪——对员工基本价值、工作表现及贡献的认同。

综合补贴——对员工生活方面基本需要的现金支持。

春节奖金——农历新年之前发放，使员工过一个富足的新年。

休假津贴——为员工报销休假期间的费用。

浮动奖金——当公司完成既定的效益目标时发出,以鼓励员工的贡献。

销售奖金——销售及技术支持人员在完成销售任务后的奖励。

奖励计划——员工由于努力工作或有突出贡献时的奖励。

住房资助计划——公司拨出一定数额资金存入员工个人账户,以资助员工购房,使员工能在尽可能短的时间内用自己的能力解决住房问题。

医疗保险计划——员工医疗及年度体检的费用由公司解决。

退休金计划——积极参加社会养老统筹计划,为员工提供晚年生活保障。

其他保险——包括人寿保险、人身意外保险、出差意外保险等多种项目,关心员工每时每刻的安全。

休假制度——鼓励员工在工作之余充分休息,在法定假日之外,还有带薪年假、探亲假、婚假、丧假等。

员工俱乐部——公司为员工组织各种集体活动(包括各种文娱、体育活动,大型晚会,集体旅游等),以加强团队精神,提高士气,营造大家庭气氛。

3. IBM 公司的工资管理

第一,工资要与职务的重要性、工作的难度相称。

IBM 公司根据各个部门的不同情况,根据工作的难度、重要性将职务价值分为五个系列,在五个系列中分别规定了工资最高额与最低额。这里假定把这五个系列叫做 A 系列、B 系列、C 系列、D 系列与 E 系列。A 系列是属于最单纯部类的工作,而 B、C、D、E 系列则是困难和复杂程度依次递增的工作,其职务价值也依次递增。A 系列的最高额并不是 B 系列的最低额。A 系列的最高额相当于 B 系列的中间偏上,而又比 C 系列的最低额稍高。

做简单工作领取 A 系列工资的人,如果只对本职工作感兴趣,那么他可以从 A 系列最低额慢慢上升,但只限于到 A 系列的最高额。

领取 A 系列工资的许多员工,当他们的工资超过 B 系列最低额的水准时,就提出“请让我做再难一点的工作吧!”,向 B 系列挑战,因为 B 系列最高额比 A 系列最高额高得多。

各部门的管理人员一边对照工资限度,一边建议员工“以后你该搞搞难度稍大的工作,是否会好一些”。从而引导员工渐渐向价值高的工作挑战。

第二,工资要充分反映每人每年的成绩。

员工个人成绩大小是由考核评价确定的。通常由直属上级负责对员工工作情况进行评定,上一级领导进行总的调整。每个员工都有进行年度总结和与他的上级面对面讨论这个总结的权利。上级在评定时往往与做类似工作或工作内容相同

的其他员工相比较，根据其成绩是否突出而定。评价大体上分 10～20 个项目进行，这些项目从客观上都是可以取得一致的。例如"在简单的指示下，理解是否快，处理是否得当"。

对营业部门或技术部门进行评价是比较简单的，但对凭感觉评价的部门如秘书、宣传、人事及总务等部门怎么办呢？

IBM 公司设法把感觉换算成数字。以宣传为例，他们把考核期内在报纸杂志上刊载的关于 IBM 的报道加以搜集整理，把有利报道与不利报道进行比较，以便作为衡量一定时期宣传工作的尺度。

当评价工作全部结束时，就在每个部门甚至全公司进行平衡，将所有员工分成几个等级。例如，A 等级的员工是大幅度定期晋升者，B 等级是既无功也无过者，C 等级是需要努力的，D 等级则是生病或因其他原因达不到标准的。

从历史看，65％～75％的 IBM 公司员工每年都能超额完成任务，只有 5％～10％的人不能完成定额。那些没有完成任务的人中只有少数人真正遇到麻烦，大多数人都能在下一年完成任务，并且干得不错。

第三，工资要等于或高于一流企业。

IBM 公司认为，所谓一流公司，就应付给员工一流公司的工资。这样才算一流公司，员工也会以身为一流公司的员工而自豪，从而转化为热爱公司的精神和对工作充满热情。为确保比其他公司拥有更多的优秀人才，IBM 在确定工资标准时，首先就某些项目对其他企业进行调查，确切掌握同行业其他公司的标准，并注意在同行业中经常保持领先地位。

定期调查选择对象时主要考虑以下几点：

（1）应当是工资标准、卫生福利都优越的一流企业；

（2）要与 IBM 从事相同工作的人员的待遇进行比较，就应当选择拥有技术、制造、营业、服务部门的企业；

（3）应是有发展前途的企业。

为了与各公司交换这些秘密的资料，根据君子协定，绝对不能公开各公司的名字。

当然，IBM 所说的"必须高于其他公司的工资"，归根结底是要"取得高于其他公司的工作成绩"。在提薪时，根据当年营业额、利润等计算出定期提薪额，由人事部门提出"每人的平均值"。因此，要提高提薪额，就必须相应地提高工作成绩。

完整的职位评估系统，对内部不同工种及不同工作的系统分类并级别化，由于内部不同级别的工资水平不同，充分体现按贡献取酬的精神。

严格的工作表现评估系统，由主管与员工共同完成每年度的工作计划制订和工作表现评估，工作表现的好坏与加薪升职紧密相关，从而实现"按贡献取酬"的目的。

严谨的薪资调查方法，密切关注本行业的工资变化情况，调整工资结构，以保证工资和福利在本行业中保持竞争力。

第四，机会均等的加薪与升职机会。

工作表现及专业技能是在提升及加薪过程中首先要考虑的因素。IBM 的工资制度及管理制度保证了提升及加薪的机会对每个员工均等。IBM 的员工只要积极制定职业生涯目标，不断更新专业技能，积极进取，不断扩大工作范围及影响力，提高领导才能，其职业生涯及报酬就会随之蒸蒸日上。

4. IBM 公司的绩效工资管理

在 IBM，每一个员工工资的涨幅，会有一个关键的参考指标，这就是个人业务承诺计划——PBC。只要你是 IBM 的员工，就会有个人业务承诺计划。制订承诺计划是一个互动的过程，员工和直属经理坐下来共同商讨这个计划怎么做才切合实际，几经修改，员工其实和老板立下了一个一年期的军令状。老板非常清楚员工一年的工作及重点，员工自己对一年的工作也非常明白，剩下的就是执行。到了年终，直属经理会在员工的军令状上打分，直属经理当然也有个人业务承诺计划，上头的经理会给他打分，大家谁也不特殊，都按这个规则走。IBM的每一个经理掌握了一定范围的打分权力，他可以分配他领导的那个 Team（组）的工资增长额度。IBM 在奖励优秀员工时，是在履行自己所称的高绩效文化。

IBM 的个人业绩评估计划从三个方面来考察员工工作的情况。第一是 Win，制胜，胜利是第一位的。首先员工必须完成在 PBC 里面制定的计划，无论过程多艰辛，到达目的地最重要。第二是 Executive，执行。执行是一个过程量，它反映了员工的素质，执行是非常重要的一个过程监控量。最后是 Team，团队精神。在 IBM 埋头做事不行，必须合作。IBM 是非常成熟的矩阵结构管理模式，一件事会牵涉到很多部门，有时候会从全球的同事那里获得帮助，所以 Team 意识应该成为第一意识，工作中随时准备与人合作一把。

5. IBM 公司的绩效工资制度

绩效工资制度的前身是计件工资，但它不是简单意义上的工资与产品数量挂钩的工资形式，而是建立在科学的工资标准和管理程序基础上的工资体系。它的基本特征是将员工的薪酬收入与个人业绩挂钩。业绩是一个综合的概念，比产品的数量和质量内涵更为宽泛，它不仅包括产品数量和质量，还包括员工对企业的

其他贡献。企业支付给员工的业绩工资虽然也包括基本工资、奖金和福利等几项主要内容，但各自之间不是独立的，而是有机地结合在一起。

与传统工资制相比，绩效工资制的主要特点，一是有利于员工工资与可量化的业绩挂钩，将激励机制融于企业目标和个人业绩的联系之中；二是有利于工资向业绩优秀者倾斜，提高企业效率和节省工资成本；三是有利于突出团队精神和企业形象，增大激励力度和员工的凝聚力。

绩效工资体系的不完善之处和负面影响主要是：容易导致对绩优者的奖励有方，对绩劣者约束欠缺的现象，而且在对绩优者奖励幅度过大的情况下，容易造成一些员工瞒报业绩的行为。因此，对员工业绩的准确评估和有效监督是绩效工资实施的关键。

绩效工资的计量基础是员工个人的工作业绩，因此，业绩评估是绩效工资的核心。工作业绩评估手段可以分为正式体系和非正式体系，非正式体系主要是依靠管理人员对员工工作的个人主观判断；正式体系建立在完整的评估系统之上，强调评估的客观性。

2.3.2 朗讯公司的薪酬管理

朗讯公司按业绩提供报酬，全公司每年都要进行非常周密的业绩考评。朗讯通过一个 3×3 的矩阵给员工打分，告诉每位员工他自己的业绩情况。每个人的报酬是否增长，最终的决定权在业务部门，业务部门要真正知道谁是他们的业务骨干。

在人力资源管理中，业绩评估是最敏感的部分，因为它直接关系到员工的升迁和薪金。业绩评估不恰当，会影响员工的情绪，会影响部门的工作。甚至有些经理不愿意有真正严格的评估，或者说中层主管对公司制定的考核员工的制度往往在情绪上不愿意执行，因为这里面有破坏个人自尊的行为，有人际关系风险。研究表明，大多数员工认为自己表现优秀，但评估结果却往往与他们的自我判断相去甚远。

1. 评估每一天

朗讯公司的业绩评估系统是一个闭环反馈系统，这个系统有一个形象的模型就是一个 3×3 的矩阵，员工工作业绩的最后评定会通过这个矩阵形象地表达出来，这就像一个矩阵形的"跳竹竿"游戏，如果跳得好就不会被夹脚出局，而且会升迁涨工资。朗讯的员工每年要"跳矩阵"一次，但是评估过程从目标制定之日起就已经开始了，可以说是做到"评估每一天"。

2. 朗讯公司的业绩评估系统

每年年初，员工都要和经理一起制定这一年的目标，经理要和更高层经理制定自己的目标。这个目标包括员工的业务目标（business objective）、GROWS行为目标和发展目标（development objective）。在业务目标里，一个员工要描叙未来一年里的职责是什么，具体要干一些什么；如果是一名主管，还要制定对下属的帮助目标（coaching）。

在发展目标里，则可以明确提出自己在哪些方面需要培训。当然并不是自己想学习什么就能得到什么培训，这个要求需要得到主管的同意。下属的每一个目标的制定，都是在主管的参与下进行的。主管会根据你的业绩目标、GROWS行为方面的差距、自己能力不足三个方面提出最切实的发展参考意见，因为主管在工作中与下属有最密切的联系。

业务目标制定：员工在制定自己的业务目标时，他必须知道谁是自己企业内部和企业外部的客户，客户对自己的期望是什么。如果是主管，还应知道下属对自己的期望是什么。员工可以通过客户、团队成员和主管的意见，来让自己的业务目标尽可能和朗讯的战略目标紧密结合。员工要在业务目标中明确定义自己的关键目标。一个主管还要制定指导员工和发展员工的计划，建立和强化团队的责任感。

GROWS目标制定：每个员工通过制定GROWS行为目标，来强化对朗讯文化的把握和具体执行。

发展目标制定：从员工的职责描述、员工的业务目标和主管那里来定义自己必需的技能和知识，评估自己当前具备的技能和知识。参考以前的业绩评估结果，通过多种途径的反馈和主管对员工的参考意见，能够帮助自己全面正确地评估自己的能力现状，这个评估结果对自己的发展非常重要。

在主管的协助下，将这三大目标制定完毕，员工和主管双方在目标表上签字，员工和主管各保留一份，在将来的一年中员工随时可以以此对照检验自己的行为。

朗讯的薪酬结构由两部分构成，一部分是保障性薪酬，跟员工的业绩关系不大，只跟其岗位有关；另一部分薪酬跟业绩紧密挂钩。在朗讯非常特别的一点是，朗讯中国所有员工的薪酬都与朗讯全球的业绩有关，这是朗讯在全球执行GROWS行为文化的一种体现。

3．一项专门奖

朗讯公司专门有一项奖——Lucent Award，也称全球业绩奖。朗讯的销售人员的待遇中有一部分专门属于销售业绩的奖金，业务部门根据个人的销售业绩，每一季度发放一次。在同行业中，朗讯薪酬中浮动部分比较大，朗讯这样做是为了将公司每个员工的薪酬与公司的业绩挂钩。

4．两项大考虑

朗讯公司在执行薪酬制度时，不是看公司内部的情况，而是将薪酬放到一个系统中考虑。朗讯的薪酬政策有两个大考虑，一个方面是保持自己的薪酬在市场上有很大的竞争力。为此，朗讯每年委托一个专业的薪酬调查公司进行市场调查，以此来了解人才市场的宏观情形。这是大公司在制定薪酬标准时的通常做法。另一个考虑是人力成本因素。综合这些考虑之后，人力资源部会根据市场情况给公司提出一个薪酬的原则性建议，指导所有的劳资工作。人力资源部将各种调查汇总后会告诉业务部门总体的市场情况，在这个情况下每个部门有一个预算，主管在预算允许的情况下对员工的待遇做出调整决定。

5．年度加薪日

朗讯公司在加薪时做到对员工尽可能透明，让每个人知道他加薪的原因。加薪时员工的主管会找员工谈话，根据员工当年的业绩，确定可以加多少薪酬。每年的 12 月 1 日是加薪日，公司加薪的总体方案出台后，人力总监会和各地做薪酬管理的经理进行交流，告诉员工当年薪酬的总体情况，市场调查的结果是什么？今年的变化是什么？加薪的时间进度是什么？公司每年加薪的最主要目的是：保证朗讯在人才市场具有竞争力。

6．学历与工龄淡化

朗讯公司在招聘人才时比较重视学历，贝尔实验室 1999 年招了 200 人，大部分是研究生以上学历，"对于从大学刚刚毕业的学生，学历是我们的基本要求"。对其他的市场销售工作，基本的学历是要的，但是经验就更重要了。学历到了公司之后在比较短的时间就淡化了，无论做市场还是做研发，待遇、晋升和学历的关系慢慢消失。在薪酬方面，朗讯是根据工作表现决定薪酬。进了朗讯以后薪酬和职业发展跟学历工龄的关系越来越淡化，基本上跟员工的职位和业绩挂钩。

2.3.3 华为的薪酬激励系统

华为公司成立于 1987 年，最初以代理一家香港公司的用户交换机（PBX）为主业。两年后转向自主研发，致力于通信网络技术与产品的研究、开发、生产与销售。华为在其初期的发展过程中，逐步建立了一套独特的激励机制与企业文化，并将一大批国内最优秀的年轻人才收于旗下，他们倾其全部青春和热情创造了中国民营科技企业令人叹服的企业发展神话，成为中国最优秀的企业之一。

华为一贯重视员工福利保障，为员工创建健康安全的工作环境，并推行物质激励与非物质激励并行的员工激励政策，使奋斗者得到及时、合理的回报。根据华为官方发布的 2015 年可持续发展报告中显示，公司通过工会实行员工持股计划，员工持股计划参与人数为 79 563 人（截至 2015 年 12 月 31 日），参与人均为公司员工。员工持股计划将公司的长远发展和员工的个人贡献有机地结合在一起，形成了长远的共同奋斗、分享机制。为了对员工进行保障，华为同年投入超过 14 亿美元。华为十几年高速发展的一个根本原因是它不但吸引了大批中国最优秀的高校毕业生，而且使这些青年满怀激情地为企业工作，将个人的潜能充分发挥出来，华为能够做到这一点，应该归因于建立了一套科学合理的激励机制，这套激励机制应该包括：以员工持股为核心的薪酬激励机制和以华为"基本法"为核心的精神激励机制。

1. 以员工持股为核心的薪酬激励

华为员工持股激励机制分析华为员工持股的演进过程大体分为以下几个阶段：第一阶段（1990～1996 年）以解决资金困难为主要目的，实行内部集资。1990 年，华为开始尝试员工持股制度，当时，华为刚刚成立三年，由贸易公司转为自主研发型企业，为解决研发投入大、资金紧张、融资困难造成的企业发展受限的问题，华为开始尝试实行员工持股制。在当时的股权管理规定中，华为将这种方式明确为员工集资行为。参股的价格为每股 10 元以税后利润的 15％作为股权分红，向技术、管理骨干配股。这种方式可以为企业赢得宝贵的发展资金。

第二阶段（1997～2001 年）以激励为主要目的。1997 年，深圳市颁布了《深圳市国有企业内部员工持股试点暂行规定》，华为参照这个规定进行员工持股制度改制，完成第一次增资。华为当时在册的 2432 名员工的股份全部转到华为公司工会的名下，占总股份的 61.86％。此时，随着公司效益的提升和从资金困境中逐步解脱出来，员工持股制度在担负内部融资任务的同时，也演变成了一种重要的激励制度，与工资、年终奖金、安全退休金等一起，共同构成了华为的薪酬体系。

第三阶段（2001～2002 年）开始实施虚拟受限股。2000 年，华为受到网络泡沫的侵袭。国内的大部分企业都面临着融资困难的问题，华为也是如此。一方面，面临突然而至的大批量订单，缺乏研发生产资金，另一方面公司向国际市场的进军也需要大量资金；而且，目前的员工持股计划的实行，使得一直享有股份的老员工开始出现效率下降，业绩下滑的态势，未获得激励的骨干员工有了另谋出路的想法。2001 年，深圳市出台了《深圳市公司内部员工持股规定》，这一政策将民营企业一起纳入规范范围内。华为也意识到以前那种不规范的股权安排形式可能带来潜在风险，以及造成上市障碍。因此，2001 年，华为聘请国际著名咨询公司，开始对其股权制度进行调整变革。将内部员工股更名为"虚拟受限股"。

第四阶段（2003～2008 年）股权激励制度进一步修订。还没有从网络危机的低迷中缓过来的华为，在 2003 年，又一次遭受了 SARS 的侵袭，影响之大已经波及了华为的海外市场。一方面，面对与思科的产权官司；另一方面，面对产权官司对国际市场的影响，华为认识到当下重要的是要稳住员工队伍，共同度过难关。针对当前环境，公司及时调整作战策略，不仅要从市场上调整方向，还要从公司内部进行调整。于是，华为的股权激励计划又一次升级。首先从配股额度上做了改进，加大了配股力度，在员工已有的股票数额基础上，再增加基本相同的配股数给员工；其次，股权的套现形式也发生了变化，不同于以往离职时也可以得到一定比例的套现的情况，此次调整后的激励计划要求员工每年只能兑现持有的总股数中的 10％；再次，三年内不进行兑现，如果离开公司，则配股作废。最后，华为将配股的份额向骨干员工和关键岗位的员工倾斜，这些岗位的员工得到的配股数明显多于普通员工。

第五阶段（2008～2012 年）实行饱和配股制。受到全球金融风暴的洗礼，世界各地的经济都遭受到了不同程度的损失，越来越多的大型企业不得不采取裁员行动。受金融危机影响，华为的员工出现了大幅度赎回手中持有股票的现象。为了稳定住已有的员工并吸引新员工，2008 年底，华为将原有的激励模式进行改进，推出了饱和配股制的模式。饱和配股制的激励范围是在企业工作一年及以上的全体员工。

第六阶段（2013 年）将外籍员工纳入股权激励的范围。随着国内通信行业的不断发展，市场趋于饱和的状态。华为看到国内市场的饱和情况后，决定带领华为走向世界。于是，在 2013 年，华为开启了海外计划。既然要迈向海外市场，那么企业就需要一些熟悉国外市场和管理模式的优秀人才。相对于将国内的人才大批派往国外，不如就地取才，在海外研究所和办事处聘用一些当地的优秀高管，实现了员工全球化。针对海外市场的人才激励政策，华为根据国内的持股计划，又改进了这项激励制度。将外籍员工也纳入激励的范畴，发放给外籍员工一定量的股权。此次推进的这项长期激励计划，吸引了大量的西方优秀管理人才在华为工作。华为不仅在国外的办事处聘用当地员工，在国内也拥有大量的外籍工作人员。截至 2016 年初，华为公司共拥有外籍员工的数量高达 3.4 万人。

第七阶段（2014 年至今）推行 TUP 股权激励计划。2013 年，由于每年的超额分红对老员工的激励效力下降，进而造成老员工消极怠工的情绪，工作热情大大减退。与此同时，华为再一次面临融资的问题。海外扩张需要资金、银行对虚拟受限股开始遭到停贷，企业发展需要融资，但员工又无法继续购买企业内部股票。在双重压力汇聚到一起的情况下，华为改变了原有的股权激励模式，于

2013 年，推行了 TUP 计划。TUP 计划是 TimeunitPlan 的简称，又称为时间单位计划。它是指企业根据员工岗位的不同、级别的高低和绩效的多少来核算每年向员工配送期权的数量。

这种全员持股的薪酬激励机制将保障性薪酬的利益激励机制与风险性薪酬的风险控制机制有机结合起来，以风险薪酬为主，做到短期激励与长期激励相结合，将激励效果最大化。同时为了更好地实施员工持股计划，公司建立了一套以绩效目标为导向的考核机制，将业绩考核纳入日常管理工作中，以支撑相关的薪酬激励机制。具体包括：把考核作为一个管理过程，循环不断的"PDCA"过程使得业务工作与考核工作紧密结合起来；工作绩效的考证侧重在绩效的改进上，工作态度和工作能力的考评侧重在长期表现上，公司的战略目标和顾客满意度是建立绩效改进考核指标体系的两个基本出发点，在对战略目标层层分解的基础上确定公司各部门的目标，在对顾客满意度节节展开的基础上，确定流程各环节和岗位的目标；绩效改进考核目标必须是可度量且重点突出的，指标水平应当是递进且具有挑战性的，有了这套考核机制，奖金的分配自然有了公平的依据。

2. 以华为"基本法"为核心的精神激励

华为基本法（简称"基本法"）的总设计师任正非希望建立一支庞大的高素质、高境界和高度团结的队伍，以及创造一种自我激励、自我约束和人才脱颖而出的机制，这也是"基本法"人才激励的最终目的。"基本法"中所呈现出来的激励机制，将员工的利益放到了一个真实的位置上，极大地增进了员工对企业的认同感。这种以企业的具体管理制度和政策为基础所形成的人文环境或心理体验，发挥了其精神激励的作用。

如在"基本法"中体现的人才评价标准是——"以贡献来评价，而不是以知识来评价员工，这是企业价值评价体系和价值分配体系公正性和公平性的客观基础。"将此人才评价标准作用于华为股权分配体系是：老员工如果跟不上公司的发展步伐，即使过去贡献很大，其持股的比例也会降低。新员工如果具备公司需要的知识和技能，对公司的持续发展具有重大贡献，他在公司的持股比例则会增长很快。

又如在"基本法"中体现的干部选拔标准是——尊重有功劳的员工，给他们更多一些培训的机会，但管理人员一定要依据能力与责任心来选拔。进入公司以后，学历、资历自动消失，一切根据实际能力、承担的责任来考核识别干部。

再如在"基本法"中体现的绩效考核标准是——工作绩效的考评侧重在绩效的改进上，宜细不宜粗；工作态度和工作能力的考评侧重在长期表现上，宜粗不宜细。考评结果要建立记录考评，要根据公司不同时期的成长要求有所侧重。在

各层上下级主管之间要建立定期的述职制度。各级主管与下属之间都必须实现良好的沟通，以加强相互的理解和信任。沟通将列入对各级主管的考评，并以此作为华为公司的基本考核方式。

通过这种激励机制想要达到三个目的：一是要每个人努力做好工作，为公司创造更多的价值；二是要开发人力资源，挖掘每个人的潜能，不断地促使人力资本的增值；三是要对员工的价值创造过程和价值创造结果进行评价和排序。

第三节　消费品行业薪酬管理特点及典型企业案例

3.1　消费品行业的特点

消费品行业的行业特点如下。

（1）消费品行业是一个完全自由竞争的行业，行业壁垒小，科技含量不高，但竞争激烈。

（2）小产品、大市场，单价较低，但消费量大，行业生命力永恒。

（3）典型的离散型或流程型重复生产模式。

（4）产品品种多，生产量大，通常有保质期限制。

（5）销售客户数量多，业务频繁，需要管理多种销售渠道。

（6）价格经常调整，灵活的销售策略。

（7）需要对客户订单做出快速的响应且及时配送。

（8）某些消费品行业对批次进行跟踪，按照批次进行生产跟踪，能够帮助企业提高产品质量、分析生产中出现的问题。

3.2　消费品行业薪酬管理特点

在我国，消费品行业的薪酬增长是非常明显的、全方位的，无论外资企业、合资企业还是民营企业，从操作员工层至决策层，薪酬都有所提高。根据众达朴信相关调研报告显示，2015年快消行业整体涨薪幅度低于9％。相对而言，化妆品、母婴店、个人护理等日化行业人才竞争更为激烈，线下和线上同时发力将是其行业特点，涨薪幅度会高于9％；服装、鞋帽等行业品牌竞争加剧，从质量到物流，从产品定位到客户体验，整个产业链的高效运营将对企业有很大的影响；食品饮料业的竞争将落地于销售终端，市场营销和销售序列涨薪幅度会高于其他职类。

消费品行业薪酬水平并不突出，但随着近年来的快速增长，大有迎头赶上之势。尤其是在高端岗位，薪酬增长空间潜力巨大。经理层以及总监层员工薪酬变动收入部分的比例进一步加大。说明在激烈的竞争下，各企业期望员工努力工作，给企业带来更多的利润，也愿意给予表现好的员工更多更大的激励。尤其是在中高层，优秀的绩效表现可以带动整个部门的业绩提升。纵观中国的消费品行业市场，随着人们生活水平的提高和思想理念的变化，消费品行业拥有着越来越大的市场潜力，而企业在经营过程中的每个部门也都发挥着不同的作用，其薪酬水平有所差异。

　　从市场依赖性这个特性来看，消费品制造企业市场营销环节的信息化至关重要，对产品有没有市场起着十分重要的导向作用。销售人员一直是消费品行业需求量最大的，消费品行业的人才缺口主要来自市场营销人才。一方面，消费品行业的产品主要面向个人用户，品牌建设和市场推广对企业的生存至关重要；另一方面注重品牌和宣传的消费品行业企业，市场和销售部门最为核心的工作在于"品牌管理"。品牌代表了一种价值观，它并非人们所想象的仅是一个代名词，它有着其灵魂和个性，并代表了公司与消费者的一种密切的精神纽带，对公司的发展起着举足轻重的作用。

3.3　典型企业薪酬系统案例

3.3.1　星巴克的薪酬系统

1. 星巴克公司的背景

　　星巴克咖啡公司创建于 1987 年。原董事长兼首席执行官是霍华德·舒尔兹，他于 1982~1985 年间与公司的最初创始人一起共事，后来买下了这家公司。在 1987 年时，星巴克公司有十一家店。最初的商业计划是向投资方承诺在五年内达到 125 家店铺。

　　1982~1992 年间，该公司仍是私营企业，但却以令人震惊的年均 80％ 的增长速度增加到 150 家店。在 1992 年 6 月，该公司上市并成为当年首次上市最成功的企业。星巴克公司是北美地区一流的精制咖啡的零售商、烘烤商及一流品牌的拥有者。在北美、英国及环太平洋地区拥有 1800 家店铺，和布瑞尔公司（生产咖啡冰淇淋）及百事可乐公司（生产一种叫富拉普希诺的瓶装咖啡饮品）达成了战略伙伴关系。

　　星巴克 1997 年财政年度收入是 96 700 万美元，比上一年几乎增长了 39％。公司雇用了 25 000 多名合伙人（该公司对雇员的称呼）。公司目标是到 2000 年时在北美地区拥有超过 2000 家店铺的规模。公司的使命是"使自己成为世界上

最好的咖啡的主要供应商，并在发展过程中不折不扣地保持商业原则。"

2．文化和价值观：人力资源及薪酬体系的驱动因素

星巴克是一家价值驱动型的企业，公司内有一套被广泛接受的原则。这家公司总是把员工放在首位并对员工进行了大量的投资。这一切来得绝非偶然，全都出自首席执行官的价值观和信念。舒尔兹曾说道："我想建立的公司能给人们带来主人翁意识并能提供全面的医疗保险，最重要的是，工作能给他们带来自尊。人们普遍认为该公司是一家能给他们带来自尊的公司，能尊重他们所作的贡献，不管员工的教育程度和工作地点在哪里。"

公司坚信若把员工放在第一位，则会带来一流的顾客服务水平，换言之，有了对服务相当满意的顾客后，自然会有良好的财务业绩。

3．通过人力资源及全面薪酬体制加强文化与价值观

为了加强及推动公司的文化，公司实施了一系列的报酬激励计划。对于全职和兼职员工（符合相关标准），公司提供卫生、牙科保险以及员工扶助方案、伤残保险。此外，一家叫工作解决方案的公司帮助处理工作及家庭问题。这种情况在零售行业里并不常见，大多数企业不会为兼职员工的福利支付成本。尽管支付兼职员工福利的成本增加了公司的总福利成本，但平均福利成本和对手相比仍然很低。尽管投资巨大，但公司仍支付大量红利。那些享受到这些福利的员工对此心存感激之情，因而对顾客服务得更加周到。

第二，所有的员工都有机会成为公司的主人。公司在 1991 年设立了股票投资方案，允许以折扣价购买股票。蚕豆方案是每年提供一定的期权，总金额是基本工资的 14％。那些达到最低工作量的兼职员工两个方案均可享受。满足下列条件的员工可以得到期权：从四月一号到整个财政年度末在公司工作，这期间至少有 500 个工作小时，到一月份发放期权时仍在公司工作的员工。由于星巴克公司的股价持续不断地上涨，给员工的期权价值就很大了；更重要的是，配合公司对员工的思想教育，使得员工建立起自己是公司股东的想法。

可是，加强文化和价值观的培养不只是一个薪酬体系的全部问题。全面薪酬体系，尽管是推动业务强有力的杠杆，但只是其中的一个因素，不能与其他正在实施的关键性的人力资源杠杆分割开来。这些其他的杠杆包括广泛的员工培训、公开沟通的环境及一个叫做使命评价的方案，这是名为合伙人快照方案的一部分。合伙人快照方案是想尽量从公司伙伴那里得到反馈。这和意在得到顾客反馈的顾客快照方案是平行的。合伙人快照方案包括公司范围内的民意调查、使命评价及一个相对较新的对公司和员工感兴趣的关键问题进行调查的电话系统。

使命评价是于 1990 年设立的正式方案，以确保公司按其使命前进。公司在

每个地方放置了评论卡谈论有关使命评价的问题，员工可以在他们认为这些决策和后果不支持公司的使命时填写评论卡。相关的经理有两周时间对员工的问题作出回应。此外，一个跨部门的小组在公开论坛上探讨员工对工作的忧虑，并找出解决问题的方法及提交相关报告。这样做不仅使得公司的使命具有生命力，也加强了企业文化的开放性。所有招聘进来的新员工在进入公司的第一个月内能得到最少 24 小时的培训。培训项目包括对公司的适应性介绍、顾客服务技巧、店内工作技能。另外，还有一个广泛的管理层培训计划，它着重于训练领导技能、顾客服务及职业发展。

公开的沟通方式也是星巴克公司原则的一部分。公开论坛一年要开好几次，告诉员工公司最近发生的大事，解释财务状况，允许员工向高级管理层提问，同时也给管理层带来新的信息。此外，公司定期出版员工来信，这些来信通常是有关公司发展的问题，也有员工福利及股东方案的问题。

4. 星巴克公司人力资源和报酬的发展

星巴克公司已走过发展的许多阶段，人力资源和全面薪酬体系也应该随之发展。比如，在 20 世纪 80 年代后期，该公司还只是只有一个重点产品的区域性公司。公司的人力资源部主要由行政管理人员组成——一群聪明、有主意、以事业为中心的人，但他们同时常常陷于日常事务的处理，大部分的工作由外部咨询师作指导。这期间的报酬和福利（它们将发展为全面薪酬功能）具有 401（K）计划中的内容。在 20 世纪 90 年代早期，星巴克发展成真正的全国性公司，拥有多条产品线。人力资源经理发展成为项目经理，他们从行政职能转变为人力资源管理职能，为业务提供产品和工具。一些不能为公司提供核心竞争力的东西开始采用外购的方式。公司继续进行人力资源职能更强的自动化服务。报酬和福利成为全面薪酬的一部分，包括额外医疗福利、医疗照顾、同工同酬及员工辅助方案等。

随着公司进入 20 世纪 90 年代后半期，在业务范围和业务重点上将更加国际化。同时，人力资源已把自身确定为业务领导的职能：即技术型发展的企业整合所有的业务单位，人力资源提供业务咨询和战略管理。公司建立了无数的零售商合作伙伴，提高了整体报酬的水平。公司执行一体化的国内及国际人力资源计划，以支持业务战略的发展。

3.3.2 欧莱雅的薪酬激励机制

欧莱雅建立了由薪资、福利、奖金、利润分享、股权、巴黎培训等众多激励方式组成的激励体系。

（1）薪资。在薪资方面，欧莱雅为员工提供在行业中位于中上水平、富有竞

争力的薪资。薪资根据岗位责任与业绩而决定。

（2）年终浮动奖金、利润分享。每年年底，根据员工的业绩表现，员工会得到相应的奖励。奖金的幅度完全与业绩挂钩，表现突出奖金就多，表现差的员工甚至拿不到奖金。同时，每年公司还有利润分享计划，拿出一定比例的收益与每一位欧莱雅员工分享。

（3）股权。股权也是一种很重要的激励方式，得到股权奖励的员工也意味着将有更多的机会在海外从事工作或培训。

（4）晋升与岗位轮换。表现优秀的员工，毫无疑问将优先得到职位晋升的机会。欧莱雅有着众多的品牌与事业部以及各种产品线，当公司中某个职位出现空缺时，欧莱雅会优先考虑留给公司内部表现突出的员工，让员工感到欧莱雅用人的灵活性。

（5）培训机会。欧莱雅人视能够被派往法国巴黎总部培训为一种很大的激励。能够被选送到巴黎培训不仅仅是去学习某项技能以及建立内部工作关系，更是一种荣誉，只有表现最突出的经理才能得到去巴黎总部学习的机会。

（6）沟通机制。在弥漫着"诗人"想象力与"农民"实干精神气氛的欧莱雅公司，没有官僚主义者，没有工作中的扯皮现象。欧莱雅建立有健全的沟通体系，但更让欧莱雅引以为自豪的，则是欧莱雅的"会议制度"。

一个典型的"欧莱雅会议"，就像是欧莱雅"诗人"的"咏诗会"，欧莱雅的"诗人"们在这里头脑激撞，撞击出智慧的火花，富有激情的思维在这里不受束缚，不分级别，成为欧莱雅思想创新、管理创新的大熔炉。

"欧莱雅会议"包括：

（1）公司管理委员会会议——每个月，公司上层管理委员会定期开会，会议的内容主要是关于公司的重大决策、重要问题的沟通与讨论。

（2）事业部层面管理委员会会议——每个季度，公司各事业部的部门经理在一起召开事业部管理委员会会议。在中国，欧莱雅有 50 多名负责各事业部的部门经理，集中到上海的中国总部，通常在希尔顿酒店举行为期一天的会议。由每一个事业部的负责人介绍各自部门的重大活动、最新动态。

（3）不定期会议——公司各个部门的经理会不定期举行本职能部门的会议，召集公司分支机构的负责人参加，沟通公司最新动态，传达公司的决策等。

内部媒体

欧莱雅集团办有专门的杂志，发布集团业务发展的信息，介绍公司最新动态。

欧莱雅中国办有 Contact 杂志，在欧莱雅中国员工范围内发行，起到信息沟通的作用。

内部媒体还包括欧莱雅的内部网站。比如欧莱雅人事部建有专门的招聘网站，供全球招聘人员分享经验，互相交流、探讨好的招聘方法、管理方法等，各国分公司招聘工作上取得的经验会在这里进行交流。

内部公共关系

欧莱雅在公共关系部设有"内部公共关系"的专门岗位，有专门人员来负责公司内部员工以及欧莱雅中国与巴黎总部的沟通，这种模式在欧莱雅全球通行。内部公共关系沟通人员通过员工调研、满意度调查等来了解员工对公司、工作的满意度；组织公司内跨部门的员工沟通活动，每年公司有特别的预算支持各种员工活动的开展，沟通信息，促进团队建设。

自上而下的沟通

欧莱雅中国总裁盖保罗像欧莱雅总部高层领导一样，非常重视与员工保持及时的沟通。他经常给员工发 E-mail，告诉员工公司的发展情况以及他的想法。盖保罗更喜欢面对面地沟通，他一直保持着一个非常可贵的习惯，公司每一次新员工的上岗培训他都会到场，与新员工面对面进行长时间的沟通。

自下而上的沟通

员工认为不公平的事情，可以通过多条渠道反映问题。到人事部投诉是其中渠道之一，人事部会谨慎、认真地去调查与处理。员工还可以给总裁盖保罗写匿名信，反映问题。盖保罗会非常重视，有时会转给人事部，由人事部在保密的状态下认真调查。

欧莱雅拥有开放、平等的沟通环境，员工可以与上级主管进行公平的争论。在众多日常的会议上，大家都会各抒己见，一个个十分富有专业智慧、尖锐的问题会像连珠炮一样"扔"到管理者们的面前，让他们当面回答。

第四节　商品流通行业薪酬管理特点及典型企业案例

4.1　商品流通行业的行业特点

近几年来，由于政府的大力扶持及企业的锐意变革，我国的商品流通业得到了长足的发展，但与国外许多跨国公司比较起来，我们还存在太大的差距。就拿零售业来说，国外的零售商大都有一套先进的跨国采购及销售网络，可以根据市场的信息及时提供给客户以最便宜及最适合消费者需要的商品，而我们的企业却由于信息渠道的不畅，使原本一体化的物流环节被分割成孤立的节点，最直接的

后果是增加了运营成本，使决策层对市场反应迟缓，延误时机，导致决策失误，从而使企业在竞争中处于劣势。其突出表现在以下几方面：

（1）财务。传统的企业难以做到资源的及时共享，每个业务部门的信息和资料需要财务管理系统重复录入，造成劳动力的浪费和工作效率的低下；同时，由于缺乏完善的信息资源管理，难以提供及时、准确无误的财务报告，因此无法随时掌握企业的资金状况并及时作出反应。

（2）仓储。由于组织模式的不合理以及信息流通的障碍，企业不能及时监控公司内商品库存状态；难以合理分配存储空间，不能根据库存状况随时调整采购销售战略，也难以控制库存成本。

（3）采购。传统的商品流通企业由于各业务部门的信息孤岛状态，不能根据销售情况适时制定采购计划；由于缺乏完备的供货商资源管理，无法评价每个供货商的供货信誉，确定最佳的供货渠道；缺乏完备的监督、管理手段，因而无法最大限度地实现比价采购、招标采购。无法及时了解每个采购员的工作业绩，无法最大限度地降低采购成本。

（4）销售。无法根据市场需求制定合理的销售计划，例如降价策略对营销的影响等。由于缺乏对市场及商品有效实时的监控，也缺少对客户资源科学完备的统计，无法对客户的喜好及购买力等进行准确的分析。无法准确统计销售业务，预测市场趋势，考核销售人员业绩。无法对客户的信用状况进行有效的分析，以达到减少坏账的目的。

（5）管理。由于管理控制乏力，无法监控业务环节，进而因无法统筹安排企业货币资金收付，使得企业资金周转陷入困境。无法实现资金的计划管理，提高企业的资信度。无法实现采购的计划管理，实现库存的最小、最优化。无法实现业务、财务的无缝衔接，管理人员无法监督业务的整体过程。信息的延误和失真，使得企业决策层难以及时、准确地制定管理政策、营销策略、价格策略等市场战略，导致对市场反应迟缓，甚至因决策失误而使企业蒙受巨大损失。

现代商品流通企业的现状，呼唤着市场能提供一种将先进的管理思想与企业的实际情况相结合，对商品流通企业的物流、资金流、信息流进行集成管理，增强企业的整体竞争力的机制。

4.2　商品流通行业薪酬管理特点

（1）总体上从业人员的薪酬水平处于"较低"的水平。商品流通行业对从业者的要求比较低，岗位的可替代性非常高，不需要花费很大的成本，就可以招聘到从业人员。

（2）薪酬相对固定。商品流通行业属于比较传统的行业，发展的历史很长，有四五千年的历史，利润并不高，赚钱不多，所以导致这个行业分配给每个劳动者的价值就不是很大。

商品流通行业人员的薪酬在各企业中都有一个通行的做法：月薪＋补贴（年度固定现金收入，即不管你表现如何，只要不违反公司制度就能拿到的薪水），这种薪酬模式体现了一种稳定性要求。

（3）人员流动频繁。连锁零售企业人员流动是最为频繁的。另一种是企业的中高层的集体出走，这种情况的代表就是大洋百货、华润万家体系的人事变动，这会对企业的正常运营产生巨大的打击。

管理人员频频跳槽，折射出连锁零售行业企业文化不足，企业经营理念没有完全建立，零售企业正在从个人英雄主义的管理方式向强调团队组织的管理方式迈进。

（4）薪酬结构不合理。员工能拿到手的固定收入占工资的比重太大，至少达到了80％～90％。这在别的行业简直就是一个奇迹。

（5）考核比较难，变动收入无从考核。而其他行业，比如房地产、手机、通信业就不同，绩效和业绩考核都很明显。在零售企业，很多都称不上绩效考核，一般都是考勤以及满意度的考核。虽然可以使员工保持稳定，但是效率会非常低，干得好与干得不好的差距并不大。薪酬方面的问题就是未起到绩效的作用。

4.3　典型企业薪酬系统案例

4.3.1　沃尔玛的薪酬系统

零售企业利润的增加主要来源于销售额的增加和成本的减少，二者都与零售员工的积极性和成本息息相关，而员工的积极性和成本又与薪酬制度紧密相连。美国著名的零售企业有三种典型的员工薪酬制度：一是固定工资加利润分享计划，以沃尔玛为代表；二是单一的销售佣金制度，以诺德斯特龙为代表；三是小时工资加销售佣金制度，以梅西百货为代表。

1962年美国沃尔玛公司创立于美国西部的一个小镇，1991年成为美国第一大零售企业，2001年以后连续名列世界500强第一的位置，2002年销售额达到2465亿美元。沃尔玛公司有折扣商店、仓储商店、购物广场和邻里商店4种零售业态，店铺4694个，员工人数约100万人，分布在全球10余个国家。如此庞大的企业能实现低成本高效率地运行，与其实施的员工薪酬制度有着重要的关系。沃尔玛的薪酬制度是：固定工资＋利润分享计划＋员工购股计划＋损耗奖励计划＋其他福利。

沃尔玛公司不把员工视为雇员，而视为合伙人。因此，公司的一切人力资源制度都体现这一理念，除了让员工参与决策之外，还推行一套独特的薪酬制度。

沃尔玛的固定工资基本上处于行业较低的水平，但是其利润分享计划、员工购股计划、损耗奖励计划在整个薪酬制度中起着举足轻重的作用。

利润分享计划：凡是加入公司一年以上，每年工作时数不低于 1000 小时的所有员工，都有权分享公司的一部分利润。公司根据利润情况按员工工薪的一定百分比提留，一般为 6%。提留后用于购买公司股票。由于公司股票价值随着业绩的成长而提升，当员工离开公司或是退休时就可以得到一笔数目可观的现金或是公司股票。一位 1972 年加入沃尔玛的货车司机，20 年后的 1992 年离开时得到了 70.7 万美元的利润分享金。

员工购股计划：本着自愿的原则，员工可以购买公司的股票，并享有比市价低 15% 的折扣，可以交现金，也可以用工资抵扣。目前，沃尔玛 80% 的员工都享有公司的股票，真正成为了公司的股东，其中有些成为百万和千万富翁。

损耗奖励计划：店铺因减少损耗而获得的盈利，公司与员工一同分享。

其他福利计划：建立员工疾病信托基金，设立员工子女奖学金。从 1988 年开始，每年资助 100 名沃尔玛员工的孩子上大学，每人每年 6000 美元，连续资助 4 年。

沃尔玛通过利润分享计划和员工购股计划，建立员工和企业的合伙关系，使员工感到公司是自己的，收入多少取决于自己的努力，因此会关心企业的发展，加倍努力地工作。不过，这种薪酬制度也有局限性，对于那些温饱问题没有解决的员工来讲，他们更关心眼前固定工资的多少，而非未来的收入。对于处于成熟期的企业来讲，利润增加和股票价值的升值主要不取决于员工的努力，股票升值的潜力很小，这种情况下利润分享计划和员工购股计划不会为员工带来多少利益。因此，利润分享计划和员工购股计划最适合成长性、发展型零售企业采用。

4.3.2　永辉超市的薪酬系统

2018 年伊始，腾讯携手永辉超市对家乐福中国进行潜在投资，这让永辉超市一下就吸引了人们的目光。根据《财富》杂志公布的中国 2017 年中国 500 强企业名单，成立于 1998 年，来自于福建的民营股份制企业永辉超市股份有限公司排在了 140 位，年营业收入达到了 492.31 亿元。

1. 永辉超市创新型"合伙人"制度

永辉董事长张轩松曾经总结过，这么多年沉浮于商海之中，自己最大的创业经验就是 8 个字：勤劳、创新、沟通和总结。说到"创新"，从永辉创建伊始，就决定以生鲜作为突破口，做大这一块，结果也证明永辉成功地将一般商超的痛点转化为优势，形成了具有特色的生鲜经营模式。随着管理经营的不断探索，张轩松发现，一线员工只有每个月2000多元的收入，仅仅满足生存需求，每天上班只是"当一天和尚撞一天钟"，员工的满意度和积极性都不高。然而，由于永辉生鲜经营的灵活性、岗位设置的细致度以及营运环节的精细化管理，使得永辉对一线员工工作的质量非常依赖，这也是为什么永辉要稳定与一线员工的雇佣关系，进一步激发基层员工的积极性和满意度，提高员工的行为绩效。张轩松也明白直接提高员工工资是不现实的：永辉在全国大约有6万多名员工，每人每月增加仅仅100元的收入，一年就要多支出7000多万元的人工成本，何况100元对员工的激励是微小且短暂的。要想激励一线员工，形成员工激励契合，必须将企业业绩跟个人建立起一种"直接关系"，于是永辉顺势引入了新式"合伙人"制度。

（1）一线员工利润分享。

永辉的"合伙人"制度指的是：总部和门店合伙人代表，根据历史数据和销售预测制定一个业绩标准，一旦实际经营业绩超过了设立标准，增量部分的利润按照既定比例在总部和合伙人之间进行分配。经过试行，在调动员工工作积极主动性、提高员工工作满意度、增加员工收入、促进门店业绩提升等方面取得了显著成效。

首先，这是一种分红制度，永辉一线员工合伙人有别于其他公司的合伙人制度，这些合伙人并不享有公司股权、股票，而只有分红权，相当于总部和小团体增量利润的再分配。一般情况下，合伙人是以门店为单位与总部来商谈，永辉总部代表、门店店长、经理以及科长，大家一起开会探讨一个预期的毛利额作为业绩标准。在将来的门店经营过程中，超过这一业绩标准的增量部分利润就会被拿出来按照合伙人的相关制度进行分红，或三七、或四六、或二八。店长拿到这笔分红之后就会根据其门店岗位的贡献度进行二次分配，最终使得分红机制照顾到每一位一线员工。

其次，这又是一种激励机制，永辉"合伙制"有别于常规的绩效考核制度，借助阿米巴经营思维"人人都是经营者"，名为分红，重在激励，充分调动员工积极性。在超市里，瓜果生鲜通常都摆放在一进门的位置，主要是通过其颜色、品相等来吸引消费者进店，引发消费者的"非计划购买欲"，进而提升消费者的客单价。这种营销手段的基础假设是，店内的生鲜水果必须新鲜，卖相足够吸引消费者。如果一线员工的工作态度不够积极，在他们码放水果的时候就会出现不经意丢、砸等现象，抱着反正卖多少、损失多少都和我没有关系的心态。受到撞击的果蔬通常卖相不好，无法吸引消费者购买，从而对超市营业额造成影响。对

一线员工实行"合伙人"制度，将部分经营业绩直接和员工联系在一起，增加了员工的薪酬，调整了员工的工作态度，带来的是果蔬损耗成本的节约，以及消费者更多的购买。

（2）专业买手股权激励。

在企业的基层员工中还有一些专才买手，对于永辉的特色生鲜经营来说，尤为重要，因此永辉又对这些专才买手们进行了更大的利益分享——股权激励。买手就是永辉超市在供应链底端的代理人，由于他们熟悉村镇的情况，又十分了解各种生鲜特征，这使他们能够很好胜任采购这项工作，但同时，这也易于导致买手们被其他企业所觊觎，以更高的薪水挖走，因此，永辉必须保证买手团队的稳定性。这里，永辉使"合伙人"制度跨上了一个新台阶，也可以看作是一种更高级的"合伙制"，向买手们发放股权激励，通过这样既使他们留在组织内，又让他们干劲十足。除了和这些企业的内部员工建立稳定雇佣关系外，永辉超市更和当地的农户建立了一种类似"合伙人"制度的合作。在多年的合作后，永辉得到了一批忠实的合作伙伴，这也就成为了永辉超市在果蔬方面的核心竞争力。

（3）永辉员工公平的职业发展之路。

对各层级（店长、经理级干部、课长级干部、技工）的人才进行梯队建设和人才引进，是永辉近几年人力工作的重点之一。标准化的岗位设置，多层次的岗位体系，符合标准并通过培训、考核，即可晋升。永辉员工的职业发展和成长路径还是非常人性化的。在永辉，走专业技术路径的员工，最快用两年时间就可以成长到二级技师，收入达到入职时的 2.1 倍；走管理路径的员工，最快用两年时间可以成长到三级课长，收入达到入职时的 2.1 倍。

2. 永辉超市提供的物质激励

永辉超市的"合伙制"从 2013 年发起，2014 年试推行，近两年持续优化，大部分一线员工都在"合伙人"制度中受益，最直接地来看，这项制度实施的第一年人均工资增长幅度达到了 14% 左右（约 314 元），远高于前几年的增长幅度。对于这种改变，很多永辉员工纷纷表示"我们超市实行的这份制度真好，以前总是每个月拿着那点工资，总是想着换到工资稍高一点的地方打工。现在不想换了，我们可以凭借自己的努力超额完成公司下达的经营目标，获得分红，真的是干劲十足啊"。"我现在还清楚地记得合伙制刚实行的那个月，我多领了大概500 元的工资，第一次不是逢年过节的时候全家出去聚餐，家人高兴我也开心，爸妈还特地嘱咐我要在公司好好干"。

研究表明，物质激励对满足员工的诉求占很重份量，尤其是对于一线员工来说。组织的经营业绩是靠每个员工充分调动积极性创造出来的，所以当员工意识到营业利润里有自己一份时，就会为了自己的利益格外努力。运用社会交换理论和心理契约理论来说，当员工感知到组织高质量地履行其责任或义务，满意的程度加大，他们就会以互惠行为回报组织，并且产生更高的工作绩效和留职意愿。

3. 永辉超市提供的精神激励

永辉超市一线员工大多都是 80 后一代，经济实力相对较弱，很多来自于农村，他们特别渴望在城市扎根，融入城市生活，也更加关注身份等同和社会其他群体的尊重与认同。得到组织认同和社会认同是员工的重要诉求，这也是一种精神激励。因此，永辉超市"合伙人"制度时刻在向员工传达他们的核心价值观：融合共享，成于至善。他们宣扬永辉是共同创业和共同发展的平台，来永辉工作是创业，不仅是就业。这些无疑会让一线员工意识到自己就是合伙人，从事一线工作并非低人一等，从内心认同自己，也养成"人人都是经营者"的意识，更加乐意留在组织工作。福州永辉现代农业发展有限公司总经理林忠波也曾提到，"和农户签署合作协议是法律基础，但是法律永远都是底线，经过十几年的探索和沉淀，我们发现和农户间最重要的是'信任'二字"。人被信任时，就有了责任感。

公平感会对员工的心理状态和行为产生极其重要的影响。永辉超市实行的"合伙人"制度，一直践行着绝对"公平公正"的基本原则。总部对门店奖金包括合伙人奖金的分配方式和比例进行了明确具体的规定，员工可以根据自己的业绩非常清晰地预见将来的分红，也有效杜绝了门店负责人截流分红的隐患。永辉会对业绩良好的员工公开授牌，召开员工大会进行表扬，通过内刊进行报道宣传，一切都公开透明。"我虽然从农村出来，学历水平也不高，但我有一双勤劳致富的手，在永辉超市我没觉得比别人差，我可以努力服务大家，也提升自己。只要永辉需要我，我会在永辉好好干的"。永辉一线员工的心声表明，能够公平地实现自我，对于长期受到身份歧视的一线员工显得多么难能可贵，所以他们也会倍加珍惜，感恩和回报组织。

总之，零售企业成功的薪酬制度就是适宜的薪酬制度。不同的企业、不同的商品部、不同的文化，要求有不同的薪酬制度与其相适应。盲目照搬、片面模仿，不会取得理想的效果，必须结合企业实际情况进行固定工资、销售提成、奖金、福利及享受股票购买权等方面的合理组合。

第五节　金融行业薪酬管理特点及典型企业案例

5.1　金融行业的行业特点

金融行业是指经营金融商品的特殊企业，它包括银行业、保险业、证券业、信托业和租赁业等细分行业。

1. 银行业

银行业，在我国是指中国人民银行，监管机构，自律组织，以及在中华人民共和国境内设立的商业银行、城市信用合作社、农村信用合作社等吸收公众存款的金融机构、非银行金融机构以及政策性银行。银行业在我国金融业中处于主体地位。2006 年，国有商业银行大规模上市，四大银行公司治理结构调整成绩显著，但伴随着各家金融机构公司治理结构的不断完善，其对整个组织运作结构与母子公司管控的要求越来越明显。《2016 年度中国银行业服务改进情况报告》显示，截至 2016 年底，中国的银行业营业网点已达 22.8 万个，2016 年新增设营业网点 3800 个，网上银行交易金额为 1299 万亿元，交易笔数总计 850 亿笔，同比增长 98％。

2. 保险业

保险业是指将通过契约形式集中起来的资金，用以补偿被保险人的经济利益的行业。改革开放以来，我国保险市场的发展取得了令人瞩目的成就。1980 年，国内保险业务恢复，全国保费收入仅 4.6 亿元。2000 年，全国保费收入达 1596 亿元，年均增长 34％。到 2017 年底，全国保险机构达到 218 家，总资产 16.7 万亿元，实现保费收入 3.7 万亿元，市场规模增长 7900 多倍，世界排名跃升至第 2 位；承担保险责任金额 4154 万亿元，是同期 GDP 的 50 倍，保险赔付也达到了 1.1 万亿元，成为名副其实的保险大国。

3. 证券业

证券业是指从事证券发行和交易服务的专门行业，是证券市场的基本组成要素之一。主要经营活动是沟通证券需求者和供给者直接的联系，并为双方证券交易提供服务，促使证券发行与流通高效地进行，并维持证券市场的运转秩序。据统计，截至 2016 年 12 月 31 日，129 家证券公司总资产为 5.79 万亿元，净资产为 1.64 万亿元，净资本为 1.47 万亿元，客户交易结算资金余额（含信用交易资金）1.44 万亿元，托管证券市值 33.77 万亿元，资产管理业务受托资金总额

17.82 万亿元。

中国证监会数据显示，截至 2016 年 12 月 31 日，129 家证券公司全年实现营业收入 3 279.94 亿元，各主营业务收入分别为代理买卖证券业务净收入（含席位租赁）1 052.95 亿元、证券承销与保荐业务净收入 519.99 亿元、财务顾问业务净收入 164.16 亿元、投资咨询业务净收入 50.54 亿元、资产管理业务净收入 296.46 亿元、证券投资收益（含公允价值变动）568.47 亿元、利息净收入 381.79 亿元，实现净利润 1 234.45 亿元，124 家公司实现盈利。

但我国证券公司产品整体竞争实力较弱、经营品种单一，业务结构高度趋同，业务创新能力差、缺乏投资银行专业人员、经营管理模式缺乏，品牌意识不强。为了扩大规模防范风险，证券行业并购重组业务频繁，政策性重组造就"巨无霸"中央系券商，而营业部并购仍将成为券商快速做大规模的有效模式。

目前，在一级市场上，证券公司承销业务的集中度在逐年递增，垄断性不断提高，排名前十位的证券公司已占据相对垄断地位。在二级市场上，证券公司的经纪业务集中度比一级市场承销业务的集中度低，竞争格局正在形成。

我国金融行业的特点是：

（1）经营分散，业务统一；

（2）严格的岗位及授权管理，保证金融业务的安全性和准确性；

（3）高度集中式体系化管理，组织机构分工明确，体系内部实施严格的控制和监管；

（4）金融行业结构失衡，银行业所占比重较大，行业发展速度不均；

（5）整个金融体系的重心向下移动，大型商业银行业务创新、业务经营的重心加速转向分行等分支机构，主要表现为在利率市场化、金融产品创新过程中，各大商业银行集中精力于省级分行以及一些地级分行的发展；

（6）各同类金融机构竞争产品、竞争渠道单一，抗风险能力较弱，为此各家金融企业纷纷采取并购重组、融资、上市等多种方式提高自己的抗风险能力；

（7）金融行业公司治理结构正在不断完善，金融混业经营需求强烈，各企业纷纷在组织设置上考虑此种因素，培育未来混业经营能力。

5.2 金融行业薪酬管理特点

随着银行业对外开放，外资银行积极引进新的金融产品，并在二级与三级城市开设办事处，市场对经验丰富的人才需求激增。调查显示，银行业在各行业中具有最高的招聘意向及最大的职位增幅，并且在薪酬上显示出较大涨幅，在财务、现金管理、产品、信贷类职位上给付的薪酬较高。比如信贷助理年薪在 18

万元左右，产品管理助理、风险控制助理的年薪均超过 20 万元，财务控制专员、会计经理、财务分析师也分别达到 30 万元、20 万元、10 万元。此外，按银行类型分，消费银行的薪酬较低，国资银行与外资银行持平，投资银行最高。

但是，我国金融企业在人力资源管理方面总体比较落后，主要表现在：缺乏以战略为核心的人力资源整体规划；薪酬管理仍然停留在计划经济时代的水平，薪酬标准制定不能做到以岗位价值和市场水平为核心，欠缺竞争力；考核设计不合理，不能对员工形成有效激励；员工职业发展规划设计路径单一，员工缺乏多元化的个人价值实现路径。

5.3　典型企业薪酬系统案例

5.3.1　中国银行的人力资源改革及薪酬系统

中国银行是中国唯一持续经营超过百年的银行，也是中国国际化和多元化程度最高的银行。机构遍及中国内地及 56 个国家和地区，旗下有中银国际、中银投资、中银基金、中银保险、中银航空租赁、中银消费金融、中银金融商务、中银香港等控股金融机构。

2016 年，中国银行再次入选全球系统重要性银行，成为新兴市场经济体中唯一连续 6 年入选的金融机构。2017 年 7 月，英国《银行家》杂志公布了《全球 1000 家大银行排行榜》，中国银行排名第 4 位。2017 年 6 月，《2017 年 BrandZ 最具价值全球品牌 100 强》公布，中国银行排名第 94 位。2018 年 2 月，Brand Finance 发布 2018 年度全球 500 强品牌榜单，中国银行排名第 18 位。2018 年《财富》世界 500 强排名第 46 位。2018 年 12 月，世界品牌实验室独家编制的 2018 年度《世界品牌 500 强》排行榜在美国纽约揭晓，中国银行排名第 198 位。

中国银行的人力资源改革精彩之处颇多，的确值得国内银行同业借鉴。

1. 不搞大规模裁员

中国银行在改革之初就首先宣布"不大规模裁员"、"不把包袱推向社会"。坚持这一承诺，是中国银行社会责任感的充分体现。同时，也是源于该行一直信守的"人才观"，那就是相信"人力资源是第一资源"，相信"人人都可以成才"。

在历时近两年的改革过程中，中国银行信守了这一承诺，没有主动裁员，保证了改革的平稳推进。

2. 取消行政头衔

中国银行的此次改革，彻底打破了国有企业长期以来固有的"官本位"体系，通过职责梳理和职位分析，按需设岗，取消行政级别，用新的职位体系取代原来的处长、副处长、科长、副科长等干部行政职务和级别，改变以单一行政职务为主的职位体系。

结合机构改革和流程整合，总行和各级分行按照合理的职能、职责和流程，建立了经营管理、专业技术、技能操作三大职位序列，平行地开拓了三条职业发展通道。各级各类职位的职能、职责和资格条件清晰明确，不仅为加强内部管理、按需按岗聘任人才奠定了基础，也为引导员工多元化职业发展指明了方向。员工选择并通过这三条线都可以不断拓展职业生涯，实现自我价值。

3. 竞争择优上岗

中国银行此次改革彻底打破了"终身制"，通过双向选择、公开竞聘等形式，建立公正、公开、公平的人才选拔机制，按照新的职位体系择优聘任，优化人员结构。为了保证将合适的人才聘任到合适的岗位，中行结合职位体系改革对不同类别和层级的职位提出了明确的任职要求，通过公布职位、个人申报、笔试、面试、组织考察、党委研究等多种形式和程序进行人才选拔。在一些关键职位，还引进能力测评、结构化面试等科学化的人才测评方法，提高选人用人的准确性。

通过聘任制度改革，一批优秀人才脱颖而出，管理岗位和重要专业技术岗位的员工学历、年龄结构也得到了改善。对未竞聘上职位的同志，中国银行通过调整或创设新的职位、挂职锻炼等方式进行妥善安排，并鼓励他们通过学习和实践不断增长知识和才干，今后再次参加竞聘，找到适合自己的岗位。

4. 完善劳动合同

早在几年前，中国银行的大部分员工都已与银行签订了劳动合同，但由于银行的体制没有发生根本转变，合同的法律作用并没有真正体现，而且大部分员工都是无固定期限合同，从某种意义上说，员工仍然保留着"全民所有制"的身份，银行用工并没有实现真正的市场化。

2004 年 8 月，中国银行股份有限公司正式成立，不仅标志着中行的管理体制发生了根本转变，其法律主体的名称也发生了变更。利用这一契机，中行结合职位聘任，在全行上下组织了全面的劳动合同变更和签订工作，不仅根据法律主体变更的需要对合同文本及有关内容进行了调整和完善，同时充实了岗位协议的内容，使银行和员工双方的权利义务更为明确规范。

此外，中行还加强了合同期限管理，对一些基础岗位和临时岗位，根据员工在银行的实际工作情况，依法签订短期合同和临时合同，保证了用工的灵活性，对于一些经多次培训仍然不能胜任岗位工作或出现违法违纪现象的，则依法中止或解除劳动合同，从而使全员劳动合同制与全员竞聘上岗制相统一，彻底破除员工的终身雇佣制度，为保证人员能进能出奠定了基础。

QIYE XINCHOU XITONG SHEJI YU ZHIDING

5. 薪酬制度市场化

中国银行此次改革打破了"大锅饭",以岗位价值为核心,兼顾薪酬标准的内部公平性、外部竞争性和对个人的激励作用,以岗定薪,按绩、按能取酬,建立市场化的薪酬制度和全面的激励机制。改革后的薪酬制度坚持经营导向、价值导向、能力导向、绩效导向和市场导向,提供了具有竞争力的薪酬。

中国银行通过职位评估,以岗定薪,改变传统的按行政级别确定薪酬的做法。在职位评估中,选取知识技能、资源调配与监管、工作条件与压力、责任与影响等要素,根据不同要素的权重和分值,并参照市场薪酬调查数据,评价确定全行各职位的薪酬等级。具体到每位员工的薪酬水平,还将根据其能力、经验、绩效表现和与职位要求的匹配度实行人岗匹配,引导员工能力发展。

改革后的薪酬制度以岗位绩效工资制为主。员工除个别现金福利之外的所有现金收入,主要由岗位工资和绩效奖金两部分构成。岗位工资主要体现岗位价值和对银行的贡献,其级别和水平根据职位评估结果确定。绩效奖金则根据银行整体绩效完成情况和员工个人业绩考核结果确定。此外,根据职位特性和市场惯例,不同序列的职位将进入不同的薪酬激励体系,其岗位工资与绩效奖金的组合比例不同,且同一职位序列内部,职级不同,其岗位工资与绩效奖金的组合比例也不同,真正体现了薪酬的"激励"作用。

5.3.2 东源证券公司营业部员工薪酬管理

1. 公司概况及营业部员工薪酬管理现状

东源证券股份有限公司是一家全国性证券公司,目前共有员工 3000 余人,业务范围涵盖证券经纪业务、投资银行业务、资产管理业务、另类投资业务、私募基金业务、证券自营业务等业务品类,在 130 余家证券公司中排名 20~25 名左右,公司制订了五年发展战略,力争迈入行业前列,成为有规模、有特色、有品牌影响力的中小企业金融服务商。东源证券公司营业部是公司的经纪业务经营单位,是公司各类客户的获客平台。目前,东源证券公司在全国共设有 158 家营业部。随着证券市场对外开放的持续加大,金融科技的持续渗透,外部监管的进一步趋严,财富管理转型已成为东源证券公司经纪业务战略转型的重要方向,经纪业务将聚焦中高端客群,提供"以客户为中心"的精品式产品平台以及资产配置服务的财富管理生态体系,并从客户、产品、渠道、团队、内部能力打造等方面制订了一系列战略实施路径和举措。人力资源管理作为重要的经纪业务发展子战略,是财富管理转型战略落地的关键举措,尤其是薪酬管理体系,科学、有效、合理的薪酬管理体系将助力公司经纪业务战略目标的实现。

（1）薪酬构成。

财富中心各岗位员工薪酬由基础工资、业务提成、年终奖金和福利构成。

运营中心各岗位员工薪酬由基础工资、年终奖金和福利构成。

上述基础工资为固定薪酬，业务提成、年终奖金为浮动薪酬。

（2）薪酬职级设置。

固定薪酬根据工资职级确定，没有区分前后台，适用于运营中心总监和财富中心总监的职级区间为业务经理6～业务经理4三个职级；适用于其他各基层岗位员工的职级区间为业务员4～业务经理7六个职级。业务经理职级薪酬档差为900元，业务员职级薪酬档差为300元。同时，将全国的营业部按照地区的经济发达程度、物价水平、社会平均工资水平等维度，将各地区分为五个地区，五个地区通过地区系数调节，薪酬标准有所不同。

（3）职级晋降规则。

业务员职级岗位员工本年度考核结果为优秀，或连续两年考核结果为良好，或连续三年考核结果为合格的，工资职级晋升一个职档。业务经理职级岗位员工连续二年考核结果为优秀，或连续三年考核结果为良好以上的（含良好），工资职级晋升一个职档。

（4）业务提成。

根据实现的业务收入、开户引资以及产品销量提取一定的业务提成，只适用于财富中心各岗位员工。

（5）年终奖金。

年终奖金根据营业部实现的利润总额的一定比例提取，并根据营业部年度考核结果进行修正。年终奖金于每年考核结束后提取并发放。

2. 营业部员工薪酬水平及薪酬结构现状

从薪酬投入和产出情况来看，选取行业咨询机构2017～2018年调研数据分析，与全行业券商（调研样本82家，占全行业券商家数的76%）比较，在投入方面，薪酬收入比处于行业P70左右，人均薪酬总额处于P40左右，均高于人均营业收入和人均营业利润所处分位值；在产出方面，每一元薪酬福利总额创造的营业收入处于行业P30左右。整体来看，薪酬投入略高于产出，薪酬投入水平与所处行业位置基本一致。

从薪酬水平来看，与行业比较，各岗位序列固定薪酬水平大体位于全行业中下水平（P30～P40），总薪酬水平大体位于全行业中等水平（P40～P50），但存在内部结构性矛盾，比如省内与省外，前台与中后台。

从薪酬结构来看，与行业P50水平比较，固定薪酬占比偏低，变动薪酬占

QIYE XINGCHOU XITONG SHEJI YU ZHIDING

比偏高，福利占比偏低。

第六节　房地产行业薪酬管理特点及典型企业案例

6.1　房地产行业的行业特点

房地产业是进行房地产投资、开发、经营、管理和服务的行业，具有基础性、先导性、带动性的行业特征。产业链长，投资量大，投资周期长，投资风险大，是一个典型的周期性波动的行业。

1．市场特征

（1）中国的房地产发展还要持续相当长的一段时期；

（2）发展历史短，外协市场不成熟；

（3）市场日益规范化、规模化、协作化；

（4）资金密集型行业，投资的周期长、风险大，现金流量不稳定；

（5）小的开发商分散，短期效应比较明显。

2．产品特征

（1）产品风格、结构变化快；

（2）品牌效应日益突出；

（3）产品价值量大，流动性差。

3．人力资源特征

（1）人才流动性强（小企业倾向于"挖人"来解决人力资源问题）；

（2）人才成长周期长（由项目周期长造成）；

（3）不太注重人才培养（企业的短期行为导致的结果）。

6.2　房地产行业薪酬管理特点

（1）房地产行业薪酬随地区、企业、职业不同而异。小公司的高级管理人员一般锁定于大公司的中层管理人员。房地产行业的薪酬水平根据所属地区经济水平及各地政策的不同有所不同，上海和深圳比北京略高，天津比大连、重庆略高。不同类型的房地产公司，其整体薪酬水平同样存在一定差异。

专业项目型房地产公司的高级管理人员的薪酬水平居于大型房地产公司中层管理人员和高级管理人员之间，这是由于大多数小型房地产公司的高级管理人员一般需要丰富经验的专业人才来担当，因此，大型房地产公司的中层管理人员成了这类公司锁定的对象，他们通常通过高薪来吸引这些人才。所以对于大型房地产公司而言，如何留住他们的中层管理人员是一个非常值得重视的问题。

（2）发展战略不同导致薪酬结构不同。多元化公司重视各业务单元的协调性；专业型公司清晰的发展战略使其青睐保守的"软封顶"；项目公司注重短期赢利，因此多采用加速型奖金模式。在薪酬结构方面的调查发现，房地产行业全体员工的薪酬总额平均占销售额的 6.3‰，其中战略多元型薪酬占销售额的 5‰，战略专业型为 6.1‰，小型房地产公司为 6.7‰。

对于专业型公司，具有清晰的产业发展战略，因此采用激励性与稳定性较平衡的直线性奖金模式；对于小型房地产公司，目的很明确——在每一个短期项目中赢利，因此他们采用激励效果很高的加速型奖金模式，并且给予销售人员一定比例的佣金。

大型多元化房地产公司发展眼光长远，对员工稳定性以及潜力的开发很重视，因此他们的薪酬水平相对稳定，又因为这类公司普遍重视基于职位分析的岗位工资制和基于能力的技能工资制，因此他们的薪酬等级很明显；对于小型房地产公司，由于重视的是员工短期的实际经营成果，因此薪酬制度非常灵活，薪酬差距也相对大型公司的岗位责任制较小，但是薪酬水平的不稳定性导致了平均年薪水平较低。

6.3　典型企业薪酬系统案例

6.3.1　复地（集团）股份有限公司的薪酬体系

复地（集团）作为上海最大的房地产开发集团之一，1994 年就涉足房地产开发领域。随着公司业务的蓬勃发展，目前已拥有全资、控股、参股分公司 30 余家。

（1）薪资政策：实行"个性化工资"的薪资政策体系，让每一位员工都可以有机会扩大自身的价值贡献度。在企业发展的不同阶段，分配和激励机制也相应向不同业务岗位、不同技术含量的群体倾斜，此外还积极探索股权、期权等激励模式，以充分调动员工的积极性，提高员工的满意度和成就意识。

（2）保险福利："四金"及生育保险、意外伤害险、附加意外医疗保险、住院医疗保险。

（3）特殊福利：职工互助基金、体检、结婚和生育礼金、生日贺礼、丧葬慰问金、中秋活动和礼品、春节联欢和礼品、春游费等。

（4）带薪假期：法定假日、年休假（根据不同工龄按公司制度执行）、探亲假、婚假、产假、丧假，生育医疗费用和生活津贴由社保支付，配偶生育假 3 天。

（5）补充福利：补充住房公积金、私车公用津贴、全员教育培训及员工职业生涯规划。

（6）人才培养计划：

"职业发展计划"——帮助员工确立自身在专业目标、岗位目标和职级目标等三个方面3~5年的发展轨迹，使员工明确自己在不同阶段的个人定位与相应任务。明确指导员工在规定的时间内去完成预期的职业目标，不断提升员工的专业技能和管理水平，从中体现了企业建设创业型团队的要求以及一贯倡导的"公平竞争"理念。

"职业培训计划"——使员工把自我培训和企业培训紧密结合起来，使员工把个人素质的提高同职业培训的要求紧密结合起来。目前，复地（集团）每年的培训费用列支占工资总额的4%，还专门成立了自学成才奖励基金。

6.3.2 碧桂园控股有限公司的薪酬激励

1. 碧桂园控股有限公司的背景介绍

碧桂园控股有限公司（以下简称碧桂园），由广东省佛山市顺德县杨国强在1992年创立，2006年"碧桂园"品牌荣获"中国驰名商标"，2007年在香港联合交易所主板上市（股票代码：02007. HK）。在过去十年里，在创始人杨国强的带领下，碧桂园乘着中国房地产公司高速发展的东风，在多个沿海省份比如广东、浙江、福建拿下了多个房地产项目，从一个小县城的建筑施工队摇身一变成为年销售额破千亿的企业，成为中国房地产十强企业之一，目前是中国最大的新型城镇化住宅开发商，并在2017年7月跻身世界五百强。碧桂园的主要业务是房地产，采用了集中和标准的经营方式，涵盖房地产开发、酒店开发和管理、物业投资及管理、装饰和其他业务，为满足多样的市场需求而开发了多元化的产品，产品包括花园洋房、别墅、商铺等房产项目，同时它还负责开发管理多项房地产项目中的酒店，使自身的升值潜力加大。碧桂园一直以"为顾客营造五星级的家"作为公司的使命，在房地产市场开始疲软的今天，碧桂园开始进军国内一二线城市的市场，到处都是森林城市、科技小镇、扶贫小镇，国外还有澳大利亚、马来西亚等地的房地产开发项目，品牌影响力也开始扩散到国外市场。

2. "成就共享"激励机制的实施背景

自2008年以来，由于金融危机和政府的宏观调控，国内房价有较大波动和不确定性，一般房地产开发商的土地成本占总体开发成本的比率越来越高，所有房地产公司都从"豪放型发展"转向"细致型发展"，过去那种享受土地红利的时代也一去不复返，能够形成竞争优势的也只有技术和人力资本了。"人才"已经成为房企经营的最重要因素，因此各房地产企业也"各显神通"，开始关注激励机制的制定，以"利益共享"为核心的合伙人制度在国内房地产行业中崭露头角，比如万科在 2014 年推出"事业合伙人激励机制"、越秀地产和当代置业在 2015 年分别推出"雇员奖励计划"和"置业合伙人计划"。

中国最早实施合伙人制激励计划的企业就是碧桂园，这一系列的股权激励计划前后三次得到补充与完善。根据公司内部文件的解释，碧桂园所推行的合伙人制度的三次激励计划的名称分别是"成就共享"计划、"同心共享"计划、"同心共享 2.0"计划。"同心共享 2.0"计划是"同心共享"计划的补充和完善。

3."成就共享"激励机制的内容

2012 年 12 月，碧桂园启动了集团的第一个激励机制变革计划，即"成就共享"计划。该计划是按照一定的计算方式将项目获得的净利润分派给职业经理人作为奖金，奖金分派的方式有现金和股权，但是只有区域总裁和经理，即职业经理人有机会获得碧桂园的股权，项目团队以及区域团队的其他人员只能获得现金奖励。另外，区域总裁可以获得整个奖励的 30%～70%，项目总经理、项目团队和参与团队获得的奖励份额由区域总裁决定。针对上述的奖励机制，碧桂园还制定对应的处罚机制，如果项目公司没有完成任务而造成亏损，根据三七的分法，项目高管和区域高管必须承担项目公司 20% 的亏损金额。处罚的条件包括以下任意一点：在项目实行的期间内项目出现亏损；项目的现金流在一年期间内仍为负数；区域总裁参与项目但最终没有得到奖励；项目期间内项目发生重大名誉事故；项目主要管理者利用权力谋私，忽视公司的利益；由于项目经理的个人能力问题使得企业成本增加。

和奖金计算有关的指标有项目的净利润（NI）、项目的回笼资金（PRF）、自有资金投入（PCI）以及自有资金按年折算后的净额（PCIA）。其中，净利润等于项目总利润减去所得税金额；项目回笼资金是项目获得的销售购房款以及按揭贷款客户支付给碧桂园企业的房款的总额；自有资金投入是除了通过融资方式以及取得的资金，碧桂园集团在项目实施的整个周期内支付的土地使用费、建筑安装费、管理费、利息费、广告费等费用。自有资金按年折算后的净额等于自有资金乘以自有资金一年中被占用的天数比。

若碧桂园有一个集团主导的项目，2018 年 1 月 1 日开盘销售，截止到 4 月 30 日，项目的 NI 为 800 万元，PCI 为 2 亿元，那么 PCIA 为 2×（120/365）亿元，即 6575 万元。根据上表可知，碧桂园集团的职业经理人获得奖励的前提有 3 个，分别是集团的自有资金 2 亿元能在一年内回笼，并且 PRF＞（2+0.6575× 30%）亿元，即项目的回笼资金必须大于 2.197 亿元，而且在此期间不能出现影响品牌形象的事情，若以上三个前提不能同时满足，那么区域总裁就不能获得

"成就共享计划"的奖励，只能获得除了固定薪资和项目奖励之外的其他奖励。由以上分析可知，"成就共享"激励机制比较注重经理人的精神需求及差异激励、团队激励，因为经理人最终获得的奖励总额与他自己的销售业绩正相关，在总的分配比例下，他能决定自己、项目经理和项目团队获得奖励的具体比例，这在满足经理人尊重需要的前提下，也满足了经理人自我实现的需要。

本章小结

本章主要通过介绍几大典型行业：制造行业、IT 行业、消费品行业、商品流通行业、金融服务行业、房地产行业等的行业特点及典型企业的薪酬案例，了解和把握不同行业的特点及薪酬管理特征。

参考文献与网络链接：

中华人民共和国人力资源和社会保障部：http://www.mohrss.gov.cn/

中国人力资源管理网：http://www.chhr.net/index.aspx

中国企业人力资源网：http://www.ehrd.org/

中国人力资源网：http://www.hr.com.cn/

HRoot 领先的人力资源管理：http://www.hroot.com/

HR 人力资源管理案例网：http://www.hrsee.com/

Bennett B，Bettis J C，Gopalan R，et al. "Compensation goals and firm performance" [J]. *Journal of Financial Economics*，2017，124（2）.

Giancola F L. "Is Total Rewards a Passing Fad?" [J]. *Compensation & Benefits Review*，2009，41（4）.

Nazir T，Shah S F H，Zaman K. "Literature review on total rewards：An international perspective" [J]. *African Journal of Business Management*，2012，6（8）.

Rothwell W，Sredl H，*The ASTD Guide to Professional Human Resource Development Roles and Competencies* [M]，2nd Edition，HRD Press，1992.

WorldatWork. *The WorldatWork Handbook of Compensation*，Benefits & Total Rewards. 2016.

付维宁：绩效与薪酬管理：Perfomance and Compensation Management，清华大学出版社，2016.

李永周：薪酬管理：理论、制度与方法：Compensation Management：Theories，Systems and Methods. 北京大学出版社，2013。

刘昕：薪酬管理. 第 3 版. 中国人民大学出版社，2011。

王玉：《民办高校教师宽带薪酬制度设计及其实施要点探究》，《人力资源管理》，2017（11）：268−269.

韦志林、芮明杰：《薪酬心理折扣、薪酬公平感和工作绩效》，《经济与管理研究》，2016。

文跃然：《让薪酬变革走向成功》，人力资源，2006（4）：44−46.

文跃然：《薪酬管理原理》，复旦大学出版社第 2 版，2013。

杨东进、冯超阳：《保健因素主导、激励因素缺失：现象、成因及启示——基于"80 后"员工组织激励的实证研究》，《管理工程学报》，2016。

张悦：《房地产公司员工薪酬管理问题研究》，《财经问题研究》，2014。

思考题：

1. 请问制造行业、商品流通行业、金融服务业、房地产行业的薪酬管理各有什么特点？

2. 如何理解"帕雷托法则"？

3. 怎么看待华为公司的员工持股计划？